JN051354

特別支援学校学習指導要領解説

知的障害者教科等編（下）（高等部）

平成 31 年 2 月

文部科学省

ま　え　が　き

　文部科学省では，平成31年2月4日に学校教育法施行規則の一部改正と特別支援学校の高等部学習指導要領の改訂を行った。新特別支援学校学習指導要領等は，高等学校の新学習指導要領等の実施時期に合わせて，平成34年度から，年次進行で実施することとし，平成30年度から一部を移行措置として先行して実施することとしている。

　今回の改訂は，平成28年12月の中央教育審議会答申を踏まえ，

①　教育基本法，学校教育法などを踏まえ，これまでの我が国の学校教育の実績や蓄積を生かし，子供たちが未来社会を切り拓くための資質・能力を一層確実に育成することを目指すこと。その際，子供たちに求められる資質・能力とは何かを社会と共有し，連携する「社会に開かれた教育課程」を重視すること。

②　知識及び技能の習得と思考力，判断力，表現力等の育成のバランスを重視する平成20年改訂の学習指導要領等の枠組みや教育内容を維持した上で，知識の理解の質を更に高め，確かな学力を育成すること。

③　先行する特別教科化など道徳教育の充実や体験活動の重視，体育・健康に関する指導の充実により，豊かな心や健やかな体を育成すること。

を基本的なねらいとして行った。

　本書は，大綱的な基準である学習指導要領等の記述の意味や解釈などの詳細について説明するために，文部科学省が作成するものであり，特別支援学校高等部学習指導要領の総則，各教科，自立活動等について，その改善の趣旨や内容を解説している。

　各学校においては，本書を御活用いただき，学習指導要領等についての理解を深め，創意工夫を生かした特色ある教育課程を編成・実施されるようお願いしたい。

　本書は，編集協力者の協力を得て編集した。本書の作成に御協力くださった各位に対し，心から感謝の意を表する次第である。

　平成31年2月

文部科学省初等中等教育局長

永　山　賀　久

目　次（知的障害者教科等編（下））

全 体 目 次

第1編

総　説

第1節　改訂の経緯

　　今の子供たちやこれから誕生する子供たちが，成人して社会で活躍する頃には，我が国は厳しい挑戦の時代を迎えていると予想される。生産年齢人口の減少，グローバル化の進展や絶え間ない技術革新等により，社会構造や雇用環境は大きく，また急速に変化しており，予測が困難な時代となっている。また，急激な少子高齢化が進む中で成熟社会を迎えた我が国にあっては，一人一人が持続可能な社会の担い手として，その多様性を原動力とし，質的な豊かさを伴った個人と社会の成長につながる新たな価値を生み出していくことが期待される。

　　こうした変化の一つとして，進化した人工知能（AI）が様々な判断を行ったり，身近な物の働きがインターネット経由で最適化されたりするIoTが広がるなど，Society5.0とも呼ばれる新たな時代の到来が，社会や生活を大きく変えていくとの予測もなされている。また，情報化やグローバル化が進展する社会においては，多様な事象が複雑さを増し，変化の先行きを見通すことが一層難しくなってきている。そうした予測困難な時代を迎える中で，選挙権年齢が引き下げられ，さらに令和4年度からは成年年齢が18歳へと引き下げられることに伴い，高校生にとって政治や社会は一層身近なものとなるとともに，自ら考え，積極的に国家や社会の形成に参画する環境が整いつつある。

　　このような時代にあって，学校教育には，子供たちが様々な変化に積極的に向き合い，他者と協働して課題を解決していくことや，様々な情報を見極め，知識の概念的な理解を実現し，情報を再構成するなどして新たな価値につなげていくこと，複雑な状況変化の中で目的を再構築することができるようにすることが求められている。

　　このことは，本来我が国の学校教育が大切にしてきたことであるものの，教師の世代交代が進むと同時に，学校内における教師の世代間のバランスが変化し，教育に関わる様々な経験や知見をどのように継承していくかが課題となり，子供たちを取り巻く環境の変化により学校が抱える課題も複雑化・困難化する中で，これまでどおり学校の工夫だけにその実現を委ねることは困難になってきている。

　　また，障害のある子供たちをめぐる動向として，近年は特別支援学校だけではなく幼稚園や小学校，中学校及び高等学校等において発達障害を含めた障害のある子供が学んでおり，特別支援教育の対象となる子供の数は増加傾向にある。そのような中，我が国は，平成19年に「障害者の権利に関する条約（平成18年国

連総会で採択）」に署名し，平成26年にこれを批准した。同条約では，人間の多様性の尊重等を強化し，障害のある者がその能力等を最大限に発達させ，社会に効果的に参加することを可能とするため，障害のある者と障害のない者とが共に学ぶ仕組みとしての「インクルーシブ教育システム」の理念が提唱された。こうした状況に鑑み，同条約の署名から批准に至る過程においては，平成23年の障害者基本法の改正，平成25年の就学先決定に関する学校教育法施行令の改正，平成25年の障害を理由とする差別の解消の推進に関する法律の制定（平成28年施行）など，教育分野を含め，同条約の趣旨を踏まえた様々な大きな制度改正がなされたところである。

　特に，教育分野では，上述の学校教育法施行令の改正のほか，平成22年7月に中央教育審議会初等中等教育分科会の下に「特別支援教育の在り方に関する特別委員会」を設置し，同条約に示された教育の理念を実現するための特別支援教育の在り方について審議を行った。そして，平成24年7月に「共生社会の形成に向けたインクルーシブ教育システム構築のための特別支援教育の推進（報告）」が取りまとめられた。この報告では，インクルーシブ教育システムを構築するためには，最も本質的な視点として，「それぞれの子どもが，授業内容が分かり学習活動に参加している実感・達成感を持ちながら，充実した時間を過ごしつつ，生きる力を身に付けていけるかどうか」とした上で，障害のある者とない者とが同じ場で共に学ぶことを追求するとともに，個別の教育的ニーズのある子供に対し，自立と社会参加を見据え，その時々で教育的ニーズに最も的確に応える指導を提供できる，多様で柔軟な仕組みを整備することが重要であるとしている。その際，小・中学校等の通常の学級，通級による指導及び特別支援学級や，特別支援学校といった，子供たちの多様な教育的ニーズに対応できる連続性のある「多様な学びの場」において，子供一人一人の十分な学びを確保していくことが重要であると報告は指摘している。

　このように，障害者の権利に関する条約に掲げられたインクルーシブ教育システムの構築を目指し，特別支援教育を更に推進していくために，大きな制度改正がなされたところである。

　こうした状況の下で，平成26年11月には，文部科学大臣から新しい時代にふさわしい学習指導要領等の在り方について中央教育審議会に諮問を行った。中央教育審議会においては，2年1か月にわたる審議の末，平成28年12月21日に「幼稚園，小学校，中学校，高等学校及び特別支援学校の学習指導要領等の改善及び必要な方策等について（答申）」（以下「平成28年12月の中央教育審議会答申」という。）を示した。

　平成28年12月の中央教育審議会答申においては，"よりよい学校教育を通じてよりよい社会を創る"という目標を学校と社会が共有し，連携・協働しなが

ら，新しい時代に求められる資質・能力を子供たちに育む「社会に開かれた教育課程」の実現を目指し，学習指導要領等が，学校，家庭，地域の関係者が幅広く共有し活用できる「学びの地図」としての役割を果たすことができるよう，次の6点にわたってその枠組みを改善するとともに，各学校において教育課程を軸に学校教育の改善・充実の好循環を生み出す「カリキュラム・マネジメント」の実現を目指すことなどが求められた。

① 「何ができるようになるか」（育成を目指す資質・能力）
② 「何を学ぶか」（教科等を学ぶ意義と，教科等間・学校段階間のつながりを踏まえた教育課程の編成）
③ 「どのように学ぶか」（各教科等の指導計画の作成と実施，学習・指導の改善・充実）
④ 「子供一人一人の発達をどのように支援するか」（子供の発達を踏まえた指導）
⑤ 「何が身に付いたか」（学習評価の充実）
⑥ 「実施するために何が必要か」（学習指導要領等の理念を実現するために必要な方策）

これらに加えて，特別支援教育に関しては，

① インクルーシブ教育システム構築のための特別支援教育の推進
② 子供の障害の重度・重複化，多様化
③ 社会の急速な変化と卒業後を見据えた教育課程の在り方

などに対応し，障害のある子供一人一人の教育的ニーズに対応した適切な指導や必要な支援を通して，自立と社会参加に向けて育成を目指す資質・能力を身に付けていくことができるようにする観点から，教育課程の基準の改善を図ることが示されている。

これを踏まえ，文部科学省においては，平成29年3月31日に幼稚園教育要領，小学校学習指導要領及び中学校学習指導要領を，同年4月28日に特別支援学校幼稚部教育要領及び小学部・中学部学習指導要領を，平成30年3月30日に高等学校学習指導要領を公示した。

特別支援学校高等部については，平成31年2月4日に，特別支援学校高等部学習指導要領を公示するとともに，学校教育法施行規則の関係規定について改正を行ったところであり，今後，令和4年4月1日以降に高等部の第1学年に入学した生徒から年次進行により段階的に適用することとしている。また，それに先立って，新学習指導要領に円滑に移行するための措置（移行措置）を実施することとしている。

今回の改訂は平成28年12月の中央教育審議会答申を踏まえ，次の基本方針に基づき行った。

1　次に示す①から⑤までの基本方針に基づき，高等学校の教育課程の基準の改善に準じた改善を図る。

① 今回の改訂の基本的な考え方

ア　教育基本法，学校教育法などを踏まえ，これまでの我が国の学校教育の実践や蓄積を生かし，子供たちが未来社会を切り拓くための資質・能力を一層確実に育成することを目指す。その際，求められる資質・能力とは何かを社会と共有し，連携する「社会に開かれた教育課程」を重視すること。

イ　知識及び技能の習得と思考力，判断力，表現力等の育成とのバランスを重視する平成21年改訂の学習指導要領の枠組みや教育内容を維持した上で，知識の理解の質を更に高め，確かな学力を育成すること。

ウ　道徳教育の充実や体験活動の重視，体育・健康に関する指導の充実により，豊かな心や健やかな体を育成すること。

② 育成を目指す資質・能力の明確化

平成28年12月の中央教育審議会答申においては，予測困難な社会の変化に主体的に関わり，感性を豊かに働かせながら，どのような未来を創っていくのか，どのように社会や人生をよりよいものにしていくのかという目的を自ら考え，自らの可能性を発揮し，よりよい社会と幸福な人生の創り手となる力を身に付けられるようにすることが重要であること，こうした力は全く新しい力ということではなく学校教育が長年その育成を目指してきた「生きる力」であることを改めて捉え直し，学校教育がしっかりとその強みを発揮できるようにしていくことが必要とされた。また，汎用的な能力の育成を重視する世界的な潮流を踏まえつつ，知識及び技能と思考力，判断力，表現力等をバランスよく育成してきた我が国の学校教育の蓄積を生かしていくことが重要とされた。

このため「生きる力」をより具体化し，教育課程全体を通して育成を目指す資質・能力を，ア「何を理解しているか，何ができるか（生きて働く「知識・技能」の習得）」，イ「理解していること・できることをどう使うか（未知の状況にも対応できる「思考力・判断力・表現力等」の育成）」，ウ「どの

ように社会・世界と関わり，よりよい人生を送るか（学びを人生や社会に生かそうとする「学びに向かう力・人間性等」の涵養<ruby>涵<rt>かん</rt></ruby>）」の三つの柱に整理するとともに，各教科等の目標や内容についても，この三つの柱に基づく再整理を図るよう提言がなされた。

今回の改訂では，知・徳・体にわたる「生きる力」を生徒に育むために「何のために学ぶのか」という各教科等を学ぶ意義を共有しながら，授業の創意工夫や教科書等の教材の改善を引き出していくことができるようにするため，全ての教科等の目標及び内容を「知識及び技能」，「思考力，判断力，表現力等」，「学びに向かう力，人間性等」の三つの柱で再整理した。

③ 「主体的・対話的で深い学び」の実現に向けた授業改善の推進

子供たちが，学習内容を人生や社会の在り方と結び付けて深く理解し，これからの時代に求められる資質・能力を身に付け，生涯にわたって能動的に学び続けることができるようにするためには，これまでの学校教育の蓄積も生かしながら，学習の質を一層高める授業改善の取組を活性化していくことが必要である。

特別支援学校における教育については，キャリア教育の視点で学校と社会の接続を目指す中で実施されるものである。改めて，特別支援学校学習指導要領の定めるところに従い，各学校において生徒が卒業までに身に付けるべきものとされる資質・能力を育成していくために，どのようにしてこれまでの授業の在り方を改善していくべきかを，各学校や教師が考える必要がある。

また，選挙権年齢及び成年年齢が18歳に引き下げられ，生徒にとって政治や社会が一層身近なものとなる高等部においては，社会で求められる資質・能力を育み，生涯にわたって探究を深める未来の創り手として送り出していくことが，これまで以上に重要となっている。「主体的・対話的で深い学び」の実現に向けた授業改善（アクティブ・ラーニングの視点に立った授業改善）とは，我が国の優れた教育実践に見られる普遍的な視点を学習指導要領に明確な形で規定したものである。

今回の改訂では「主体的・対話的で深い学び」の実現に向けた授業改善を進める際の指導上の配慮事項を総則に記載するとともに，各教科等の「3 指導計画の作成と内容の取扱い」において，単元や題材など内容や時間のまとまりを見通して，その中で育む資質・能力の育成に向けて，「主体的・対話的で深い学び」の実現に向けた授業改善を進めることを示した。

その際，以下の点に留意して取り組むことが重要である。

ア　授業の方法や技術の改善のみを意図するものではなく，生徒に目指す資

質・能力を育むために「主体的な学び」,「対話的な学び」,「深い学び」の視点で,授業改善を進めるものであること。

イ 各教科等において通常行われている学習活動（言語活動,観察・実験,問題解決的な学習など）の質を向上させることを主眼とするものであること。

ウ 1回1回の授業で全ての学びが実現されるものではなく,単元や題材など内容や時間のまとまりの中で,学習を見通し振り返る場面をどこに設定するか,グループなどで対話する場面をどこに設定するか,生徒が考える場面と教師が教える場面をどのように組み立てるかを考え,実現を図っていくものであること。

エ 深い学びの鍵として「見方・考え方」を働かせることが重要になること。各教科等の「見方・考え方」は,「どのような視点で物事を捉え,どのような考え方で思考していくのか」というその教科等ならではの物事を捉える視点や考え方である。各教科等を学ぶ本質的な意義の中核をなすものであり,教科等の学習と社会をつなぐものであることから,生徒が学習や人生において「見方・考え方」を自在に働かせることができるようにすることにこそ,教師の専門性が発揮されることが求められること。

オ 基礎的・基本的な知識及び技能の習得に課題がある場合には,それを身に付けさせるために,生徒の学びを深めたり主体性を引き出したりといった工夫を重ねながら,確実な習得を図ることを重視すること。

④ 各学校におけるカリキュラム・マネジメントの推進

各学校においては,教科等の目標や内容を見通し,特に学習の基盤となる資質・能力（言語能力,情報活用能力（情報モラルを含む。以下同じ。）,問題発見・解決能力等）や現代的な諸課題に対応して求められる資質・能力の育成のために教科等横断的な学習を充実することや,主体的・対話的で深い学びの実現に向けた授業改善を単元や題材など内容や時間のまとまりを見通して行うことが求められる。これらの取組の実現のためには,学校全体として,生徒や学校,地域の実態を適切に把握し,教育内容や時間の配分,必要な人的・物的体制の確保,教育課程の実施状況に基づく改善などを通して,教育活動の質を向上させ,学習の効果の最大化を図るカリキュラム・マネジメントに努めることが求められる。

このため,総則において,「生徒や学校,地域の実態を適切に把握し,教育の目的や目標の実現に必要な教育の内容等を教科等横断的な視点で組み立てていくこと,教育課程の実施状況を評価してその改善を図っていくこと,教育課程の実施に必要な人的又は物的な体制を確保するとともにその改善を

図っていくことなどを通して，教育課程に基づき組織的かつ計画的に各学校の教育活動の質の向上を図っていくこと（以下「カリキュラム・マネジメント」という。）に努める。その際，生徒に何が身に付いたかという学習の成果を的確に捉え，第2款の3の(5)のイに示す個別の指導計画の実施状況の評価と改善を，教育課程の評価と改善につなげていくよう工夫すること。」について新たに示した。

⑤　教育内容の主な改善事項

このほか，言語能力の確実な育成，理数教育の充実，伝統や文化に関する教育の充実，道徳教育の充実，外国語教育の充実，職業教育の充実などについて，総則，視覚障害者，聴覚障害者，肢体不自由者又は病弱者である生徒に対する教育を行う特別支援学校においては，各教科に属する科目（以下「各教科・科目」という。以下同じ。），総合的な探究の時間，特別活動及び自立活動（以下「各教科・科目等」という。以下同じ。），及び知的障害者である生徒に対する教育を行う特別支援学校においては，国語，社会，数学，理科，音楽，美術，保健体育，職業，家庭，外国語，情報，家政，農業，工業，流通・サービス及び福祉の各教科（以下「各教科」という。以下同じ。），特別の教科である道徳（以下「道徳科」という。以下同じ。），総合的な探究の時間，特別活動及び自立活動（以下「各教科等」という。以下同じ。）において，その特質に応じて内容やその取扱いの充実を図った。

2　インクルーシブ教育システムの推進により，障害のある子供たちの学びの場の柔軟な選択を踏まえ，小・中・高等学校の教育課程との連続性を重視

近年，時代の進展とともに特別支援教育は，障害のある子供の教育にとどまらず，障害の有無やその他の個々の違いを認め合いながら，誰もが生き生きと活躍できる社会を形成していく基礎となるものとして，我が国の現在及び将来の社会にとって重要な役割を担っていると言える。そうした特別支援教育の進展に伴い，例えば，近年は幼稚園，小・中・高等学校等において発達障害を含めた障害のある子供たちが多く学んでいる。また，特別支援学校においては，重複障害者である子供も多く在籍しており，多様な障害の種類や状態等に応じた指導や支援の必要性がより強く求められている。

このような状況の変化に適切に対応し，障害のある子供が自己のもつ能力や可能性を最大限に伸ばし，自立し社会参加するために必要な力を培うためには，一人一人の障害の状態等に応じたきめ細かな指導及び評価を一層充実することが重要である。

このため，以下のアからウの観点から，改善を図っている。

ア　学びの連続性を重視した対応

(ア)「第8款重複障害者等に関する教育課程の取扱い」について，生徒の学びの連続性を確保する視点から，基本的な考え方を明確にした。

(イ) 知的障害者である生徒のための高等部の各教科の目標や内容について，育成を目指す資質・能力の三つの柱に基づき整理した。その際，各学部や各段階，小・中学校の各教科及び高等学校の各教科・科目とのつながりに留意し，次の点を充実した。

・　高等部の各段階に目標を設定した。

・　高等部の2段階に示す各教科の内容を習得し目標を達成している者については，高等学校学習指導要領第2章に示す各教科・科目，中学校学習指導要領第2章に示す各教科又は小学校学習指導要領第2章に示す各教科及び第4章に示す外国語活動の目標及び内容の一部を取り入れることができること，また，主として専門学科において開設される各教科の内容を習得し目標を達成している者については，高等学校学習指導要領第3章に示す各教科・科目の目標及び内容の一部を取り入れることができるよう規定した。

(ウ) 知的障害者である生徒に対する教育を行う特別支援学校において，道徳を道徳科とした。

イ　一人一人の障害の状態等に応じた指導の充実

(ア) 視覚障害者，聴覚障害者，肢体不自由者及び病弱者である生徒に対する教育を行う特別支援学校における各教科・科目の内容の取扱いについて，障害の特性等に応じた指導上の配慮事項を充実した。

(イ) 発達障害を含む多様な障害に応じた自立活動の指導を充実するため，その内容として，「障害の特性の理解と生活環境の調整に関すること。」を示すなどの改善を図るとともに，個別の指導計画の作成に当たっての配慮事項を充実した。

ウ　自立と社会参加に向けた教育の充実

(ア) 卒業までに育成を目指す資質・能力を育む観点からカリキュラム・マネジメントを計画的・組織的に行うことを規定した。

(イ) 幼稚部，小学部，中学部段階からのキャリア教育の充実を図ることを規定した。

(ウ) 生涯を通して主体的に学んだり，スポーツや文化に親しんだりして，自らの人生をよりよくしていく態度を育成することを規定した。

(エ) 社会生活に必要な国語の特徴や使い方〔国語〕，数学の生活や学習への活用〔数学〕，社会参加ときまり，公共施設の役割と制度〔社会〕，勤労の

意義〔職業〕，家庭生活での役割と地域との関わり，家庭生活における健康管理と余暇，消費者の基本的な権利と責任，環境に配慮した生活〔家庭〕など，各教科の目標及び内容について，育成を目指す資質・能力の視点から充実した。

第1章
改訂の経緯及び基本方針

第2章
改訂の要点

第1節　学校教育法施行規則改正の要点

　高等部の教育課程を構成する各教科・科目又は各教科及び領域等の編成，卒業までに修得すべき単位数等については，学校教育法施行規則第8章に規定している。

　今回の改正では，各学科に共通する教科として「理数」を新設したほか，別表第3に掲げられている各教科・科目の見直しを行った。また，総合的な学習の時間について，より探究的な活動を重視する視点から位置付けを明確にするため，総合的な学習の時間を「総合的な探究の時間」に改めた（学校教育法施行規則の一部を改正する省令（平成30年文部科学省令第13号））。

　また，知的障害者である生徒に対する教育を行う特別支援学校において，従前から位置付けられている道徳を「特別の教科　道徳」と改めるため，学校教育法施行規則128条第2項を「前項の規定にかかわらず，知的障害者である生徒を教育する場合は，国語，社会，数学，理科，音楽，美術，保健体育，職業，家庭，外国語，情報，家政，農業，工業，流通・サービス及び福祉の各教科，第百二十九条に規定する特別支援学校高等部学習指導要領で定めるこれら以外の教科，特別の教科である道徳，総合的な探究の時間，特別活動並びに自立活動によって教育課程を編成するものとする。」と規定した（学校教育法施行規則の一部を改正する省令（平成31年文部科学省令第3号）。

第2節　高等部学習指導要領改訂の要点

● 1　前文の趣旨及び要点

　　学習指導要領等については，時代の変化や子供たちの状況，社会の要請等を踏まえ，これまでおおよそ10年ごとに改訂を行ってきた。今回の改訂は，本解説第1編第1章第2節で述べた基本方針の下に行っているが，その理念を明確にし，社会で広く共有されるよう新たに前文を設け，次の事項を示した。

(1) 教育基本法に規定する教育の目的や目標とこれからの学校に求められること

　　学習指導要領は，教育基本法に定める教育の目的や目標の達成のため，学校教育法に基づき国が定める教育課程の基準であり，いわば学校教育の「不易」として，平成18年の教育基本法の改正により明確になった教育の目的及び目標を明記した。

　　また，これからの学校には，急速な社会の変化の中で，一人一人の生徒が自分のよさや可能性を認識できる自己肯定感を育むなど，持続可能な社会の創り手となることができるようにすることが求められることを明記した。

(2) 「社会に開かれた教育課程」の実現を目指すこと

　　教育課程を通して，これからの時代に求められる教育を実現していくためには，よりよい学校教育を通してよりよい社会を創るという理念を学校と社会とが共有することが求められる。

　　そのため，それぞれの学校において，必要な学習内容をどのように学び，どのような資質・能力を身に付けられるようにするのかを教育課程において明確にしながら，社会との連携及び協働によりその実現を図っていく，「社会に開かれた教育課程」の実現が重要となることを示した。

(3) 学習指導要領を踏まえた創意工夫に基づく教育活動の充実

　　学習指導要領は，公の性質を有する学校における教育水準を全国的に確保することを目的に，教育課程の基準を大綱的に定めるものであり，それぞれの学校は，学習指導要領を踏まえ，各学校の特色を生かして創意工夫を重ね，長年にわたり積み重ねられてきた教育実践や学術研究の蓄積を生かしながら，生徒や地域の現状や課題を捉え，家庭や地域社会と協力して，教育活動の更なる充実を図っていくことが重要であることを示した。

● 2　総則改正の要点

　総則については，今回の改訂の趣旨が教育課程の編成や実施に生かされるようにする観点から構成及び内容の改善を図っている。

(1) 総則改正の基本的な考え方

　今回の改訂における総則の改善は，①資質・能力の育成を目指す主体的・対話的で深い学びの実現に向けた授業改善を進める，②カリキュラム・マネジメントの充実を図る，③生徒の調和的な発達の支援，家庭や地域との連携・協働等を重視するといった基本的な考え方に基づき行った。これらの考え方は今回の学習指導要領全体に通底するものであり，改訂の趣旨が教育課程の編成及び実施に生かされるようにする観点から，総則において特に重視しているものである。

①　資質・能力の育成を目指す主体的・対話的で深い学びの実現に向けた授業改善

- ・　学校教育を通して育成を目指す資質・能力を「知識及び技能」，「思考力，判断力，表現力等」，「学びに向かう力，人間性等」に再整理し，それらがバランスよく育まれるよう改善した。
- ・　言語能力，情報活用能力，問題発見・解決能力等の学習の基盤となる資質・能力や，現代的な諸課題に対応して求められる資質・能力が教科等横断的な視点に基づき育成されるよう改善した。
- ・　資質・能力の育成を目指し，主体的・対話的で深い学びの実現に向けた授業改善が推進されるよう改善した。
- ・　言語活動や体験活動，ICT等を活用した学習活動等を充実するよう改善した。

②　カリキュラム・マネジメントの充実

- ・　カリキュラム・マネジメントの実践により，校内研修の充実等が図られるよう，章立てを改善した。
- ・　生徒の実態等を踏まえて教育の内容や時間を配分し，授業改善や必要な人的・物的資源の確保などの創意工夫を行い，組織的・計画的な教育の質的向上を図るカリキュラム・マネジメントを推進するよう改善した。

③　生徒の調和的な発達の支援，家庭や地域との連携・協働
　・　生徒一人一人の調和的な発達を支える視点から，ホームルーム経営や生徒指導，キャリア教育の充実について示した。
　・　海外から帰国した生徒，日本語の習得に困難のある生徒への指導と教育課程の関係について示した。
　・　教育課程外の学校教育活動である部活動について，教育課程との関連が図られるようにするとともに，持続可能な運営体制が整えられるようにすることを示した。
　・　教育課程の実施に当たり，家庭や地域と連携・協働していくことを示した。

④　重複障害者等に関する教育課程の取扱い
　・　カリキュラム・マネジメントの視点から，本規定を適用する際の基本的な考え方を整理して示した。

(2) 構成の大幅な見直しと内容の主な改善事項

　今回の改訂においては，カリキュラム・マネジメントの実現に資するよう，総則の構成を大幅に見直した。すなわち，各学校における教育課程の編成や実施等に関する流れを踏まえて総則の項目立てを改善することで，校内研修等を通じて各学校がカリキュラム・マネジメントを円滑に進めていくことができるようにしている。

　上記の観点から，総則は以下のとおりの構成としている。

　第1節　教育目標
　第2節　教育課程の編成
　　第1款　高等部における教育の基本と教育課程の役割
　　第2款　教育課程の編成
　　第3款　教育課程の実施と学習評価
　　第4款　単位の修得及び卒業の認定
　　第5款　生徒の調和的な発達の支援
　　第6款　学校運営上の留意事項
　　第7款　道徳教育に関する配慮事項
　　第8款　重複障害者等に関する教育課程の取扱い
　　第9款　専攻科

　それぞれの款の内容及び主な改善事項を以下に示す。

ア　教育目標（第1章第1節）

特別支援学校については，学校教育法第72条を踏まえ，学習指導要領において教育目標を示している。学校教育法第51条に規定する高等学校教育の目標とともに，生徒の障害による学習上又は生活上の困難を改善・克服し自立を図るために必要な知識，技能，態度及び習慣を養うという目標の達成に努めることを示している。

イ　高等部における教育の基本と教育課程の役割（第1章第2節第1款）

従前，「一般方針」として規定していた内容を再整理し，教育課程編成の原則（第1章第2節第1款の1）を示すとともに，生徒に生きる力を育む各学校の特色ある教育活動の展開（確かな学力，豊かな心，健やかな体，自立活動）（第1章第2節第1款の2），育成を目指す資質・能力（第1章第2節第1款の3），就業やボランティアに関わる体験的な学習の指導（第1章第2節第1款の4），カリキュラム・マネジメントの充実（第1章第2節第1款の5）について示している。

今回の改訂における主な改善事項としては，育成を目指す資質・能力を，①知識及び技能，②思考力，判断力，表現力等，③学びに向かう力，人間性等の三つの柱で整理したこと，各学校が教育課程に基づき組織的かつ計画的に各学校の教育活動の質の向上を図るカリキュラム・マネジメントの充実について明記したことが挙げられる。これは，今回の改訂全体の理念とも深く関わるものである。

なお，就業やボランティアに関わる体験的な学習の指導については，従前同様適切に行うこととし，それらを通じて，「勤労の尊さ」，「創造することの喜び」の体得，「望ましい勤労観，職業観」の育成，「社会奉仕の精神」の涵養を図ることとしている。

ウ　教育課程の編成（第1章第2節第2款）

各学校の教育目標と教育課程の編成（第1章第2節第2款の1），教科等横断的な視点に立った資質・能力の育成（第1章第2節第2款の2），教育課程の編成における共通的事項（第1章第2節第2款の3），学部段階間及び学校段階等間の接続（第1章第2節第2款の4）について示している。

主な改善事項を以下に示す。

(ア) 各学校の教育目標と教育課程の編成（第1章第2節第2款の1）

本項は，今回新たに加えたものである。各学校における教育課程の編成に当たって重要となる各学校の教育目標を明確に設定すること，教育課程の編成についての基本的な方針を家庭や地域と共有すべきこと，各学校の教育目標を設定する際に総合的な探究の時間について各学校の定

める目標との関連を図ることについて規定している。

(イ) 教科等横断的な視点に立った資質・能力の育成（第1章第2節第2款の2）

　　本項も，今回新たに加えたものである。生徒に「生きる力」を育むことを目指して教育活動の充実を図るに当たっては，言語能力，情報活用能力，問題発見・解決能力等の学習の基盤となる資質・能力や，現代的な諸課題に対応して求められる資質・能力を教科等横断的に育成することが重要であることを示している。

(ウ) 教育課程の編成における共通的事項（第1章第2節第2款の3）

　　(1)視覚障害者，聴覚障害者，肢体不自由者又は病弱者である生徒に対する教育を行う特別支援学校における各教科・科目等の履修，(2)知的障害者である生徒に対する教育を行う特別支援学校における各教科等の履修等，(3)選択履修の趣旨を生かした適切な教育課程の編成，(4)各教科・科目等又は各教科等の内容等の取扱い，(5)指導計画の作成に当たっての配慮すべき事項，(6)キャリア教育及び職業教育に関して配慮すべき事項の6項目で再整理して示すなど構成の改善を図っている。

　　また，高等学校に準じ「共通性の確保」と「多様性への対応」を軸に，視覚障害者，聴覚障害者，肢体不自由者又は病弱者である生徒に対する教育を行う特別支援学校の高等部において育成を目指す資質・能力を踏まえて教科・科目等の構成の見直しを図っている。一方で，標準単位数の範囲内で合計が最も少なくなるように履修した際の必履修教科・科目の単位数の合計（35単位）や専門学科（専門教育を主とする学科をいう。以下同じ。）において全ての生徒に履修させる専門教科・科目（第1章第2款の3の(1)のアの(ウ)に掲げる各教科・科目，同表に掲げる教科に属する学校設定科目及び専門教育に関する学校設定教科に関する科目をいう。以下同じ。）の単位数の下限（25単位）については従前と変更しておらず，高等部において共通に履修しておくべき内容は，引き続き担保しているところである。

(エ) 学部段階間及び学校段階等間の接続（第1章第2節第2款の4）

　　本項は，今回新たに加えたものである。初等中等教育全体を見通しながら，教育課程に基づく教育活動を展開する中で，生徒に求められる資質・能力がバランスよく育まれるよう，卒業後の進路を含めた学部段階間及び学校段階等の接続について明記したものである。

エ　教育課程の実施と学習評価（第1章第2節第3款）

　　各学校におけるカリキュラム・マネジメントの充実のためには，教育課程の編成のみならず，実施，評価，改善の過程を通じて教育活動を充実し

ていくことが重要である。

今回の改訂においては，カリキュラム・マネジメントに資する観点から，教育課程の実施及び学習評価について独立して項目立てを行い，主体的・対話的で深い学びの実現に向けた授業改善（第1章第2節第3款の1）及び学習評価の充実（第1章第2節第3款の3）について規定している。

主な改善事項を以下に示す。

(ア) 主体的・対話的で深い学びの実現に向けた授業改善（第1章第2節第3款の1）

今回の改訂では，育成を目指す資質・能力を確実に育むため，単元や題材な内容や時間のまとまりを見通しながら，生徒の主体的・対話的で深い学びの実現に向けた授業改善を行うことを明記した。加えて，言語環境の整備と言語活動の充実，コンピュータ等や教材・教具の活用，見通しを立てたり振り返ったりする学習活動，体験活動，学校図書館，地域の公共施設の利活用について，各教科・科目等又は各教科等の指導に当たっての配慮事項として整理して示している。

(イ) 学習評価の充実（第1章第2第3款の3）

学習評価は，学校における教育活動に関し，生徒の学習状況を評価するものである。生徒の学習の成果を的確に捉え，教師が指導の改善を図るとともに，生徒自身が自らの学習を振り返って次の学習に向かうことができるためにも，学習評価の在り方は重要であり，教育課程や学習・指導方法の改善と一貫性のある取組を進めることが求められる。今回の改訂においては，こうした点を踏まえ，学習評価に関する記載を充実している。

また，カリキュラム・マネジメントを推進する観点から，個別の指導計画に基づいて行われた学習状況や結果を適切に評価し，指導目標や指導内容，指導方法の改善に努め，より効果的な指導ができるようにすることについて新たに示している。

オ 単位の修得及び卒業の認定（第1章第2節第4款）

本項については，視覚障害者，聴覚障害者，肢体不自由者又は病弱者である生徒に対する教育を行う特別支援学校及び知的障害者である生徒に対する教育を行う特別支援学校それぞれに整理して示している。

なお，学校教育法施行規則等においては，学校外における学修等について単位認定を可能とする制度が設けられており，それらの制度についても適切な運用がなされるよう，本解説第2編第2部第1章第5節に説明を加えている。

カ　生徒の調和的な発達の支援（第1章第2節第5款）

　　今回の改訂においては，生徒の調和的な発達の支援の観点から，従前の規定を再整理して独立して項目立てを行うとともに，記載の充実を図っている。具体的には，生徒の発達を支える指導の充実，特別な配慮を必要とする生徒への指導及び個別の教育支援計画などについて規定しているところである。

　　主な改善事項を以下に示す。

(ア) 生徒の調和的な発達を支える指導の充実（第1章第2節第5款の1）

　　生徒一人一人の調和的な発達を支える視点から，ホームルーム経営や生徒指導，キャリア教育の充実と教育課程との関係について明記するとともに，個に応じた指導の充実に関する記載を充実した。

(イ) 特別な配慮を必要とする生徒への指導（第1章第2節第5款の2）

　　海外から帰国した生徒などの学校生活への適応や，日本語の習得に困難のある生徒に対する日本語指導など，特別な配慮を必要とする生徒への対応について明記した。

キ　学校運営上の留意事項（第1章第2節第6款）

　　各学校におけるカリキュラム・マネジメントの充実に資するよう，「教育課程を実施するに当たって何が必要か」という観点から，教育課程の改善と学校評価等，教育課程外の活動との連携等（第1章第2節第6款の1），家庭や地域社会との連携及び協働と学校間の連携（第1章第2節第6款の2）について記載を充実している。

　　具体的には，教育課程の編成及び実施に当たっての各分野における学校の全体計画等との関連，教育課程外の学校教育活動（特に部活動）と教育課程の関連，教育課程の実施に当たっての家庭や地域との連携・協働について記載を充実している。

ク　道徳教育に関する配慮事項（第1章第2節第7款）

　　小・中学部学習指導要領総則と同様に，道徳教育の充実の観点から，高等部における道徳教育推進上の配慮事項を第7款としてまとめて示すこととした。

　　詳細は，次節に記載している。

ケ　重複障害者等に関する教育課程の取扱い（第1章第2節第8款）

　　カリキュラム・マネジメントの視点から，本規定を適用する際の基本的な考え方を整理して示した。

(3) 各教科・科目及び各教科

① 視覚障害者，聴覚障害者，肢体不自由者及び病弱者である生徒に対する教育を行う特別支援学校

・ 各教科・科目等の目標及び内容等について，高等学校に準ずることは従前と同様であるが，生徒の障害の種類と程度に応じた指導の一層の充実を図るため，各障害種別に示されている指導上の配慮事項について改善及び充実を図った。

② 知的障害者である生徒に対する教育を行う特別支援学校

・ 各教科の目標及び内容について，育成を目指す資質・能力の三つの柱に基づき整理した。その際，各段階，小学校，中学校及び高等学校とのつながりに留意し，各教科の目標及び内容等の見直しを行った。

・ 各段階に目標を設定した。

・ 段階ごとの内容を充実するとともに，教科ごとの指導計画の作成と内容の取扱いを新たに示した。

(4) 道徳科

知的障害者である生徒に対する教育を行う特別支援学校における，従前までの道徳を「特別の教科　道徳」と改めた。

指導計画の作成に当たって，各教科等との関連を密にしながら，経験の拡充を図り，豊かな道徳的心情を育て，将来の生活を見据え，広い視野に立って道徳的判断や行動ができるようにすることを新たに示した。

(5) 総合的な探究の時間

従前までの総合的な学習の時間を総合的な探究の時間と改めた。

総合的な探究の時間の目標及び内容等については，高等学校に準ずることは従前と同様であるが，知的障害者である生徒に対する配慮事項を新たに示した。

(6) 自立活動

① 内容

今回の改訂では，六つの区分は従前と同様であるが，発達障害や重複障害を含めた障害のある生徒の多様な障害の種類や状態等に応じた指導を一層充実するため，「1 健康の保持」の区分に「(4)障害の特性の理解と生活環境の調整に関すること。」の項目を新たに示した。

また，自己の理解を深め，主体的に学ぶ意欲を一層伸長するなど，発達の段階を踏まえた指導を充実するため，「4 環境の把握」の区分の下に設

けられていた「(2) 感覚や認知の特性への対応に関すること。」の項目を「(2) 感覚や認知の特性についての理解と対応に関すること。」と改めた。

さらに，「(4) 感覚を総合的に活用した周囲の状況の把握に関すること。」の項目を「(4) 感覚を総合的に活用した周囲の状況についての把握と状況に応じた行動に関すること。」と改めた。

② 個別の指導計画の作成と内容の取扱い

今回の改訂では，個別の指導計画の作成について更に理解を促すため，実態把握から指導目標や具体的な指導内容の設定までの手続きの中に「指導すべき課題」を明確にすることを加え，手続きの各過程を整理する際の配慮事項をそれぞれ示した。

また，生徒自身が活動しやすいように環境や状況に対する判断や調整をする力を育むことが重要であることから，「個々の生徒に対し，自己選択・自己決定する機会を設けることによって，思考・判断・表現する力を高めることができるような指導内容を取り上げること。」を新たに示した。

さらに，生徒自らが，自立活動の学習の意味を将来の自立と社会参加に必要な資質・能力との関係において理解したり，自立活動を通して，学習上又は生活上の困難をどのように改善・克服できたか自己評価につなげたりしていくことが重要であることから，「個々の生徒が，自立活動における学習の意味を将来の自立や社会参加に必要な資質・能力との関係において理解し，取り組めるような指導内容を取り上げること。」を新たに示した。

第3節　道徳教育の充実

● 1　高等部における道徳教育に係る改訂の基本方針と要点

(1) 改訂の基本方針

　今回の改訂は，平成28年12月の中央教育審議会の答申を踏まえ，次のような方針の下で行った。

　視覚障害者，聴覚障害者，肢体不自由者又は病弱者である生徒に対する教育を行う特別支援学校の高等部における道徳教育は，人間としての在り方生き方に関する教育として，学校の教育活動全体を通じて行うというこれまでの基本的な考え方は今後も引き継ぐとともに，各学校や生徒の実態に応じて重点化した道徳教育を行うために，校長の方針の下，高等部において道徳教育推進を主に担当する教師（以下「道徳教育推進教師」という。）を新たに位置付けた。

　また，高等部の道徳教育の目標等については，先に行われた小学部・中学部学習指導要領の改訂を踏まえつつ，学校の教育活動全体を通じて，答えが一つではない課題に誠実に向き合い，それらを自分のこととして捉え，他者と協働しながら自分の答えを見いだしていく思考力，判断力，表現力等や，これらの基になる主体性を持って多様な人々と協働して学ぶ態度の育成が求められていることに対応し，公民科に新たに設けられた「公共」及び「倫理」並びに特別活動を，人間としての在り方生き方に関する教育を通して行う高等部の道徳教育の中核的な指導の場面として関連付けるなど改善を行う。

　知的障害者である生徒に対する教育を行う特別支援学校における道徳教育においては，これまでの「道徳の時間」を要_{かなめ}として学校の教育活動全体を通じて行うという道徳教育の基本的な考え方を，今後も引き継ぐとともに，道徳の時間を「特別の教科である道徳」として新たに位置付けた。

　それに伴い，目標を明確で理解しやすいものにするとともに，道徳教育の目標は，最終的には「道徳性」を養うことであることを前提としつつ，各々の役割と関連性を明確にした。

(2) 改訂の要点

　今回の特別支援学校高等部学習指導要領においては，総則の中で，道徳教育に関連して以下のとおり改善を図っている。

ア　高等部における教育の基本と教育課程の役割

　　道徳教育の目標について，「人間としての在り方生き方を考え，主体的な判断の下に行動し，自立した人間として他者と共によりよく生きるための基盤となる道徳性を養うこと」と簡潔に示した。また，道徳教育を進めるに当たっての留意事項として，道徳教育の目標を達成するための諸条件を示しながら「主体性のある日本人の育成に資することとなるよう特に留意すること」とした。また，第1章第2節第7款を新たに設け，小・中学部と同様に，道徳教育推進上の配慮事項を示した。

イ　道徳教育に関する配慮事項

　　学校における道徳教育は，学校の教育活動全体を通じて行うものであることから，その配慮事項を以下のように付け加えた。

(ア) 道徳教育は，学校の教育活動全体で行うことから，全体計画の作成においては，校長の方針の下に，道徳教育推進教師を中心に，全教師が協力して道徳教育を行うこと。その際，視覚障害者，聴覚障害者，肢体不自由者又は病弱者である生徒に対する教育を行う特別支援学校においては，公民科の「公共」及び「倫理」並びに特別活動が，人間としての在り方生き方に関する中核的な指導の場面であることを示した。

(イ) 知的障害者である生徒に対する教育を行う特別支援学校における道徳教育は，道徳科の指導方針及び道徳科に示す内容との関連を踏まえた各教科，総合的な探究の時間，特別活動及び自立活動における指導の内容及び時期並びに家庭や地域社会との連携の方法を示すことを示した。

(ウ) 各学校において指導の重点化を図るために，高等部において道徳教育を進めるに当たっての配慮事項を示した。

(エ) 就業体験活動やボランティア活動，自然体験活動，地域の行事への参加などの豊かな体験の充実とともに，道徳教育がいじめの防止や安全の確保等に資するよう留意することを示した。

(オ) 学校の道徳教育の全体計画や道徳教育に関する諸活動などの情報を積極的に公表すること，家庭や地域社会との共通理解を深め，相互の連携を図ることを示した。

第２編
高等部学習指導要領解説

第4節　各学科に共通する各教科

● 第6　美術

1　美術科の改訂の要点

(1) 目標の改訂の要点

　教科の目標は，小学部の図画工作科及び中学部美術科における学習経験と，そこで培われた豊かな感性や，表現及び鑑賞に関する資質・能力などを基に，高等部美術科に関する資質・能力の向上と，それらを通した人間形成の一層の深化を図ることをねらいとし，生涯にわたって美術や美術文化に主体的に関わっていく態度を育むことができるよう，目指すべきところを総括的に示したものである。

　目標に「表現及び鑑賞の幅広い活動を通して，造形的な見方・考え方を働かせ，生活や社会の中の美術や美術文化と豊かに関わる資質・能力を次のとおり育成することを目指す。」と示し，美術は何を学ぶ教科なのかを明確にするとともに，育成を目指す資質・能力を(1)「知識及び技能」，(2)「思考力，判断力，表現力等」，(3)「学びに向かう力，人間性等」の三つの柱で整理している。

　(1)「知識及び技能」では，「造形的な視点について理解するとともに，表現方法を創意工夫し，創造的に表すことができるようにする。」，(2)「思考力，判断力，表現力等」では，「造形的なよさや美しさ，表現の意図と工夫などについて考え，主題を生み出し豊かに発想し構想を練ったり，美術や美術文化などに対する見方や感じ方を深めたりすることができるようにする。」，(3)「学びに向かう力，人間性等」では，「美術の創造活動の喜びを味わい，美術を愛好する心情を育み，感性を豊かにし，心豊かな生活を創造していく態度を養い，豊かな情操を培う。」に改めた。目標の実現に当たっては，(1)，(2)，(3)を相互に関連させながら育成できるようにした。

(2) 内容の改訂の要点

　今回の改訂においては，目標を「知識及び技能」，「思考力，判断力，表現力等」，「学びに向かう力，人間性等」の三つの柱に位置付けて示しているが，内容についてもこれに対応して，資質・能力を相互に関連させながら育成できるよう

第5章
知的障害者である生徒に対する教育を行う特別支援学校

整理した。そのため，従前の「表現」，「材料・用具」，「鑑賞」の内容構成を，「A表現」及び「B鑑賞」の二つの領域と〔共通事項〕の内容構成に改めている。「A表現」は，生徒が進んで形や色彩，材料などに関わりながら，描いたりつくったりする活動を通して，「技能」や「思考力，判断力，表現力等」の育成を目指すものである。「B鑑賞」は，生徒が自分の感覚や体験などを基に，自分たちの作品や美術作品などを見たり，自分の見方や感じ方を深めたりする活動を通して，「思考力，判断力，表現力等」の育成を目指すものである。〔共通事項〕は，ア及びイの事項が「知識」の育成を目指すものである。〔共通事項〕は，表現及び鑑賞の学習において共通に必要となる資質・能力であり，「A表現」及び「B鑑賞」の指導を通して指導する事項として示している。

(3) 指導計画の作成と内容の取扱いの要点

指導計画の作成上の配慮点として，生徒や学校の実態，指導の内容に応じ，「主体的な学び」，「対話的な学び」，「深い学び」の視点から授業改善を図ることや，社会に開かれた教育課程の実現を図る観点から，地域の美術館等と連携を図ったり，それらの施設等を活用したりすることなどを示している。

内容の取扱いについては，材料や用具の安全な使い方や学習活動に伴う事故防止の徹底，映像メディアの活用，校外に生徒の作品を展示する機会を設けることなどを示している。

これらのことに留意しながら指導計画を作成していくことが重要である。

2 美術科の目標

1 目　標
　表現及び鑑賞の幅広い活動を通して，造形的な見方・考え方を働かせ，生活や社会の中の美術や美術文化と豊かに関わる資質・能力を次のとおり育成することを目指す。
(1) 造形的な視点について理解するとともに，表現方法を創意工夫し，創造的に表すことができるようにする。
(2) 造形的なよさや美しさ，表現の意図と工夫などについて考え，主題を生み出し豊かに発想し構想を練ったり，美術や美術文化などに対する見方や感じ方を深めたりすることができるようにする。
(3) 美術の創造活動の喜びを味わい，美術を愛好する心情を育み，感性を豊かにし，心豊かな生活を創造していく態度を養い，豊かな情操を培う。

(1) 教科目標について

　教科の目標は，教科で何を学ぶのかを明確に示すとともに，具体的に育成することを目指す資質・能力を(1)「知識及び技能」，(2)「思考力，判断力，表現力等」，(3)「学びに向かう力，人間性等」の三つの柱で整理した。教科の目標の実現に向けては，これらの(1)，(2)，(3)を関連させながら育成できるよう確かな実践を一層推進していくことが求められる。

○　「表現及び鑑賞の幅広い活動を通して」について

　美術の造形活動は，生徒一人一人が自分の心情や考えを生き生きとイメージし，それを造形的に具体化する表現の活動と，表現されたものや自然の造形，文化遺産などを自分の目や体で直接捉え，よさや美しさなどを主体的に感じ取り，作者の心情や美術文化などについて考えるなどして見方や感じ方を深める鑑賞の活動とがある。生活や社会を美しく豊かにする美術の働きなどについて実感を伴いながら見方や感じ方を深めていくことが大切である。

○　「造形的な見方・考え方を働かせ」について

　「造形的な見方・考え方」とは，美術科の特質に応じた物事を捉える視点や考え方として，表現及び鑑賞の活動を通して，よさや美しさなどの価値や心情などを感じ取る力である感性や，想像力を働かせ，対象や事象を，造形的な視点で捉え，自分としての意味や価値をつくりだすことが考えられる。

　「造形的な視点」とは，造形を豊かに捉える多様な視点であり，形や色彩，材料や光などの造形の要素に着目してそれらの働きを捉えたり，全体に着目して造形的な特徴などからイメージを捉えたりする視点のことである。

　私たちは日々，様々な形や色彩などに出会いながら生活している。美術科の学習は，様々な形や色彩などの造形と，想像や心，精神，感情などの心の働きとが，造形の要素を介して行き来しながら深められる。造形的な視点をもつことで，漠然とみているだけでは気付かなかった身の回りの形や色彩などの特徴に気付いたり，よさや美しさなどを感じ取ったりすることができるようになる。造形的な視点とは，美術科ならではの視点であり，教科で育てる資質・能力を支える本質的な役割を果たすものである。

　造形的な見方・考え方を働かせることは，生涯にわたって生活や社会の中の美術や美術文化と豊かに関わる資質・能力の育成につながるものである。

○　「生活や社会の中の美術や美術文化と豊かに関わる資質・能力」について

　「生活や社会の中の美術や美術文化と豊かに関わる資質・能力」とは，造形的な視点を豊かにもち，生活や社会の中の形や色彩などに着目し，それらによるコミュニケーションを通して，一人一人の生徒が自分との関わりの中で美術や美術文化を捉え，生活や社会と豊かに関わることができるようにするための資質・能力のことである。

生活や社会の中での美術や美術文化への関わり方には様々なことが考えられる。例えば，生活の中で，ものを選んだり飾ったりするときに形や色彩に思い入れをもつ人もいる。日常の中にある建物や街並み，乗り物などの人工的な造形に興味をもったり，紅葉や夕日などの自然の造形を見て美しさを感じ取り味わったり，写真に残したりする人もいる。また，身近な生活に息づく伝統や文化の伝統的かつ創造的な側面の素晴らしさを実感し，先人の知恵を継承・発展させていこうと思う人もいる。

　このように，生活の中で造形的な視点をもって身の回りの様々なものから，よさや美しさなどを感じ取ったり，形や色彩を通したコミュニケーションを通じて多様な文化や考え方に接して思いを巡らせたりすることで，心豊かな生活を形成することにつながっていくものである。

(2) 教科の目標 (1)，(2)，(3) について
教科の目標 (1)

　ここでは，育成することを目指す「知識及び技能」について示している。前半部分は，造形的な視点を豊かにするために必要な知識に関するもの，後半部分は，創造的に表す技能に関するものであり，教科の目標 (1) は，この二つから構成されている。

○　「造形的な視点について理解する」について

　「造形的な視点について理解する」とは，形や色彩，材料や光などの造形の要素の働きや，造形的な特徴などを基にして心に思い浮かべる像や情景，ある物事について抱く全体の感じといったイメージなどを捉えるために必要となる視点について理解することである。ここでは，生徒が自分の感じ方で形や色彩の働きやイメージ，作品の傾向や特徴である作風などを捉えられるよう，表現及び鑑賞の活動を通して造形的な視点を豊かにするために必要な知識として実感を伴いながら理解できるようにすることが大切である。

○　「表現方法を創意工夫し，創造的に表すことができるようにする」について

　「表現方法を創意工夫し」とは，発想や構想したことなどを基に，材料や用具などを生かし工夫するなどして自分の表現方法を見付け出すことである。

　「創造的に表すことができるようにする」とは，更に美しい，面白い表現を創出する技能を伸ばすことである。また，創意工夫し表すこと自体が挑戦しがいのある楽しい活動であることを実感することが，生徒自らの新たな創造の喜びにつながるものである。表現の学習では，発想や構想に関する資質・能力と創造的に表す技能とが相互に関連しながら育成されていくものであり，両者が関連しあって初めて，創造的な表現が可能になるのである。

教科の目標 (2)

　ここでは，育成することを目指す「思考力，判断力，表現力等」について示している。

　高等部美術科において育成する「思考力，判断力，表現力等」とは，表現の活動を通して育成する発想や構想に関する資質・能力と，鑑賞の活動を通して育成する鑑賞に関する資質・能力であり，教科の目標 (2) は，大きくこの二つから構成されている。

○　「造形的なよさや美しさ，表現の意図と工夫などについて考え」について

　「造形的なよさや美しさ」とは，形や色彩などから感じるよさや美しさとともに，外形には見えない本質的なよさや美しさなどのことである。「表現の意図や工夫など」とは，作品に込められた作者の心情や表現の意図と工夫などのことである。これらは，発想や構想をする際にも，鑑賞をする際にも働く中心となる考えを示している。

　発想や構想に関する資質・能力や鑑賞に関する資質・能力を育成する観点から，造形的なよさや美しさ，表現の意図と工夫，美術の働きなどの学習の中心になる考えを明確にすることにより，鑑賞したことが発想し構想を練るときに生かされ，また発想や構想したことが鑑賞において見方や感じ方に関する学習に生かされるようになることが大切である。学習を終えたとき，形や色彩などの造形の要素の働きによって気持ちや情報を伝えることができ，伝える相手や場面などに応じて，より効果的に伝えるためには何が大切かという考え方を学びとして身に付けられるようにすることが重要である。

○　「主題を生み出し豊かに発想し構想を練ったり」について

　「主題を生み出し」とは，生徒自らが感じ取ったことや考えたこと，目的や条件などを基に「自分は何を表したいのか，何をつくりたいのか，どういう思いで表現しようとしているのか」など，表したいことを心の中に思い描くことであり，個性豊かな発想や構想をする際に基盤となるものである。

　「豊かに発想し構想を練ったり」とは，生徒が自分の思いや願い，他者への気持ち，分かりやすさ，よさや美しさ，あこがれなどを考えながら豊かに発想し構想を練ることである。表現活動の喜びは，自分独自の満足できる発想や構想が生み出されたときに特に強く感じられる。そのため題材では，画一的な表現をするのではなく，生徒の多様な個性やよさがのびのびと表現できるように工夫することが求められる。

○　「美術や美術文化などに対する見方や感じ方を深めたり」について

　ここでは，造形的なよさや美しさを感じ取ったり，表現の意図と工夫，美術の働きや美術文化などについて考えたりして，見方や感じ方を深める鑑賞に関する資質・能力について示している。

第5章
知的障害者である生徒に対する教育を行う特別支援学校

28

ここでの「美術」とは，単に美術作品だけを指しているのではなく，自然の造形や身の回りの環境，事物なども含めた幅広い内容を示している。鑑賞の学習では，自分の見方や感じ方を大切にしながら主体的に造形的なよさや美しさなどを感じとることを基本としている。

　また「美術文化」については，材料・技術・方法・様式などによって美を追究・表現しようとする美術の活動や所産など，人間の精神や手の働きによってつくりだされた有形・無形の成果の総体として幅広く捉えることが大切である。それは現代の生活や社会の中の美術の働きとも大きく関わり，つながっているものである。

教科の目標 (3)

　ここでは育成することを目指す「学びに向かう力，人間性等」について示している。教科の目標 (1) 及び教科の目標 (2) に関する資質・能力を，どのような方向性で働かせていくかを決定付ける重要な要素である。高等部美術科において，学びに向かう力や人間性等を育んでいくためには，一人一人の生徒が，自己の生き方との関わりの中で，表現及び鑑賞に関する資質・能力を身に付け，学んだことの意義を実感できるような学習活動を充実させていくことが重要となる。

○　「美術の創造活動の喜びを味わい，美術を愛好する心情を育み」について

　「美術の創造活動の喜びを味わい」の創造活動は，新しいものをつくりだす活動であり，創造活動の喜びは美術の学習を通して生徒一人一人が楽しく主体的，個性的に自己を発揮したときに味わうことができることを示している。

　美術はこのような表現の活動や鑑賞の活動を美と創造という観点から追求していく学習であり，それらを実感していく喜びは，充実感や成就感を伴うものとして特に大切にする必要がある。また，創造したものが心や生活に潤いをもたらしたり役立ったり，他者に認められたりしたときも創造活動の喜びや自己肯定感を強く感じるものである。したがって，美術の創造活動の喜びは，美術の表現及び鑑賞の全過程を通して味わえるようにすることを目指している。

　「美術を愛好する心情を育み」とは，一人一人の生徒が自分のやりたいことを見付け，意欲的に取り組めるようにすることが大切である。美術を愛好していくには，「よさを感じる」，「楽しい」，「美しいものにあこがれる」，「夢中になって取り組む」，「よりよいものを目指す」「他者の考えを認め合う」などの感情や主体的な態度を養うことが大切である。

　このように，美術を愛好する心情は，美術を好み楽しむことをはじめ，生活における心の潤いと生活を美しく改善していく心や豊かな人間性と精神の涵養に寄与するものである。

○　「感性を豊かにし，心豊かな生活を創造していく態度を養い，豊かな情操を培う」について

　「感性を豊かにし」の感性とは，様々な対象や事象からよさや美しさなどの価値や心情などを感じ取る力である。美術において感性を育てることは，豊かな心や人間性を育み，社会や人生の在り方を創造的に考えていく観点から極めて大きな意味をもっている。

　また，私たちは，生活や社会の中で，動植物，風景，四季や自然現象，日用品を含む工芸品などの自然や環境，生活に見られる造形などから，日々，美術の働きに恩恵を受けたり実感したりしながら生きている。

　「心豊かな生活を創造していく態度を養い」とは，学校生活だけでなく，学校外の生活や将来の社会生活も見据え，生活や社会を造形的な視点で幅広く捉え，美術の表現や鑑賞に親しんだり，生活環境を美しく飾ったり構成したりするなどして，心潤う生活を創造しようとする態度を養うことである。

　したがって，美術科の授業の内容を学校内で閉じることなく，生活や社会とつなげて関わりをもてるように工夫しながら，主体的に生活や社会の中で美術を生かし，創造していく態度を養うことが重要である。

　「豊かな情操を培う」の情操とは，美しいものや優れたものに接して感動する，情感豊かな心をいい，特に美術科では，美しいものやよりよいものにあこがれ，それを求め続けようとする豊かな心の働きに重点を置いている。

　情操を培うためには，造形的な視点を豊かにもち，表現の活動においては，対象や事象を深く観察し，感じ取ったよさや美しさなどや，自らの心の中を見つめそこから湧き出した感情や夢などを，自分の表したい感じや気持ちを大切にして描いたり，他者の立場に立って使いやすく美しいものをつくり，生活や社会の中の美術の働きを考えたりするなど，思いを巡らせながら創造的に学習を進めることが重要である。また，鑑賞の活動においては，自然や美術作品，美術文化などのよさや美しさ，美術の働きや美術文化の創造の知恵や仕事への共感・感動などを味わうことを通して情操を豊かに涵養することなどが大切である。

　このような美術の学習は，主体的な創造活動を通して，造形的な視点を豊かにもち，心を生き生きと働かせて，自己実現を果たしていく中でよいものや美しいものをつくりだす喜びを実感的に味わうことにより，よさや美しさを自分の中で大事な価値とし，それらにあこがれる心が一層豊かに育っていくことになる。

3　各段階の目標及び内容

(1) 各段階の目標

　各段階の目標は，教科の目標の実現を図るため，生徒の発達の特性や生活年齢を考慮し，具体的な目標として示している。各段階において，生徒の発達や必要

な経験などに配慮しながら，それぞれにふさわしい学習内容を選択して指導計画を作成し，目標の実現を目指す必要がある。

各段階の目標は，教科の目標の (1) から (3) に対応して示している。アは，「知識及び技能」に関する目標，イは，「思考力・判断力・表現力等」に関する目標，ウは，「学びに向かう力・人間性等」に関する目標である。目標の実現に当たっては，ア，イ，ウを相互に関連させながら生徒の資質・能力の育成を図る必要がある。

(2) 各段階の内容

教科の目標及び各段階の目標を受けた内容は，「A表現」と「B鑑賞」及び〔共通事項〕で構成している。「A表現」と「B鑑賞」は，本来一体である内容の二つの側面として，美術科を大きく特徴付ける領域である。〔共通事項〕は，この二つの領域の活動において共通に必要となる資質・能力であり，指導事項として示している。

「A表現」及び「B鑑賞」の各項目は，それぞれ「活動を通して，次の事項を身に付けることができるよう指導する」と示し，項目と事項の関係を明確にするとともに，「A表現」及び「B鑑賞」の活動を通して生徒の資質・能力を育成することを示している。〔共通事項〕の指導については，「A表現」及び「B鑑賞」の具体的な指導の中で取り扱われることから，「『A表現』及び『B鑑賞』の指導を通して，次の事項を身に付けることができるよう指導する」と示している。

「A表現」は，主体的に描いたりつくったりする表現の幅広い活動を通して，発想や構想に関する資質・能力と技能に関する資質・能力を育成する領域である。「B鑑賞」は，自分の見方や感じ方を大切にして，造形的なよさや美しさなどを感じ取り，表現の意図と工夫，美術の働きや美術文化などについて考えるなどして，見方や感じ方を深めるなどの鑑賞に関する資質・能力を育成する領域である。

〔共通事項〕は，「A表現」及び「B鑑賞」の学習において共通に必要となる資質・能力であり，「知識」の育成を目指すものである。〔共通事項〕の共通とは，「A表現」と「B鑑賞」の2領域及びその項目，事項の全てに共通するという意味である。「A表現」及び「B鑑賞」の指導においては，〔共通事項〕がどのような場面にも含まれている事項として捉え，指導や評価を具体化する必要がある。

(3) 1段階の目標と内容
ア　1段階の目標

○１段階
(1) 目　標
　ア　造形的な視点について理解するとともに，意図に応じて表現方法
　　を工夫して表すことができるようにする。
　イ　造形的なよさや美しさ，表現の意図と工夫などについて考え，主
　　題を生み出し豊かに発想し構想を練ったり，美術や美術文化などに
　　対する見方や感じ方を広げたりすることができるようにする。
　ウ　楽しく美術の活動に取り組み創造活動の喜びを味わい，美術を愛
　　好する心情を培い，心豊かな生活を創造していく態度を養う。

　1段階の目標のアは，育成することを目指す「知識及び技能」について示している。
○　**「造形的な視点について理解する」について**
　「造形的な視点について理解する」とは，造形要素の働きやイメージなどを捉えるために必要となる視点を理解することを示している。また，ここでの知識は，実感を伴いながら理解することで身に付くものであることから，発達の特性などを考慮し，表現及び鑑賞の活動を通して理解できるようにすることや，生徒が理解しやすい具体的な内容にするなど配慮することが大切である。
○　**「意図に応じて表現方法を工夫して表すこと」について**
　「意図に応じて表現方法を工夫して表すこと」とは，発想や構想をしたことを基に，表現の意図に応じて技能を応用したり，表現方法を工夫したりして，更に美しい，面白いなどの表現を創意工夫して表すことを示している。
　特に，中学部美術科における学習において身に付けた資質・能力や，様々な材料や水彩絵の具をはじめとする用具などの経験を基盤として，発想や構想したことなどを基に，形を描いたり色をつくったり，立体に表したりする技能を身に付けることを重視している。すなわち，形，色彩，材料などで自らの思いや意図を表現するのに必要な技能であり，材料や用具の使い方など，表現の基礎となる技能を中心に身に付けることを目指している。
　1段階の目標のイは，育成することを目指す「思考力，判断力，表現力等」について示している。
○　**「造形的なよさや美しさ，表現の意図と工夫などについて考え」について**
　「造形的なよさや美しさ」とは，対象を美術作品に限定せず，日用品を含む工芸品や製品，動植物，風景，四季や自然現象など，自然や環境，生活に見られる

造形をも対象に含めた幅広いそのよさや美しさなどのことである。

「表現の意図や工夫」とは，作品などに見られる主題や創造的な構成などの工夫のことである。

美術科における「思考力，判断力，表現力等」は，これらの発想や構想をする際にも，鑑賞をする際にも働く中心となる考えを軸として，相互に関連して働くようにすることで高まっていく。

○ 「主題を生み出し豊かに発想し構想を練ったり」について

「主題を生み出し豊かに発想し構想を練ったり」とは，感じ取ったことや考えたこと，見る人や使う人などの立場に立った目的や条件などを基に主題を生み出し，美的，創造的な構成を考えながら発想し構想を練ることを示している。

○ 「美術や美術文化などに対する見方や感じ方を広げたり」について

造形や美術作品などを見て美しいと感じる要因や，造形が美術として成立する特質，生活の中の美術の働きや美術文化について，感じ取ったり考えたりするなどして鑑賞の視点を豊かにし，見方や感じ方を広げることである。

1段階では，造形的なよさや美しさなどを感じ取り，表現の意図と工夫や，生活を美しく豊かにする美術の働き，美術文化について考えることで，見方や感じ方を広げることを目指している。

1段階の目標のウは，育成することを目指す「学びに向かう力，人間性等」について示している。

○ 「楽しく美術の活動に取り組み」について

1段階では，美術の学習活動に，まず楽しく関わることが大切である。ここでの楽しさとは，表面的な楽しさだけではなく，夢や目標の実現に向けて追求し，自己実現していく充実感を伴った喜びのことである。それは，生徒一人一人が，目標の実現のために創意工夫を重ね，一生懸命に取り組む中から生じる質の高い楽しさである。

○ 「美術を愛好する心情を培い，心豊かな生活を創造していく態度を養う」について

美的なものを大切にし，生活の中で美術の表現や鑑賞に親しんだり，生活環境を美しく飾ったり構成したりするなどの美術を愛好していく心情を培い，心潤う生活を創造しようとする態度を養うことである。その育成のためには，学校生活だけでなく，学校外の生活や将来の社会生活も見据えて，生徒が造形を豊かに捉える多様な視点をもてるようにし，身の回りの生活を造形的な視点で見つめ，新たな気付きや発見が生まれるような題材を設定するなど，心豊かな生活を創造する美術の働きを実感できるようにすることが重要である。

イ　内容

A　表　現

ア　感じ取ったことや考えたこと，目的や機能などを基に，描いたり，つくったりする活動を通して，次の事項を身に付けることができるよう指導する。

（ア）対象や事象を見つめ感じ取ったことや考えたこと，伝えたり使ったりする目的や条件などを基に主題を生み出し，構成を創意工夫し，心豊かに表現する構想を練ること。

（イ）材料や用具の特性の生かし方などを身に付け，意図に応じて表現方法を工夫して表すこと。

1段階の「A表現」アは，造形的な見方・考え方を働かせ，対象や事象を見つめて感じ取ったことや考えたことを基にしたり，身の回りの生活に目を向け，伝えたり使ったりする目的や機能などを基にしたりして主題を生み出し，構成を創意工夫し，構想を練る「思考力，判断力，表現力等」の育成と，材料や用具の特性を生かし，意図に応じて表現方法を工夫する「技能」を育成することをねらいとしている。

「感じ取ったことや考えたこと，目的や機能」とは，主題を生み出すときや発想や構想をするときの要因となるものを示している。「感じ取ったこと」は受け身ではなく，意識を働かせて何かを得ようとする主体的な関わりを意図している。また，「考えたこと」は，内的あるいは外的な要因によって心の中に思い描いたことや願いなどである。

「目的や機能」とは，生活を心豊かにするために飾る，気持ちや情報を美しく分かりやすく伝える，製品などを生活の中で楽しく使うなど，生活や社会における美術の働きとの関連性と深く関わる内容である。

「描いたり，つくったりする活動」の「描く」内容に関しては，絵を描く，版画にする，目的や用途に合わせたポスターや表示物をデザインすることなどが挙げられる。「つくる」内容に関しては，主として彫刻などの立体に表すこと，生活に役立てる器物や装飾品などをつくる工芸などがある。

絵や版画の題材としては，人物や動植物，静物や風景の観察や描写，学校行事や社会行事などの印象，想像画などがあり，版画の方法としては，紙版，木版，ゴム版，スチレンボード版などがある。デザインの題材としては，ポスター，案内表示・標識，表紙装丁デザイン，カット，模様・装飾などがある。

彫刻や立体の題材としては，人物，動植物，乗り物，建築物などが，工芸の種類としては，織物，紙工，革工，木工，金工，七宝焼きや焼き物の器物などが挙

第5章
知的障害者である生徒に対する教育を行う特別支援学校

34

げられる。

（ア）は，対象や事象をじっくり見つめて感じとったことや考えたこと，伝えたり使ったりする目的や条件などを基に主題を生み出し，構成を創意工夫し，心豊かに表現するための発想や構想に関する指導事項である。

「対象や事象を見つめ感じ取ったことや考えたこと」とは，生徒自らが自然や人物，動植物，身近にあるものや，出来事などに対して，感性を豊かに働かせることによって感じ取った形や色彩の特徴や，それらがもたらす様々なよさ，雰囲気，情緒，美などを示している。また，体験などを基に感じたことや考えたこと，実際にはあり得ないこと，自分の思いや願いなどを心の中に思い浮かべることである。

「伝えたり使ったりする目的や条件」とは，生徒が身の回りの生活に目を向け，自分を含めた身近な相手を対象として，見る人や使う人の立場に立って考える目的や条件のことである。「伝えたり使ったりする」を2つに分けて考えた時，「伝える目的や条件」とは，気持ちや価値観，情報などの伝える目的や，対象，方法，手段などの伝えるための条件のことである。伝達するための発想や構想を高めるためには，目的となる伝えたい内容が生徒にとって価値ある内容であり，伝えることの必要性が実感できることが重要である。特に1段階では，生徒に身の回りの具体的な出来事や場面，人々が生活する姿に目を向けさせ，生徒が主体的に周囲に働きかけるような学習活動を通して，気持ちや情報を伝える楽しさを味わわせることが大切である。

もう一方の「使う目的や条件など」とは，使う人が楽しんだり，心地よさを感じたり，便利であったりなどの目的や，使いみち，使われる場所や場面，使う人などの条件のことである。1段階では，主として身近な生活の範囲から，いつ，どこで，誰が使うかなど場面や状況を踏まえて，使いやすさや利用しやすさを考えるようにする。

「主題を生み出し」とは，生徒自らが強く表したいことを心の中に思い描くことであり，発想や構想の学習を進める上で基盤となるものである。

「構成を創意工夫し，心豊かに表現する構想を練ること」とは，感じ取ったことや考えたことをなどから生み出された主題を基に，一人一人が自分の表したい表現世界をどのようにしたいかを考えて，構成を創意工夫して発想や構想をすることである。1段階では，感じたことや思いなど，主題とまではいえないものから構想を練ることも考えられる。例えば，材料を見たり触ったりしているときに感じたことやイメージなどを基に構成を工夫し，技能を働かせて具体的な形に表現していく活動などが考えられる。また，描いたりつくったりしながら構想が明確になったり，描いたりつくったりしていく中で構想が変わったりすることもある。このように活動の中で表したいことが明確になり主題が生み出され表現が深

まることもある。

（イ）は，材料や用具の特性の生かし方などを身に付け，発想や構想したことなどを基に，意図に応じて表現方法を工夫して表す技能に関する指導事項である。

「材料や用具の特性の生かし方などを身に付け」とは，自分の意図する形や色彩などに表すことができるよう，材料や用具の特性を理解し，工夫して表すための基礎となる技能を身に付けることである。

この段階の生徒が扱う材料としては，描画では水彩絵の具やポスターカラー絵の具，墨，色鉛筆，ペン，パステル，色紙など，立体では粘土，木，石，紙，布，金属，プラスティック，スチレンボード，ニス，水性・油性塗料などがある。

主な用具としては，塗装用具，接着剤，彫刻刀，簡易な木材・金属加工用具，糸のこ盤や研磨機などの電動工具などが挙げられる。

これらの材料の中から表現に合う素材を選択し，その特徴と使い方や用具の扱い方を理解し，生かしていく事ができるように体験を積み重ねていくことが必要である。

「意図に応じて表現方法を工夫して表す」とは，生徒自らが強く表したいことを心の中に思い描き，発想や構想したことを，材料や用具を生かしながら工夫して表すことである。自分の意図に応じて工夫して表すためには材料や用具の生かし方だけでなく，形や色彩などの生かし方なども身に付けることが必要である。

形の表し方については，形の捉え方，表し方の指導とともに，大まかな遠近感や簡単な立体感も表せるように指導する。立体としての形の表し方については，いろいろな角度から形体を捉え，立体としての量感や動勢などに気付かせて表現させるようにする。粘土や段ボール，厚紙などの紙素材など，扱う材料を限定することにより，立体で表現する力を育成することも考えられる。

色彩の表し方については，既成の概念や常識的な色の表現にとらわれることなく，自分の目と心で深く観察し，感じた色などを素直に表すことが大切である。様々な色を見たり実際につくったりして色に対する体験を豊かにすることで，表現への抵抗感を少なくすることができる。

B　鑑　賞
　ア　美術作品や生活の中の美術の働き，美術文化などの鑑賞の活動を通して，次の事項を身に付けることができるよう指導する。
　（ア）美術作品などの造形的なよさや美しさを感じ取り，作者の心情や表現の意図と工夫などについて考えるなどして，見方や感じ方を広げること。

（イ）生活の中の美術や文化遺産などのよさや美しさを感じ取り，生活を
美しく豊かにする美術の働きや美術文化について考えるなどして，
見方や感じ方を広げること。

　1段階の「B鑑賞」アでは，美術作品や生活の中の美術の働き，美術文化など
の鑑賞の活動を通して，よさや美しさを感じ取り，作者の心情や表現の意図と工
夫，生活の中の美術の働きや美術文化について考えるなどの見方や感じ方を広げ
る「思考力，判断力，表現力等」を育成することをねらいとしている。

　（ア）は，美術作品などから，造形的なよさや美しさを感じ取るとともに，作者
の心情や表現の意図と工夫などについて考えるなどして，見方や感じ方を広げる
鑑賞に関する指導事項である。

　「美術作品などの造形的なよさや美しさ」とは，美術作品などの形や色彩など
から感じられるよさや美しさのことである。1段階では，対象をじっくりと見つ
める時間を大切にし，自分の感覚で素直に味わうとともに，教師が示した課題や
助言などを基に，形や色彩，材料などに視点を置いて感じ取ったり考えたりする
などの学習が必要である。

　「作者の心情や表現の意図と工夫などについて考える」とは，作者の関心や発
想，作品に込められた心情，その作品によって何を表現したかったのかという意
図と，それがどのように表現されているかという工夫について考えることであ
る。また，デザインや工芸などの作品などからは，使う人に対する作者の温かい
心遣い，作品に込められた作者の思いや願いなどに基づいた表現の工夫について
考えることである。心情や表現の意図と工夫などは，必ずしも正解があるわけで
はないので，作品が表している内容や形，色彩，材料，表現方法などから，生徒
が自分の感覚や言葉で感じ取れるように，助言や指導をすることが大切である。

　「見方や感じ方を広げる」とは，美術作品などの造形的なよさや美しさを感じ
取り，作者の心情や表現の意図と工夫などについて考えるなどして鑑賞の視点を
豊かにし，見方や感じ方を広げることである。その際，生徒が自分の感じたこと
や気付いたこと，考えたことなどについて，対話などを通してお互いに説明し合
う中で，自分にはない新たな見方や感じ方に気付かせることが大切である。ま
た，発想や構想の学習と関連させることで，見方や感じ方が一層広がっていくこ
とが考えられる。

　（イ）は，生活の中の美術や文化遺産などから，よさや美しさを感じ取り，生活
を美しく豊かにする美術の働きや美術文化について考えるなどして，見方や感じ
方を広げる鑑賞に関する指導事項である。

　「生活の中の美術や文化遺産などのよさや美しさを感じ取り」とは，身の回り
にある身近な風景や自然現象，街で見られる人工物などの形や色彩，材料などに

視点を置いて意識して捉え，造形的な美しさを感じ取ったり，文化遺産などを鑑賞することを通して，その特性やよさに気付いたりすることである。

「生活を美しく豊かにする美術の働きや美術文化について考える」とは，私たちが日常的に形や色彩，材料などに囲まれて生活していることを意識して考え，生活の中の様々なものから，その形や色彩などを通してメッセージを受け取り，心豊かに生活していることを実感することであり，文化遺産などの鑑賞を通して，その特性やよさに気付き，美術文化と伝統を実感的に捉えることである。

「見方や感じ方を広げる」とは，身の回りにある自然物や人工物の造形的な美しさなどを感じ取り，生活を美しく豊かにする美術の働きについて考えるなどして鑑賞の視点を豊かにし，見方や感じ方を広げることである。

また，身近な地域や日本及び諸外国の美術の文化遺産などのよさや美しさなどを感じ取り，美術文化について考えるなどして鑑賞の視点を豊かにし，見方や感じ方を広げることである。また，ここでの指導に当たっては，鑑賞の活動に必要な地域の人材や施設等の活用を図り，実感の伴う学びを実現することで，積極的に鑑賞しようとする気持ちを高めたり，見方や感じ方を広げたりすることも効果的である。

〔共通事項〕

ア 「A表現」及び「B鑑賞」の指導を通して，次の事項を身に付けることができるよう指導する。

(ア) 形や色彩，材料や光などの働きを理解すること。

(イ) 造形的な特徴などから全体のイメージで捉えることを理解すること。

〔共通事項〕アは，「A表現」及び「B鑑賞」の学習において共通に必要となる造形的な視点を豊かにするために，形や色彩，材料，光などの働きや，造形的な特徴などを基に，全体のイメージや作風で捉えることを理解する項目である。

〔共通事項〕は，それ自体を単独で扱ったり，単に新たな事柄として知ることや言葉を暗記することに終始したりするものではない。ここでは，「A表現」及び「B鑑賞」の指導と併せて，示された内容について指導することによって生徒一人一人の造形的な視点を豊かにし，作品や身の回りの生活の中の形や色彩などの造形の要素や全体に意識を向けて着目したり，造形の要素の働きやイメージを捉えたりできるようにすることが大切である。

(ア)は，形や色彩，材料，光などの働きについての理解に関する指導事項，(イ)は，造形的な特徴などから，全体のイメージや作風などで捉えることについての理解に関する指導事項である。

1段階では，内容に示す各事項の定着を図ることを基本としている。その観点に立って，生徒が造形を豊かに捉える多様な視点がもてるように，「3指導計画の作成と内容の取扱い」の「(2)内容の取扱いと指導上の配慮事項」のサに配慮し，(ア)では，作品などの造形の要素などに着目させて，視角や触覚等で，色彩の色味や明るさ，鮮やかさや，材料の性質や質感を感じ，形の優しさ，色の楽しさや寂しさ，木の温かさ，光の柔らかさ，形や色彩などの組合せによる美しさなどについて心で感じ取れるよう，実感を伴いながら理解できるようにする。(イ)では，作品などの全体に着目させて，造形的な特徴などを基に見立てたり心情などと関連付けたりして全体のイメージで捉えることや，作風などの視点で捉えることなどについて実感を伴いながら理解できるようにし，(ア)及び(イ)の事項の理解が，造形的な視点を豊かにし，1段階の表現及び鑑賞の学習の中で生きて働くようにすることが大切である。

(4) 2段階の目標と内容
ア　目標

○2段階
　(1) 目　標
　ア　造形的な視点について理解するとともに，意図に応じて自分の表現方法を追求して創造的に表すことができるようにする。
　イ　造形的なよさや美しさ，表現の意図と創造的な工夫などについて考え，主題を生み出し豊かに発想し構想を練ったり，美術や美術文化などに対する見方や感じ方を深めたりすることができるようにする。
　ウ　主体的に美術の活動に取り組み創造活動の喜びを味わい，美術を愛好する心情を深め，心豊かな生活を創造していく態度を養う。

　2段階の目標のアは育成することを目指す「知識及び技能」について示している。

○　「意図に応じて自分の表現方法を追求して創造的に表すこと」について
　「意図に応じて自分の表現方法を追求して創造的に表すこと」とは，発想や構想をしたことを基に，意図に応じて自分の表現方法を追求して表すことを示している。2段階においては，これまでの様々な表現に関する経験を基に，より独自の表現を目指して多様な表現方法や表現技法について追求することが大切である。
　2段階の目標のイは，育成することを目指す「思考力，判断力，表現力等」に

ついて示している。

○　「造形的なよさや美しさ，表現の意図と創造的な工夫などについて考え，主
　　題を生み出し豊かに発想し構想を練ったり，美術や美術文化などに対する見方
　　や感じ方を深めたり」について

　「造形的なよさや美しさ，表現の意図と創造的な工夫などについて考え」と
は，発想や構想と鑑賞の双方に重なる資質・能力を示している。

　「主題を生み出し豊かに発想し構想を練ったり」とは，感じ取ったことや考え
たこと，見る人や使う人などの立場に立った目的や条件などを基に主題を生み出
し，美的，創造的な構成を総合的に考えながら，発想し構想を練ることを示して
いる。また，生徒の実態を踏まえて，自分らしさに自信をもちながら主題を生み
出し，豊かに発想や構想ができるように指導することが必要である。

　「美術や美術文化などに対する見方や感じ方を深めたり」とは，造形や美術作
品などを見て美しいと感じる要因や，生活や社会の中の美術の働きや美術文化に
ついて，感じ取ったり考えたりするなどして鑑賞の視点を豊かにし，見方や感じ
方を深めることである。

　鑑賞により生徒の心の中につくりだされる思いや考え，価値などには様々なも
のがある。多様な見方や感じ方で作品などを捉えることは，美術作品だけではな
く生活や社会の中の様々なものや出来事などを多様な視点で捉えることにもつな
がり，生徒が生きていく上において大切な学びとなる。

　２段階の目標のウは，育成することを目指す「学びに向かう力，人間性等」に
ついて示している。

○　「主体的に美術の活動に取り組み創造活動の喜びを味わい，美術を愛好する
　　心情を深め，心豊かな生活を創造していく態度を養う」について

　「主体的に美術の活動に取り組み創造活動の喜びを味わい」とは，２段階での
美術に関わる基本的な姿勢について述べている。ここでは，１段階の「楽しく」
から更に質を高め，自らの目指す夢や目標の実現に向かって積極的に取り組み，
創造的な活動を目指して挑戦していく喜びや，主体的な態度の形成を一層重視し
ている。そのため生徒一人一人が表現への願いや創造に対する自分の夢や目標を
もてるように励ましたりよさをほめたりすることで，創造的な表現や鑑賞に主体
的に取り組むことができるようにすることが大切である。

　「美術を愛好する心情を深め，心豊かな生活を創造していく態度を養う」と
は，美的なものを大切にし，生活の中で美術の表現や鑑賞に親しんだり，生活環
境を美しく飾ったり構成したりするなどの美術を愛好していく心情を一層深め，
心潤う生活を創造しようとする態度を養うことである。

　ここでは，生涯を通して美にあこがれ，美術に親しみ，日々心豊かな生活を楽
しみ充実させていこうとする創造的な生き方や態度を養うことを目指している。

また，日常生活のあらゆるところに美術が関わっていることを認識し，社会に果たす美術の役割に気付き，自然や美術作品や文化遺産などに目を向け，よさや美しさなどを積極的に味わい生活に取り入れて，生涯にわたり心豊かな生活を創造していくための資質・能力を高めることが大切である。

イ　内容

> (2) 内　容
>
> 　A　表　現
>
> 　　ア　感じ取ったことや考えたこと，目的や機能などを基に，描いたり，つくったりする活動を通して，次の事項を身に付けることができるよう指導する。
>
> 　　(ア) 対象や事象を深く見つめ感じ取ったことや考えたこと，伝えたり使ったりする目的や条件などを基に主題を生み出し，創造的な構成を工夫し，心豊かに表現する構想を練ること。
>
> 　　(イ) 材料や用具の特性の生かし方などを身に付け，意図に応じて表現方法を追求し，自分らしさを発揮して表すこと。

　2段階の「A表現」アは，造形的な見方・考え方を働かせ，対象や事象を深く見つめて，感じ取ったことや考えたことなどを基にしたり，社会との関わりを意識し，伝えたり使ったりする目的や機能などを基にしたりして主題を生み出し，創造的な構成を工夫し，構想を練る「思考力，判断力，表現力等」の育成と，材料や用具の特性を生かし，意図に応じて表現方法を工夫する「技能」を育成することをねらいとしている。

　(ア)は，対象や事象を深く見つめて感じ取ったことや考えたこと，伝えたり使ったりする目的や条件などを基に主題を生み出し，創造的な構成を工夫し，心豊かに表現するための発想や構想に関する指導事項である。

　「対象や事象を深く見つめ感じ取ったことや考えたこと」とは，感性や想像力を豊かに働かせながら対象や事象を深く見つめ，感じ取った形や色彩などの特徴やイメージ，対象の内面や全体の感じ，生命感や心情などから生じた思いや考えなどを示している。例えば，自画像の制作においては，鏡を見て表面的に形や色彩を捉えさせるだけではなく，自分自身の気持ちや心の中を見つめさせることで，より深く自己を理解し，自分の感情やものの考え方，価値観に改めて気付けるように指導を工夫する必要がある。

　2段階の「伝えたり使ったりする目的や条件」とは，身の回りの出来事や身近な相手だけでなく，社会性や客観性を意識して，見る人や使う人の立場に立って

考える目的や条件のことである。

「伝える目的や条件」とは，より多くの他者や社会に対して伝えるための，気持ちや価値観，情報などの目的や，対象，方法，手段などの伝えるための条件のことである。伝達するための発想や構想を高めるためには，1段階と同様に，目的となる伝えたい内容が生徒にとって価値ある内容であり，伝えることの必要性が実感できることが重要である。特に2段階では，社会的な出来事や場面，学校に関わる人々や地域の人々などに目を向けさせ，生徒が主体的に地域や社会に働きかけるような学習活動を通して，多くの人に気持ちや情報を伝えるすばらしさや面白さを味わわせることを重視する。

「使う目的や条件など」とは，身近な人だけでなく，様々な人が楽しんだり，心地よさを感じたり，便利であったりするなどの使いみちや，使われる場所や場面，使う人などの条件のことである。2段階では，1段階の学習を更に深めて，例えば，使用する多くの人たちの気持ちや身体に優しいデザイン，多様な人々が共有できる機能について考えることが求められる。

「主題を生み出し」とは，生徒自らが強く表したいことを心の中に思い描くことである。

「創造的な構成を工夫し，心豊かに表現する構想を練ること」とは，感じ取ったことや考えたことなどから生み出された主題を基に，楽しさや自分の思いや願い，よさや美しさへのあこがれなど，自己の心を見つめて考えたことを十分に取り入れながら構想を練ることである。構想の中には，主題を基に考えをまとめる構成的な側面からの構想と，材料や技法などの表現方法の側面からの構想がある。表現方法から構想を練る際には，どのような材料を用い，どのような方法で表現するのか，また，構想をしている内容が，技術的に実現可能なのかなど，生徒の造形体験などを基に，十分に検討しておく必要がある。その際，表現方法を試す場の設定や，性質や特徴の違う材料を複数準備するなどの条件整備を整えておくことが大切である。

（イ）は，材料や用具の特性の生かし方などを身に付け，発想や構想したことなどを基に，意図に応じて表現方法を追求し，自分らしさを発揮して表す技能に関する指導事項である。

「意図に応じて表現方法を追求し，自分らしさを発揮して表す」とは，表現の意図を明確にもち，現状に満足することなく，よりよいもの，より美しいものを目指すなど，自分の表現方法を追求して創意工夫を続け，自分らしさを発揮して創造的に表すことである。表現の技能を高めるためには，材料や用具の特性を理解させ，生かし方を身に付けるとともに，制作している中で，生徒が「やってみたい，試してみたい」と思ったときに，材料や用具と自由に関われるような学習環境の工夫も必要である。また，「B鑑賞」の学習活動とも関連させながら，生

徒自身が自分の見方や感じ方を深め，既成の表現方式にとらわれることなく，様々な作風や様式について学ぶことも大切である。

B　鑑　賞
　ア　美術作品や生活の中の美術の働き，美術文化などの鑑賞の活動を通して，次の事項を身に付けることができるよう指導する。
　　(ア) 美術作品などの造形的なよさや美しさを感じ取り，作者の心情や表現の意図と創造的な工夫などについて考えるなどして，見方や感じ方を深めること。
　　(イ) 生活や社会の中の美術や文化遺産などのよさや美しさを感じ取り，生活や社会を美しく豊かにする美術の働きや美術文化について考えるなどして，見方や感じ方を深めること。

　2段階の「B鑑賞」アでは，美術作品や生活の中の美術の働き，美術文化などの鑑賞の活動を通して，よさや美しさを感じ取り，作者の心情や表現の意図と創造的な工夫，生活や社会の中の美術の働きや美術文化について考えるなどの見方や感じ方を深める「思考力，判断力，表現力等」を育成することをねらいとしている。

　(ア)は，美術作品などから，造形的なよさや美しさを感じ取るとともに，作者の心情や創造的な工夫などについて考えるなどして，見方や感じ方を深める鑑賞に関する指導事項である。

　「美術作品などの造形的なよさや美しさ」とは，美術作品などの形や色彩などから感じられるよさや美しさのことである。2段階では，対象の形や色彩などの特徴や印象などから内面や全体の感じ，価値や情緒などを感じ取り，外形には見えない本質的なよさや美しさなども捉えようとすることが大切である。

　「作者の心情や表現の意図と創造的な工夫などについて考える」とは，作者の生きた時代や社会的背景など幅広い視点から捉えた作者の心情や表現の意図と創造的な工夫について考えることである。また，デザインや工芸などの作品などからは，使う人や場を考えた作者の温かい心遣いや，作品の主題や表現の意図などに基づいた創造的な工夫について考えることである。

　「見方や感じ方を深める」とは，主題などに基づき，作品の背景を見つめたり自分の生き方との関わりの中で作品や制作に対する姿勢を捉えたりするとともに，表現の意図と創造的な工夫などについて考えるなどして鑑賞の視点を豊かにし，見方や感じ方を深めることである。鑑賞は単に知識や定まった作品の価値を学ぶだけの学習ではなく，知識なども活用しながら自分の中に作品に対する新し

第4節
各学科に共通
する各教科

い価値をつくりだす学習である。指導に当たっては，異なった見方や感じ方を尊重する雰囲気をつくるとともに，作品に対する生徒の興味・関心をより高めたり，いくつかの鑑賞の視点を設定したりしながら，生徒それぞれに自分一人では気付くことができない多様な見方や感じ方ができるようにして，鑑賞を深めていけるような配慮が必要である。

（イ）は，生活や社会の中の美術や文化遺産などから，よさや美しさを感じ取り，生活や社会を美しく豊かにする美術の働きや美術文化について考えるなどして，見方や感じ方を深める鑑賞に関する指導事項である。

「生活や社会の中の美術や文化遺産などのよさや美しさを感じ取り」とは，動植物や自然物，四季や自然現象，風景などの自然や，公園や建造物，街並みなどの環境の中に見られる造形的な美しさを感じ取ることである。また，独自の文化を生み出してきた日本の美術文化のよさを十分に味わうことである。そして，美術としての文化遺産そのものや，その背景となる日本文化の特質への関心を高め，それらが現代においても大きな意味をもつことに気付かせるようにすることが大切である。

「生活や社会を美しく豊かにする美術の働きや美術文化について考える」とは，美術作品や身の回りの環境を美しさや自然との調和の視点から捉え，生活や社会を心豊かにする造形や美術の働きや美術文化について考えることである。人間は，形，色彩，材料，光，空間などにより，明るい開放感や落ち着いた雰囲気，心が躍るような楽しさなどを感じることができる。また，自然や優しさのある環境は，精神的な温かみやくつろぎを与えてくれる。このような造形や美術の働きに気付き，それを豊かに感じ取ろうとすることが大切である。

「見方や感じ方を深める」とは，身近な環境の中に見られる造形的な美しさを感じ取り，生活や社会を美しく豊かにする美術の働きについて考えるなどして鑑賞の視点を豊かにし，見方や感じ方を深めることである。また，日本及び諸外国の美術文化のよさや美しさを感じ取り，生活や社会を美しく豊かにする美術の働きや美術文化について考えるなどして鑑賞の視点を豊かにし，見方や感じ方を深めることである。その際，生徒が鑑賞の学習を通して考えたことや，発想や構想をしたことを表現の学習に生かしたり，表現した作品を相互に鑑賞し合ったりするなど，鑑賞と表現が関連し合いながら繰り返されるように指導を工夫し，見方や感じ方を深めることなどが考えられる。

〔共通事項〕
ア 「A表現」及び「B鑑賞」の指導を通して，次の事項を身に付けることができるよう指導する。
　（ア）形や色彩，材料や光などの働きを理解すること。

> （イ）造形的な特徴などから全体のイメージで捉えることを理解すること。

　〔共通事項〕アは，「A表現」及び「B鑑賞」の学習において共通に必要となる造形的な視点を豊かにするために，形や色彩，材料，光などの働きや，造形的な特徴などを基に，全体のイメージや作風で捉えることを理解する項目である。2段階において，「A表現」及び「B鑑賞」に関する資質・能力を豊かに育成するためには，〔共通事項〕に示されている内容を，表現及び鑑賞の各活動に適切に位置付けることが大切である。

　（ア）は，形や色彩，材料，光などの働きについての理解に関する指導事項，（イ）は，造形的な特徴などから，全体のイメージや作風などで捉えることについての理解に関する指導事項である。

　2段階では，1段階において身に付けた資質・能力を柔軟に活用して，表現及び鑑賞に関する資質・能力をより豊かに高めることを基本としている。

　生徒が表したいイメージを捉えて，豊かに発想し構想を練ったり作品などからイメージを捉えて豊かに鑑賞したりできるようにするためには，対象を具体物に見立てたり心情などと関連付けたりするなど全体のイメージで捉えるということを理解して対象を見つめることも重要である。また，作風や様式などで捉えるということの理解から，「霧のかかった景色が水墨画のようだ」，「この作品は印象派の雰囲気がある」など，全体を文化的な視点から捉えることも重要であり，美術文化についての見方や感じ方を深めることにもつながるものである。一方で，イメージを捉える際には，直感的な捉え方も大切である。例えば，風景や作品を見た瞬間にイメージが浮かぶことも少なくない。「ラッパを見て花びらのように見えた」ときに，必ずしもイメージとして捉えた根拠が明確でなくても，生み出されたイメージは大切にし，後からその根拠が明確になっていき〔共通事項〕の（イ）の内容の理解が深まることもある。直感的な捉え方を重ねることも大切にする中で，一人一人の独自の造形的な視点が豊かになり，自分らしい見方が育っていくものである。

4　指導計画の作成と内容の取扱い

(1) 指導計画作成上の配慮事項

> 3　指導計画の作成と内容の取扱い
> 　(1) 指導計画の作成に当たっては，次の事項に配慮するものとする。
> 　　ア　題材など内容や時間のまとまりを見通して，その中で育む資質・
> 　　　能力の育成に向けて，生徒の主体的・対話的で深い学びの実現を図
> 　　　るようにすること。その際，造形的な見方・考え方を働かせ，表現

したり鑑賞したりする資質・能力を相互に関連させた学習の充実を図ること。

イ　2の各段階の内容の「A表現」及び「B鑑賞」の指導については相互の関連を図り，特に発想や構想に関する資質・能力と鑑賞に関する資質・能力とを総合的に働かせて学習が深められるようにすること。

ウ　2の各段階の内容の〔共通事項〕は，表現及び鑑賞の学習において共通に必要となる資質・能力であり，「A表現」及び「B鑑賞」の各事項の指導と併せて，十分な指導が行われるよう工夫すること。

エ　2の各段階の内容の「B鑑賞」の指導に当たっては，作品等について説明したり，話し合ったりして，周りの人と共有できる機会を設けるようにすること。

オ　2の各段階の内容の「B鑑賞」の指導に当たっては，生徒や学校の実態に応じて，地域の美術館や博物館等と連携を図ったり，それらの施設や文化財などを積極的に活用したりするようにすること。また，学校図書館等における鑑賞用図書，映像資料等の活用を図ること。

アについては，美術科の指導計画の作成に当たり，生徒の主体的・対話的で深い学びの実現を目指した授業改善を進めることとし，美術科の特質に応じて，効果的な学習が展開できるように配慮すべき内容を示したものである。

選挙権年齢や成年年齢の引き下げなど，生徒にとって政治や社会が一層身近なものとなる中，学習内容を人生や社会の在り方と結び付けて深く理解し，これからの時代に求められる資質・能力を身に付け，生涯にわたって能動的に学び続けることができるようにするためには，これまでの学校教育の蓄積も生かしながら，学習の質を一層高める授業改善の取組を活性化していくことが求められている。

指導に当たっては，(1)「知識及び技能」が習得されること，(2)「思考力，判断力，表現力等」を育成すること，(3)「学びに向かう力，人間性等」を涵養することが偏りなく実現されるよう，単元など内容や時間のまとまりを見通しながら，生徒の主体的・対話的で深い学びの実現に向けた授業改善を行うことが重要である。

主体的・対話的で深い学びは，必ずしも1単位時間の授業の中で全てが実現されるものではない。題材など内容や時間のまとまりの中で，例えば，主体的に学習に取り組めるよう学習の見通しを立てたり学習したことを振り返ったりして自身の学びや変容を自覚できる場面をどこに設定するか，対話によって自分の考え

などを広げたり深めたりする場面をどこに設定するか，学びの深まりをつくりだすために，生徒が考える場面と教師が教える場面をどのように組み立てるか，といった視点で授業改善を進めることが求められる。また，生徒や学校の実態に応じ，多様な学習活動を組み合わせて授業を組み立てていくことが重要であり，題材のまとまりを見通した学習を行うに当たり基礎となる「知識及び技能」の習得に課題が見られる場合には，それを身に付けるために，生徒の主体性を引き出すなどの工夫を重ね，確実な習得を図ることが必要である。

　主体的・対話的で深い学びの実現に向けた授業改善を進めるに当たり，特に「深い学び」の視点に関して，各教科等の学びの深まりの鍵となるのが「見方・考え方」である。各教科等の特質に応じた物事を捉える視点や考え方である「見方・考え方」を，習得・活用・探究という学びの過程の中で働かせることを通じて，より質の高い深い学びにつなげることが重要である。

　これまで美術科では，美術の創造活動を通して，自己の創出した主題や，自分の見方や感じ方を大切にし，創造的に考えて表現したり鑑賞したりする学習を重視してきた。「深い学び」の視点から学習活動の質を向上させるためには，造形的な見方・考え方を働かせ，表現及び鑑賞に関する資質・能力を相互に関連させた学習を充実させることで，美術を学ぶことに対する必要性を実感し目的意識を高めるなどの「主体的な学び」の視点も大切である。さらに，自己との対話を深めることや，〔共通事項〕に示す事項を視点に，表現において発想や構想に対する意見を述べ合ったり，鑑賞において作品などに対する自分の価値意識をもって批評し合ったりすることなどの「対話的な学び」の視点が重要である。このような言語活動の充実を図ることや作品づくりを通して思考を表現に置き換えたり，協働する活動で，共に考えを創り上げたりする対話的な活動の充実を図ることで，お互いの見方や感じ方，考えなどが交流され，新しい見方に気付いたり，価値を生み出したりすることができるようになる。

　このように表現と鑑賞を関連させながら，主体的・対話的で深い学びに向けた授業改善を進めていくことで，造形的な見方・考え方が豊かになり，美術科において育成する資質・能力が一層深まっていくことになる。

　イについて，指導計画の作成に当たっては，表現及び鑑賞のそれぞれの目標と内容を的確に把握し，相互の関連を十分に図った学習が展開されるよう配慮しなければならない。そのためには，各内容における指導のねらいを十分に検討し，それを実現することのできる適切な題材を設定し，系統的に育成する資質・能力が身に付くよう指導計画に位置付ける必要がある。表現と鑑賞の相互の関連を図る際には，特に「思考力，判断力，表現力等」を育成する観点からは，発想や構想と鑑賞に関する資質・能力を総合的に働かせて学習が深められるよう十分配慮する必要がある。

例えば，「A表現」のアの（ア）の対象を見つめ感じ取ったことや考えたことを基に，主題を生み出し，構成を創意工夫し，構想を練ることと「B鑑賞」アの（ア）の作者の心情や表現の意図と工夫を考えることは相互に関連している。

　感じ取ったことや考えたことなどを基にした表現に関する作品を鑑賞し，作者がどのようにして主題を生み出し，表現の工夫をしているのかについて考えることは，生徒が実際に表現する際に主題を生み出したり構想を練ったりする力を高めることになる。同様に，「A表現」のアの（ア）の伝えたり使ったりする目的や条件などを基に主題を生み出し，構成を創意工夫し，構想を練ることと「B鑑賞」アの（ア）の作者の心情や表現の意図と工夫を考えることは相互に関連しており，目的や機能などを基にした表現に関する鑑賞の学習が，発想や構想に関する資質・能力を高めることにつながる。

　表現と鑑賞の指導の関連を図る際には，発想や構想と鑑賞の学習の双方に働く中心となる考えを軸にそれぞれの資質・能力を高められるようにすることが大切である。これらの相互の関連を図ることは，表現活動において発想や構想と関連する創造的に表す技能も高めることにもつながる。

　このように，表現と鑑賞は密接に関係しており，表現の学習が鑑賞に生かされ，そしてまた，鑑賞の学習が表現に生かされることで，一層充実した創造活動に高まっていくため，「A表現」と「B鑑賞」の相互の関連を十分に図り，学習の効果が高まるように指導計画を工夫する必要がある。

　ウについて，〔共通事項〕は表現及び鑑賞の学習において共通に必要となる資質・能力を示したものであり，造形的な視点を豊かにするために必要な知識として表現及び鑑賞の各活動に適切に位置付け，指導計画を作成する必要がある。

　〔共通事項〕を造形的な視点と関連させながら「A表現」及び「B鑑賞」の学習の中で十分に指導をするためには，具体的な学習活動を想定し，〔共通事項〕アの（ア）の「形や色彩，材料や光などの働きを理解すること」や，（イ）の「造形的な特徴などから全体のイメージで捉えることを理解すること」が，表現及び鑑賞の活動の中で造形的な視点として豊かに働くようにどの場面でどのように指導するのかを明確に位置付け，指導計画の作成を行う必要がある。

　その際，〔共通事項〕に示す事項の視点で指導を見直し学習過程を工夫することや，生徒自らが必要性を感じて〔共通事項〕に示す事項の視点を意識できるような題材を工夫するなどして，形や色彩などに対する豊かな感覚を働かせて表現及び鑑賞の学習に取り組むことができるようにすることが大切である。

　また，中学部美術科の〔共通事項〕を踏まえた指導にも十分配慮する必要がある。

　エについて，「A表現」及び「B鑑賞」の学習を通して学んだことが，生活や社会の中で生かせるように，指導計画を作成することが大切である。その際，生

徒や各学校の実態，地域性などを生かした効果的な指導方法を工夫することが求められる。

　オについて，地域によって美術館や博物館等の施設や美術的な文化財の状況は異なるが，学校や地域の実態に応じて，実物の美術作品を直接鑑賞する機会が得られるようにしたり，作家や学芸員と連携したりして，可能な限り多様な鑑賞体験の場を設定するようにする。連携については，生徒の鑑賞の活動をより豊かに展開していく観点から学校と美術館等が活動のねらいをお互いに共有しながら推進することが大切である。

　また，鑑賞が授業としての学習だけではなく，平素の学校生活の中で親しめるようにすることが大切である。日常的に美術鑑賞に親しみ，校内環境の美的な装飾などに心掛けていくことで，生徒一人一人の造形的な視点を豊かにし，感性や情操が培われるようにするとともに，このことが美術科の授業において鑑賞の学習や表現の学習への意欲付けにもなるよう工夫していくことが大切である。したがって，生徒作品をはじめ様々な鑑賞作品，鑑賞用の図書資料や映像資料などを，美術室や校内，その他の適切な場所に展示したり備えたりするようにすることが必要である。

　このような学習の計画に当たっては，総合的な探究の時間や学校行事，地域に関係する行事などとの関連を図るなどの工夫も考えられる。

(2) 内容の取扱いと指導上の配慮事項

(2)　2の各段階の内容の取扱いについては，次の事項に配慮するものとする。

　ア　「A表現」の指導に当たっては，材料や用具の安全な使い方や保管について指導するとともに，活動場所について事前の点検や安全指導をするなどして，事故防止について徹底すること。

　イ　生徒が個性を生かして活動することができるようにするため，学習活動や表現方法などに幅をもたせるようにすること。

　ウ　「A表現」の指導に当たっては，活動の全過程を通して生徒が実現したい思いや願いを大切にしながら活動できるようにし，自分のよさや可能性を見いだし，生涯にわたり，楽しく豊かな生活を創造する態度を養うようにすること。

　エ　各活動において，互いのよさや個性などを認め尊重し合うようにすること。

　オ　互いの個性を生かし合い協力して創造する喜びを味わえるようにするため，適切な機会を選び共同で行う創造活動を経験させること。

カ 「A表現」及び「B鑑賞」の学習を通して学んだことが，生活や社会の中で生かせるようにすることや，作品や用具等を大切に取り扱うことを理解して使えるよう指導すること。

キ 見る力や感じ取る力，考える力，描く力などを育成するために，スケッチの学習を効果的に取り入れるようにすること。

ク 美術の表現の可能性を広げるために，写真・ビデオ・コンピュータ等の映像メディアの積極的な活用を図るようにすること。

ケ 日本及び諸外国の作品の独特な表現形式，漫画やイラストレーション，図などの多様な表現方法を活用できるようにすること。

コ 表現の材料や題材などについては，地域の身近なものや伝統的なものも取り上げるようにすること。

サ 〔共通事項〕の指導に当たっては，生徒が造形を豊かに捉える多様な視点をもてるように，以下の内容について配慮すること。

(ア) 〔共通事項〕のアの(ア)の指導に当たっては，形や色彩などの造形の要素に着目して，生徒が実感的に理解できるようにすること。

(イ) 〔共通事項〕のアの(イ)の指導に当たっては，造形的な特徴などを基に，見立てたり，心情などと関連付けたりして全体のイメージなどに着目して，生徒が実感的に理解できるようにすること。

シ 生徒が鑑賞に親しむことができるよう，校内の適切な場所に鑑賞作品などを展示するとともに，学校や地域の実態に応じて，校外においても生徒作品などの展示の機会を設けるなどすること。

ス 創造することの価値に気付き，自分たちの作品や美術作品などに表れている創造性を大切にする態度を養うとともに，必要に応じて，美術に関する知的財産権や肖像権などについて触れるようにすること。また，こうした態度を養うことが，美術文化の継承，発展，創造を支えていることへの理解につながるよう配慮すること。

アについて，高等部段階の表現の活動は，扱う材料や用具の種類が増えたり，活動場所が多様になったりする。事故防止のためには，使用する用具や機械類は日常よく点検整備をし，刃物類をはじめとした材料・用具の正しい使い方や手入れや片付けの仕方などの約束事を明確にしたり，周囲の安全を確認したうえで活動したりするなどの安全指導を，授業の中で適切な機会を捉えて行う必要がある。

刃物類の扱いや保管・管理には十分留意し，事故を招かないように安全指導を徹底するとともに，道具については劣化の点検や番号を記入するなどして，その管理に努める。また，電動ドリルなど機械類については慎重に取り扱い，使用時

には教師が直接指導に当たり，適切な扱い方を生徒へ実感的に学ばせるとともに，安全意識をもたせるなどの指導が大切である。

塗料類及び薬品類の使用に際しては，換気や保管・管理を確実に行うとともに，薬品などに対してアレルギーをもつ生徒などを事前に把握するなどの配慮も必要である。

また，作品や用具，塗料，器具等を収納するロッカーや棚などについては，生徒が不意に体をぶつけたり，地震が起きたりしても安易に倒壊しない措置を講じておくなどして，安全管理に努める必要がある。

イについて，生徒一人一人が自分の個性を生かしながら資質・能力を十分に働かせるために，多様な学習ができるようにすることを示している。

「学習活動や表現方法などに幅をもたせるようにする」とは，表現や鑑賞を幅広く捉え，生徒が経験したことを基に，自分に適した表現方法や材料，用具などを選ぶことができるようにすることを示している。

指導に当たっては，育成を図る資質・能力を明らかにし，生徒の表現や作品を幅広く捉えるとともに，一人一人の生徒が，自分の思いで活動を進めることができるようにし，その生徒らしい表現を励ますようにする必要がある。その際，個性は変容し得るものであることにも配慮することが必要である。

ウについて，「A表現」の指導に当たっての配慮事項を示している。中学部の美術科での学習内容を踏まえながら，生徒が自分自身の実現したい思いや願いを大切にしながら，発想や構想をしたり，技能を働かせたりできるような指導をすることの重要性を示している。そして，その活動の中で，生徒が自分のよさや可能性を見いだすようにすること，それが，楽しく豊かな生活を創造しようとする態度につながることを示している。

エについて，美術科の学習は一人一人が表現や鑑賞を通して，感性や想像力を働かせて，自分としての意味や価値をつくりだしていく。そこには，一人一人のよさや個性などがあり，それらは他者と交流し，認め合い尊重し合う活動をすることによってより高められていく。そのためには，まず教師が日頃から一人一人の生徒のよさや個性などを認め尊重することや，一人一人の生徒のよさや個性が発揮できる題材を設定し，生徒が自分のよさや個性が教師から大切にされていると実感するようにすることが重要である。その上で，生徒が他の生徒の作品や活動，言動にも目を向け，感じ方や考え方，表し方の工夫などには違いがあるということに気付き，そのどれもが，大切にされるべきものなのだということが分かるようにすることが重要である。

オについて，「共同で行う創造活動」とは，一人一人が持ち味を生かして一つの課題や題材に取り組み，協力して創造する活動である。その際には，発想，構想，計画，制作から完成に至る過程での話合いなどの交流を重視する。話し合い

の場面においては，一人一人の個性が生きるよう，適切なタイミングで，教師が指導や支援の工夫を行うことも大切である。

カについて，学習したことを生活や社会の中で生かせるように指導すること及び作品や用具等を大切に取り扱えるように指導することを示している。特に高等部段階では，卒業後の生活や社会の中での活動に自然とつながるようにすることが大切となる。また，制作した作品に愛着をもち，大事にしたり，使って楽しんだりすることも大切である。

キについて，スケッチの学習は，単に描く力だけでなく，見る力や感じ取る力をはじめ，発想や構想を練る際に「思考力，判断力，表現力等」を育成するものである。

スケッチによって，自然や対象の美しさ，造形的な面白さを感じ取ったり，見たことや思い付いたアイデアなどを描きとめ，イメージや考えを広げながら，それらを組み合わせてまとめ上げたりすることを学べるようにする。また，スケッチの活用として，伝える相手の立場に立って，伝えたい情報を分かりやすく絵や図に描くことの効果や意味を実感できるような場面の設定も必要である。

このように，表現の学習においては，育成する資質・能力を踏まえて，スケッチを効果的に取り入れ，表現に関する資質・能力を総合的に培っていかなければならない。

クについて，映像メディアによる表現は，今後も大きな発展性を秘めている。デジタル機器の普及などにより，映像メディアの活用は従前に比べると図りやすくなってきていると言える。中学部の美術科での学習内容を踏まえながら，これらを活用することは表現の幅を広げ，様々な表現の可能性を引き出すために重要である。

映像メディアは，アイデアを練ったり編集したりするなど，発想や構想の場面でも効果的に活用できるものである。写真，ビデオ，コンピュータ等のそれぞれがもつ特徴を生かし，積極的な活用を図るようにすることが大切である。また，これらの映像メディア活用の際には，生徒が主体的に関われるよう，生徒の実態に合わせて，操作する部分を簡素に，分かりやすく図示するなどの配慮や工夫が必要である。

ケについて，生徒の表現の能力を一層豊かに育成するためには，ねらいや目的に応じて表現方法を選択できるように，多様な表現方法を学習する機会を効果的に取り入れる必要がある。

【日本及び諸外国の独特な表現形式】

生徒の表現の能力を高めるためには，国や地域などによる表現の違いや特色に気付かせ，幅広い柔軟な思考力や表現の技能を育成することが大切である。例えば，日本の美術の表現には，扇や短冊，絵巻物など様々な大きさや形の紙などに

描かれた絵がある。多様な表現形式のよさに触れて，美術や美術文化に対する見方や感じ方を広げられるようにすることが大切である。

【漫画，イラストレーション，図】

漫画は，形を単純化し，象徴化，誇張などして表現する絵である。日本では関連するものとして「鳥獣人物戯画巻」や「信貴山縁起絵巻」，「北斎漫画」なども残されており，日本の伝統的な表現形式の一つと言える。イラストレーションは，挿絵，図解，説明や装飾のための図や絵などのことであり，書籍や雑誌，新聞，ポスター，映像メディアなどに活用され，日常の生活の中に深く浸透してきている。図は特に，瞬時に内容が分かり伝わることが大切であり，その目的や，何を示したいのかを考え，単純化・強調などをする必要がある。これらの表現方法の指導においては，表現する対象や目的に応じて，単純化・強調などをする際に，形と色彩の調和や効果を考えて表現をさせることが大切である。

コについて，美術科は自然のものから人工の材料までを自由に取り込み，表現することのできる教科である。

各地域には，粘土，砂，石，和紙，木，竹などの独特の材料があり，それら地域の材料の特性を生かした表現方法や題材を工夫して指導することが大切である。その際，地域の伝統的な工芸，民芸など，地域の材料とそれに伴う表現技術，伝統工芸家や作家など経験豊かな人材なども併せて活用するなどして，美術が生活に根ざし，伝統や文化の創造の礎となっていることを，体験を通して理解させ，美術の学習を深めることも大切である。

サについて，〔共通事項〕の指導の重要な点は，造形を豊かに捉える多様な視点をもてるようにすることで，今まで気付かなかった作品などのよさや美しさ，面白さなどに気付いたり，新たな意味や価値を発見したりすることにつながることを実感させることである。

【〔共通事項〕のアの（ア）の指導】

指導に当たっては，形や色彩，材料，光などの造形の要素などに着目して，それらがもつ働きなどについて実感を伴いながら理解できるようにする。他者との対話やグループ全体での発表などを取り入れ，それぞれの捉え方の違いや共通していることなどに気付かせるとともに，自分が感じた根拠を探るなどして理解が深められるようにすることなどが考えられる。

○　色彩の色味や明るさ，鮮やかさ

色彩には，色味や明るさ，鮮やかさなどの性質があり，それらについて体験を通して直接感じ取り理解できるようにする。

○　材料の性質や質感

材料には，硬さや軟らかさなどの性質や，材料のもつ地肌の特徴や質感による「冷たい」，「温かい」など，人間の感覚や感情に強く働きかける特性がある。ま

た，質感は材料に触れることで捉えられるものであるが，材料に対する経験が高まることで，視覚的に捉えられるようにもなる。材料の性質や質感を捉えさせるためには，実際に材料を手に取らせ，その感触などを十分に確かめさせることが大切である。

○　形や色彩，材料，光などが感情にもたらす効果

　形や色彩，材料，光などには，形の優しさ，色の楽しさや寂しさ，材料のもつ温かみ，光の柔らかさなど，感情にもたらす効果がある。色彩が感情にもたらす様々な効果に着目させたり，そのような視点で色彩を豊かに捉えさせたりする。その際，感情にもたらす効果には，一人一人の感じ方が異なるものと，多くの人が共通に感じるものとがあることに留意することも必要である。

○　構成の美しさ

　形や色彩などの大きさや配置の変化などによる組合せが生み出す構成の美しさを捉えることは，形や色彩などの美しさや働きに気付き，造形的な可能性を発見することでもある。

【〔共通事項〕のアの(イ)の指導】

〔共通事項〕に示す(イ)の事項の指導に当たっては，全体を大きく見る視点からイメージなどを捉えることが重要である。ここでは，造形的な特徴などに着目して具体物に見立てたり心情などと関連付けたりして全体のイメージで捉えることや，作風などの文化的な視点で捉えることなどについて実感をもって体験し，理解できるようにする。

○　造形的な特徴などを基に全体のイメージで捉えること

　造形的な視点を豊かにもち，対象や事象などからイメージを捉えることができるようにするためには，漠然と全体を見るだけでは十分ではない。例えば，造形的な特徴などから何かに見立てたり，「かわいい」，「寂しい」などの心情などと関連付けたりすることによって，具体的に自分なりのイメージを捉えられるようになる。ここでの指導の重要な点は，最初の直感的なイメージも大切にしながら，見立てたり心情などと関連付けたりして全体のイメージで捉えることについて実感を伴いながら理解できるようにすることである。

　シについて，授業で制作した生徒の作品や鑑賞作品などを，ふだんから校内で鑑賞できるよう，適切な場所に展示し，いつでも作品に親しむことができる環境をつくることが望ましい。美術室における作品展示の仕方に創意工夫を図るとともに，それ以外の場所として，玄関ホールや廊下，階段，空き教室などの壁面を活用してミニギャラリーを設け，展示することなどが考えられる。

　また，地域で表現する場をつくることなどにより，学校と社会とをつないでいくことに取り組むことも重要である。特に美術科は，作品を介して教室内の人間関係だけにとどまらず，教職員や保護者，地域の人々などと連携ができる教科で

あり，身近なところから社会に関わる活動を進めていくことは，生徒の学びを深めていく上で効果的である。

スについて，生徒一人一人が創意工夫を重ねて生み出した作品にはかけがえのない価値があり，自分たちの作品や美術作品などに表れている創造性を大切にする態度を養うことが重要である。その指導の中で，必要に応じて著作権などの知的財産権や肖像権に触れ，作者の権利を尊重し，侵害しないことについての指導も併せて必要である。

著作者の没後又は著作物の公表後70年を経ない作品には著作権がある。例外的に，授業で利用する際，一定の条件を満たす場合には著作者の了解を得る必要がない。ただし，他人の著作物を活用した生徒作品を学校のウエブサイトなどへ掲載したり，コンクールへ出品したり，看板やポスターなどを地域に貼ったりすることは，例外となる条件を満たさないため無断で行うことはできないと考えられる。生徒の作品も有名な作家の作品も，創造された作品は同等に尊重されるものであることに気付けるよう指導する。また，肖像権については著作権などのように法律で明記された権利ではないが，プライバシーの権利の一つとして裁判例でも定着している権利なので，写真やビデオを用いて人物などを撮影して作品化する場合，相手の了解を得て行うなどの配慮について指導することも必要である。こうした態度を養うことが，美術文化の継承，発展，創造を支えていることへの理解につながるよう配慮することが大切である。

第4節
各学科に共通
する各教科

第7　保健体育

1　保健体育科の改訂の要点

(1) 目標の改訂の要点

　従前の「適切な運動の経験や健康・安全についての理解を通して，心身の調和的発達を図り，明るく豊かな生活を営む態度と習慣を育てる」から高等学校保健体育科の目標との連続性を踏まえて，体育や保健の見方・考え方を働かせて，課題を発見し，合理的・計画的な解決に向けた主体的・協働的な学習過程を通して，心と体を一体として捉え，生涯にわたって心身の健康の保持増進や豊かなスポーツライフを継続するための資質・能力を「知識及び技能」，「思考力，判断力，表現力等」，「学びに向かう力，人間性等」の三つの柱で整理し，目標として示した。

(2) 内容の改訂の要点

　内容は，従前二つの段階において「いろいろな運動」，「きまり」，「保健」の三つの観点で構成していたが，今回の改訂では，高等学校保健体育科の内容との連続性を踏まえて，体育分野として「体育理論」を含む8領域，保健分野を1領域で示した。

1段階及び2段階
A　体つくり運動
B　器械運動
C　陸上競技
D　水泳
E　球技
F　武道
G　ダンス
H　体育理論
I　保健

　「武道」，「体育理論」，「保健」も含めて各領域とも，全て取り扱うものとして示していることに留意が必要である。また，高等学校保健体育科の内容と同様に，各領域において育成を目指す資質・能力を明確にする観点から，「知識及び技能」，「思考力，判断力，表現力等」，「学びに向かう力，人間性等」の三つの柱で示している。

(3) 指導計画の作成と内容の取扱いの要点

　指導計画の作成については，保健体育科において育成を目指す資質・能力を育むため，主体的・対話的で深い学びの視点からの授業改善を図るようにすること

など2項目を示している。

　内容の取扱いについては，学校や地域の状況や生徒の障害の状態等に応じた指導の工夫，運動を苦手と感じている等の生徒への指導の工夫，コンピュータや情報通信ネットワークなどの情報手段の積極的な活用，オリンピック・パラリンピックなどの国際大会の意義等に触れることなどの12項目を示している。

2　保健体育科の目標
(1) 保健体育科の目標

> 1　目　標
> 　体育や保健の見方・考え方を働かせ，課題を発見し，合理的・計画的な解決に向けた主体的・協働的な学習過程を通して，心と体を一体として捉え，生涯にわたって心身の健康を保持増進し，豊かなスポーツライフを継続するための資質・能力を次のとおり育成することを目指す。
> (1) 各種の運動の特性に応じた技能等並びに個人生活及び社会生活における健康・安全についての理解を深めるとともに，目的に応じた技能を身に付けるようにする。
> (2) 各種の運動や健康・安全についての自他や社会の課題を発見し，その解決に向けて仲間と思考し判断するとともに，目的や状況に応じて他者に伝える力を養う。
> (3) 生涯にわたって継続して運動に親しむことや，健康の保持増進と体力の向上を目指し，明るく豊かで活力ある生活を営む態度を養う。

　この目標は，「知識及び技能」，「思考力，判断力，表現力等」，「学びに向かう力，人間性等」を育成することを目指すとともに，生涯にわたって心身の健康を保持増進し，豊かなスポーツライフを継続することを目指すことを示している。

　この目標を達成するためには，運動する子供とそうでない子供の二極化傾向が見られること，健康課題を発見し主体的に課題解決に取り組む学習が不十分であり，社会の変化に伴う新たな健康課題に対応した教育が必要であるという指摘を踏まえ，学習したことを実生活や実社会に生かし，豊かなスポーツライフを継続することができるよう，小学校及び小学部，中学校及び中学部，高等部を通じて系統性のある指導を行うことや体育と保健を一層関連させて指導することが重要である。

　目標に示されている各部分を解説すると次のとおりである。

　「体育や保健の見方・考え方」の「体育の見方・考え方」とは，生涯にわたる豊かなスポーツライフを実現する観点を踏まえ，「運動やスポーツを，その価値

や特性に着目して，楽しさや喜びとともに体力の向上に果たす役割の視点から捉え，自己の適性等に応じた『する・みる・支える・知る』の多様な関わり方と関連付けること」としている。

「保健の見方・考え方」とは，疾病や傷害を防止するとともに，生活の質や生きがいを重視した健康に関する観点を踏まえ，「個人及び社会生活における課題や情報を，健康や安全に関する原則や概念に着目して捉え，疾病等のリスクの軽減や生活の質の向上，健康を支える環境づくりと関連付けること」としている。

保健体育科においては，見方・考え方を働かせることができるようになる学習過程を工夫することにより，「生涯にわたって心身の健康を保持増進し，豊かなスポーツライフを継続するための資質・能力」の育成につなげようとするものである。

「課題を発見し，合理的・計画的な解決に向けた主体的・協働的な学習過程」とは，体育分野においては，各領域特有の特性や魅力に応じた課題や生涯にわたって豊かなスポーツライフを継続するための課題等を発見し，運動に関わる一般原則や運動に伴う事故の防止等の科学的な知識や技能及びスポーツライフをより豊かにするための知識や技能を活用して，計画を立て，実践し，評価するといった課題解決の過程などを活用して，自らの学習活動を振り返りつつ，仲間とともに課題を解決し，次の学びにつなげられるようにするといった学習の過程を示している。

保健分野においては，個人生活及び社会生活における健康・安全の内容から自他や社会の課題を発見し，健康情報や知識を吟味し，活用して多様な解決方法を考えるとともに，これらの中から，適切な方法を選択・決定し，個人生活及び社会生活に活用したりすることを示している。

「心と体を一体として捉え」とは，生徒の心身ともに健全な発達を促すためには心と体を一体として捉えた指導が重要であることから，引き続き強調したものである。すなわち，心と体の発達の状態を踏まえて，運動による心と体への効果や健康，特に心の健康が運動と密接に関連していることなどを理解することの大切さを示したものである。

「生涯にわたって心身の健康を保持増進し」とは，保健を通して培う包括的な目標を示したものである。現在及び将来の生活において，自他の健康やそれを支える環境づくりに関心をもち，その大切さについての認識を深めるとともに，健康に関する課題に対して保健の知識及び技能等を習得，活用して，自他の健康の保持増進や回復を目指して的確に思考，判断し，それらを表現することができるような資質・能力を育成することを目指している。ここには，健康・安全について科学的に理解することを通して，心身の健康の保持増進に関する内容を単に記憶としてとどめることではなく，生徒が現在及び将来の生活において健康に関す

る課題に対して，科学的な思考と正しい判断の下に適切な意思決定・行動選択を行い，適切に実践していくための思考力，判断力，表現力等が含まれている。

生涯にわたって「豊かなスポーツライフを継続するための資質・能力」とは，それぞれの運動が有する特性や魅力に応じて，その楽しさや喜びを深く味わおうとすることに主体的に取り組む資質・能力を示している。

これは，公正に取り組む，互いに協力する，自己の責任を果たす，参画する，一人一人の違いを大切にしようとするなどへの意欲や健康・安全への態度，運動を合理的，計画的に実践するための知識や技能，及びそれらを運動実践に活用するなどの思考力，判断力，表現力等をバランスよく育むことで，その基盤が培われるものである。これらの資質・能力を更に高め，学校の教育活動全体を通して取り組むことで，実生活，実社会の中などで卒業後においても，継続的なスポーツライフを営むことを通して，明るく豊かで活力ある生活を営むことができるようにすることを目指したものである。

(1)は「知識及び技能」であり，個別の事実的な知識のみを指すものではなく，それらが相互に関連付けられ，さらに，社会の中で生きて働く知識となるものも含んでいる。

「各種の運動の特性に応じた技能等」とは，体つくり運動，器械運動，陸上競技，水泳，球技，武道，ダンス，体育理論に示されている内容を指している。また，「個人生活及び社会生活における健康・安全」とは，保健の内容を指している。

(2)は「思考力，判断力，表現力等」であり，運動や健康などについての自他や社会の課題や豊かなスポーツライフを継続するための課題を発見し，解決に向けて思考し判断する力を養うとともに，学習したことを基に，解決の仕方や気付いたこと等について自他の考えたことを目的や状況に応じて他者に伝える力を養うことを目指したものである。

「目的や状況に応じて他者に伝える力」とは，自他と考えた解決に向けた方法等を，問題に合わせて必要な情報や方法をまとめたり，選んだりすることができることを指している。

(3)は「学びに向かう力，人間性等」であり，運動や健康における競争や協働の経験を通して，公正，協力，責任などの意欲を育てるとともに，健康・安全を確保し，運動に取り組み，生涯にわたり継続して運動に親しむ態度を養うことを目指したものである。

「明るく豊かで活力ある生活を営む態度」とは，生涯にわたる豊かなスポーツライフを実現するための資質・能力，健康で安全な生活を営むための資質・能力としての実践力及び健やかな心身を育てることによって，現在及び将来の生活を健康で活力に満ちた明るく豊かなものにすることである。

3　各段階の目標及び内容

　各段階とも目標は，教科の目標を実現していくための具体的な指導目標を，「知識及び技能」，「思考力，判断力，表現力等」，「学びに向かう力，人間性等」の三つの柱で示している。

　各段階に共通する内容を次に示す。

A　体つくり運動

　体つくり運動は，自分や仲間の心と体に向き合って，体を動かす楽しさや心地よさを味わい，心と体をほぐしたり，体の動きを高める方法を学んだりすることができる領域であり，体ほぐしの運動と体の動きを高める運動で構成される。

　体つくり運動の学習指導では，体を動かす楽しさや心地よさを味わい，体つくり運動の意義と行い方，体の動きを高める方法などを理解するとともに，目的に適した運動を身に付け，組み合わせることができるようにする。その際，自己の課題を発見し，合理的な解決に向けて運動の取り組み方を工夫するとともに，考えたことを他者に伝えることができるようにすることが大切である。また，体つくり運動の学習に自主的に取り組み，仲間の学習を援助することや一人一人の違いに応じた動きなどを認めることなどに意欲をもち，健康や安全に気を配ることができるようにすることが大切である。

　指導に当たっては，高等部段階では，生徒の身体が最も成長し体力も高まる時期なので，特に筋力の増加，持久力の養成を心掛けるとともに，実生活に役立てることができるようにすることが大切である。

B　器械運動

　器械運動は，器械の特性に応じて多くの「技」がある。これらの技に挑戦し，その技ができる楽しさや喜びを味わうことのできる運動であり，「マット運動」「鉄棒運動」「平均台運動」「跳び箱運動」が構成内容である。

　器械運動の学習指導では，技ができる楽しさや喜びを味わい，器械運動の特性や成り立ち，技の名称や行い方，その運動に関連して高まる体力などを理解するとともに，技がよりよくできるようにすることが課題となる。その際，技などの自己の課題を発見し，合理的な解決に向けて運動の取り組み方を工夫するとともに，考えたことを他者に伝えることができるようにすることが大切である。また，集団で取り組み，仲間とタイミングを合わせて演技する活動に取り組むことも考えられる。

　指導に当たっては，器械運動の学習に自主的に取り組み，よい演技を認めることや一人一人の違いに応じた課題や挑戦を認めることなどに意欲をもち，健康や安全に気を配ることができるようにすることが大切である。

C　陸上競技

　陸上競技は，走る，跳ぶなどの運動で，記録の向上や競走（争）の楽しさや喜

びを味わうことのできる運動であり，1段階では，短距離走・リレー，長距離
走，ハードル走（障害物走），走り幅跳び及び走り高跳び，2段階では，短距離
走・リレー，長距離走，ハードル走，走り幅跳び及び走り高跳びなどが構成内容
である。

　陸上競技の学習指導では，各種目の技術の名称や行い方などを理解し，基本的
な動きや効率のよい動きを身に付けることができるようにするために，各種目に
おける動きなどの自己の課題を発見し，合理的な解決に向けて運動の取り組み方
を工夫するとともに，考えたことを他者に伝えることができるようにすることが
大切である。

　指導に当たっては，陸上競技の学習に自主的に取り組み，ルールやマナーを守
ることや一人一人の違いに応じた課題や挑戦を認めることなどに意欲をもち，健
康や安全に気を配ることができるようにすることが大切である。

D　水泳

　水泳は，浮く，呼吸をする，進むなどのそれぞれの技能の組合せによって成立
している運動で，それぞれの泳法を身に付け，続けて長く泳いだり，速く泳いだ
り，競い合ったりする楽しさや喜びを味わうことのできる運動であり，1段階で
は，クロール，平泳ぎ，2段階では，クロール，平泳ぎ，背泳ぎ及びバタフライ
などが構成内容である。

　水泳の学習指導では，記録の向上や競争の楽しさや喜びを味わい，技術の名称
や行い方などを理解し，泳法を身に付けることができるようにするなどが課題で
ある。その際，泳法などの自己の課題を発見し，合理的な解決に向けて運動の取
り組み方を工夫するとともに，考えたことを他者に伝えることができるようにす
ることが大切である。

　指導に当たっては，水泳の学習に自主的に取り組み，分担した役割を果たすこ
とや一人一人の違いに応じた課題や挑戦を認めることなどに意欲をもち，健康や
水中の安全確保に気を配ることができるようにすることが大切である。

E　球技

　球技は，個人やチームの能力に応じた作戦を立て，集団対集団，個人対個人で
勝敗を競うことに楽しさや喜びを味わうことのできる運動であり，ゴール型，ネッ
ト型，ベースボール型などが構成内容である。

　球技の学習指導では，勝敗を競う楽しさや喜びを味わい，球技の特性や成り立
ち，技術の名称や行い方，その運動に関連して高まる体力などを理解するととも
に，基本的なボールや用具等の操作と仲間と連携した動きで攻防を展開できるよ
うにするなどが課題である。その際，攻防などの自己の課題を発見し，合理的な
解決に向けて運動の取り組み方を工夫するとともに，考えたことを他者に伝える
ことができるようにすることが大切である。

指導に当たっては，球技の学習に自主的に取り組み，作戦などについての話合いに参加することや一人一人の違いに応じたプレイなどを認めることなどに意欲をもち，健康や安全に気を配ることができるようにすることが大切である。

F　武道

武道は，武技，武術などから発生した我が国固有の文化であり，相手の動きに応じて，基本動作や基本となる技を身に付け，相手を攻撃したり相手の技を防御したりすることによって，勝敗を競い合い互いに高め合う楽しさや喜びを味わうことのできる運動である。また，武道に自主的に取り組むことを通して，武道の伝統的な考え方を理解し，相手を尊重して練習や試合ができるようにすることを重視する対人的な技能を基にした運動で，「柔道」「剣道」「相撲」などが構成内容である。

武道の学習指導では，技ができる楽しさや喜びを味わい，武道の特性や成り立ち，技の名称や行い方，その運動に関連して高まる体力などを理解するとともに，基本動作や基本となる技を用いて簡易な攻防を展開することができるようにするなどが課題である。その際，攻防などの自己の課題を発見し，合理的な解決に向けて運動の取り組み方を工夫するとともに，考えたことを他者に伝えることができるようにすることが大切である。

指導に当たっては，武道の学習に自主的に取り組み，相手を尊重し，伝統的な所作を守ろうとすることや一人一人の違いに応じた課題や挑戦を認めようとすることなどに意欲をもち，禁じ技を用いないなど健康や安全に気を配ることができるようにすることが大切である。

G　ダンス

ダンスは，イメージを捉えた表現や踊りを通した交流を通して仲間とのコミュニケーションを豊かにすることを重視する運動で，仲間とともに感じを込めて踊ったり，イメージをとらえて自己を表現したりすることに楽しさや喜びを味わうことのできる運動であり，「創作ダンス」，「フォークダンス」，「現代的なリズムのダンス」が構成内容である。

ダンスの学習指導では，イメージを捉えたり深めたりする表現，伝承されてきた踊り，リズムに乗って全身で踊ることや，これらの踊りを通した交流や発表ができるようにすることなどが課題である。その際，表現などの自己の課題を発見し，合理的な解決に向けて運動の取り組み方を工夫するとともに，考えたことを他者に伝えることができるようにすることが大切である。

指導に当たっては，ダンスの学習に自主的に取り組み，仲間の学習を援助することや一人一人の違いに応じた表現や役割を認めることなどに意欲をもち，健康や安全に気を配ることができるようにすることが大切である。

H 体育理論

　体育理論は，体育分野における運動の実践や保健分野との関連を図りつつ，豊かなスポーツライフを実現するための資質・能力を育成するため，「スポーツの多様性」を踏まえ，個々の実態に応じた「運動やスポーツの効果と学び方」や「安全な行い方」そして「文化としてのスポーツの意義」などが構成内容である。

　これらの内容は，運動やスポーツの合理的な実践や生涯にわたる豊かなスポーツライフを送る上で必要となる運動やスポーツに関する知識等を中心に示し，現在及び将来における自己の適性等に応じた運動やスポーツとの多様な関わり方を見付けることができるようにすることが大切である。

　体育理論については，中学校や高等学校との連続性を踏まえ，運動やスポーツの幅広い知識を身に付け，豊かなスポーツライフの実現に向けた基盤となる学習であることから，新たに高等部の領域として位置付けた内容である。高等部の運動に関する各領域との関連で指導することが効果的な内容については，各運動に関する領域の「知識及び技能」で扱うこととするが，体育分野の各領域との関連を図りつつ，全学年で適切に取り扱うこととする。

I 保健

　保健は，身体的成熟や心理的な発達に合わせて，健康的な生活を送るための「けがや疾病の予防」「心身の機能の発達に関すること」に加え，「ストレスへの対処」や「交通安全や自然災害などへの備えと対応」などが構成内容である。

　保健の学習指導に当たっては，健康で安全な生活を充実させ，将来の生活を豊かにするために，保健に関する知識，技能，望ましい習慣及び態度を身に付けるようにすることが大切である。高等部においては，中学部の健康に関する指導を基礎に，身体の発達，身体の諸機能の働き，安全，情緒の安定（ストレスへの対処），性に関する指導，喫煙や飲酒等の指導などについて，小学部及び中学部における保健の指導との一貫性をもたせるとともに，他教科等との深い関連をもたせる必要がある。また，指導に当たっては，家庭科等との連携を密にしながら，その能力や態度を身に付けるようにすることが大切である。

(1) 1段階の目標と内容
ア 目標

○1段階
　(1) 目　標
　　ア　各種の運動の楽しさや喜びを味わい，その特性に応じた技能等や心身の発育・発達，個人生活に必要な健康・安全に関する事柄などを理解するとともに，技能を身に付けるようにする。

イ　各種の運動や健康・安全な生活を営むための自他の課題を発見し，
　　　その解決のための方策を工夫したり，仲間と考えたりしたことを，
　　　他者に伝える力を養う。
　　ウ　各種の運動における多様な経験を通して，きまりやルール，マナ
　　　ーなどを守り，仲間と協力したり，場や用具の安全を確保したりし，
　　　自己の最善を尽くして自主的に運動をする態度を養う。また，健康・
　　　安全に留意し，健康の保持増進と回復に積極的に取り組む態度を養
　　　う。

　アの「各種の運動の楽しさや喜びを味わい」とは，心と体が関連していることを実感したり，それぞれの運動が有する特性や魅力に応じて，運動することそのものを楽しんだり，その運動の特性や魅力に触れたりすることが大切であることを示したものである。

　「その特性に応じた技能等」とは，中学部までに扱った各種の運動における基本的な動きや技能を含みつつ，各種の運動の特有な技や技能のことである。

　「心身の発育・発達，個人生活に必要な健康・安全に関する事柄など」とは，心身の発育・発達への理解だけではなく，身体の形態的な発育や性徴に関心をもつこと，自分の身体の状態について考えることや，運動後の健康管理について習慣や態度を身に付けること，常に身体や身辺を清潔に保つことなどのことである。

　イの「自他の課題を発見し」とは，各領域特有の特性や魅力に応じた自他の課題を発見することを示している。提示された動きなどのポイントと自分や他者の動きを比較して課題を発見したり，仲間との関わり合いや健康・安全についての課題を発見したりすることなどができるようにすることが大切である。

　「その解決のための方策を工夫したり」とは，基本的な知識や技能を活用して，自己の課題に応じた取り組み方を工夫することができるようにすることが大切である。

　「仲間と考えたりしたことを，他者に伝える力」とは，課題について，思考し判断したことを，言葉や文章及び動作などで表したり，仲間や教師などに理由を添えて伝えたりすることを示している。

　ウの「きまりやルール，マナーなどを守り」とは，運動における競争や協働の経験を通して，生徒に身に付けさせたい情意面の目標を示したものである。中学部段階までの各種の運動におけるきまりやルール，マナーを守ることだけではなく，スポーツマンシップや礼儀，授業や単元におけるきまりなど，正々堂々と明るく全力を尽くす態度や精神を大切にすることである。

　「自己の最善を尽くして自主的に運動をする態度を養う」とは，体育理論や各

領域で学習する知識との関連を重視した運動の学習で，生徒が課題の解決に向けて，全力を出し，自ら考え行動して積極的に運動に取り組むという運動への愛好的な態度を育成することを目指したものである。各領域において，自主的に運動する態度を養うことにより，総合的に自分の最善を尽くすことができる態度を養うことが大切である。

「健康・安全に留意し」とは，運動による事故，けがなどを防止するためには，健康・安全に対しては，意欲をもつだけでなく，自己の健康とともに，自他の安全に対して，その行動化が求められることを示したものである。

「積極的に取り組む態度」とは，健康の保持増進と回復のために，主体的に取り組むことである。

イ　内容

A　体つくり運動

体つくり運動について，次の事項を身に付けることができるよう指導する。

ア　体ほぐしの運動や体の動きを高める運動を通して，体を動かす楽しさや心地よさを味わい，その行い方や方法を理解するとともに，仲間と積極的に関わったり，動きを持続する能力などを高める運動をしたりすること。

イ　体ほぐしの運動や体の動きを高める運動についての自他の課題を発見し，その解決のための方策を工夫したり，仲間と考えたりしたことを他者に伝えること。

ウ　体ほぐしの運動や体の動きを高める運動の多様な経験を通して，きまりを守り，仲間と協力したり，場や用具の安全を確保したりし，自主的に運動をすること。

1段階での体つくり運動における「体ほぐしの運動」とは，いろいろな手軽な運動やリズミカルな運動を行い，体を動かす楽しさや心地よさを味わうことによって，心と体の関係や心身の状態に気付き，仲間と積極的に関わり合うことをねらいとして行われる運動である。

【例示】

・のびのびとした動作で用具などを用いた運動を行うこと。

・リズムに乗って心が弾むような運動を行うこと。

・いろいろな条件で，歩いたり走ったり跳びはねたりする運動を行うこと。

・ラジオ体操や地域で親しまれている曲に合わせて行う体操などをすること。

1段階での体つくり運動における「体の動きを高める運動」とは，自他の課題を発見し，体の柔らかさ，巧みな動き，力強い動き，動きを持続する能力を高めるための運動である。

【例示】

・大きくリズミカルに全身や体の各部位を振ったり，回したり，ねじったり，曲げ伸ばしたりすること。
・体の各部位をゆっくり伸展し，そのままの状態で約10秒間維持すること。
・人と組んだり，用具を利用したりしてバランスを保持すること。
・床やグラウンドに設定した様々な空間をリズミカルに歩く，走る，跳ぶ及び素早く移動することなど。
・重い物を押す，引く，投げる，受ける，振る及び回すことなど。
・走や縄跳びなどを，一定の時間や回数，又は，自己で決めた時間や回数を持続して行うこと。

　B　器械運動
　　器械運動について，次の事項を身に付けることができるよう指導する。
　ア　器械運動の楽しさや喜びを味わい，その特性に応じた技能を理解するとともに技を身に付けること。
　イ　器械運動についての自他の課題を発見し，その解決のための方策を工夫したり，仲間と考えたりしたことを他者に伝えること。
　ウ　器械運動の多様な経験を通して，きまりやルール，マナーなどを守り，仲間と協力したり，場や器械・器具の安全を確保したりし，自主的に運動をすること。

　1段階での器械運動における「技」とは，マットの上で補助倒立や補助倒立前転をしたり，鉄棒で前方かかえ込み回りや逆上がりをしたり，跳び箱でかかえ込み跳びをしたり，平均台の上で前方走や片足水平バランスをしたりするなどのことである。

　1段階の器械運動は，次の(ｱ)から(ｴ)までの運動で構成されている。

(ｱ) マット運動

　回転技や倒立技に取り組み，一連の動きを滑らかに行ったり，バランスよく姿勢を保ったり，それらを組み合わせて演技すること。

【例示】

○　補助倒立

・体を前方に振り下ろしながら片足を振り上げ両手を着き，体を真っ直ぐに伸

ばして逆さの姿勢になり，補助者の支えで倒立すること。

○　補助倒立前転

・片足を振り上げ補助倒立を行い，前に倒れながら腕を曲げ，頭を入れて前転
すること。

(イ)　鉄棒運動

支持系の基本的な技に取り組み，それらの発展技に取り組んだり，技を繰り返
したりすること。

【例示】

○　前方かかえ込み回り

・支持の姿勢から前方へ大きく振り出して，腰を曲げたまま回転し，両足を揃
えて開始した側に着地すること。

○　逆上がり

・足の振り上げとともに腕を曲げ，上体を後方へ倒し手首を返して鉄棒に上が
ること。

(ウ)　平均台運動

体操系やバランス系の基本的な技に取り組み，それらを安定して行ったり，一
連の動きを滑らかに行ったりすること。できるようにする。

【例示】

○　前方走

・平均台の上で，重心を乗せバランスよく前方に走ること。

○　片足水平バランス

・平均台の上で，片足を後方に上げながら上半身を前方に倒し，上げた足と上
半身が水平になるようにして両腕を左右に広げバランスを取ること。

(エ)　跳び箱運動

かかえ込み跳びなどに取り組み，それらを安定して行ったり，一連の動きを滑
らかに行ったりすること。

【例示】

○　かかえ込み跳び

・助走から両足で踏み切って着手し，足をかかえ込んで跳び越し着地するこ
と。

C　陸上競技

陸上競技について，次の事項を身に付けることができるよう指導する。

ア　陸上競技の楽しさや喜びを味わい，その特性に応じた技能を理解す
るとともに技能を身に付けること。

イ　陸上競技についての自他の課題を発見し，その解決のための方策を
　　工夫したり，仲間と考えたりしたことを他者に伝えること。
　ウ　陸上競技の多様な経験を通して，きまりやルール，マナーなどを守
　　り，仲間と協力したり，場や用具の安全を確保したりし，自主的に運
　　動をすること。

　1段階での陸上競技における「技能」とは，記録の向上や競争の楽しさや喜び
を味わい，技術の名称や行い方などを理解し，基本的な動きや効率のよい動きを
身に付けることである。1段階での短距離走・リレーでは一定の距離を全力で走
ったり，滑らかなバトンの受渡しをしたりすること，長距離走ではペースを守っ
て走ること，ハードル走ではハードルをリズミカルに走り越えること，走り幅跳
びでは短い助走から踏み切って遠くへ跳ぶこと，走り高跳びでは短い助走から踏
み切って高く跳ぶことがあげられる。
【例示】
○　短距離走・リレー
　・短距離走では，スタンディングスタートから，素早く走り始めること。
　・体を軽く前傾させて全力で走ること。
　・リレーでは，テークオーバーゾーン内で，減速の少ないバトンの受渡しをす
　　ること。
　走る距離は，短距離走では50〜100m程度，リレーでは一人50〜100m程度を
目安とするが，生徒の体力や技能の程度やグラウンドの大きさに応じて弾力的に
扱うようにする。
○　長距離走
　・腕に余分な力を入れないで，リラックスして走ること。
　・自己に合ったピッチとストライドで，上下動の少ない動きで走ること。
　・ペースを一定にして走ること。
　ペースを守って走るとは，設定した距離をあらかじめ決めたペースで走ること
である。指導に当たっては，「体つくり運動」領域に，「動きを持続する能力を高
めるための運動」として長く走り続けることに主眼を置く持久走があるが，ここ
では，長距離走の特性を捉え，取り扱うようにする。
　また，走る距離は，1,000〜3,000m程度を目安とするが，生徒の体力や技能の
程度や気候等に応じて弾力的に扱うようにする。
○　ハードル走（障害物走）
　・40〜50m程度のハードル走をすること。
　・第1ハードルを決めた足で踏み切って走り越えること。
　・スタートから最後まで，体のバランスをとりながら真っ直ぐ走ること。

第5章
知的障害者であ
る生徒に対する
教育を行う特別
支援学校

・インターバルを3又は5歩で走ること。

　一定の歩数でハードルを走り越えることが苦手な生徒には，3又は5歩で走り越えることができるインターバルを選んでいるかを仲間と確かめるようにさせたり，インターバル走のリズムを意識できるレーンを設けたりするなどの配慮をする。

○　走り幅跳び

・7～9歩程度のリズミカルな助走をすること。

・幅30～40cm程度の踏切りゾーンで力強く踏み切ること。

・かがみ跳びから両足で着地すること。

　リズミカルな助走から踏み切ることが苦手な生徒には，5～7歩程度の助走からの走り幅跳びや跳び箱などの台から踏み切る場などで，力強く踏み切って体が浮くことを経験できるようにしたり，「トン・トン・ト・ト・トン」などの一定のリズムを声に出しながら踏み切ることができるようにするなどの配慮をする。

○　走り高跳び

・5～7歩程度のリズミカルな助走をすること。

・上体を起こして力強く踏み切ること。

・はさみ跳びで，足から着地すること。

　リズミカルな助走から踏み切ることが苦手な生徒には，3～5歩程度の短い助走での走り高跳びや跳び箱などの台から踏み切る場などで，力強く踏み切って体が浮くことを経験できるようにしたり，一定のリズムを声に出しながら踏み切る場を設定したりするなどの配慮をする。

D　水泳

　　水泳について，次の事項を身に付けることができるよう指導する。

ア　水泳の楽しさや喜びを味わい，その特性に応じた技能を理解するとともに泳法を身に付けること。

イ　水泳についての自他の課題を発見し，その解決のための方策を工夫したり，仲間と考えたりしたことを他者に伝えること。

ウ　水泳の多様な経験を通して，きまりやルール，マナーなどを守り，仲間と協力したり，場や用具の安全を確保したりし，自主的に運動をすること。

　1段階での水泳運動における「泳法」とは，中学部段階の基礎的な泳ぎを踏まえ，手のかき（プル）や足のけり（キック）と呼吸動作を合わせた一連の動き（コンビネーション）を理解し，クロールや平泳ぎで，手や足の動きに呼吸を合

わせて泳ぐことがあげられる。

【例示】

○　クロール

・クロールでは，その行い方を理解するとともに，左右の手を入れ替える動きに呼吸を合わせて泳ぐこと。（25m程度を目安にしたクロール）

・手を左右交互に前方に伸ばして水に入れ，水を大きくかくこと。

・柔らかく足を交互に曲げたり伸ばしたりして，リズミカルなばた足をすること。

・肩のローリングを用い，体を左右に傾けながら顔を横に上げて呼吸をすること。

○　ゆったりとしたクロール

・1ストロークで進む距離が伸びるように，頭の上方で両手を揃えた姿勢で，片手ずつ大きく水をかくこと。

・1ストロークで進む距離が伸びるように，ゆっくりと動かすばた足をすること。

・呼吸する側の手をかく動きに合わせて，呼吸をすること。

○　平泳ぎ

・平泳ぎでは，その行い方を理解するとともに，手の動きに合わせて呼吸し，キックの後には息を止めてしばらく伸びて，続けて長く泳ぐこと。（25m程度を目安にした平泳ぎ）

・両手を前方に伸ばし，ひじを曲げながら円を描くように左右に開き，水をかくこと。

・足の親指を外側に開いて左右の足の裏や脚の内側で水を挟み出すとともに，キックの後に伸びの姿勢を保つこと。

・手を左右に開き水をかきながら，顔を前に上げ呼吸をすること。

・伸びた姿勢から顔を前方にゆっくりと起こしながら手をかきはじめ，肘を曲げながら顔を上げ呼吸した後，キックをした勢いを利用して伸びること。

○　ゆったりとした平泳ぎ

・1ストロークで進む距離が伸びるように，キックの後に顎を引いた伏し浮きの姿勢を保つこと。

・キックの勢いをしっかり利用するようにゆっくりと手をかくこと。

　手や足の動きと呼吸のタイミングを合わすことが苦手な生徒には，陸上で動きのイメージができる言葉とともにタイミングを確認する場を設定したり，友達にゆっくりと引っ張ってもらいながら息継ぎのタイミングを声かけしてもらったりするなどの配慮をする。

> E　球技
>
> 　球技について，次の事項を身に付けることができるよう指導する。
>
> 　ア　球技の楽しさや喜びを味わい，その特性に応じた技能を理解すると
> 　　ともに技能を身に付け，簡易化されたゲームを行うこと。
>
> 　イ　球技についての自他の課題を発見し，その解決のための方策を工夫
> 　　したり，仲間と考えたりしたことを他者に伝えること。
>
> 　ウ　球技の多様な経験を通して，きまりやルール，マナーなどを守り，
> 　　仲間と協力したり，場や用具の安全を確保したりし，自主的に運動を
> 　　すること。

　1段階での球技における「技能」とは，ゴール型ではボール操作とボール保持者からボールを受けることのできる場所に動くなどのボールを持たないときの動き，ネット型では個人やチームの作戦に基づいた位置取りをするなどの動き，ベースボール型ではボールを打つ攻撃とチームとして守備の隊形をとったり走塁したりする動きのことである。

　指導に当たっては，フットベースボールの指導の前にワンベースボールを，ソフトボールの指導の前にティーボールを，サッカーの指導の前にラインサッカーの指導を，卓球の指導の前にネットを外したゴロ卓球の指導を取り入れるなどして，基本的なルールや特性に応じた技能を段階的に指導することが大切である。また，守備に就く生徒の人数を多くする，ソフトバレーボールでは風船を使用する，飛んできたボールをキャッチしてパスしたりするなど，生徒の実態に応じたルールを工夫して，生徒が楽しく参加できるようにすることも大切である。さらに，ボッチャ，フライングディスクやその他の運動やスポーツなど将来の余暇活動にも結び付く種目を積極的に取り入れることも必要である。

【例示】

○　バスケットボール，サッカーなどを基にした簡易化されたゲーム（攻守が入り交じって行うゴール型）

・近くにいるフリーの味方にパスを出すこと。

・相手に捕られない位置でドリブルをすること。

・ボール保持者と自己の間に守備者が入らないようにして攻撃に参加すること。

・ボール保持者とゴールの間に体を入れて守備をすること。

○　ソフトバレーボール，バドミントン，卓球などを基にした簡易化されたゲーム

・自陣のコートの中央付近から相手コートに向けサービスを打ち入れること。

・ボールやシャトルの方向に体を向けること。

・片手，両手もしくは用具を使って，相手コートにボールやシャトルを打ち返すこと。

○ **フットベースボール，ティーボール，ソフトボールなどを基にした簡易化されたゲーム**

・止まったボールや易しく投げられたボールをバットでフェアグラウンド内に打つこと。

・打球方向に移動し，捕球すること。

・捕球する相手に向かって，投げること。

・塁間を全力で走塁すること。

・守備の隊形をとって得点を与えないようにすること。

F　武道

　　武道について，次の事項を身に付けることができるよう指導する。

ア　武道の楽しさや喜びを味わい，その特性に応じた技能を理解するとともに，基本動作や基本となる技を用いて，簡易な攻防を展開すること。

イ　武道についての自他の課題を発見し，その解決のための方策を工夫したり，仲間と考えたりしたことを他者に伝えること。

ウ　武道の多様な経験を通して，きまりや伝統的な行動の仕方を守り，仲間と協力したり，場や用具の安全を確保したりし，自主的に運動をすること。

「武道」は，柔道，剣道，相撲などで構成されている。なお，相撲の例示については，1段階，2段階を通して扱うものとする。

1段階での武道における「基本動作」とは，例えば柔道では，崩し，受け身などのことであり，剣道では，打突の仕方などのことである。また，相撲では，中学部までの「基本動作」を受けて，より安定して行えるようにすることがねらいとなる。

【例示】

○ **基本動作**

(ア) 柔道

・崩しでは，相手の動きに応じて相手の体勢を不安定にし，技をかけやすい状態をつくること。

・相手の投げ技に応じて横受け身，後ろ受け身，前回り受け身をとること。

(イ) 剣道

・基本の打突の仕方と受け方では，中段の構えから体さばきを使って，面や胴（右）や小手（右）の部位を打ったり受けたりすること。

(ウ) 相撲

・蹲踞姿勢と塵浄水では，正しく安定した姿勢や形をとること。

・四股，腰割りでは，重心を低くして安定した動きをすること。

・中腰の構えでは，重心を低くし安定した姿勢をとること。

・運び足では，低い重心を維持し安定して，すり足で移動すること。

・仕切りからの立ち合いでは，相手と動きを合わせて一連の動作で行うこと。

・相手の動きや技に応じ，安定して受け身をとること。

　「基本となる技」とは，例えば柔道では，大外刈り，上四方固めなどのことであり，剣道では，引き面や抜き技などのことであり，相撲では，押し，寄り（押し−いなし，寄り−巻き返し）及び投げ技（下手投げ−受け身）のことである。なお，相手と動きを合わせる動作などの習得が不十分な場合は，安全を考慮し，基本動作を中心に指導するなどの配慮も考えられる。

【例示】

○　基本となる技

(ア) 柔道

・投げ技である大外刈りは，取（技をかける人）が大外刈りをかけて投げ，受（技を受ける人）は受け身をとること。

・固め技である上四方固めは，取は上四方固めで相手を抑え，受は抑えられた状態から，相手を頭方向に返すこと。

(イ) 剣道

・相手と接近した状態にあるとき，隙ができた面を退きながら打つこと。（引き面）

・相手が面を打つとき，体をかわして隙ができた胴を打つこと。（面抜き胴）

(ウ) 相撲

・相手の両脇の下や前まわしを取って押すこと，これに対し体を開き，相手の攻めの方向にいなすこと。（押し―いなし）

・相手のまわしを取って引き付けること，これに対し相手の差し手を逆に下手に差し替えること。（寄り―巻き返し）

・寄りから下手で投げること，これに対し受け身を取ること。（下手投げ―受け身）

　1段階での「攻防を展開する」とは，柔道では，相手の動きに応じた基本動作

や投げ技の基本となる技を用いて投げたり受けたりする攻防，固め技の基本となる技を用いて抑えたり返したりする攻防を展開することである。剣道では，相手の動きに応じた基本動作や基本となる技を用いて，打ったり受けたりしながら攻防を展開することである。相撲では，相手の動きに応じた基本動作と基本となる技を一体として用いて，押したり，寄ったり，いなしたりする攻防を展開することである。

中学部と同様に，安全を考慮し，攻防相手を人形で行うなどの工夫も考えられる。

G　ダンス

　　ダンスについて，次の事項を身に付けることができるよう指導する。
ア　ダンスの楽しさや喜びを味わい，その行い方を理解するとともに，技能を身に付け，表現や踊りを通した交流をすること。
イ　ダンスについての自他の課題を発見し，その解決のための方策を工夫したり，仲間と考えたりしたことを他者に伝えること。
ウ　ダンスの多様な経験を通して，仲間の表現を認め助け合ったり，場や用具の安全を確保したりし，自主的に運動をすること。

1段階でのダンスにおける「技能」とは，感じを込めて踊ったりみんなで踊ったり，ダンスの特性や由来，表現の仕方などを理解し，イメージを捉えた表現をすることや踊ることである。「交流」とは，表現や踊りを通して仲間と豊かに関わる楽しさを体験することや，仲間のよさを認め合うことである

【例示】

「テーマやリズムと動き」

○　創作ダンス

多様なテーマから表したいイメージを捉え，動きに変化を付けて表現すること。

・身近な生活や日常動作などのテーマから連想を広げてイメージを出したり，思いついた動きで踊ったり，仲間の動きをまねたりすること。

・動きを誇張したり，繰り返したり，変化を付けたりして，ひと流れの動きで表現すること。

○　フォークダンス

日本の民踊や外国の踊りがあり，それぞれの踊り方の特徴を捉え，音楽に合わせて特徴的なステップや動きと組み方で踊ること。

・小道具を操作する踊りでは，曲調と手足の動きを一致させて，賑やかな掛け

声と歯切れのよい動きで踊ること。

・童謡の踊りでは，軽快で躍動的な動きで踊ること。

・パートナーチェンジのある踊りでは，なめらかにパートナーチェンジをする
とともに，軽快なステップで相手と合わせて踊ること。

○　現代的なリズムのダンス

ロックやヒップホップなどの現代的なリズムの曲で，リズムの特徴を捉え，変
化のある動きを組み合わせて，リズムに乗って全身で踊ること。

・自然な弾みやスイングなどの動きで気持ちよく音楽のビートに乗れるよう
に，簡単な繰り返しのリズムで踊ること。

・軽快なリズムに乗って弾みながら，揺れる，回る，ステップを踏んで手をた
たく，ストップを入れるなどリズムを捉えて自由に踊ったり，相手の動きに
合わせたり，手をつなぐなど相手と対応しながら踊ること。

H　体育理論

体育理論について，次の事項を身に付けることができるよう指導する。

ア　運動やスポーツの多様性，効果と学び方，安全な行い方及び文化と
してのスポーツの意義に気付くこと。

イ　運動やスポーツの多様性，効果と学び方，安全な行い方及び文化と
してのスポーツの意義についての課題を発見し，その解決のための方
策を工夫したり，仲間と考えたりしたことを他者に伝えること。

ウ　運動やスポーツの多様性，効果と学び方，安全な行い方及び文化と
してのスポーツの意義についての学習に積極的に取り組むこと。

1段階での体育理論における「運動やスポーツの多様性」とは，運動やスポー
ツは，体を動かしたり，健康を維持したりする必要性や，競技に応じた力を試し
たり，記録等を達成したり，自然と親しんだり，仲間と交流したり，感情を表現
したりするなどの多様な楽しさから生みだされてきたこと，すること・知るこ
と・みること・応援（支援）することなどの多様な関わり方があることなどのこ
とである。

直接「行うこと」に加えて，「みること」には，例えば，テレビなどのメディ
アや競技場等での観戦を通して一体感を味わったり，研ぎ澄まされた質の高い動
きに感動したりするなどの多様な関わり方があること，「応援（支援）するこ
と」には，運動の学習で仲間の学習を応援（支援）したり，大会や競技会の企画
をしたりするなどの関わり方があること，「知ること」には，例えば，運動やス
ポーツの歴史や記録などを書物やインターネットなどを通して調べる関わり方が

あること，などの多様な関わり方があることを理解できるようにすることが大切である。

「効果と学び方」とは，運動やスポーツは，身体の発達やその機能，体力や運動の技能を維持，向上させるという効果があることや食生活の改善と関連させることで肥満予防の効果が期待できることなどのことである。

運動の技能については，合理的な練習の積み重ねにより身に付けることができ，技能は個人の体力（筋力，持久力，柔軟性，巧緻性など）と関連していることを理解できるようにすることも大切である。

「安全な行い方」とは，安全に運動やスポーツを行うためには，その特性や目的に適した運動やスポーツを選択し，個々の発達段階に応じた強度，時間，頻度に配慮した計画を立てること，自己の体調，施設や用具の安全を事前に確認すること，準備運動や整理運動を適切に実施することなどのことである。また，運動やスポーツの実施中や実施後には，適切な休憩や水分補給を行うこと，共に活動する仲間の安全にも配慮することなどが重要であることを理解できるようにする。

「文化としてのスポーツの意義」とは，体つくり運動，ダンスや野外活動などを含む運動やスポーツが，人々の生活や人生を豊かにするかけがえのない文化となっていること，また，そのような文化としてのスポーツが世界中に広まっていることによって，現代生活の中で重要な役割を果たしていることなどのことである。そして，ユネスコの「体育およびスポーツに関する国際憲章」やスポーツ振興に関する日本の「スポーツ基本計画」などがあることに触れ，個々の好きなことや目的に応じた運動やスポーツの楽しみ方について理解することも大切である。

Ｉ　保健
　　健康・安全に関する事項について，次の事項を身に付けることができるよう指導する。
　ア　心身の発育・発達，傷害の防止及び疾病の予防等を理解するとともに，健康で安全な個人生活を営むための技能を身に付けること。
　イ　健康・安全に関わる自他の課題を発見し，その解決のための方策を工夫したり，仲間と考えたりしたことを他者に伝えること。

1段階での保健においては，中学部までの学習を発展させ，保健に関する知識，技能，望ましい習慣及び態度を身に付けることが大切である。

アの「心身の発育・発達，傷害の防止及び疾病の予防等」とは，けがや疾病の

予防，心身の機能の発達に関すること，ストレスへの対処，交通事故や自然災害などへの備えと対応について，個人生活を中心として理解できるようにするとともに，それらの内容に関わる基本的な技能を身に付けるようにすることである。

けがや疾病の予防では，安全に注意して運動をすることの必要性を理解すること，すり傷，鼻出血，やけどや打撲などを適宜取り上げ，傷口を清潔にする，圧迫して出血を止める，患部を冷やすなどの自らできる簡単な応急手当の仕方を知り，実際の生活でできるようにすること，健康な生活に必要な汗の処理，休息などの運動後の健康管理についての習慣や態度を身に付けること，常に身体や身辺を清潔に保つことを理解できるようにすることなどがあげられる。また，健康を保持増進するためには，年齢や生活環境等に応じて運動を続けることが必要であること，毎日適切な時間に食事をすること，年齢や運動量等に応じて栄養素のバランスや食事の量などに配慮すること，適切な休養及び睡眠をとる必要があることを理解できるようにすることが大切である。

特に，高等部段階では，好奇心から喫煙，飲酒，薬物乱用を始める場合があることなどを想定し，自分の健康は自分で守るという意識を高め，健康的な生活態度や望ましい行動を身に付けるようにすることが大切である。

心身の機能の発達に関することでは，身体の形態的な発育や性徴に関心をもったり，自分の身体の状態を考えたりすること，思春期における心身の発達や性的成熟に伴う身体面，心理面，行動面などの変化に関わり，自分の行動への責任感や異性を理解したり，尊重したりする態度が必要であることを理解することなどがあげられる。また，身体的な成熟に伴う性的な発達に対応し，一人ひとりの性に対する考え方や行動が違うことを踏まえ異性の尊重，性情報への対処など性に関する適切な態度や行動の選択が必要となることを理解できるようにすることが大切である。特に性情報への対処については，書籍やインターネット上などからも簡単に性に関する情報を入手することができること，SNSなどを通じた誤った情報から性犯罪などの事件・事故に巻き込まれる場合があることなどを踏まえる必要がある。これらの指導に当たっては，発達の段階を踏まえること，養護教諭や生徒指導担当教諭など学校全体で共通理解を図ること，保護者の理解を得て密接に連携・協力することなどに配慮することが大切である。

ストレスへの対処では，精神と身体には，密接な関係があり，人前に出て緊張したときに脈拍が速くなったり口が渇いたりすること，身体に痛みがあるときには物事に集中できなかったりするなど互いに様々な影響を与え合っていることなどを理解し，心の健康を保つには，適切な生活習慣を身に付けるとともに，欲求やストレスに適切に対処することが必要であることを理解することなどがあげられる。また，友達や家族，教員，医師などの専門家などに話を聞いてもらったり，相談したりすること，コミュニケーションの方法を身に付けること，規則正

しい生活をすることなどいろいろな解決方法があり，それらの中からストレスの原因，自分や周囲の状況に応じた対処の仕方を選ぶことを理解できるようにすることが大切である。

交通安全や自然災害などへの備えと対応については，毎年多くの交通事故や水の事故などが発生し，登下校や学校生活での事故や犯罪の被害に多くの人が巻き込まれていることを理解できるようにし，それらを防止するためには，周囲の状況をよく見極め，危険に気付き，的確な判断の下に安全に行動することが必要であることを理解できるようにする。なお，心の状態や体の調子が，的確な判断や行動に影響を及ぼすことについても触れるようにする。そして，地震，台風，大雨，竜巻，噴火などの自然災害等の発生に懸念が広がっていることからも，例えば地震が発生した場合に家屋の倒壊や家具の落下，転倒など原因となって危険が生じること，また，地震に伴って発生する津波，土砂崩れ，地割れ，火災などの二次災害によっても自然災害が生じることなどを理解できるようにするなどの安全に関する指導も必要である。その際，地域の実情に応じて，気象災害や火山災害などについても触れるようにすることが大切である。

イの「健康・安全に関わる自他の課題を発見し，その解決のための方策を工夫したり，仲間と考えたりしたことを他者に伝える」とは，健康に関わる事象や健康情報などにおける自他の課題を発見し，自他における健康・安全に関する内容について思考し，判断したことを他者に表現できるようにすることである。

(2) 2段階の目標と内容
ア 目標

○2段階
(1) 目 標
ア 各種の運動の楽しさや喜びを深く味わい，その特性に応じた技能等や心身の発育・発達，個人生活及び社会生活に必要な健康・安全に関する事柄などの理解を深めるとともに，目的に応じた技能を身に付けるようにする。

イ 各種の運動や健康・安全な生活を営むための自他の課題を発見し，よりよい解決のために仲間と思考し判断したことを，目的や状況に応じて他者に伝える力を養う。

ウ 各種の運動における多様な経験を通して，きまりやルール，マナーなどを守り，自己の役割を果たし仲間と協力したり，場や用具の安全を確保したりし，生涯にわたって運動に親しむ態度を養う。また，健康・安全に留意し，健康の保持増進と回復に自主的に取り組

む態度を養う。

アの「運動の楽しさや喜びを深く味わい」とは，それぞれの運動が有する特性や魅力に応じて，運動を楽しんだり，その運動の特性や魅力に触れたりすることが大切であることを示したものである。高等部の１段階までの全ての領域の学習の経験を踏まえ，更に追求したい領域，課題を克服したい領域など，選択した領域に応じて運動の楽しさや喜びを深く味わうことが大切である。

「個人生活及び社会生活に必要な健康・安全に関する事柄」とは，心の発達などに伴って生じてくる不安や悩みへの適切な対応の方法を知って活用すること，必要に応じて休養をとったり，進んで診療を受けたりすること，予防注射や健康診断を申請したりすることなどのことである。

「目的に応じた技能」とは，これまでに獲得した技能を，その場の状況や状態に応じて，正確に選択できることである。

イの「よりよい解決のために仲間と思考し判断したこと」とは，運動の行い方や練習の仕方，仲間との関わり方，健康・安全の確保の仕方，運動の継続の仕方など，仲間とともに課題解決のための最善の方法を考え，選択することである。

「目的や状況に応じて」とは，これまで学習した運動に関わる一般原則や運動に伴う事故の防止等の知識や技能を，自他の課題に応じて，学習場面に適用したり，応用したりすることを示している。

ウの「生涯にわたって運動に親しむ態度」とは，これまでの学習を踏まえて身に付けさせたい運動への愛好的な態度を示したものである。

「自主的に取り組む態度」とは，健康の保持増進と回復のために，自ら考え，計画的・継続的に運動などに取り組むことである。

イ　内容

A　体つくり運動
　体つくり運動について，次の事項を身に付けることができるよう指導する。
ア　体ほぐしの運動や体の動きを高める運動を通して，体を動かす楽しさや心地よさを深く味わい，その行い方や方法の理解を深めるとともに，仲間と自主的に関わったり，動きを持続する能力などを高める運動をしたりするとともに，それらを組み合わせること。
イ　体ほぐしの運動や体の動きを高める運動についての自他の課題を発見し，よりよい解決のために仲間と思考し判断したことを，目的や状況に応じて他者に伝えること。

> ウ　体ほぐしの運動や体の動きを高める運動の多様な経験を通して，き
> まりを守り，自己の役割を果たし仲間と協力したり，場や用具の安全
> を確保したりし，見通しをもって自主的に運動をすること。

　2段階での体つくり運動における「体ほぐしの運動」とは，いろいろな手軽な運動やリズミカルな運動を行い，体を動かす楽しさや心地よさを深く味わうことによって，心と体は互いに影響し変化することや心身の状態に気付き，仲間と自主的に関わり合うことをねらいとして行われる運動である

　例示のように運動などを組み合わせて取り組むことが大切である。

【例示】
・緊張したり緊張を解いて脱力したりする運動を行うこと。
・いろいろな条件で，歩いたり走ったり跳びはねたりする運動を行うこと。
・仲間と協力して課題を達成するなど，集団で挑戦するような運動を行うこと。
・ラジオ体操や地域で親しまれている曲に合わせて行う体操などをすること。

　2段階での体つくり運動における「体の動きを高める運動」とは，1段階と同様に自他の課題を発見し，体の柔らかさ，巧みな動き，力強い動き，動きを持続する能力を高めることをねらいとして行われる運動である。

　例示のように運動などを効率よく組み合わせたり，バランスよく組み合わせたりすることが大切である。

【例示】
・体の柔らかさ，巧みな動き，力強い動き，動きを持続する能力を高めるための運動の中から，一つのねらいを取り上げ，それを高めるための運動を効率よく組み合わせて行うこと。
・体の柔らかさ，巧みな動き，力強い動き，動きを持続する能力を高めるための運動の中から，ねらいが異なる運動をバランスよく組み合わせて行うこと。

第5章
知的障害者である生徒に対する教育を行う特別支援学校

> B　器械運動
> 　器械運動について，次の事項を身に付けることができるよう指導する。
> ア　器械運動の楽しさや喜びを深く味わい，その特性に応じた技能の理
> 　解を深めるとともに，目的に応じた技を身に付け，演技すること。
> イ　器械運動についての自他の課題を発見し，よりよい解決のために仲
> 　間と思考し判断したことを，目的や状況に応じて他者に伝えること。
> ウ　器械運動の多様な経験を通して，きまりやルール，マナーなどを守

り，自己の役割を果たし仲間と協力したり，場や器械・器具の安全を
確保したりし，見通しをもって自主的に運動をすること。

2段階での器械運動における「目的に応じた技」とは，マットの上で伸膝後転
や側方倒立回転をしたり，鉄棒で前方支持回転や後方支持回転をしたり，跳び箱
で伸膝台上前転をしたりなどのことである。

2段階の器械運動は，次の(ｱ)から(ｴ)までの運動で構成されている。

(ｱ) マット運動

回転技や倒立技に取り組み，一連の動きを滑らかに安定して行ったり，バラン
スの崩れを復元したり，それらを構成し演技すること。

【例示】

○　伸膝後転

・直立の姿勢から前屈しながら後方へ倒れ，尻をつき，膝を伸ばして後方に回
転し，両手でマットを押して膝を伸ばしたまま立ち上がること。

○　側方倒立回転

・正面を向き，体を前方へ振り下ろしながら片足を振り上げ，前方に片手ずつ
着き，腰を伸ばした姿勢で倒立位を経過し，側方回転しながら片足を振り下
ろして起き上がること。

(ｲ) 鉄棒運動

支持系などの技に取り組み，それらの一連の動きを滑らかに安定して行った
り，自己やグループで組み合わせたりすること。

【例示】

○　前方支持回転

支持の姿勢から腰と膝を曲げ，体を前方に勢いよく倒して腹を掛けて回転し，
その勢いを利用して手首を返しながら支持の姿勢に戻ること。

○　後方支持回転

支持の姿勢から腰と膝を曲げたまま体を後方に勢いよく倒し，腹を鉄棒に掛け
たまま回転し，手首を返して支持の姿勢に戻ること。

(ｳ) 平均台運動

体操系やバランス系の技に取り組み，それらを安定して行ったり，それらの発
展技に取り組んだりすること。

【例示】

○　台上を歩いたり走ったりして移動する（体操系歩走）

・台の位置を確認しながら振り出す足の動かし方，重心を乗せバランスよく移
動する動き方で，基本的な技の一連の動きを滑らかに安定させて移動するこ
と。

・姿勢，動きのリズムなどの条件を変えて移動すること。

・学習した基本的な技を発展させて，一連の動きで移動すること。

○　台上へ跳び上がる，台上で跳躍する，台上から跳び下りるなど（体操系跳躍）

・跳び上がるための踏み切りの動き方，空中で姿勢や動きを変化させて安定した着地を行うための動き方で，基本的な技の一連の動きを滑らかに安定させて跳躍すること。

・姿勢，組合せの動きなどの条件を変えて跳躍すること。

・学習した基本的な技を発展させて，一連の動きで跳躍すること。

○　台上でいろいろな姿勢でポーズをとる（バランス系ポーズ）

・バランスよく姿勢を保つための力の入れ方とバランスの崩れを復元させるための動き方で，基本的な技の一連の動きを滑らかに安定させてポーズをとること。

・姿勢の条件を変えてポーズをとること。

・学習した基本的な技を発展させて，一連の動きでポーズをとること。

○　台上で方向転換する（バランス系ターン）

・バランスよく姿勢を保つための力の入れ方，回転をコントロールするための動き方で，基本的な技の一連の動きを滑らかに安定させて方向転換すること。

・姿勢の条件を変えて方向転換すること。

・学習した基本的な技を発展させて，一連の動きで方向転換すること。

(I)　跳び箱運動

　伸膝台上前転などに取り組み，それらを安定して行ったり，それらの発展技に取り組んだりすること。

【例示】

○　伸膝台上前転

・助走から両足で強く踏み切り，足を伸ばしたまま腰の位置を高く保って着手し，前方に回転して着地すること。

C　陸上競技

　陸上競技について，次の事項を身に付けることができるよう指導する。

ア　陸上競技の楽しさや喜びを深く味わい，その特性に応じた技能の理解を深めるとともに，目的に応じた技能を身に付けること。

イ　陸上競技についての自他の課題を発見し，よりよい解決のために仲間と思考し判断したことを，目的や状況に応じて他者に伝えること。

ウ　陸上競技の多様な経験を通して，きまりやルール，マナーなどを守
　　　り，自己の役割を果たし仲間と協力したり，場や用具の安全を確保し
　　　たりし，見通しをもって自主的に運動をすること。

　2段階での陸上競技における「目的に応じた技能」とは，短距離走・リレーで
は，滑らかな動きで速く走ることやバトンの受渡しでタイミングを合わせるこ
と，ハードル走では，リズミカルな走りから滑らかにハードルを越すこと，走り
幅跳びでは，リズミカルな助走から素早く踏み切って跳ぶこと，走り高跳びで
は，リズミカルな助走から力強く踏み切って跳ぶことなどがあげられる。
　指導に当たっては，距離，高さ，時間などについては，一人一人の能力に応じ
て適切に定めることが大切である。
【例示】
○　短距離走・リレー
　・クラウチングスタートから徐々に上体を起こしていき加速すること。
　・自己に合ったピッチとストライドで速く走ること。
　・リレーでは，次走者がスタートするタイミングやバトンを受け渡すタイミン
　　グを合わせること。
　短距離走・リレーでは，自己の最大スピードを高めたり，バトンの受渡しでタ
イミングを合わせたりして，個人やチームのタイムを短縮したり，競走したりで
きるようにする。
　指導に当たっては，走る距離は，短距離走で100〜200m程度，リレーでは一
人50〜100m程度を目安とするが，生徒の体力や技能の程度やグラウンドの大き
さに応じて弾力的に扱うようにする。
○　長距離走
　・リズミカルに腕を振り，力みのないフォームで軽快に走ること。
　・呼吸を楽にしたり，走りのリズムを作ったりする呼吸法を取り入れて走るこ
　　と。
　・自己の体力や技能の程度に合ったペースを維持して走ること。
　自己に適したペースを維持して走るとは，目標タイムを達成するペース配分を
自己の技能・体力の程度に合わせて設定し，そのペースに応じたスピードを維持
して走ることである。
　また，走る距離は，1,000〜3,000m程度を目安とするが，生徒の体力や技能の
程度や気候等の状況に応じて弾力的に扱うようにする。
○　ハードル走
　・遠くから踏み切り，勢いよくハードルを走り越すこと。
　・抜き脚の膝を折りたたんで前に運ぶなどの動作でハードルを越すこと。

・インターバルを 3 又は 5 歩でリズミカルに走ること。

　ハードル走の距離は50～80m程度，その間にハードルを 5 ～ 8 台程度置くことを目安とするが，生徒の体力や技能の程度やグラウンドの大きさに応じて弾力的に扱うようにする。

○　走り幅跳び

・自己に適した距離又は歩数の助走をすること。

・踏切線に足を合わせて踏み切ること。

・かがみ跳びなどの空間動作からの流れの中で着地すること。

　走り幅跳びでは，助走スピードを生かして素早く踏み切り，より遠くへ跳んだり，競争したりできるようにし，指導に当たっては，学習の始めの段階では，踏切線に足を合わせることを強調せずに行うようにし，技能が高まってきた段階で，助走マークを用いて踏切線に足を合わせるようにすることが大切である。

○　走り高跳び

・リズミカルな助走から力強い踏み切りに移ること。

・跳躍の頂点とバーの位置が合うように，自己に合った踏切位置で踏み切ること。

・脚と腕のタイミングを合わせて踏み切り，大きなはさみ動作で跳ぶこと。

　走り高跳びは，リズミカルな助走から力強く踏み切り，より高いバーを越えたり，競争したりできるようにする。

　大きなはさみ動作とは，はさみ跳びでバーを越える際に，振り上げ足と踏み切り足を交互に大きく動かす動作のことである。

D　水泳

　水泳について，次の事項を身に付けることができるよう指導する。

ア　水泳の楽しさや喜びを深く味わい，その特性に応じた技能の理解を深めるとともに，目的に応じた泳法を身に付けること。

イ　水泳についての自他の課題を発見し，よりよい解決のために仲間と思考し判断したことを，目的や状況に応じて他者に伝えること。

ウ　水泳の多様な経験を通して，きまりやルール，マナーなどを守り，自己の役割を果たし仲間と協力したり，場や用具の安全を確保したりし，見通しをもって自主的に運動をすること。

　2段階での水泳運動における「目的に応じた技能」とは，1段階からのクロールや平泳ぎを発展させて泳ぐことで，クロールでは手と足の動き，呼吸のバランスをとり速く泳ぐこと，平泳ぎでは手と足の動き，呼吸のバランスをとり長く泳

ぐこと，さらに，背泳ぎやバタフライでは，手と足の動き，呼吸のバランスをとり泳ぐことがあげられる。

【例示】

○ **クロール**

・一定のリズムで強いキックを打つこと。

・水中で肘を曲げて腕全体で水をキャッチし，Ｓ字やＩ字を描くようにして水をかくこと。

・プルとキック，ローリングの動作に合わせて横向きで呼吸をすること。

　速く泳ぐとは，一定の距離を，大きな推進力を得るための力強い手の動きと，安定した推進力を得るための力強い足の動き，ローリングを利用した呼吸動作で，速度を速めて泳ぐことである。

　指導に当たっては，クロールの距離は，25〜50m程度を目安とするが，生徒の体力や技能の程度などに応じて弾力的に扱うようにする。

○ **平泳ぎ**

・蹴り終わりで長く伸びるキックをすること。

・肩より前で，両手で逆ハート型を描くように水をかくこと。

・プルのかき終わりに合わせて顔を水面上に出して息を吸い，キックの蹴り終わりに合わせて伸び（グライド）をとり進むこと。

　長く泳ぐとは，余分な力を抜いた，大きな推進力を得るための手の動きと安定した推進力を得るための足の動き，その動きに合わせた呼吸動作で，バランスを保ち泳ぐことである。

　指導に当たっては，平泳ぎの距離は，50〜100m程度を目安とするが，生徒の体力や技能の程度などに応じて弾力的に扱うようにする。

○ **背泳ぎ**

・両手を頭上で組んで，腰が「く」の字に曲がらないように背中を伸ばし，水平に浮いてキックをすること。

・水中では，肘が肩の横で60〜90度程度曲がるようにしてかくこと。

・水面上の腕は，手と肘を高く伸ばした直線的な動きをすること。

・呼吸は，プルとキックの動作に合わせて行うこと。

　バランスをとり泳ぐとは，リラックスした背浮きの姿勢で，手と足の動作と，呼吸のタイミングを合わせて泳ぐことである。

　指導に当たっては，背泳ぎの距離は，25〜50m程度を目安とするが，生徒の体力や技能の程度などに応じて弾力的に扱うようにする。

○ **バタフライ**

・気をつけの姿勢やビート板を用いて，ドルフィンキックをすること。

・両手を前方に伸ばした状態から，鍵穴（キーホール）の形を描くように水を

かくこと。

・手の入水時とかき終わりのときに，それぞれキックをすること。

・プルのかき終わりと同時にキックを打つタイミングで，顔を水面上に出して呼吸をすること。

指導に当たっては，バタフライの距離は，25～50m程度を目安とするが，生徒の体力や技能の程度などに応じて弾力的に扱うようにする。

[スタート及びターンについて]

各泳法において，スタート及びターンは，続けて長く泳いだり，速く泳いだりする上で，重要な技能の一部であることから，各泳法の指導と共に取り上げることとする。特にスタートについては，安全の確保が重要となることから，水中からのスタートをするよう指導する。

水中からのスタートとは，水中でプールの壁を蹴り，抵抗の少ない流線型の姿勢で，浮き上がりのためのキックを用いて，速い速度で泳ぎ始めることができるようにすることである。

・クロール，平泳ぎ，バタフライでは，水中で両足あるいは左右どちらかの足をプールの壁につけた姿勢から，スタートの合図と同時に顔を水中に沈め，抵抗の少ない流線型の姿勢をとって壁を蹴り泳ぎだすこと。

・背泳ぎでは，両手でプールの縁やスターティンググリップをつかんだ姿勢から，スタートの合図と同時に両手を前方に伸ばし，抵抗の少ない仰向けの姿勢をとって壁を蹴り泳ぎだすこと。

ターンとは，プールの壁を用いて進行方向を転換することである。指導に当たっては，壁を蹴って素早く折り返すことに重点を置くとともに，生徒の技能に応じて，各泳法のターン技術を段階的に学習することができるようにする。

・クロールと背泳ぎでは，片手でプールの壁にタッチし，膝を抱えるようにして体を反転し蹴りだすこと。

・平泳ぎとバタフライでは，両手で同時に壁にタッチし，膝を抱えるようにして体を反転し蹴りだすこと。

E　球技

　球技について，次の事項を身に付けることができるよう指導する。

ア　球技の楽しさや喜びを深く味わい，その特性に応じた技能の理解を深めるとともに，目的に応じた技能を身に付け，ゲームを行うこと。

イ　球技についての自他の課題を発見し，よりよい解決のために仲間と思考し判断したことを，目的や状況に応じて他者に伝えること。

ウ　球技の多様な経験を通して，きまりやルール，マナーなどを守り，

自己の役割を果たし仲間と協力したり，場や用具の安全を確保したり
　　し，見通しをもって自主的に運動をすること。

　2段階での球技における「目的に応じた技能」とは，ゴール型ではボール操作
と攻撃や守備の際に空間に走り込むなどの動き，ネット型では身体や用具を操作
してボールを返球したり，返球後に自分のコートに空いた場所を作らないように
定位置に戻る動き，ベースボール型では，身体やバット操作と走塁での攻撃，ポ
ジションの決められた位置に戻ったりする動きのことである。

　指導に当たっては，例えばバレーボールでは，ビーチボールや軽いボールを使
用し，ネットを低くするとともに，ボールに3回以上触れてもよいなどルールを
工夫してラリーが続くようにするなど，生徒がゲームを楽しめるようにすること
が大切である。さらに，ボッチャ，フライングディスクやその他のニュースポー
ツなど将来の余暇活動に結び付く種目を積極的に取り入れることも必要である。

【例示】
○　バスケットボール，サッカー，ハンドボールなどのゲーム（攻守が入り交じ
　って行うゴール型）
・ゴール方向に守備者がいない位置でシュートをすること。
・マークされていない味方にパスを出すこと。
・得点しやすい空間にいる味方にパスを出すこと。
・パスやドリブルなどでボールをキープすること。
・ボールとゴールが同時に見える場所に立つこと。
・パスを受けるために，ゴール前の空いている場所に動くこと。
・ボールを持っている相手をマークすること。

○　バレーボール，バドミントン，卓球などのゲーム
・サービスではボールやラケットの中心付近で捉えること。
・ボールを返す方向にラケット面を向けて打つこと。
・味方が操作しやすい位置にボールをつなぐこと。
・相手側のコートの空いた場所にボールを返すこと。
・テイクバックをとって肩より高い位置からボールを打ち込むこと。
・相手の打球に備えた準備姿勢をとること。
・プレイを開始するときは，各ポジションの定位置に戻ること。
・ボールを打ったり受けたりした後，ボールや相手に正対すること。

○　ティーボール，ソフトボールなどを基にしたゲーム
・ティーボールではホームベースの真横に立ち，ソフトボールでは投球の方向
　と平行に立ち，肩越しにバットを構えること。
・地面と水平になるようにバットを振り抜くこと。

・スピードを落とさずに，タイミングを合わせて塁を駆け抜けること。

・打球の状況によって塁を進んだり戻ったりすること。

・ボールの正面に回り込んで，緩い打球を捕ること。

・投げる腕を後方に引きながら投げ手と反対側の足を踏み出し，体重を移動させながら，大きな動作でねらった方向にボールを投げること。

・守備位置から塁上へ移動して，味方からの送球を受けること。

・決められた守備位置に繰り返し立ち，準備姿勢をとること。

・各ポジションの役割に応じて，ベースカバーやバックアップの基本的な動きをすること。

F　武道

　　武道について，次の事項を身に付けることができるよう指導する。

ア　武道の楽しさや喜びを深く味わい，その特性に応じた技能の理解を深めるとともに，基本動作や基本となる技を用いて，相手の動きの変化に応じた攻防を展開すること。

イ　武道についての自他の課題を発見し，よりよい解決のために仲間と思考し判断したことを，目的や状況に応じて他者に伝えること。

ウ　武道の多様な経験を通して，きまりや伝統的な行動の仕方を守り，自己の役割を果たし仲間と協力したり，場や用具の安全を確保したりし，見通しをもって自主的に運動をすること。

　2段階での「武道」は，柔道，剣道などで構成されている。なお，相撲の例示については，1段階に示している。

　2段階での武道における「基本動作」とは，例えば柔道では，姿勢と組み方，進退動作，崩しなどのことであり，剣道では，打突の仕方とその受け方などのことである。

【例示】

○　基本動作

(ア) 柔道

・姿勢と組み方では，相手の動きの変化に応じやすい自然体で組むこと。

・崩しでは，相手の動きの変化に応じて相手の体勢を不安定にし，技をかけやすい状態をつくること。

・進退動作では，相手の動きの変化に応じたすり足，歩み足，継ぎ足で，体の移動をすること。

(イ) 剣道

・打突の仕方と受け方では，体さばきや竹刀操作を用いて打ったり，応じ技へ発展するよう受けたりすること。

2段階で示す「基本となる技」とは，例えば柔道では，体落としや大腰，固め技の連絡などのことであり，剣道では，抜き技や二段の技などのことである。なお，1段階と同様に，相手と動きを合わせる動作などの習得が不十分な場合は，安全を考慮し，基本動作を中心に指導するなどの配慮も考えられる。

○ 基本となる技

(ア) 柔道

・投げ技である体落としは，取（技をかける人）が体落としをかけて投げ，受（技を受ける人）は受け身をとること。
・投げ技である大腰は，取（技をかける人）が大腰をかけて投げ，受（技を受ける人）は受け身をとること。
・取は相手の動きの変化に応じながら，けさ固め，横四方固め，上四方固めの連絡を行うこと。
・受はけさ固め，横四方固め，上四方固めで抑えられた状態から，相手の動きの変化に応じながら，相手を体側や頭方向に返すことによって逃げること。
・相手がうつぶせのとき，相手を仰向けに返して抑え込みに入ること。

(イ) 剣道

・相手が小手を打つとき，体をかわしたり，竹刀を頭上に振りかぶったりして面を打つこと。(小手抜き面)
・最初の面打ちに相手が対応したとき，隙がでた面を打つこと。(面-面)

2段階で示す「攻防を展開する」とは，柔道では，投げ技の基本となる技や連絡技を用いて相手を崩して攻撃をしかけたり，その防御をしたりして攻防を展開することである。剣道では，相手の構えを崩し，その隙を捉えてしかけ技や応じ技の基本となる技を用いて攻防を展開することなどである。1段階と同様に，安全を考慮し，攻防の相手を人形で行うなどの工夫も考えられる。

G ダンス

　ダンスについて，次の事項を身に付けることができるよう指導する。

ア ダンスの楽しさや喜びを深く味わい，その行い方の理解を深めるとともに，目的に応じた技能を身に付け，表現や踊りを通した交流や発表をすること。

イ　ダンスについての自他の課題を発見し，よりよい解決のために仲間
　　　　と思考し判断したことを，目的や状況に応じて他者に伝えること。
　　ウ　ダンスの多様な経験を通して，一人一人の表現や役割を認め助け合
　　　　ったり，場や用具の安全を確保したりし，見通しをもって自主的に運
　　　　動をすること。

　　2段階でのダンスにおける「目的に応じた技能」とは，感じを込めて踊った
り，みんなで自由に踊ったり，踊りの特徴と表現の仕方や運動観察の方法などを
理解し，イメージを深め表現することや踊ることである。「交流や発表」とは，
動きや簡単な作品の見せ合いや発表会を行うこと，見る人も拍手をしたりリズム
をとるなどしたりして交流し合うことである。

【例示】
「テーマやリズムと動き」
○　創作ダンス
　表したいテーマにふさわしいイメージを捉え，動きに変化をつけて表現した
り，踊ったりすること。
　・取り組んでみたいテーマや題材や動きなどでグループを組み，思いついた動
　　きを表現すること，仲間の動きをまねること，ひと流れの動きで表現するこ
　　と。
　・緩急強弱のある動きや空間の使い方や場面転換などで，変化をつけたひと流
　　れの動きで表現すること。
○　フォークダンス
　日本の民謡や外国の踊りのそれぞれの踊り方の特徴を捉え，音楽に合わせて特
徴的なステップや動きと組み方で踊ること。
　・小道具を操作する踊りでは，手に持つ鳴子のリズムに合わせて，沈み込んだ
　　り跳びはねたりする躍動的な動きで踊ること。
　・労働の作業動作に由来をもつ踊りでは，種まきや稲刈りなどの手振りの動き
　　を強調して踊ること。
　・ゲーム的な要素が入った踊りでは，グランドチェーンなどの行い方を覚えて
　　次々と替わる相手と組み合わせて踊ること。
　・軽やかなステップの踊りでは，グレープバインステップなどをリズミカルに
　　行って踊ること。
○　現代的なリズムのダンス
　リズムの特徴を捉え，変化とまとまりをつけて，リズムに乗って全身で自由に
弾んで踊ること。
　・簡単なリズムの取り方や動きで，音楽のリズムに同調したり，体幹部を中心

としたシンプルに弾む動きをしたりして自由に踊ること。
・リズムの取り方や動きの連続のさせ方を組み合わせて，動きに変化を付けて
　踊ること。

H　体育理論
　　体育理論について，次の事項を身に付けることができるよう指導する。
ア　運動やスポーツの多様性，効果と学び方，安全な行い方及び文化と
　　してのスポーツの意義に関する基礎的な知識を身に付けること。
イ　運動やスポーツの多様性，効果と学び方，安全な行い方及び文化と
　　してのスポーツの意義についての課題を発見し，よりよい解決のため
　　に仲間と思考し判断したことを，目的や状況に応じて他者に伝えるこ
　　と。
ウ　運動やスポーツの多様性，効果と学び方，安全な行い方及び文化と
　　してのスポーツの意義についての学習に自主的に取り組むこと。

　2段階での体育理論における「運動やスポーツの多様性」とは，人々の生活と
深く関わりながら，その時々の社会の変化とともに，その捉え方が，競技として
のスポーツから，誰もが生涯にわたって楽しめるスポーツへと変容してきたこと
などのことである。健康を維持する必要性に応じて運動を実践する際には，例え
ば体つくり運動の学習では，体を動かすことの心地よさを楽しんだり，体の動き
を高めることを楽しんだりする行い方があること，そして，競技に応じた力を試
す際には，ルールやマナーを守りフェアに競うこと，世代や機会に応じてルール
を工夫すること，勝敗にかかわらず健闘を称え合う等の行い方があることなどを
理解できるようにすることが大切である。また，障害のある生徒と障害のない生
徒がともにスポーツをする機会などを通して，共に支え合う社会の形成を推進し
ていくことも大切である。
　「効果と学び方」とは，1段階の体力や技能を維持，向上させることに加え，
発達の段階を踏まえて，適切に運動やスポーツを行うことで達成感を得たり，自
己の能力に対する自信をもったりすることができること，ストレスを解消したり
リラックスしたりすることができること，などの効果が期待できることなどであ
る。
　また，体力や技能の程度，年齢や性別，障害の有無等の様々な違いを超えて，
運動やスポーツを行う際に，ルールやマナーに関して合意形成することや適切な
人間関係を築くことなどの社会性が求められる。そこで，例えば，違いに配慮し

たルールを受け入れたり，仲間と教え合ったり，相手のよいプレイに称賛を送ったりすることなどを通して社会性を高めるような指導が必要である。また，各種の運動の技能を効果的に獲得するためには，その領域や種目に応じて，よい動き方を見付けること，合理的な練習の目標や計画を立てること，実行した技術や戦術，表現がうまくできたかを確認すること，新たな課題を設定することなどの運動の課題を合理的に解決する学び方があることを理解できるようにすることが大切である。その際，特に競技などの対戦相手との競争において，技能の程度に応じた戦術や作戦を立てることが有効であることを理解できるようにすることも大切である。

「安全な行い方」とは，運動やスポーツの実施中のケガや事故に適切に対応できるよう簡単な応急手当の方法を理解すること，野外での活動では，自然や気象などに関する知識をもつことが必要であること，落雷や大雨，河川の急な増水，雪山での雪崩など，気象の変化を予測できるように事前に情報を集めて計画を作成することが必要であることなどである。なお，運動に関する領域で扱う運動種目等のけがの事例や健康・安全に関する留意点などについては，運動に関する各領域で扱うこととする。

「文化としてのスポーツの意義」とは，メディアの発達によって，スポーツの魅力が世界中に広がり，オリンピック・パラリンピック競技大会や国際的なスポーツ大会がより身近になり，人々の相互理解を深めたりすることで，国際親善や世界平和に大きな役割を果たしていることなどのことである。そして，スポーツには民族や国，人種や性，障害の有無，年齢や地域，風土といった違いを超えて人々を結び付ける文化的な働きがあり，「スポーツ」という言葉自体が，国，地域や言語の違いを超えて世界中に広まっている。指導に当たっては，パラリンピック競技大会に限らず，地域の障害者スポーツ大会や運動会，スポーツイベントなどにおいて，年齢や性，障害などの違いを超えて交流する運動やスポーツが行われるようになっていることなどについても触れることが大切である。

Ｉ　保健

　健康・安全に関する事項について，次の事項を身に付けることができるよう指導する。

ア　心身の発育・発達，傷害の防止及び疾病の予防等の理解を深めるとともに，健康で安全な個人生活及び社会生活を営むための目的に応じた技能を身に付けること。

イ　健康・安全に関わる自他の課題を発見し，よりよい解決のために仲間と思考し判断したことを，目的や状況に応じて他者に伝えること。

２段階での保健における，「心身の発育・発達，傷害の防止及び疾病の予防等」とは，１段階を踏まえた，けがや疾病の予防，心身の機能の発達に関すること，ストレスへの対処，交通安全や自然災害などへの備えと対応について，個人だけでなく社会生活まで広げて理解できるようにするとともに，それらの内容に関わる基本的な技能を身に付けるようにすることである。

　けがや疾病の予防では，傷害の発生には人の心身の状態や行動の仕方，生活環境における施設・設備の状態や気象条件などが相互に関わって発生すること，それらに対する適切な対策によって傷害の多くは防止できることを理解するとともに，止血，患部の保護や固定などの応急手当ができるようにすることが大切である。また，AED（自動体外式除細動器）の使用を含む心肺蘇生法などの応急手当に触れ，事故場面における使用方法などについて理解することも大切である。そして，日常経験しているかぜやインフルエンザ，生活習慣病やがんの予防について，適度な運動を定期的に行うことや毎日の食事における量や頻度，栄養素のバランスを整えること，将来的に喫煙や過度の飲酒をしないこと，口腔の衛生を保つことなどの生活習慣を身に付けることが有効であることを理解し，必要に応じて休養をとったり，進んで診療を受けたりすること，予防注射や健康診断を申請したりすることなど，自分から積極的に健康で安全な生活を送るようにする。また，人々の病気を予防するために，居住地域の保健所や保健センターなどでは，健康な生活習慣に関わる情報提供や予防接種などの活動が行われていることを確認することも大切である。

　なお，喫煙，飲酒，薬物乱用などの行為は，好奇心，なげやりな気持ち，過度のストレスなどの心理状態，断りにくい人間関係，宣伝・広告や入手し易さなどの社会環境によって助長されること，それらに適切に対処する必要があることを理解できるようにする。特に薬物乱用は，個人の心身の健全な発育や人格の形成を阻害するだけでなく，社会への適応能力や責任感の発達を妨げるため，暴力，非行，犯罪など家庭・学校・地域社会にも深刻な影響を及ぼすこともあることを理解できるようにすることが大切である。

　心身の機能の発達に関することでは，心も身体と同様に発達することや，心と身体は密接な関係があることを理解して，それに応じた適切な行動を身に付けたり，身体の発育や健康に関心をもち，身体の各部の働きを理解できるようにする。また，性に関する指導については，生徒個々の知的障害の状態等に応じて，適切な指導内容を設定し，保護者の理解を得て密接な連携・協力が必要である。一人一人の生徒の知的障害の状態等を踏まえ，身体的成熟や心理的発達に合わせて，異性との交際の在り方，身だしなみや服装，態度など社会生活への適応を図るための指導を行う必要がある。結婚や妊娠・出産についても家庭科における指

導と関連して取り扱うこと，学校全体で共通理解を深めるとともに，ケースによっては保健師や助産婦などの地域関係機関の専門職などとの連携により指導内容を工夫していくことも大切である。

ストレスへの対処では，例えば心の発達などに伴って生じてくるストレス（不安や悩み）への適切な対応の方法を知って活用すること，精神的な安定を図るには，日常生活に充実感をもてたり，欲求の実現に向けて取り組んだり，欲求が満たされないときに自分や周囲の状況からよりよい方法を見付けたりすることなどがあること，ストレスの原因についての受け止め方を見直すこと，また，リラクセーションの方法等を取り上げ，ストレスによる心身の負担を軽くするような対処の方法ができるようにすることが大切である。

交通事故や自然災害などへの備えと対応では，運転免許を取得できる年齢であることも踏まえ，自転車や自動車の特性を知り，交通法規を守ると共に，各車両，道路，気象条件などの周囲の好況に応じ，安全に行動することが必要であることを理解できるようにすることが大切である。また，自転車事故などを起こすことによる加害責任についても触れるようにすることも大切である。そして，日頃から災害時の安全の確保に備えておくこと，緊急地震速報を含む災害情報を正確に把握すること，地震などが発生した時や発生した後，周囲の状況を的確に判断し，自他の安全を確保するために冷静かつ迅速に行動する必要があることを理解できるようにすることが必要である。

なお，高等部段階では長距離を通学しているケースもあることから，災害発生時の周囲の状況を的確に判断できるよう災害情報の取得方法，緊急連絡方法，避難所への避難方法，周囲へ助けを求めることなどを保護者と共に確認することなどが大切である。

イの「健康・安全に関わる自他の課題を発見し，よりよい解決のために仲間と思考し判断したことを，目的や状況に応じて他者に伝える」とは，健康に関わる事象や健康情報などにおける自他や社会の課題を発見し，健康・安全に関する内容について思考し，判断するとともに，それらを他者に表現できるようにすることである。

4　指導計画の作成と内容の取扱い

(1) 指導計画作上の配慮事項

第5章
知的障害者である生徒に対する教育を行う特別支援学校

3　指導計画の作成と内容の取扱い
(1) 指導計画の作成に当たっては，次の事項に配慮するものとする。
　ア　単元など内容や時間のまとまりを見通して，その中で育む資質・
　　　能力の育成に向けて，生徒の主体的・対話的で深い学びの実現を図

るようにすること。その際，体育や保健の見方・考え方を働かせ，
　　運動や健康についての自他の課題を見付け，個々の生徒の障害の状
　　態等に応じて，その解決のための活動の充実を図ること。また，運
　　動の楽しさや喜びを味わったり，健康の大切さを実感したりするこ
　　とができるよう，留意すること。

　この事項は，保健体育科の指導計画の作成に当たり，生徒の主体的・対話的で深い学びの実現を目指した授業改善を進めることとし，保健体育科の特質に応じて，効果的な学習が展開できるように配慮すべき内容を示したものである。

　選挙権年齢や成年年齢の引き下げなど，高等部の生徒にとって政治や社会が一層身近なものとなる中，学習内容を人生や社会の在り方と結び付けて深く理解し，これからの時代に求められる資質・能力を身に付け，生涯にわたって能動的に学び続けることができるようにするためには，これまでの優れた教育実践の蓄積も生かしながら，学習の質を一層高める授業改善の取組を推進していくことが求められている。

　保健体育科の指導に当たっては，(1)「知識及び技能」が習得されること，(2)「思考力，判断力，表現力等」を育成すること，(3)「学びに向かう力，人間性等」を涵養することが偏りなく実現されるよう，単元など内容や時間のまとまりを見通しながら，生徒の主体的・対話的で深い学びの実現に向けた授業改善を行うことが重要である。

　生徒に保健体育科の指導を通して「知識及び技能」や「思考力，判断力，表現力等」及び「学びに向かう力，人間性等」の育成を目指す授業改善を行うことはこれまでも多くの実践が重ねられてきている。そのような着実に取り組まれてきた実践を否定し，全く異なる指導方法を導入しなければならないと捉えるのではなく，生徒や学校の実態，指導の内容に応じ，「主体的な学び」，「対話的な学び」，「深い学び」の視点から授業改善を図ることが重要である。

　主体的・対話的で深い学びは，必ずしも1単位時間の授業の中で全てが実現されるものではない。単元など内容や時間のまとまりの中で，例えば，主体的に学習に取り組めるよう学習の見通しを立てたり学習したことを振り返ったりして自身の学びや変容を自覚できる場面をどこに設定するか，対話によって自分の考えなどを広げたり深めたりする場面をどこに設定するか，学びの深まりをつくりだすために，生徒が考える場面と教師が教える場面をどのように組み立てるか，といった観点で授業改善を進めることが求められる。また，生徒や学校の実態に応じ，多様な学習活動を組み合わせて授業を組み立てていくことが重要であり，単元など内容や時間のまとまりを見通した学習を行うに当たり基礎となる「知識及び技能」の習得に課題が見られる場合には，それを身に付けるために，生徒の主

体性を引き出すなどの工夫を重ね，確実な習得を図ることが必要である。

主体的・対話的で深い学びの実現に向けた授業改善を進めるに当たり，特に「深い学び」の視点に関して，各教科等の学びの深まりの鍵となるのが「見方・考え方」である。各教科等の特質に応じた物事を捉える視点や考え方である「見方・考え方」を，習得・活用・探究という学びの過程の中で働かせることを通じて，より質の高い深い学びにつなげることが重要である。

保健体育科においては，例えば次の視点等を踏まえて授業改善を行うことにより，育成を目指す資質・能力を育んだり，体育や保健の見方・考え方を更に豊かなものにしたりすることにつなげることが大切である。

・運動の楽しさや健康の意義等を発見し，運動や健康についての興味や関心を高め，課題の解決に向けて粘り強く自ら取り組み，学習を振り返るとともにそれを考察し，課題を修正したり新たな課題を設定したりするなどの主体的な学びを促すこと。

・運動や健康についての課題の解決に向けて，生徒が他者（書物等を含む）との対話を通して，自己の思考を広げ深め，課題の解決を目指して学習に取り組むなどの対話的な学びを促すこと。

・習得・活用・探究という学びの過程を通して，自他の運動や健康についての課題を発見し，解決に向けて試行錯誤を重ねながら，思考を深め，よりよく解決するなどの深い学びを促すこと。

なお，これら三つの学びの過程をそれぞれ独立して取り上げるのではなく，相互に関連を図り，保健体育科で求められる学びを一層充実させることが重要である。また，これら三つの学びの過程は，順序性や階層性を示すものでないことに留意することが大切である。また，主体的・対話的で深い学びの実現に向けた授業改善の推進に向けては，指導方法を工夫して必要な知識及び技能を指導しながら，子供たちの思考を深めるために発言や意見交換を促したり，気付いていない視点を提示したりするなど，学びに必要な指導の在り方を工夫し，必要な学習環境を積極的に整備していくことが大切である。

その際，各運動領域の特性や魅力に応じた体を動かす楽しさや特性に触れる喜びを味わうことができるよう，また，健康の大切さを実感することができるよう指導方法を工夫することが大切である。さらに，単元など内容や時間のまとまりの中で，指導内容と評価の場面を適切に組み立てていくことが重要である。

イ　2の各段階の内容の「A体つくり運動」，「H体育理論」及び「I保健」については，3学年間にわたって取り扱うこと。

「A体つくり運動」,「H体育理論」及び「I保健」については,第1学年から第3学年の各学年において指導することを示したものである。授業時数については,適切に定めるようにすること。

(2) 内容の取扱いと指導上の配慮事項

> (2) 2の各段階の内容の取扱いについては,次の事項に配慮するものとする。
>
> ア 学校や地域の実態を考慮するとともに,個々の生徒の障害の状態等,運動の経験及び技能の程度などに応じた指導や生徒自らが運動の課題の解決を目指す活動を行えるよう工夫すること。

「学校や地域の実態を考慮する」では,各段階に示されている「(2)内容」を踏まえて具体的な指導内容を設定する際,保健体育科の目標や内容と関連付けながら,学校や地域などで特に行われている運動やスポーツなどを取り入れるようにしたり,地域の人材や近隣の高等学校等を活用したりすることなどが考えられる。

「個々の生徒の障害の状態等,運動の経験及び技能の程度などに応じた指導」とは,同じ段階であっても個々の生徒の障害の状態等,運動の経験及び技能の程度が中学部段階よりも更に多様であることを踏まえ,生徒が興味や関心をもって,安心して安全に自ら取り組めるようにすることなどを示している。

「生徒自らが運動の課題の解決を目指す活動」とは,各領域の内容を指導する際,例えば,運動やスポーツについての自他の課題を見付けられるようにしたり,当該生徒が達成可能な目標などを自ら設定したりするなどして,生徒が意欲的にその課題の解決を目指せるような活動を工夫することを示している。

第4節
各学科に共通
する各教科

> イ 各領域の特性に応じた,知識及び技能の効果的な獲得や,思考力・判断力・表現力等の育成が図られるよう,コンピュータや情報通信ネットワークなどの情報手段を積極的に活用するなどして,指導の効果を高めるよう工夫すること。

情報活用能力とは,世の中の様々な事象を情報とその結び付きとして捉えて把握し,情報及び情報技術を適切かつ効果的に活用して,問題を発見・解決したり自分の考えを形成したりしていくために必要な資質・能力のことである。将来の予測が難しい社会においては,情報や情報技術を受け身で捉えるのではなく,手

段として活用していく力が求められる。未来を拓いていく子供たちには，情報を主体的に捉えながら，何が重要かを主体的に考え，見いだした情報を活用しながら他者と協働し，新たな価値の創造に挑んでいくことがますます重要になってくる。また，情報化が急速に進展し，身の回りのものに情報技術が活用されていたり，日々の情報収集や身近な人との情報のやりとり，生活上必要な手続など，日常生活における営みを，情報技術を通じて行ったりすることが当たり前の世の中となってきている。情報技術は今後，私たちの生活にますます身近なものとなっていくと考えられ，情報技術を手段として活用していくことができるようにしていくことも重要である。

　保健体育科においても，各分野の特質を踏まえ，情報モラル等にも配慮した上で，必要に応じて，コンピュータや情報通信ネットワークなどを適切に活用し，学習の効果を高めるよう配慮することを示している。

　例えば，体育分野においては，学習に必要な情報の収集やデータの管理・分析，課題の発見や解決方法の選択などにおけるICTの活用が考えられる。また，保健分野においては，健康情報の収集，健康課題の発見や解決方法の選択における情報通信ネットワーク等の活用などが考えられる。

　なお，運動の実践では，補助的手段として活用するとともに，効果的なソフトやプログラムの活用を図るなど，活動そのものの低下を招かないよう留意することが大切である。

　また，情報機器の使用と健康との関わりについて取り扱うことにも配慮することが大切である。

　ウ　運動を苦手と感じている生徒や，運動に意欲的に取り組まない生徒への指導を工夫すること。

　運動の経験や技能の程度の個人差が大きいことを踏まえた指導を工夫することを示したものである。これまでの経験の中で苦手意識が強くなっている生徒もいることなども考慮し，指導を工夫することが大切である。また，生徒の中には，運動に取り組みたくても，様々な理由から取り組めない者がいることにも留意することが大切である。

　エ　「A体つくり運動」から「Gダンス」までと「I保健」との関連を図る指導を工夫すること。

「体つくり運動」を始めとする体育分野の各領域の内容間，及び保健分野の内容とを関連して指導することを示したものである。

例えば，体育理論との関連では，ルールやマナーを守り競うことや，相手の好プレイに賞賛を送るなどフェアに競技することを関連させて指導することなどが考えられる。保健との関連では，各運動を行う際の場や用具の安全確認を実施することや，けがの予防の仕方などを関連させて指導することなどが考えられる。

また，保健体育科におけるカリキュラム・マネジメントを実現する観点から，体育分野と保健分野とが関連する内容について，年間計画や個別の指導計画等に反映させることも大切である。

> オ 「A体つくり運動」については，実生活に役立てるため，自分の体力や生活に応じた運動を考えることができるよう指導を工夫すること。

体つくり運動については，学校教育活動全体や実生活，生涯にわたって健康の保持増進や調和のとれた体力の向上に生かすことができるよう，日常的に取り組める簡単な運動の組合せを取り上げるなど，指導の工夫を図ることが大切である。

> カ 「D水泳」については，泳法との関連において指導を行う場合は，水中からのスタート及びターンを取り上げること。

特に，水泳でのスタート及びターンの指導については，安全の確保が重要となることから，「水中からのスタート及びターン」を取り上げることとしたものである。

> キ 「E球技」については，個の能力だけでなく，より集団を意識したゲームを取り扱うものとする。

球技については，ボールを投げる，蹴るなどの個々のボール操作の技能等を身に付けるだけではなく，生徒同士でルールや作戦を工夫したり，集団対集団の攻防によって仲間と力を競い合ったりする楽しさや喜びに触れられるようなゲームを取り扱うことを示している。

> ク 「F武道」については，武道場や用具の確保が難しい場合は指導方法を
> 　工夫して行うとともに，安全面に十分留意すること。

　武道場などの確保が難しい場合は，他の施設で実施することとなるが，その際
は，安全上の配慮を十分に行い，基本動作や基本となる技の習得を中心として指
導を行うなど指導方法を工夫すること。また，高等部段階では，相手の動きに合
わせる動作など対人的な技を取扱うことが多くなることから，事故やけがのない
よう安全面に十分留意することを示している。

> ケ 「H体育理論」については，オリンピック・パラリンピックなどの国際
> 　大会の意義や役割，フェアプレイの精神等に触れるとともに，運動やス
> 　ポーツを「すること」，「知ること」，「見ること」，「応援すること」など
> 　の多様な関わり方についても取り扱うようにすること。

　体育理論については，オリンピック・パラリンピック競技大会を通じて，人々
の友好を深め世界の平和に貢献しようとするものであること，また，パラリンピ
ック競技大会等の国際大会が，障害の有無等を超えてスポーツを楽しむことがで
きる共生社会の実現に寄与していることについて理解できるようにするととも
に，参加する選手がルールやマナーを守りフェアに競っていること，勝敗にかか
わらず健闘を称え合っていることなどにも触れることが大切である。
　また，運動やスポーツには，する，知る，見る及び応援するなどの多様な関わ
り方があることを取り扱うとともに，目的や年齢，障害の有無，性の違いを超え
て運動やスポーツを楽しむことができるような社会を形成していく視点にも触れ
ることが大切である。

> コ 自然との関わりの深いスキー，スケートや水辺活動などの指導につい
> 　ては，生徒の障害の状態等，学校や地域の実態等に応じて積極的に行う
> 　ようにすること。

　自然の中で活動することが不足しているなど，現在の生徒を取り巻く社会環境
の中では，自然との関わりを深める教育が大切であることから，諸条件の整って
いる学校において，スキー，スケートや水辺活動など，自然との関わりの深い活
動を積極的に奨励しようとするものである。

指導に当たっては，季節，天候，地形などの自然条件の影響を受けやすいことから，自然に対する知識や計画の立て方，事故防止について十分留意する必要がある。

> サ　集合，整頓，列の増減，方向転換などの行動の仕方を身に付け，能率的で安全な集団としての行動ができるようにするための指導を行う場合は，「A体つくり運動」から「Gダンス」までの領域において適切に行うものとする。

集団として必要な行動の仕方を身に付け，能率的で安全な集団としての行動ができるようにすることは，運動の学習においても大切なことである。

能率的で安全な集団としての行動については，運動の学習に直接必要なものを取り扱うようにし，体つくり運動からダンスまでの学習との関連を図って適切に行うことに留意する必要がある。

なお，集団行動の指導の効果を上げるためには，保健体育科だけでなく，学校の教育活動全体において指導するよう配慮する必要がある。

> シ　言語能力を育成する言語活動を重視し，筋道を立てて練習や作戦について話し合う活動や，個人生活における健康の保持増進や回復について話し合う活動などを通して，コミュニケーション能力や思考力の育成を促し，主体的な学習活動の充実を図ること。

これは，保健体育科の指導においては，その特質に応じて，言語活動について適切に指導する必要があることを示すものである。

第1章第2節第2款の2の(1)においては，「各学校においては，生徒の障害の状態や特性及び心身の発達の段階等を考慮し，言語能力，情報活用能力（情報モラルを含む。），問題発見・解決能力等の学習の基盤となる資質・能力を育成していくことができるよう，各教科・科目等又は各教科等の特質を生かし，教科等横断的な視点から教育課程の編成を図るものとする。」と規定されている。

体育分野においては，学習した運動に関わる一般原則や運動に伴う事故の防止等の科学的な知識や技能を基に，自己や仲間の課題に応じて思考し判断したことなどを，言葉や文章及び動作などで表したり，仲間や教師などに理由を添えて伝えたりする機会を確保することが重要である。

なお，積極的・自主的な学習に取り組むことができるよう，指導内容の精選を

図る，学習の段階的な課題を明確にする場面を設ける，課題解決の方法を確認する，練習中及び記録会や競技会などの後に話合いの場を設けるなどして，知識を活用して思考する機会や，思考し判断したことを仲間に伝える機会を適切に設定することが重要である。その際，話合いのテーマを明確にしたり，学習ノートを活用したりするなどの工夫を図り，体を動かす機会を適切に確保することが大切である。

また，内容として，(1)知識及び技能，(2)思考力，判断力，表現力等，(3)学びに向かう力，人間性等を示していることから，これらをバランスよく育むことで，結果として言語活動の充実に資することに留意する必要がある。

保健分野においては，健康に関わる概念や原則を基に，個人生活における課題を発見したり，学習したことと自他の生活とを比較したり，適切な解決方法について話し合ったりする機会を確保することが重要である。

1 職業科の改訂の要点

(1) 目標の改訂の要点

目標は，従前の「勤労の意義について理解するとともに，職業生活に必要な能力を高め，実践的な態度を育てる。」を改め，「職業に係る見方・考え方を働かせ，職業など卒業後の進路に関する実践的・体験的な学習活動を通して，よりよい生活の実現に向けて工夫する資質・能力」として，次の三つの柱から整理し示している。

「知識及び技能」として「(1) 職業に関する事柄について理解を深めるとともに，将来の職業生活に係る技能を身に付けるようにする。」，「思考力，判断力，表現力等」として「(2) 将来の職業生活を見据え，必要な事柄を見いだして課題を設定し，解決策を考え，実践を評価・改善し，表現する力を養う。」，「学びに向かう力，人間性等」として「(3) よりよい将来の職業生活の実現や地域社会への貢献に向けて，生活を改善しようとする実践的な態度を養う。」に改めた。

(1) から (3) までに示す資質・能力の育成を目指すに当たり，生徒がどのような学びの過程を経験することが求められているのかを示すとともに，質の高い深い学びを実現するために，教科等の特質に応じた物事を捉える視点や考え方（見方・考え方）を働かせることが求められていることを述べている。

指導に当たっては，職業に関する実践的・体験的な活動と知識・技能を相互に関連付けて課題解決を図るなどして，実際の生活に生きる力や生涯にわたって活用できる資質・能力が育成されるよう工夫することが重視される。また，実践的・体験的な活動を自己の成長と関連付けて，一人一人の生徒のキャリア発達を一層促すことが指導の要点となる。

(2) 内容の改訂の要点

内容は，従前の「働くことの意義」，「道具・機械等の取扱いや安全・衛生」，「役割」，「職業に関する知識」，「産業現場等における実習」，「健康管理・余暇」，「機械・情報機器」の内容について，「A職業生活」，「B情報機器の活用」，「C産業現場等における実習」とする内容構成に改めた。

内容は，二つの段階により示され，2段階においては，1段階を踏まえて発展的な学習内容を示している。

(3) 指導計画の作成と内容の取扱いの改訂の要点

「指導計画の作成」の配慮事項として，内容や時間のまとまりを見通して，主体的・対話的で深い学びの実現を図ること，各教科等との関連にも留意するこ

と，キャリア発達を促し主体的に進路を選択できるよう組織的・計画的に指導すること，地域や産業界との連携により実習等の実際的な学習活動を取り入れ，段階的・系統的に指導することを示している。

また，「内容の取扱い」の配慮事項として，指導上の安全・衛生管理に留意し事故防止に努めること，働く喜びや仕事のやりがいを実感できるよう，実践的・体験的な学習活動を充実すること，家庭生活における情報機器の取扱い等についても取り上げることなどを示している。

2　職業科の目標

教科の目標は次のとおりである。

1　目　標

　職業に係る見方・考え方を働かせ，職業など卒業後の進路に関する実践的・体験的な学習活動を通して，よりよい生活の実現に向けて工夫する資質・能力を次のとおり育成することを目指す。
(1) 職業に関する事柄について理解を深めるとともに，将来の職業生活に係る技能を身に付けるようにする。
(2) 将来の職業生活を見据え，必要な事柄を見いだして課題を設定し，解決策を考え，実践を評価・改善し，表現する力を養う。
(3) よりよい将来の職業生活の実現や地域社会への貢献に向けて，生活を改善しようとする実践的な態度を養う。

教科の目標は，職業科の果たすべき役割やねらいについて示したものである。
「職業に係る見方・考え方を働かせ」とは，職業に係る事象を，将来の生き方等の視点で捉え，よりよい職業生活や社会生活を営むための工夫を行うことを示したものである。これらの学びは，思考力，判断力，表現力等を育成することはもとより，既知の知識や技能を自分の生活に結び付けて具体的に考えて深く理解することや，将来の職業生活に主体的に関わり，直面する課題を解決しようとする態度にも作用することが考えられるため，資質・能力全体に関わるものとして，目標の柱書部分に位置付けた。
「職業など卒業後の進路に関する実践的・体験的な学習活動を通して」とは，将来の職業生活に直接関わる内容を具体的に取り扱うという職業科の特質及び知的障害のある生徒の学習上の特性等を踏まえて，職業生活，情報機器の活用，産業現場等における実習等，職業など卒業後の進路に関する体験や実習などを含む実際的・具体的な内容を特に重視することを示したものである。
「よりよい生活の実現に向けて工夫する資質・能力を次のとおり育成する」と

第5章
知的障害者である生徒に対する教育を行う特別支援学校

は，職業科の最終的な目標が，よりよい将来の職業生活の実現を目指して基本的な知識や技能を習得し，これを活用しながら課題解決を図る力や生活を工夫しようとする実践的な態度の育成であり，この資質・能力は(1)から(3)に示す三つの柱で構成されていることを示している。

(1)は，「知識及び技能」としての資質・能力を示したものである。「職業に関する事柄について理解を深めるとともに，将来の職業生活に係る技能を身に付けるようにする。」とは，生徒が将来自立して主体的な職業生活を営むために必要とされる事柄に興味をもち，その基本的な理解と，それらに係る知識や技能の習得の重要性を示したものである。指導に当たっては，学習の成果と自己の成長を結び付けて捉えられるよう評価を工夫し，主体的な学びを促すとともに，学習内容の確実な習得を図ることが大切である。

(2)は「思考力，判断力，表現力等」としての資質・能力を示したものである。「将来の職業生活を見据え，必要な事柄を見いだして課題を設定し，解決策を考え，実践を評価・改善し，表現する力を養う。」とは，職業生活の中の課題を見いだし，解決する力を育むことを示しており，一連の学習の過程において，習得した知識や技能を活用し，思考力，判断力，表現力等を養い，課題を解決する力を育むことを明確にしたものである。指導に当たっては，生徒の実態に応じた内容や活動を計画的に準備することで，問題解決的な学習を一層充実させることが重要である。

(3)は，「学びに向かう力，人間性等」としての資質・能力を示している。「よりよい将来の職業生活の実現や地域社会への貢献に向けて，生活を改善しようとする実践的な態度を養う。」とは，自分の生産や生育活動等が地域社会への貢献に資するものであることに気付き，将来の職業生活の実現に向けて，職業科において育むことを目指す実践的な態度を養うことを述べたものである。指導に当たっては，内面的な成長を一層促すために，役割を担い責任を果たす意義や地域社会へ貢献することの充実感及び成就感を実感できるように従来の実践的・体験的な活動の内容を吟味したり，自己の成長を確かめながら，学習内容と将来の職業など卒業後の進路の選択や生き方との関わりの理解を図ったりすることで，学びに向かう力，人間性等を育むことが大切である。

これらの目標を実現するためには，生徒自らが職業に関心をもち，職業に係る見方・考え方を働かせ，実践的・体験的な活動を通して，知識及び技能を身に付けるとともに，他者と協働しながら課題を解決する過程を通して，将来の職業生活につながる学びが深められるよう学習活動を組み立てることが重要である。その際に，家庭や地域社会との連携を重視し，学校における学習と家庭や社会における実践との結び付きに留意して適切な題材を設定し，資質・能力を育成するとともに，心豊かな人間性を育むことや発達の段階に即した社会性の獲得，他者と

関わる力の育成等にも配慮することが大切である。

3　各段階の目標及び内容
(1)　1段階の目標と内容
ア　目標

2　各段階の目標及び内容
○1段階
(1) 目　標
ア　職業に関する事柄について理解するとともに，将来の職業生活に
　　係る技能を身に付けるようにする。
イ　将来の職業生活を見据え，必要な事柄を見いだして課題を設定し，
　　解決策を考え，実践を評価し，表現する力を養う。
ウ　よりよい将来の職業生活の実現や地域社会への参画に向けて，生
　　活を工夫しようとする実践的な態度を養う。

目標は，1段階において育成を目指す資質・能力を「ア知識及び技能」，「イ思考力，判断力，表現力等」，「ウ学びに向かう力，人間性等」の三つの柱に沿って示したものである。

1段階では，作業や実習等を通して，自分の役割を果たす達成感を得たり，主体的に他者の役に立とうとする気持ちを育んだりするとともに，職業に関する学習を積み重ね，基本的な知識や技能を身に付けながら，課題を解決する力や将来の職業生活に向けて生活面での工夫をしようとする態度を養うことを目指している。

さらに，段階的に活動の場を地域に広げるなどして，取り組んでいる作業や実習が将来の働くことにつながることなどの理解を図り，これらを自己の成長と関連付けて，一人一人の生徒のキャリア発達を促すことが指導の要点となる。

アの「職業に関する事柄について理解するとともに，将来の職業生活に係る技能を身に付けるようにする。」とは，職業に対する関心を高め，様々な職業の種類や内容，働く上で求められる事柄などについて理解するとともに，生産や生育活動等に係る技能や職業生活に係る技能を身に付けることである。

なお，知的障害のある生徒に対する職業教育は，従前より特定の職業に就くための教育ではなく，将来の社会参加を目指し，社会人や職業人として必要な知識や技能及び態度の基礎を身に付けることを重視してきた。したがって，生産や生育活動等に係る様々な学習を通して，確実性や持続性，巧緻性等の作業活動の種類を問わず共通して求められる力や，社会人に求められる一般的な知識や技能及

び態度を身に付けることを重視している。

　指導に当たっては，望ましい勤労観や職業観を育むことを重視し，仕事を通して得られる達成感に着目させたり，自らの作業を通してそれらを実感したりしながら，将来の職業生活の実現に向けて，基本的な知識や技能の確実な習得を図ることが大切である。

　イの「将来の職業生活を見据え」とは，課題解決の過程において，実際の職業生活を踏まえていくことを示している。

　また，「課題を設定し，解決策を考え，実践を評価し，表現する力を養う。」とは，課題解決の過程に関わる能力を全て含んだものであり，職業生活に係る事柄から問題を見いだし課題を設定する力，課題の解決策や解決方法を検討・構想して具体化する力，知識及び技能を活用して課題解決に取り組む力，実践を評価する力，課題解決の結果や実践を評価した結果を的確に表現する力等があげられる。これらの能力の育成には，知的障害のある生徒の学習上の特性等を踏まえて，実践的・体験的な活動を重視して段階的に指導を行う必要がある。例えば，作業製品の改善や販売会の振り返りから得た事柄などの具体的な課題を取り上げ，生徒自身が習得した知識や技能を使って解決していく経験を積み重ねることなどが考えられる。

　ウの「地域社会への参画」とは，生産や生育活動等を通して地域社会へ積極的に参加することを意味している。例えば，地域の人々と接しながら自分たちで作った製品等を販売したり，地域の公共施設や事業所等で清掃等を行ったりする経験を積み重ねることなどが考えられる。

　また，「生活を工夫しようとする実践的な態度」とは，学習を通して習得した知識や技能を実際的な場面において活用し，生活をよりよくしようと工夫する態度である。例えば，作業や産業現場等における実習などを通して，地域社会に参加することが地域貢献につながることに気付くことや，課題を解決する手応えを得て自信をもつことで，習得した知識や技能を活用して生活を工夫しようとする態度を育むことが考えられる。

イ　内容

（2）内　容

　Ａ　職業生活

　　ア　勤労の意義

　　　勤労に対する意欲や関心を高め，他者と協働して取り組む作業や実習等に関わる学習活動を通して，次の事項を身に付けることができるよう指導する。

（ｱ）勤労の意義を理解すること。

（ｲ）意欲や見通しをもって取り組み，その成果や自分と他者との役割及び他者との協力について考え，表現すること。

（ｳ）作業や実習等に達成感を得て，計画性をもって主体的に取り組むこと。

イ　職業

職業に関わる事柄について，他者との協働により考えを深めたり，体験したりする学習活動を通して，次の事項を身に付けることができるよう指導する。

（ｱ）職業に関わる知識や技能について，次のとおりとする。

㋐　職業生活に必要とされる実践的な知識及び技能を身に付けること。

㋑　職業生活を支える社会の仕組み等の利用方法を理解すること。

㋒　材料や育成する生物等の特性や扱い方及び生産や生育活動等に関わる技術について理解すること。

㋓　使用する道具や機械等の特性や扱い方を理解し，作業課題に応じて正しく扱うこと。

㋔　作業の確実性や持続性，巧緻性等を高め，状況に応じて作業すること。

（ｲ）職業生活に必要な思考力，判断力，表現力等について，次のとおりとする。

㋐　作業や実習における役割を踏まえて，自分の成長や課題について考え，表現すること。

㋑　生産や生育活動等に関わる技術について考えること。

㋒　作業上の安全や衛生及び作業の効率について考え，改善を図ること。

㋓　職業生活に必要な健康管理や余暇の過ごし方について考えること。

B　情報機器の活用

職業生活で使われるコンピュータ等の情報機器を扱うことに関わる学習活動を通して，次の事項を身に付けることができるよう指導する。

ア　情報セキュリティ及び情報モラルについて知るとともに，表現，記録，計算，通信等に係るコンピュータ等の情報機器について，その特性や機能を知り，操作の仕方が分かり，扱えること。

イ　情報セキュリティ及び情報モラルを踏まえ，コンピュータ等の情報機器を扱い，収集した情報をまとめ，考えたことを発表すること。

> C　産業現場等における実習
>
> 　産業現場等における実習を通して，次の事項を身に付けることができるよう指導する。
>
> ア　職業など卒業後の進路に必要となることについて理解すること。
>
> イ　産業現場等における実習での自己の成長について考えたことを表現すること。

A　職業生活

　ここでは，特に中学部の職業・家庭科の職業分野の内容との関連を踏まえ，勤労の意義や職業に関わる知識や技能について，作業や実習などに関する実践的・体験的な学習活動を通して学び，身に付けた力を発揮したり，他者と協力したりして課題を解決しながら働こうとする意欲を育むことをねらいとしている。

　ア（ア）の「勤労の意義を理解する」とは，仕事には，生計を維持するばかりでなく，働くことで自己実現を図るなどの目的があることや，働く場に所属し，仕事において自分の能力や適性を発揮しながら，社会の一員としての役割を果たすために，自ら仕事に励む大切さなどを理解することである。例えば，職場見学や産業現場等における実習等を通して，多くの人々が社会の中で働きながら生活をしていることや，人々は働くことを誇りとしていること，働くことを通して充実感や生きがいをもてるようになることなど，人々が働くことを尊重していることを理解することが考えられる。また，進んで働く経験を通してこれらを実感できるようにすることが大切である。

　ア（イ）の「成果や自分と他者との役割及び他者との協力について考え，表現する」とは，意欲や見通しをもって取り組んだ結果や，分担した役割を果たすことで得られた成果などを振り返り，自分の役割を果たすことや協力の仕方について考え，表現することである。この学習では，作業工程における担当，仕事内容，手順などにおける自分の役割を確実に行い，最後までやり遂げる意義や，協力することで得られる効率性や仲間との連帯感などを自らの体験を通して考えることができるよう，振り返りを行うなどの工夫をすることが大切である。

　また，協力して作業する場面等において，互いに声を掛け合いながら作業することや，作業のペースを合わせること，必要に応じて報告や質問をすることなど，他者との適切な関わり方などについて考え，表現できるようにすることが大切である。

　ア（ウ）の「達成感を得て」とは，作業や実習などにおいて，生徒が実際に作業活動に取り組み，確実に成し遂げることや，製品や作物の販売等を通して成就感を得ることを意味している。

　「計画性をもって主体的に取り組む」とは，作業内容や手順，作業計画等を踏

109

まえ，準備や片付けを含んだ一連の活動に見通しをもち，自ら作業等に取り組む意欲と態度を育むことを指している。

なお，生徒の主体的な作業活動を促すためには，作業や実習の目的，作業工程の全体及び一つ一つの工程などについて十分に理解を促すとともに，作業工程や使用する機械，道具を工夫すること，実習や販売などの場所の環境を整えること，安全や衛生に配慮することなどが大切である。

イの「他者との協働により考えを深め」とは，他者とやりとりしながら，作業や実習，職業生活に係る実践的・体験的な活動に取り組むことで，既習の知識の意味を確かめたり，他者の意見を踏まえて自分の考えを広げ深めたりすることである。指導に当たっては，他者との意見交換やそれぞれがもつ知識や技能を活用し，協力しながら学習活動に取り組むことなどを通して，実感を伴った理解が促されるよう段階的に指導することが大切である。また，他者には，地域や産業界も含まれ，連携による作業の技術指導や講話などを効果的に行うことも考えられる。

イ(ア)㋐の「職業生活に必要とされる実践的な知識及び技能」は，職業に関することと，職業に必要な態度に関することに分けられる。

職業に関することとは，地域にある農・林・水産業，工業，商業などに関わる多様な職場や，それぞれが果たす役割や仕事内容などの知識，職場の組織，労働と報酬の関係等の基本的な労働条件などに関する知識である。例えば，職場の組織が分かり，職場では組織の一員として働くことや，勤務時間や残業などの労働時間，賃金，年次休暇などの基本的な労働条件を知ること，健康保険，雇用保険，年金などの制度のあらましを知ること，職種によっては資格等が必要であることを知ることなどが考えられる。さらに，仕事に関連する伝達，作業伝票の処理，日報の記入などの簡単な実務を正確に行うことなども考えられる。

また，職業に必要な態度に関することとは，職場で求められる作業態度に関することである。例えば，円滑な仕事をすること，標準的な動作を順守すること，正確な作業を一定時間継続すること，作業目標の達成を意識して積極的に取り組むこと，最後までやり遂げること，時間帯や場所などに応じた服装，動作，挨拶や言葉遣いができることなどが考えられる。

イ(ア)㋑の「職業生活を支える社会の仕組み等の利用方法」とは，雇用に関する各種援助や障害福祉サービス等の内容と利用方法のことである。例えば，就職に向けた相談や準備・訓練，就職活動や雇用前支援，雇用定着支援，離職・転職時の支援等の利用方法や，生活の場や生活費，生活に対する介助，余暇活動を含めた日中活動への支援等の利用方法などが考えられる。指導に当たっては，相談先やその利用方法等について見学や利用の登録をするなど，実際的・具体的に確認するとともに，これらのサービスを利用することを通して，職業生活を送る上

で生じる諸課題を解決・改善できることを知ることが大切である。その際，必要に応じて自ら相談できるよう，家庭や関係機関と連携するなど，組織的かつ計画性をもって段階的に指導を工夫することも大切である。

イ(ア)㋒の「材料や育成する生物等の特性や扱い方及び生産や生育活動等に関わる技術」とは，作業に使用する材料や育成する生物等の特性や扱い方の理解に基づく，生産や生育活動等についての基本的な技術のことである。例えば，取り扱う材料に応じた加工の方法等の基礎的な技術や，育成する生物の特性を踏まえた育成環境を調整する基本的な方法などが考えられる。ここでは，原材料や収穫物，半製品，完成品の管理や保管方法が分かり，適切に取り扱うことや，必要な原材料の名称が分かること，必要な分量を量って使用すること，材料や製品を整理して保管すること，基本的な加工方法や生育方法などが分かることなどについて，生徒の障害の状態や学習状況等の実態を踏まえ，指導内容を計画し段階的に指導することが大切である。指導に当たっては，品質のよい製品や作物等を作ることで自信をもち，技術に対する意識を高めることが大切である。

イ(ア)㋓の「使用する道具や機械等の特性や扱い方を理解し，作業課題に応じて正しく扱う」とは，道具や機械等の種類や用途が分かり，品物の運搬，製品や材料の長さや重さなどの測定，材料や半製品の加工，品物の梱包(こんぽう)などの作業内容に応じて，使用する道具や機械等を適切に選定し，安全・衛生に留意して使用することである。また，道具や機械の手入れや簡単な修理及び管理を行うことなども含まれる。

イ(ア)㋔の「作業の確実性や持続性，巧緻性等を高め」とは，学校における作業や実習において，作業の準備，作業活動，作業の片付けの一連の学習活動を十分に積み重ねることを通して，正確な作業を安定して取り組めるようになったり，身体の円滑な動きや手指の動きの細やかさなどを身に付けたりすることである。

また，「状況に応じて作業する」とは，作業する場所の温度や湿度などの作業環境に応じて身支度を整えたり，作業量の増加や急な作業内容の変更などにも対応して作業したりすることである。さらに，自分の作業状況に応じて他者に協力を要請したり，他者からの協力の要請に応じるなど，他者と協力して作業を進めることも含まれる。

イ(イ)㋐の「作業や実習における役割を踏まえて，自分の成長や課題について考え，表現する」とは，作業工程における担当，作業内容，手順などにおける自分の役割を確実に行い，最後までやり遂げることで得られた成果を，作業全体への貢献の視点から確認するとともに，自分の成長や課題に気付き，さらなる向上や解決に向けた方策を考え，他の生徒，保護者及び教師などに伝えたり，作業日誌等に文章でまとめたりするなどして表現することである。課題を見いだし解決

策を検討するに当たっては，自己のよさやこれまでの成長に着目するよう促し，自己の特性に応じた具体的な方法を考えるようにすることが大切である。

イ(イ)㋑の「生産や生育活動等に関わる技術について考える」とは，取り上げた技術が，生産や生育活動等を行う上で，どのように役立っているかについて考えることである。例えば，作業を通して品質の良い製品や作物を安全に作るための要点を技術面から確認することが考えられる。また，職場見学における観察の視点を示したり，地域や産業界の人材から技術指導を受ける機会を設けたりするなど，技術について考えられるように工夫することも大切である。

イ(イ)㋒の「作業上の安全や衛生及び作業の効率について考え，改善を図る」とは，危険な場所や状況に注意を払い，健康に悪影響を与えるような状況を避けたり，つくらないように作業や実習を行ったりすることなどである。また，材料を大切に扱うとともに，無駄のない作業動作や動線について考え，作業環境を整えながら一つ一つの工程を成し遂げることを含んでいる。例えば，安全や衛生に関する用語や表示を確認し，自分や他者の安全・衛生に気を配って作業することや，機械の故障や危険な状況，あるいは不衛生な状態に気付いたら知らせたり，適切な処理を行ったりすることなどが考えられる。

イ(イ)㋓の「職業生活に必要な健康管理や余暇の過ごし方について考える」とは，職場で働くことを中心とした生活をする上で求められる自らの健康を守る方法や休日の有効な生かし方，職場での休憩時間などについて考えることである。例えば，翌日の体調を考慮した睡眠時間の確保，決められた休憩時間の有効活用，食事の時間の取り方などの日常生活における健康管理の方法，定期的な歯科検診や健康診断等の受け方，公共施設やサービスの利用方法，地域のサークル活動や福祉サービスの利用などによる休日の適切な過ごし方，職場でのつきあい，福利厚生施設等の利用などについて考えることなどである。将来の職業生活を見据えて，日頃から健康管理を行ったり，休日に福祉サービスを利用した余暇活動を経験したり，産業現場等における実習においても適切な休憩時間の過ごし方を経験したりできるように工夫することも大切である。

B　情報機器の活用

ここでは，特に中学部職業・家庭科の職業分野の内容との関連を踏まえ，職場や学校，家庭において使用される情報機器を対象に，その基本的な特性や機能，操作方法に加え，情報セキュリティや情報モラルを身に付け，情報を活用して考えたり，表現したりできるようになることをねらいとしている。

「職業生活で使われるコンピュータ等の情報機器」とは，タブレット端末を含んだコンピュータ等の情報機器，固定電話やスマートフォンを含んだ携帯電話，ファクシミリのことである。

なお，音楽プレーヤー，ゲーム機，腕時計等にも情報通信機能が付加されているものがあることを踏まえて，その取扱いについて生徒指導と関連付けて指導する必要がある。

　アの「情報セキュリティ及び情報モラルについて知る」とは，インターネット等の情報通信ネットワークを安全に利用する上で必要となる情報の管理方法や，情報機器を使用する際のルールやマナーなどを知ることである。

　学習の効果を高める上で，情報通信ネットワークの活用は有効であるが，SNS（Social Networking Service）や通信用ソフトウエア，無線LAN（Local Area Network）回線等を使用する際においては，予期せぬトラブルに巻き込まれる危険性がある。したがって，情報セキュリティ及び情報モラルについて知ることはとても重要である。情報通信ネットワーク上において自分が発信した情報に，誰でもアクセスでき，一旦拡散した情報は削除できないことを知ることや，個人認証の仕組みがあること，不用意にデータをダウンロードしたり，不審なファイルを開いたりしないなど，情報を適切に管理する意識をもつことが大切である。また，情報の取扱いにおいては，情報モラル等に配慮して発言することが発信者に求められることを踏まえ，生徒の知的障害の状態や学習状況等の実態に応じて，適切に指導することが重要である。

　「表現，記録，計算，通信等に係るコンピュータ等の情報機器について，その特性や機能を知り，操作の仕方が分かり，扱える」とは，各種ソフトウエアには，それぞれ特性や機能の違いがあることについて知り，ソフトウエアに応じた操作の仕方を覚え，扱えるようになることである。例えば，表計算ソフトウエアを使用して，作業で育成した農産物や作成した製品などの数量や出納簿の管理及び計算をすること，文章作成ソフトウエアと周辺機器のデジタルカメラなどを組み合わせて活動報告等を作成することなどが考えられる。

　また，電話やファクシミリの基本的な操作方法が分かり，仕事に関する要件を正確に伝えたり，受けたりすることができるよう，使用する際のルールやマナーを含め，具体的な指導内容を設定して指導することが必要である。

　イの「情報セキュリティ及び情報モラルを踏まえ，コンピュータ等の情報機器を扱い，収集した情報をまとめ，考えたことを発表する」とは，インターネット等の情報通信ネットワークを活用して情報収集し，プレゼンテーションソフトウエアなどを使用してデータを作成し，発表することなどである。例えば，自分が将来就きたい仕事や，校内外における実習期間や目標，仕事内容，実習後の評価や感想などについて資料を作成し，発表することなどが考えられる。

　また，コンピュータ等の情報機器の活用により，コミュニケーションの補助や代替が効果的に行える可能性があることから，一人一人の生徒の実態に応じ，生活の質の向上を図る視点で，その活用について自立活動と関連付けて指導するこ

とも考えられる。

C　産業現場等における実習

　ここでは，特に中学部の職業・家庭科の職業分野の内容との関連を踏まえ，生徒が事業所等で実際に仕事を経験することを通して，将来の職業生活に必要なことや，自己の適性などについての理解を促すとともに，働く力を身に付けることの意味を理解し，働くことへの意欲を高めながら，卒業後の進路について考えることをねらいとしている。

　産業現場等における実習とは，商店や企業，農業，市役所等の公的機関，作業所などの福祉施設などで，一定期間，働く活動に取り組み，働くことの大切さや社会生活の実際を経験することである。

　産業現場等における実習に関する指導では，学校内における作業や実習との関連性を重視する必要がある。特に，学校内における作業や実習によって，産業現場等に通用する作業能力や態度を育て，産業現場等における実習に臨むようにするとともに，実習の評価を基に，課題を自覚し，以後の学校内における学習によって解決できるよう配慮する必要がある。

　アの「職業など卒業後の進路に必要となることについて理解する」とは，産業現場等における実習を通して，就業や卒業後の職業生活を健やかに過ごすために求められる事柄について理解することである。例えば，実際に職場で働く活動に取り組むことを通して，実習先で生産している物が，社会でどのように利用されているのかを理解したり，製品の良否が分かり，不良品を出さないように注意して仕事をしたりすること，実習先のいろいろなきまりを守ったり，仕事に関する自分の分担に責任をもって最後までやり遂げたり，状況に応じて自ら職場の人と協力したりすること，実習中の健康，安全及び衛生に注意して生活するとともに，適切に余暇を過ごすことなどがあげられる。

　なお，職場において適切にコミュニケーションが取れることの重要性を踏まえ，校内の作業や実習等を通して身に付けた挨拶や言葉遣いなどを産業現場等における実習においても発揮できるよう指導することが大切である。例えば，分からないことが生じた場合，実習先の上司などに適切に質問をしたり，指示を仰いだりすることや，必要に応じて感謝の気持ちを伝えるなどしながら作業を進めることなどが考えられる。

　イの「産業現場等における実習での自己の成長について考えたことを表現する」とは，実習期間内に達成できた目標や実習先から認められたこと，改善するよう指摘を受けたことなどを振り返って，今後の課題を明らかにし，自己の適性等について理解を促し，以後の学習において改善を図ることを資料にまとめて発表することなどのことである。

また，実習の事前学習として，実習の目標を設定すること，実習先への交通手段，持ち物，服装等について確認すること，事後学習として，実習の評価，感想などを基に成果や課題を確認し，報告会で発表したり，実習先へお礼状を発送したりすることなど，産業現場等における実習での一連の学習を通して，自己の課題を明らかにし，解決策を考え，実践を評価し，表現するなどの過程を繰り返し積み重ね，課題を具体的に解決できるよう指導することが大切である。その際，職場等で実際に働くことが，地域社会への貢献や人間関係の広がりなどにつながることを考えたり，自己の成長を実感することで働く意欲が一層高まったりするように指導することが大切である。

さらに，産業現場等における実習の経験を，自己の進路選択に役立てるようにすることも大切である。

産業現場等における実習を計画するに当たっては，以下のことに留意する必要がある。

(ア) 生徒本人の実習に向けた意思を確認するとともに，関係諸機関や家庭との連携に基づいて実習を計画すること。

(イ) 実習先の開拓に当たっては，学校の教育活動として実習を行うことが実習先に理解されるようにすること。

(ウ) 実習先における担当者及び仕事内容を確認し，必要に応じて実習先の担当者による面接などを依頼すること。

(エ) 実習開始前までに，通勤の練習をしたり，仕事内容や実習先で必要とされる勤務態度に関する学習をしたりすることができるようにすること。

(オ) 実習期間を定めるとともに，実習中の指導計画を作成すること。

(カ) 実習先に対して実習中の生徒の評価を依頼すること。

なお，産業現場等における実習の実施に当たっては，職業科や主として専門学科において開設される各教科として，あるいは各教科等を合わせた指導の形態である作業学習などとして教育課程に位置付けて，あらかじめ計画すること，賃金，給料，手当などの支払を受けないこと，教師が付き添ったり，巡回したりするなどして指導に当たることが必要である。

(2) 2段階の目標と内容
ア　目標

○2段階
(1) 目　標
ア　職業に関する事柄について理解を深めるとともに，将来の職業生活に係る技能を身に付けるようにする。

イ　将来の職業生活を見据え，必要な事柄を見いだして課題を設定し，解決策を考え，実践を評価・改善し，表現する力を養う。

ウ　よりよい将来の職業生活の実現や地域社会への貢献に向けて，生活を改善しようとする実践的な態度を養う。

　目標は，2段階において育成を目指す資質・能力を「ア知識及び技能」，「イ思考力，判断力，表現力等」，「ウ学びに向かう力，人間性等」の三つの柱に沿って示したものである。

　ここでは，1段階で育成した資質・能力を踏まえ，主体的に学び，課題を解決する力や生活を改善しようとする実践的な態度を更に育てることをねらいとしている。

　2段階では，作業や実習等に関する実践的・体験的な学習活動を通して，作業内容の質を更に高め，段階的に活動の場を地域に広げるなどして，取り組んでいる内容が将来の職業生活につながることや，働くことが社会に貢献することにつながることなどについての理解を深め，これらを自己の成長と関連付けて，一人一人の生徒のキャリア発達を一層促すことが指導の要点となる。

　アの「職業に関する事柄について理解を深め」とは，1段階での学習を踏まえ，職業に関する様々な知識や，働くことの社会的な意義などを理解することを示している。

　指導に当たっては，望ましい勤労観や職業観を育むことを重視し，仕事を通して得られる達成感や自らの作業を通して貢献する喜びを実感しながら，将来の職業生活に向けて，実践的・実際的な知識や技能の確実な習得を図ることが大切である。

　イの「実践を評価・改善し」とは，2段階では，課題解決の過程において，特に実践を評価して改善する力を育むことを示したものである。

　これらの能力の育成には，知的障害のある生徒の学習上の特性等を踏まえて，実践的・体験的な学習活動を重視して段階的に指導を行う必要があり，作業や職業生活に関する具体的な課題について，習得した知識や技能を使って解決していく経験を積み重ねることが大切である。例えば，安全かつ効率よく作業ができるよう工夫したり，販売等によって得た作業製品の評価や，製品の出来高及び品質について振り返る活動を通して課題を見いだし，これまでに学んだ知識や技能を活用して比較したり，対話したりしながら生産量や品質の向上につながる工夫・改善に取り組むことが考えられる。さらに，健やかな職業生活が送れるように生活を整えたり，余暇の充実を図ったりすることなども考えられる。

　ウの「地域社会への貢献」とは，働くことにより地域社会に貢献できることの意義を踏まえ，自ら積極的に他者と協力して主体的に物事に取り組み，生活を改

善しようとすることを示している。例えば，卒業後の生活を見据え，作業や産業現場等における実習などを通して，生産や生育活動等により地域社会へ貢献しようとする意欲を高めることや，職業生活における具体的な課題解決の過程を経験することを通して，習得した知識や技能を活用して，生活を改善しようとする態度を育むことが考えられる。

イ　内容

> (2)　内　容
>
> 　A　職業生活
>
> 　ア　勤労の意義
>
> 　　勤労に対する意欲や関心を高め，他者と協働して取り組む作業や実習等に関わる学習活動を通して，次の事項を身に付けることができるよう指導する。
>
> 　(ｱ) 勤労の意義について理解を深めること。
>
> 　(ｲ) 目標をもって取り組み，その成果や自分と他者との役割及び他者との協力について考え，表現すること。
>
> 　(ｳ) 作業や実習等を通して貢献する喜びを体得し，計画性をもって主体的に取り組むこと。
>
> 　イ　職業
>
> 　　職業に関わる事柄について，他者との協働により考えを深めたり，体験したりする学習活動を通して，次の事項を身に付けることができるよう指導する。
>
> 　(ｱ) 職業に関わる知識や技能について，次のとおりとする。
>
> 　　㋐　職業生活に必要とされる実践的な知識を深め技能を身に付けること。
>
> 　　㋑　職業生活を支える社会の仕組み等の利用方法について理解を深めること。
>
> 　　㋒　材料や育成する生物等の特性や扱い方及び生産や生育活動等に関わる技術について理解を深めること。
>
> 　　㋓　使用する道具や機械等の特性や扱い方の理解を深め，作業課題に応じて効果的に扱うこと。
>
> 　　㋔　作業の確実性や持続性，巧緻性等を高め，状況に応じて作業し，習熟すること。
>
> 　(ｲ) 職業生活に必要な思考力，判断力，表現力等について，次のとおりとする。

第4節
各学科に共通
する各教科

㋐ 作業や実習において，自ら適切な役割を見いだすとともに，自分の成長や課題について考え，表現すること。

㋑ 生産や生育活動等に係る技術に込められた工夫について考えること。

㋒ 作業上の安全や衛生及び作業の効率について考え，他者との協働により改善を図ること。

㋓ 職業生活に必要な健康管理や余暇の過ごし方の工夫について考えること。

B 情報機器の活用

職業生活で使われるコンピュータ等の情報機器を扱うことに関わる学習活動を通して，次の事項を身に付けることができるよう指導する。

ア 情報セキュリティ及び情報モラルについて理解するとともに，表現，記録，計算，通信等に係るコンピュータ等の情報機器について，その特性や機能を理解し，目的に応じて適切に操作すること。

イ 情報セキュリティ及び情報モラルを踏まえ，コンピュータ等の情報機器を扱い，収集した情報をまとめ，考えたことについて適切に表現すること。

C 産業現場等における実習

産業現場等における実習を通して，次の事項を身に付けることができるよう指導する。

ア 職業など卒業後の進路に必要となることについて理解を深めること。

イ 産業現場等における実習で課題の解決について考えたことを表現すること。

A 職業生活

ここでは，１段階での学習を踏まえ，将来の職業生活を見据えた実践的な力を身に付けるとともに，働くことを通して地域に貢献する喜びを自分の成長と重ねて実感することで，キャリア発達を一層促し，勤労の社会的な意義を理解することをねらいとしている。

ア(ｱ)の「勤労の意義について理解を深める」とは，勤労の社会的な意味の理解を図ることである。指導に当たっては，働くことで生計を維持し自己実現を図るとともに，自分たちが取り組んでいる生産や生育活動等が社会貢献につながることが分かり，働くことの意義を実感することができるよう指導を工夫することが大切である。２段階においては，製品や作物，作業活動等の社会的な有用性についても着目し，地域での販売や作業を通した地域貢献などの実践的・体験的な

学習活動を通して理解を深めることが重要である。

ア（イ）の「目標をもって取り組み，その成果や自分と他者との役割及び他者との協力について考え，表現する」とは，作業工程全体における自分や他者の役割を踏まえ，目標をもって取り組み，作業の成果を確認することにより，自分の役割に対する責任や協力することの意義を考え，表現することである。例えば，他者との協力による効率的な作業や，他者との望ましい関わり方について考えたりすることや，共に働く仲間と目標を達成して連帯感などを実感した経験を振り返り，作業や実習を通して協力することの意義について話し合ったりすることなどが考えられる。指導に当たっては，1段階の内容に加え，作業や実習を通して関わる他者に対する望ましい関わり方や態度について，それぞれの役割や仕事の分担などを踏まえて考えるよう指導することが大切である。

ア（ウ）の「貢献する喜びを体得し」とは，作業や実習を通して成就感を得るとともに，他者から喜ばれたり，感謝されたりする体験を通して，自らの取組が作業全体への貢献につながること，さらに，働くことが地域への貢献になることを実感し，生産や生育活動等に対する意欲を高めることである。指導に当たっては，分担した作業について責任をもってやり遂げることに加え，よりよい製品や作物，活動が求められることに気付き，そのための工夫・改善や，自らの知識や技能を向上しようとする意欲が高まるよう指導することが大切である。

イ（ア）㋐の「職業生活に必要とされる実践的な知識を深め技能を身に付ける」とは，職業に関することや，職業に必要な態度に関することなどに係る知識や技能を身に付け，作業や実習等において，効果的に活用できるようになることである。

職業に関することとは，職場の組織とそれぞれの役割，労働時間と報酬の関係，職場での各種保険制度などや，職種による免許や資格等の取得，検定などについての知識である。例えば，職場の役職やその役割，部，課及び係などの機能分担，労働時間及び勤務時間，賃金，福利厚生及び資格と給与等との関係などの基本的な条件を理解すること，健康保険，雇用保険，年金などの制度と活用方法を理解することなどが考えられる。職種による資格や検定等については，職業能力開発促進法に基づき実施されている様々な技能検定や資格の取得などを発展的に取り扱うことが考えられる。

また，職業に必要な態度に関することでは，1段階での学習に加えて，職場で求められる実際的な内容についても指導する。例えば，製品や作物には規格や基準が定められている場合があることを踏まえ，それに応じた正確な作業が行えるように，定められた手順に従うことや，判定基準に基づいて製品や作物の良否の判断を行ったり，作業の標準的な動作を遵守したりすることなどが考えられる。

「知識を深め」とは，1段階での学習を踏まえ，卒業後の生活を見通し，職業

生活に必要な実際的な知識として活用できるようになることを意味している。例えば、給料や年金の管理、病気になったときの健康保険の取扱い方などが考えられる。指導に当たっては、生活に基づく実際的な学習を通して理解を図ることが大切である。

なお、適切な進路選択のためには、進路に関する情報だけでなく、これまでの生活経験や自己の適性などに基づいて、将来の社会生活の中で自己実現できる場を選ぶことが必要である。このことを踏まえ、自己の成長について考えるとともに、例えば、分担された仕事に必要な知識や技能などが自分に備わっているかなどの自己理解が図られるよう、「A職業生活」の「ア勤労の意義」と「C産業現場等における実習」を十分に関連付けて指導を進めることが重要である。

イ（ア）①の「職業生活を支える社会の仕組み等の利用方法について理解を深める」とは、雇用に関する各種援助や障害福祉サービス等の内容とその利用方法について、自分の生活を顧みて必要なサービスを選び、利用の申請や手続き等が分かり、実際に利用できるようになることである。卒業後、職場に関わる相談などが生じた際に、これらのサービスを自ら利用することができるように指導を工夫することが大切である。例えば、各種援護制度や相談先、利用方法等について、見学や利用の登録をして実際的・具体的に確認したり、資料にまとめたりすることなどが考えられる。また、健やかな職業生活を維持するために、余暇活動に関するサービスを積極的に利用したり、余暇活動として利用できる地域資源を活用したりするなど、将来を見据え、家庭との連携を図りながら、組織的かつ計画性をもって段階的に進める必要がある。

イ（ア）⑨の「材料や育成する生物等の特性や扱い方及び生産や生育活動等に関わる技術について理解を深める」とは、習得した知識を活用して、実際に生産や生育活動等が行えるようになることである。2段階では、材料や収穫物、半製品、完成品の保管、在庫状況の把握を正しく行うために、材料や製品、収穫物の特徴を理解し、それぞれに適した方法で決められた場所に安全や衛生に留意して保管すること、仕事に関連する作業指示書、在庫表、報告書などが分かり、その記入や読み取りなどの実務を適切に行うことなどが考えられる。また、危険な場所や状況を予測したり、不衛生な状態にならないよう日常的に対応したりしながら、製品や作物等をより多く生産することなども考えられる。指導に当たっては、取り扱う材料に応じた切断・接着・塗装などの加工の方法等の基礎的な技術や、育成する生物の特性を踏まえた、光、土壌、気温や水温、肥料などの育成環境を調整する基本的な方法など、習得した知識を活用して作業を行うなど、知識と技能の確実な習得を図ることが大切である。

イ（ア）㊀の「使用する道具や機械等の特性や扱い方の理解を深め、作業課題に応じて効果的に扱う」とは、工具や農具、工作機械、運搬用の機器、製造機器な

第5章
知的障害者である生徒に対する特別支援学校

どの特徴や構造，扱い方が分かり，効率を考えて確実に扱うことである。例えば，作業内容と使用する道具や機械の仕組みの関係が分かり，道具や機械を安全かつ正確に使うことや，衛生に気を付け取り扱うこと，道具や機械を利用して品物を決められた場所に正確に運搬すること，品物を正確に数えたり，決められたとおり並べたり，束ねたり，積み出したりして整理し保管すること，道具や機械などを点検し，日常的な手入れや簡単な修理をすること，治具や補助具を活用して一定規格の製品が恒常的にできるようにすることなどが考えられる。

イ（ア）㋐の「習熟する」とは，作業の要領や特に注意を要する箇所が分かり，自分の作業を評価し必要に応じて修正するなどして，担当する作業について技術を高めることである。指導に当たっては，技術向上による作業成果に着目することで，技術を高める意義を理解できるようにすることが大切である。

なお，2段階では，作業工程の改善について，全体の流れが合理的になるように調整すること，材料や完成品の配置を工夫したり，その運搬方法等を工夫したりして，無駄な動作をなくした作業をすること，材料や生育の状態等を踏まえて作業すること，機械等が不調になった場合や不良品が出た場合に，適切に対応することなどについても指導する。自ら考えるとともに，必要に応じて他者と相談しながら解決するよう指導することが大切である。

イ（イ）㋐の「自ら適切な役割を見いだす」とは，作業や実習を通して，自分の能力や適性について理解を深め，自分の得手不得手や作業の特質等を踏まえて適切な役割を選択することである。指導に当たっては，多様な作業の経験を自己評価や他者評価を通して客観的に振り返るとともに，治具や補助具の工夫などによる改善の視点も加えて評価し，主体的に考えることができるようにすることが大切である。この力は，卒業後の進路を選択する視点にもつながるため，思考力，判断力，表現力等の育成を図りつつ，「C産業現場等における実習」の内容へ発展できるよう工夫する必要がある。

イ（イ）㋑の「生産や生育活動等に係る技術に込められた工夫について考える」とは，製品の製造方法や生物の育成方法等の技術について，それぞれの工程においてどのような工夫がなされているかについて考えたり，その工夫と安全性，品質や収量等の効率，環境に対する負荷，経済性等との関係などについて考えたりすることである。指導に当たっては，例えば，自分たちで制作している製品や生育している作物に係る技術を，安定供給，安全性，品質・収量等の確保などの視点で評価し，技術に対する意識を高めることが考えられる。また，これらの技術と持続可能な社会の構築に向けた必要な工夫との関連を考えることも考えられる。

イ（イ）㋒の「他者との協働により改善を図る」とは，他者と協調して効率よく仕事をするとともに，必要に応じて相談したり，助言を得たりして課題を解決す

ることである。

　指導に当たっては，原因が分からないときや，自分だけで解決できないときは，他者に聞きながら解決する方法を学ぶとともに，他者と協働して課題を解決する経験を積み重ねられるよう工夫することが大切である。

　イ（イ）㋓の「健康管理や余暇の過ごし方の工夫について考える」とは，職場に継続的に勤めるために求められる自らの健康を維持する方法や，職場での休憩等の時間を積極的に生かす方法などについて考えることである。ここでは，1段階での学習を踏まえるとともに，将来の職業生活を見据え，実践的・体験的に学べるようにする。例えば，産業現場等における実習の期間中に健康の自己管理の方法を考えることや，職場の習慣を踏まえ，効率のよい休憩時間の使い方を考えることなどが考えられる。また，休日の計画的な過ごし方を考え，福祉サービスや参加できる生涯学習の活動，地域の施設の活用などを組み合わせて利用するなど，自分の生活やニーズに沿って調整することや，職場のレクリエーションやサークル活動への参加，福利厚生施設の利用を計画することなども考えられる。

　日常的な健康管理や余暇に関わる指導は，「A職業生活」のイ（ア）㋑や，家庭科や保健体育科などの指導と関連付けるとともに，家庭との連携を図りながら指導することが大切である。

B　情報機器の活用

　ここでは，1段階での学習を踏まえ，職場や学校，家庭において使用される情報機器を対象に，各種ソフトウエアを活用して職業生活に役立つ知識や技能を習得するなど，情報機器のより効率的で効果的な活用方法を身に付けるとともに，情報セキュリティや情報モラルについて理解し，実践的な態度を身に付けることをねらいとしている。

　アの「情報セキュリティ及び情報モラルについて理解する」とは，インターネット等の情報通信ネットワークを活用することの長所を十分に理解した上で，パスワードなどの管理の重要性が分かり，情報を漏洩しないための方法を身に付けることである。

　指導に当たっては，具体的な事例を通して指導するなどして，実際的・体験的に学習できるよう工夫することが重要である。また，情報通信ネットワークの活用について，常に危険が潜んでいることを理解し，コンピュータへの不正な侵入を防ぐことでファイルやデータを守ること，通信の機密を保つため，コンピュータウィルス対策ソフトウエアのインストールや，それらを最新のものに更新することの必要性を理解できるよう指導することが大切である。

　さらに，情報通信ネットワーク上のルールやマナーの順守，危険の回避，他者の人権への配慮など，情報通信ネットワークを適正に活用する能力と態度を身に

付けることができるように指導することが重要である。

　その他にも氏名，住所，電話番号や顔写真などは，利用するメディアや情報を発信する場面によっては使用すべきではないことについても気付けるようにし，第三者が勝手に使用したり，個人のプライバシーを侵害したりすることがないよう個人情報の保護の必要性についても指導することが必要である。

　なお，情報の技術は使い方次第で，いわゆる「ネット依存」などの問題が発生する危険性があることや，トラブルに巻き込まれた際の対応についても扱うようにする。

　また，インターネットを介した買物などを適切に行うためのクレジットカードやキャッシュカード，また，マイナンバー等の個人情報の取扱いに関しては，情報セキュリティの中でも特に管理を要するものとして生徒の実態に応じて指導することが大切である。

　「目的に応じて適切に操作する」とは，コンピュータ等の情報機器の使用に当たり，各種ソフトウエアの特性や機能を理解して，どのような操作をすれば効率よく最適に処理できるかについて判断し，その特性や機能を十分に活用することである。例えば，文章作成ソフトウエアのファンクションキーを活用した操作，表計算ソフトウエアの数式やグラフの活用，画像ソフトウエアの加工処理などが考えられる。また，目的に応じた適切な操作を身に付け，素早く正確に文字入力や編集等ができるなど習熟することで，就労を希望する職種に必要な資格の取得や技能検定などに生かせるようにすることが大切である。

　イの「収集した情報をまとめ，考えたことについて適切に表現する」とは，インターネット等の情報通信ネットワークを活用し，自分が考えたことを表現するために必要な情報を収集してまとめ，資料を作成したり，発表したりすることである。例えば，学校行事の開催等を地域に周知するチラシやパンフレット，ポスターなどを作成するに当たり，分かりやすく伝わるよう文字や画像を工夫して表現したり，産業現場等における実習に向けて，実習先のことや職場までの経路などを調べて資料を作成したり，実習の終了後に，成果や反省点，感想など自分の考えをプレゼンテーションソフトウエアなどによりまとめ，発表したりすることなどが考えられる。

　なお，コンピュータ等の情報機器などに関する内容は，それだけを取り出して指導することも可能であるが，日常的に行う作業や実習において実際的に指導し，実際の仕事に生かせるよう留意する必要がある。

C　産業現場等における実習

　ここでは，１段階の学習を踏まえ，生徒が事業所等で職業や仕事の実際について経験を重ね，職業生活に必要な知識や技能及び態度を身に付けるとともに，職

業における自己の能力や適性についての理解を図り，仕事を通した地域社会への貢献に触れ，働く意欲を一層高め，卒業後の進路を考えることをねらいとしている。

　1段階と同様に，産業現場等における実習に関する指導では，学校内における作業や実習との関連性を重視する必要がある。指導に当たっては，課題解決する経験を積み重ねることで自己の成長を確かめ，働く意欲を一層向上できるようにすることが大切である。

　アの「職業など卒業後の進路に必要となることについて理解を深める」とは，産業現場等における実習を通して，就業や卒業後の職業生活を健やかに過ごすために求められる知識や技能及び態度が分かり，身に付けることである。例えば，生産品や製品又は商品の名称とその取扱い，それらの社会的な有用性，企業の組織体制及び配属された職場における職制，分業や協働における責任と職場で必要とされる作業態度，自分にも他者にも重要な安全・衛生及び健康の維持，休憩時間等の余暇の過ごし方などについて知ることが考えられる。また，通勤の方法や通勤にふさわしい服装について理解すること，通勤中に起きたトラブルに対処できることなども考えられる。これらは，校内の作業や実習等において習得した知識や技能等を発揮しながら，産業現場等における実習において応用する学びであり，指導に当たっては，特に「A職業生活」の「イ職業」を中心に各項目の内容を横断的・発展的に関連させながら学習を進めることが重要である。

　イの「課題の解決について考えたことを表現する」とは，実習先から指摘されたことや，本人が課題であると感じたことなどに対して，どのように対処すればよいのかについて考え，自ら改善に取り組み表現することである。例えば，新規の仕事内容や状況の変化へ対応するに当たり，どのような作業指示書があれば理解しやすいのか，どのような治具や補助具，マニュアル等の支援や援助があれば正確な作業ができるのかを比較・検討したり，これまでの学習経験から見立てたりして申し出ることなどが考えられる。指導に当たっては，課題解決の過程を繰り返し経験し，解決の方法を身に付けるとともに，その効果について実感し，主体的に取り組もうとしたり，表現しようとしたりする態度を育むことが大切である。

　これらの学習を繰り返し積み重ねていくことを通して，自己の成長を確かめ，働く意欲を一層向上させることが大切である。

　あわせて，自己の能力や適性への理解を促し，進路選択に生かすとともに，自立活動と関連付けて自分に合った解決方法を見いだし活用できるようになることや，適切な表現で意思を伝えることができるようになることが，生涯にわたって主体的に働く上で特に重要である。

4　指導計画の作成と内容の取扱い

(1) 指導計画作成上の配慮事項

3　指導計画の作成と内容の取扱い

(1) 指導計画の作成に当たっては，次の事項に配慮するものとする。

ア　題材など内容や時間のまとまりを見通して，その中で育む資質・能力の育成に向けて，生徒の主体的・対話的で深い学びの実現を図るようにすること。その際，職業に係る見方・考え方を働かせ，作業や産業現場等における実習など実践的な活動と知識とを相互に関連付けてより深く理解できるようにするとともに，生活や社会の中から問題を見いだして解決策を考え，実践を評価・改善して，新たな課題の解決に向かう過程を重視した学習の充実を図ること。

イ　2の各段階の目標及び内容については，3学年間を見通した全体的な指導計画に基づき，生徒の学習状況を踏まえながら系統的に展開されるように適切に計画すること。その際，中学部の職業・家庭科をはじめとする各教科等とのつながりを重視すること。また，各項目及び各項目に示す事項については，相互に有機的な関連を図り，総合的に展開されるように適切な題材を設定して計画を作成すること。さらに，高等部における家庭科等と関連付けて効果的に指導を行うとともに，持続可能な開発のための教育を推進する視点から他教科等との関連を図ること。

ウ　生徒一人一人のキャリア発達を促していくことを踏まえ，発達の段階に応じて望ましい勤労観や職業観を育むとともに，自己に対する理解を深め，自らの生き方を考えて進路を主体的に選択することができるよう，将来の生き方等についても扱うなど，組織的かつ計画的に指導を行うこと。

エ　地域や産業界との連携を図り，校内外の作業や産業現場等における実習の充実を図ること。産業現場等における実習については，作業や就業体験活動等を踏まえ，段階的・系統的に指導するとともに，地域社会への参画や社会貢献の意識が高まるよう計画すること。

アの事項は，職業科の指導計画の作成に当たり，生徒の主体的・対話的で深い学びの実現に向けた授業改善を進めることとし，職業科の特質に応じて，効果的な学習が展開できるように配慮すべき内容を示したものである。

選挙権年齢や成年年齢の引き下げなど，生徒にとって政治や社会が一層身近なものとなる中，学習内容を人生や社会の在り方と結び付けて深く理解し，これか

らの時代に求められる資質・能力を身に付け，生涯にわたって能動的に学び続けることができるようにするためには，これまでの学校教育の蓄積も生かしながら，学習の質を一層高める授業改善の取組を活性化していくことが求められている。

　職業科の指導に当たっては，(1)「知識及び技能」が習得されること，(2)「思考力，判断力，表現力等」を育成すること，(3)「学びに向かう力，人間性等」を涵養することが偏りなく実現されるよう，題材など内容や時間のまとまりを見通しながら，主体的・対話的で深い学びの実現に向けた授業改善を行うことが重要である。

　生徒に職業科の指導を通して基礎的・基本的な「知識及び技能」や「思考力，判断力，表現力等」の育成を目指す授業改善を行うことはこれまでも多くの実践が重ねられてきている。そのような着実に取り組まれてきた実践を否定し，全く異なる指導方法を導入しなければならないと捉えるのではなく，生徒や学校の実態，指導の内容に応じ，「主体的な学び」，「対話的な学び」，「深い学び」の視点から授業改善を図ることが重要である。

　主体的・対話的で深い学びは，必ずしも1単位時間の授業の中で全てが実現されるものではない。題材など内容や時間のまとまりの中で，例えば，主体的に学習に取り組めるよう学習の見通しを立てたり，学習したことを振り返ったりして自身の学びや変容を自覚できる場面をどこに設定するか，対話によって自分の考えなどを広げたり，深めたりする場面をどこに設定するか，学びの深まりをつくりだすために，生徒が考える場面と教師が教える場面をどのように組み立てるか，といった視点で授業改善を進めることが求められる。

　また，生徒や学校の実態に応じ，多様な学習活動を組み合わせて授業を組み立てていくことが重要であり，基礎的・基本的な「知識及び技能」の習得に課題が見られる場合には，それを身に付けるために，生徒の主体性を引き出すなどの工夫を重ね，確実な習得を図ることが必要である。主体的・対話的で深い学びの実現に向けた授業改善を進めるに当たり，特に「深い学び」の視点に関して，各教科等の学びの深まりの鍵となるのが「見方・考え方」である。各教科等の特質に応じた物事を捉える視点や考え方である「見方・考え方」を，習得・活用・探究という学びの過程の中で働かせることを通じて，より質の高い深い学びにつなげることが重要である。

　職業科における「主体的な学び」とは，現在及び将来を見据えて，職業など進路に関する事柄の中から問題を見いだし課題を設定し，見通しをもって解決に取り組むとともに，学習の過程を振り返って実践を評価・改善して，新たな課題に主体的に取り組む態度を育む学びである。そのため，学習した内容を実際の生活で生かす場面を設定し，自分の生活が地域社会と深く関わっていることを認識し

たり，自分が社会に参画し貢献できる存在であることに気付いたりする活動に取り組むことなどが考えられる。

「対話的な学び」とは，他者と対話したり協働したりする中で，自らの考えを明確にしたり，広げ深める学びである。なお，例えば，直接，他者との協働を伴わなくとも，生産品や製品を取扱いながら製作者が生産に当たり工夫している点を考えたり，製作者の意図を読み取ったりすることなども，対話的な学びとなる。さらに，安全に配慮した作業時の服装や姿勢が，なぜ必要なのかなどを考え，よりよくしていこうと自分で工夫・改善していくことも対話的な学びである。

「深い学び」とは，生徒が，職業など進路に関する事柄の中から問題を見いだして課題を設定し，その解決に向けた解決策の検討，計画，実践，評価・改善といった一連の学習活動の中で，職業に係る見方・考え方を働かせながら課題の解決に向けて自分の考えを構想したり，表現したりして，資質・能力を獲得する学びである。このような学びを通して，職業に関する事実的知識が概念的知識として質的に高まったり，技能の習熟・定着が図られたりする。

また，このような学びの中で「主体的な学び」や「対話的な学び」を充実させることによって，職業科が目指す思考力，判断力，表現力等も豊かなものとなり，生活や職業についての課題を解決する力や，よりよい将来の職業生活の実現に向けて生活を工夫し考えようとする態度も育まれる。

イの「相互に有機的な関連を図り」とは，職業科の各項目及び各項目に示す事項をそれぞれ別々に指導するのではなく，学習や生活の文脈に即しながら，それぞれの内容を関連付けて指導することである。各項目で習得した知識や技能を活用して課題を解決したり，多様な評価を通して自己の成長と結び付けたり，学習や生活を工夫しようとしたりすることで，学びを更に深めるとともに，問題解決能力を高めることなどを目指している。

ウの「キャリア発達を促していくことを踏まえ」とは，職業科の単元や題材等の計画を立案する際に，生徒が社会の中で自分の役割を果たしながら，自分らしい生き方を実現していく過程であるキャリア発達を促していく観点から，指導内容や指導方法を工夫していく必要性を示したものである。

具体的な取組として，作業や実習を行う際に学習グループ内で役割を担ったり，担当する作業に責任をもって臨み成し遂げたりする経験や，他者と協働して粘り強く物事を進めて課題を解決したりする活動を通して，自己の成長や協働して働くことの意義を実感するような指導が考えられる。高等部においては，校内での学習を踏まえ，産業現場等における実習や地域における作業等を段階的に行い，生産や生育活動等を通して地域に貢献する働き手としての自己の成長を確かめることができるよう計画することが大切である。

エの「地域や産業界との連携を図り」とは，地域の特色を生かしながら，計画的に地域や産業界が有する様々な資源を学習に取り入れたり，連携して指導の充実を図ったりすることで，実際的な学習活動が展開できるようにしていくことである。例えば，作業製品の品質向上や作業に係る技術指導，特産品などの地場産業の校内作業への導入，食品加工や販売に係る協力，市販品の原料や材料提供等，地域や産業界との連携による質の高い職業教育の実践などが考えられる。このように，社会に開かれた教育課程を実現する意味からも，各学校の特色ある工夫が期待される。

(2) 内容の取扱いと指導上の配慮事項

> (2) 2の各段階の内容の取扱いについては，次の事項に配慮するものとする。
>
> ア　実習の指導に当たっては，施設・設備の安全・衛生管理に配慮し，学習環境を整備するとともに，火気，用具，材料などの取扱いと事故防止の指導を徹底するものとする。その際，適切な服装や防護眼鏡・防塵マスクの着用等による安全・衛生の確保に努めること。
>
> イ　実際的な知識及び技能を習得し，その理解を深めることで概念が育まれるとともに，働く喜びや仕事のやりがいを実感できるよう，実践的・体験的な学習活動を充実すること。
>
> ウ　生徒が習得した知識や技能を生活に活用したり，職業や生活の変化に対応したりすることができるよう，問題解決的な学習を充実させるとともに，家庭や地域，企業などとの連携・協働を図ること。
>
> エ　職業生活に生きて働く実践的な知識や技能及び態度の形成とその活用に重点を置いた指導が行われるように配慮すること。
>
> オ　職業生活に必要な健康管理や余暇については，将来を見据え自立活動と関連させながら具体的に指導すること。
>
> カ　「A職業生活」については，社会科の内容「ア社会参加ときまり」及び「エ産業と生活」などと関連させて指導すること。
>
> キ　「B情報機器の活用」については，家庭生活における情報機器の取扱い等についても取り上げること。

アでは，教室などの学習環境を整備していくことや，生徒が活動の見通しをもって意欲的に取り組むことができるよう環境を整備していくことが大切である。安全と衛生に留意して作業や実習をするには，活動に合わせた作業場所や整理整頓のしやすい材料置場，道具整理箱等を確保するとともに，補助具等を活用し

て，道具による負傷を未然に防止することが重要である。また，安全カバーの設置などの防護策を講ずるとともに，標準的な動作を順守するように指導し，機械に身体が巻き込まれないようにするなど，危険な状態を避けるようにすることが大切である。さらには，整備や補修，点検がしやすい道具・機械を使用するとともに，定期的に作業場や道具・機械の安全点検に加えて，消毒や害虫の駆除などの衛生点検及び健康に関わる照度，温度，湿度，塵埃の状態などに関する点検をすることが重要である。なお，学習の内容により生徒に対して，火気，用具，材料などの取扱いと事故防止の指導を徹底する。その際，適切な服装や防護眼鏡・防塵マスクの着用等による安全について，生徒が自ら留意できるように計画的な指導を行うことが大切である。また，生徒によっては，健康に関する内容の理解が難しい場合も考えられることから，例えば，健康を害するものを口に入れることがないようにするなど，衛生にも配慮した指導が大切である。

　イでは，実践的・体験的な学習活動を通して，生徒が学習することの目的や意義を理解できるようにするとともに，学習したことの充実感や達成感を得られるよう指導を工夫することが大切である。

　ウについて，よりよい生活の実現や持続可能な社会の構築に向けて，将来にわたって変化し続ける社会に主体的に対応していくためには，生活を営む上で生じる問題を見いだして課題を設定し，自分なりの判断をして解決することができる能力を育むことが必要である。

　職業科の学習を通して身に付ける知識及び技能などは，繰り返して学習したり，日常の作業や実習で活用したりして定着を図ることを意図していることから，生徒が学習したことを職業生活に生かし，継続的に実践したり，自らの課題を解決していくという問題解決的な学習を実際的に体験したりできるよう，家庭，地域及び企業等との連携により充実させていくことが大切である。

　また，職業科の学習やねらいや内容について，家庭，地域及び企業等から理解を得られるように，授業参観やホームページ等を通して情報を提供することも大切である。

　エでは，ウで示した問題解決的な学習を充実する際に，職業生活において生きて働く知識や技能及び態度の形成にも重点をおいて指導するとともに，生活や学習の中で活用する機会を十分設けることなどを示している。

　オでは，一人一人の生徒の地域における卒業後の生活を想定し，個々の障害の状態及び特性を踏まえた上で，健康管理や余暇について自立活動の指導と関連付けて指導することが大切である。その際，自己理解を図り，自ら環境に働きかけて状況の改善を図ったり，適切に支援を求めたりすることなどについても指導するようにする。

　カでは，社会生活を送る上で必要なきまりや，産業と生活の関係などについ

て，将来の職業生活を見通し，職業に係る見方・考え方を働かせて理解すること
が大切である。

　キでは，家庭生活における情報機器の取扱いについても関連させて指導するこ
とが大切である。

1　家庭科の改訂の要点

(1) 目標の改訂の要点

　目標は，従前の「明るく豊かな家庭生活を営む上に必要な能力を高め，実践的な態度を育てる。」を改め，「生活の営みに係る見方・考え方を働かせ，衣食住などに関する実践的・体験的な学習活動を通して，よりよい生活の実現に向けて工夫する資質・能力を次のとおり育成することを目指す。」として，次の三つの柱から整理し示している。

　「知識及び技能」として「(1)家族・家庭の機能について理解を深め，生活の自立に必要な家族・家庭，衣食住，消費や環境等についての基礎的な理解を図るとともに，それらに係る技能を身に付けるようにする。」，「思考力，判断力，表現力等」として「(2)家庭や地域における生活の中から問題を見いだして課題を設定し，解決策を考え，実践を評価・改善し，考えたことを表現するなど，課題を解決する力を養う。」，「学びに向かう力，人間性等」として「(3)家族や地域の人々との関わりを考え，家族の一員として，よりよい生活の実現に向けて，生活を工夫し考えようとする実践的な態度を養う。」としている。

(2) 内容の改訂の要点

　内容は，従前の「家庭の役割」，「消費と余暇」，「道具・器具等の取扱いや安全・衛生」，「家庭生活に関する事項」及び「保育・家庭看護」を改め，「A家族・家庭生活」，「B衣食住の生活」，「C消費生活・環境」の三つの構成としている。

　また，これらは，二つの段階により示している。2段階においては，1段階を踏まえて発展的な学習内容を示しているが，「B衣食住の生活」の「ア食事の役割」及び「ウ衣服の選択」は1段階のみの設定，「B衣食住の生活」における「ア必要な栄養を満たす食事」及び「ウ衣服の手入れ」は2段階のみの設定としている。

(3) 指導計画の作成と内容の取扱いの改訂の要点

　「指導計画の作成」の配慮事項として，内容や時間のまとまりを見通して，主体的・対話的で深い学びの実現を図ること，家庭や地域との連携を図り，校内外での実践的・体験的な学習活動の充実を図り指導の効果を高めることや，校内での体験的な学習活動と関連させ，段階的・系統的に指導することなどを示している。

　また，「内容の取扱い」の配慮事項として，生活や社会の中から問題を見いだ

第4節
各学科に共通
する各教科

して課題を設定し解決する学習活動を充実することや，言葉や図表，概念などを用いて考えたり，説明したりするなどの学習活動を充実させることなどを示している。

さらに，「実習などの指導」の配慮事項として，施設・設備の安全管理に配慮し，学習環境を整備するとともに，事故防止の指導を徹底し，安全と衛生に十分留意すること，食に関する指導について，食育の充実に資するようにすること，調理に用いる食品については，食物アレルギーについて配慮することなどを示している。

2　家庭科の目標

教科の目標は次のとおりである。

1　目　標

生活の営みに係る見方・考え方を働かせ，衣食住などに関する実践的・体験的な学習活動を通して，よりよい生活の実現に向けて工夫する資質・能力を次のとおり育成することを目指す。

(1) 家族・家庭の機能について理解を深め，生活の自立に必要な家族・家庭，衣食住，消費や環境等についての基礎的な理解を図るとともに，それらに係る技能を身に付けるようにする。

(2) 家庭や地域における生活の中から問題を見いだして課題を設定し，解決策を考え，実践を評価・改善し，考えたことを表現するなど，課題を解決する力を養う。

(3) 家族や地域の人々との関わりを考え，家族の一員として，よりよい生活の実現に向けて，生活を工夫し考えようとする実践的な態度を養う。

「生活の営みに係る見方・考え方を働かせ」とは，家庭科が学習対象としている家族や家庭，衣食住，消費や環境などに係る生活事象を，協力・協働，健康・快適・安全，生活文化の継承・創造，持続可能な社会の構築等の視点で捉え，生涯にわたって，自立し共に生きる生活を創造できるよう，よりよい生活を営むために工夫することを示したものである。

この「生活の営みに係る見方・考え方」に示される視点は，家庭科で扱う全ての内容に共通する視点であり，相互に関わり合うものである。したがって，生徒の発達の段階を踏まえるとともに，取り上げる内容や題材構成などによって，いずれの視点を重視するのかを適切に定めることが大切である。

「衣食住などに関する実践的・体験的な学習活動を通して」とは，生活を営む

上で必要な「A家族・家庭生活」,「B衣食住の生活」,「C消費生活・環境」の三つの内容について,理論のみの学習に終わることなく,調理,製作等の実習や観察,調査,実験などの実践的・体験的な活動を通して学習することにより,習得した知識及び技能を生徒自らの生活に生かすことを意図している。

「よりよい生活の実現に向けて工夫する資質・能力」とは,家庭科の学習で育成を目指す資質・能力であり,生涯にわたって健康で豊かな生活を送るための自立の基礎として必要なものについて示したものである。

今回の改訂では,育成を目指す資質・能力は三つの柱に沿って示されており,これらが偏りなく実現できるようにすることが大切である。そのため,家庭科の学習では,実生活と関連を図った問題解決的な学習を効果的に取り入れ,これら三つの柱を相互に関連させることにより,教科全体の資質・能力を育成することが重要である。

(1)の「家族・家庭の機能について理解を深め」とは,子供を育てる機能,心の安らぎを得るなどの精神的な機能,衣食住などの生活を営む機能,収入を得るなどの経済的な機能,生活文化を継承する機能などについて理解を深め,よりよい生活の実現に向けて工夫できる基礎を培うことを意図している。家族・家庭の基本的な機能については,「A家族・家庭生活」,「B衣食住の生活」,「C消費生活・環境」の内容と関わらせて,その重要性について理解できるようにすることが大切である。

「生活の自立に必要な家族・家庭,衣食住,消費や環境等についての基礎的な理解を図る」とは,家庭科で習得する家族・家庭,衣食住,消費や環境等についての基礎的な知識が,個別の事実的な知識だけでなく,生徒が学ぶ過程の中で,既存の知識や生活経験と結び付けられ,家庭科における学習内容の本質を深く理解するための概念として習得され,家庭や地域などにおける様々な場面で活用されることを意図している。

「それらに係る技能を身に付ける」についても同様に,一定の手順や段階を追って身に付く個別の技能だけではなく,それらが自分の経験や他の技能と関連付けられ,変化する状況や課題に応じて主体的に活用できる技能として習熟・定着することを意図している。

(2)の「家庭や地域における生活の中から問題を見いだして課題を設定し」とは,既習の知識及び技能や生活経験を基に生活を見つめることを通して,家庭や地域における生活の中から問題を見いだし,解決すべき課題を設定する力を育成することについて示したものである。

「解決策を考え」とは,課題解決の見通しをもって計画を立てる際,生活課題について自分の生活経験と関連付け,様々な解決策を考える力を育成することについて示したものである。その際,他者の思いや考えを聞いたり,自分の考えを

分かりやすく伝えたりして計画について評価・改善し，よりよい方法を判断・決定できるようにする。

「実践を評価・改善し，考えたことを表現する」とは，調理や製作等の実習，調査，交流活動等を通して，課題の解決に向けて実践した結果を振り返り，考えたことを発表し合い，他者からの意見を踏まえて改善方法を考えるなど，実践活動を評価・改善する力を育成することについて示したものである。その際，自分の考えを根拠や理由を明確にして分かりやすく説明したり，発表したりできるようにする。

このような一連の学習過程を通して，生徒が課題を解決できた達成感や，実践する喜びを味わえるようにし，次の学習に主体的に取り組むことができるようにする。

また，3学年間を見通して，このような学習過程を工夫した題材を計画的に配列し，課題を解決する力を養うことが大切である。

なお，この学習過程は，生徒の状況や題材構成等に応じて異なることに留意する必要がある。また，家庭や地域での実践についても一連の学習過程として位置付けることが考えられる。

(3)の「家族や地域の人々との関わりを考え」とは，自分の生活は家族との協力や，地域の人々との関わりの中で成り立っていること，家庭生活は自分と家族との関係だけではなく，地域の人々と関わることでより豊かになることを理解した上で，生活がよりよくなるよう工夫して積極的に関わることができるようにすることについて述べている。

「家族の一員として」とは，家庭生活を営む上で大切な構成員の一人という自覚をもち，進んで協力しようとする主体的な態度について述べたものである。生徒の発達段階から，家庭生活の運営への参加が難しい場合でも，自分の生活の自立を目指していくことを通して，家庭生活の営みに参加していくという関わり方を明確に示したものである。

「よりよい生活の実現に向けて，生活を工夫し考えようとする実践的な態度」とは，家族・家庭生活，衣食住の生活，消費生活・環境に関する家族・家庭における様々な問題を，家族の一員として，協力・協働，健康・快適・安全，生活文化の継承等の視点で捉え，一連の学習過程を通して身に付けた力を，生活をよりよくするために生かし，実践しようとする態度について示したものである。このような実践的な態度は，家庭科で身に付けた力を家庭，地域から最終的に社会の中で生かし，社会を生き抜く力としていくために必要である。

なお，家庭科で養うことを目指す実践的な態度には，前述の家族と協力し，地域の人々と協働しようとする態度のほかに，日本の生活文化を継承しようとする態度，生活を楽しみ，豊かさを味わおうとする態度，将来の家庭生活や職業との

関わりを見通して学習に取り組もうとする態度なども含まれている。

3　各段階の目標及び内容

(1)　1段階の目標と内容

ア　目標

> 2　各段階の目標及び内容
>
> ○1段階
>
> (1)　目　標
>
> ア　家族・家庭の機能について理解し，生活の自立に必要な家族・家庭，衣食住，消費や環境等についての基礎的な理解を図るとともに，それらに係る技能を身に付けるようにする。
>
> イ　家庭や地域における生活の中から問題を見いだして課題を設定し，解決策を考え，実践を評価・改善し，考えたことを表現するなど，課題を解決する力を養う。
>
> ウ　家族や地域の人々との関わりを通して，よりよい生活の実現に向けて，生活を工夫し考えようとする実践的な態度を養う。

目標は，1段階において育成を目指す資質・能力を「ア知識及び技能」「イ思考力，判断力，表現力等」「ウ学びに向かう力，人間性等」の三つの柱に沿って示したものである。

アでは，教科の目標に示したとおり，家族・家庭の機能や，生活の自立に必要な家族・家庭，衣食住，消費や環境等についての基礎的な理解を図り，また，それらに係る技能を身に付けることを示している。

イでは，教科の目標に示したとおり，生活の中から見いだした課題を解決する力を養うことを示している。

ウでは，教科の目標に示したとおり，家庭科で身に付けた力を家庭，地域から最終的に社会の中で生かし，社会を生き抜く力としていくことを示している。

イ　内容

> (2)　内　容
>
> A　家族・家庭生活
>
> ア　自分の成長と家族
>
> 自分の成長と家族や家庭生活などに関わる学習活動を通して，次の事項を身に付けることができるよう指導する。

（ア）自分の成長と家族や家庭生活との関わりが分かり，家庭生活が家族の協力によって営まれていることに気付くこと。

（イ）家族とのよりよい関わり方について考え，表現すること。

イ　家庭生活での役割と地域との関わり

家族との触れ合いや地域の人々と接することなどに関わる学習活動を通して，次の事項を身に付けることができるよう指導する。

（ア）家庭生活において，地域の人々との協力が大切であることに気付くこと。

（イ）家族と地域の人々とのよりよい関わり方について考え，表現すること。

ウ　家庭生活における健康管理と余暇

家庭生活における健康管理や余暇に関わる学習活動を通して，次の事項を身に付けることができるよう指導する。

（ア）健康管理や余暇の有効な過ごし方について理解し，実践すること。

（イ）健康管理や余暇の有効な過ごし方について考え，表現すること。

エ　乳幼児や高齢者などの生活

乳幼児や高齢者と接することなどに関わる学習活動を通して，次の事項を身に付けることができるよう指導する。

（ア）乳幼児や高齢者などの生活の特徴，乳幼児や高齢者などとの関わり方について気付くこと。

（イ）乳幼児や高齢者などとのよりよい関わり方について考え，表現すること。

B　衣食住の生活

ア　食事の役割

食事の役割に関わる学習活動を通して，次の事項を身に付けることができるよう指導する。

（ア）生活の中で食事が果たす役割について理解すること。

（イ）健康によい食習慣について考え，工夫すること。

イ　日常食の調理

日常食の調理に関わる学習活動を通して，次の事項を身に付けることができるよう指導する。

（ア）日常生活と関連付け，用途に応じた食品の選択，食品や調理用具等の安全と衛生に留意した管理，材料に適した加熱調理の仕方について知り，基礎的な日常食の調理ができること。

（イ）基礎的な日常食の調理について，食品の選択や調理の仕方，調理

第5章
知的障害者である生徒に対する教育を行う特別支援学校

計画を考え，表現すること。

　ウ　衣服の選択

　　衣服の選択に関わる学習活動を通して，次の事項を身に付けることができるよう指導する。

　(ｱ)衣服と社会生活との関わりが分かり，目的に応じた着用，個性を生かす着用及び衣服の適切な選択について理解すること。

　(ｲ)衣服の選択について考え，工夫すること。

　エ　布を用いた製作

　　布を用いた製作に関わる学習活動を通して，次の事項を身に付けることができるよう指導する。

　(ｱ)目的に応じた縫い方及び用具の安全な取扱いについて理解し，適切にできること。

　(ｲ)目的に応じた縫い方について考え，工夫すること。

　オ　住居の基本的な機能と快適で安全な住まい方

　　住居の基本的な機能や快適で安全な住まい方に関わる学習活動を通して，次の事項を身に付けることができるよう指導する。

　(ｱ)家族の生活と住空間との関わりや住居の基本的な機能について知ること。

　(ｲ)家族の安全や快適さを考えた住空間について考え，表現すること。

C　消費生活・環境

　ア　消費生活

　　消費生活に関わる学習活動を通して，次の事項を身に付けることができるよう指導する。

　(ｱ)次のような知識及び技能を身に付けること。

　　㋐　購入方法や支払方法の特徴が分かり，計画的な金銭管理の必要性に気付くこと。

　　㋑　売買契約の仕組み，消費者被害の背景とその対応について理解し，物資・サービスの選択に必要な情報の収集・整理ができること。

　(ｲ)物資・サービスの選択に必要な情報を活用して購入について考え，表現すること。

　イ　消費者の基本的な権利と責任

　　消費者の基本的な権利と責任に関わる学習活動を通して，次の事項を身に付けることができるよう指導する。

　(ｱ)消費者の基本的な権利と責任，自分や家族の消費生活が環境や社

137

会に及ぼす影響について気付くこと。
　　（イ）身近な消費生活について，自立した消費者として責任ある消費行
　　　　動を考え，表現すること。

A　家族・家庭生活

　ア（ア）の「自分の成長と家族や家庭生活との関わり」については，自分がこれ
まで成長してきた過程を振り返り，自分の成長や生活は，家族や家庭生活に支え
られてきたことを分かるようにする。

　「家庭生活が家族の協力によって営まれていること」については，健康，快適
で安全な家庭生活は，家庭の仕事を協力して行うなど，家族の協力によって営ま
れていることに気付くようにする。その際，家族が家庭生活の中でそれぞれに応
じた仕事を分担しており，その分担した仕事をやり遂げることで互いに支え合っ
ていて，自らも役割を果たす必要があることにも気付くようにする。なお，ここ
での役割とは，手伝いと異なって責任をもって継続的に実践する仕事のことを指
している。

　イ（ア）の「地域の人々との協力が大切であること」については，快適で安全な
生活をするためには，地域の人々との関わりが必要であること，幼児や高齢者な
ど，様々な人々と共に協力し助け合って生活することが大切であることについて
気付くようにする。

　イ（イ）の「家族とのよりよい関わり方」については，家族との触れ合いや団ら
んについて問題を見いだし，課題を設定するようにする。課題を解決するための
方法については，家族の生活時間を見直し，触れ合いや団らんの時間や場を生み
出し楽しくする方法などについて考え，表現できるようにする。

　「地域の人々とのよりよい関わり」については，生徒の身近な生活の中から，
地域で共に生活している幼児や高齢者など，異なる世代の人々との関わりについ
て問題を見いだし，課題を設定するようにする。課題を解決するための方法につ
いては，地域の人々との関係をよりよいものにするために，自分が協力できるこ
となどについて考え，表現できるようにする。

　ウ（ア）の「健康管理」については，家庭での食事，睡眠，生活習慣，生活リズ
ム等の日常生活が，健康に影響を及ぼすことを理解できるようにする。

　「余暇の有効な過ごし方」については，家庭等において，スポーツや音楽鑑
賞，ペットの飼育，植物の栽培などを行うことなどにより，生活を楽しむことが
できることを理解できるようにする。また，親戚や友達の家を訪問したり，来客
の応対をしたりして過ごすことができることも含まれる。

　エ（ア）の「乳幼児の生活の特徴」については，乳幼児と触れ合うことで，遊び
や食事などの活動の様子や着衣などから，乳幼児の生活の特徴に気付くようにす

る。

エ(イ)の「高齢者などとのよりよい関わり方について考え，表現する」とは，療養中の家族や介護の必要な高齢者の食事，服薬，睡眠などの様子から，通常とは異なる配慮が必要なことが分かり，適切に接しようとすることである。

B　衣食住の生活

ア(ア)の「生活の中で食事が果たす役割」については，食事を共にすることが人間関係を深めたり，偏食を改善し，栄養のバランスのよい食事にもつながったりすること，行事食や郷土料理など，食事が文化を伝える役割もあることを理解できるようにする。

その際，共食については，孤食との比較から，その重要性に気付くとともに，食事を共にするためには，楽しく食べるための工夫が必要であることに気付くようにする。

ア(イ)の「健康によい食習慣について考え，工夫する」とは，欠食や偏食を避け，栄養のバランスがよい食事をとることや1日3食を規則正しくとること，健康の保持増進のためには，食事に加え，運動，休養も重要な要素であること，適度な運動量を確保しながら，食事で必要な栄養量をとることが大切であることを踏まえ，自分の食習慣についての課題を解決するために，(ア)で身に付けた基礎的・基本的な知識を活用し，健康などの視点からよりよい食習慣について考え，工夫することができるようにすることである。

イ(ア)の「用途に応じた食品の選択」については，目的，栄養，価格，調理の能率，環境への影響などの諸条件を考えて選択することが大切であることを知るようにする。

生鮮食品については，調理実習で用いる魚，肉，野菜などの食品を取り上げ，鮮度や品質の見分け方について知るようにする。

加工食品については，身近なものを取り上げ，その原材料や期限，保存方法などの表示を理解して用途に応じた選択ができることを知るようにする。

「食品の安全と衛生に留意した管理」については，調理実習のために購入した食品の適切な取扱いを知るようにする。特に，魚や肉などの生の食品については，食中毒の予防のために，安全で衛生的に取り扱うことが必要であること，食品の保存方法と保存期間の関係，ごみを適切に処理する必要があることを知るようにする。

「調理用具等の安全と衛生に留意した管理」については，調理実習に用いる用具を中心に正しい使い方や安全な取扱い方を知るようにする。

「材料に適した加熱調理の仕方」については，ゆでる，いためる，煮る，焼く，蒸す等を次の点に重点を置いて扱うこととする。いずれの調理も火加減の調

節が大切であることや，加熱器具を適切に操作して魚，肉，野菜などを用いた基礎的な日常食の調理ができるようにする。煮るについては，材料の種類や切り方などによって煮方が異なること，調味の仕方が汁の量によって異なることなどを知るようにする。焼くについては，直火焼き，フライパンやオーブンなどを用いた間接焼きがあり，それぞれ特徴があることを知るようにする。蒸すについては，ゆでる，いためる調理などと比較することにより，水蒸気で加熱する蒸し調理の特徴を知るようにする。その際，野菜やいも類などを蒸したり，小麦粉を使った菓子を調理したりするなど，基礎的な調理を扱うようにする。

　魚や肉については，加熱することで衛生的で安全になることや，中心まで火を通す方法を知るようにする。また，魚の種類や肉の部位等によって調理法が異なることや主な成分であるたんぱく質が加熱によって変性・凝固し，硬さ，色，味，においが変化するため，調理の目的に合った加熱方法が必要であることを知るようにする。

　野菜については，生食できること，食塩をふると水分が出てしなやかになること，加熱すると組織が軟らかくなることなどを知るようにする。野菜の切り口が変色することや，緑黄色野菜は加熱のしすぎなどによって色が悪くなることなどについても触れ，それを防止する方法を知るようにする。また，青菜などの野菜は加熱によってかさが減り，食べやすくなることも知るようにする。

　さらに，その他の食品として卵やいも類などの身近なものを取り上げ，魚や肉，野菜と組み合わせるなどして題材とする。

　調理操作に関しては，衛生的な観点などから食品によって適切な洗い方があることを知るようにするとともに排水などの問題についても触れるようにする。切り方については，安全な包丁の使い方を知り，食べられない部分を切除し，食べやすさ，加熱しやすさ，調味料のしみ込みやすさ，見た目の美しさなどを考えて適切に切ることができるようにする。

　調味については，食塩，みそ，しょうゆ，さとう，食酢，油脂などを用いて，調理の目的に合った調味ができることを知るようにする。その際，計量器の適切な使用方法についても触れるようにする。

　盛り付けや配膳については，料理の外観がおいしさに影響を与えることや，料理の様式に応じた方法があることを知るようにする。

　イ(イ)の「基礎的な日常食の調理について，食品の選択や調理の仕方，調理計画を考え」とは，基礎的な日常食の調理についての課題を解決するために，(ア)で身に付けた基礎的・基本的な知識及び技能を活用し，健康・安全などの視点から，食品の選択の仕方や調理の仕方，調理計画を考えることである。

　ウ(ア)の「衣服と社会生活との関わり」については，所属や職業を表したり，行事などによって衣服や着方にきまりがあったりするなど，社会生活を営む上で

の機能を中心に理解できるようにする。その際，和服は日本の伝統的な衣服であり，冠婚葬祭や儀式等で着用することや，地域の祭りなどで浴衣を着用することなどについて触れるようにする。また，和服と洋服の構成や着方の違いに気付くようにするとともに，和服の基本的な着装を扱うことも考えられる。

「目的に応じた着用」については，生徒の身近な生活や地域社会での活動を取り上げ，学校生活や行事，訪問などの目的に応じた，それぞれの場にふさわしい着方があることを理解できるようにする。

「個性を生かす着用」については，衣服の種類や組合せ，襟の形やゆとり，色などによって人に与える印象が異なることを理解できるようにする。

「衣服の適切な選択」については，既製服を中心に取り扱い，組成表示，取扱い表示，サイズ表示等の意味を理解できるようにする。衣服の購入に当たっては，縫い方やボタン付け等の縫製の良否，手入れの仕方，手持ちの衣服との組合せ，価格などにも留意し，目的に応じて衣服を選択する必要があることを理解できるようにする。また，既製服のサイズは身体部位の寸法で示されることと計測の仕方を理解できるようにする。

なお，衣服の入手については，購入するだけではなく，環境に配慮する視点から，他の人から譲り受けたり，リフォームしたりする方法があることにも触れるようにする。

ウ(イ)の「衣服の選択について考え，工夫する」とは，衣服の選択についての課題を解決するために，(ア)で身に付けた基礎的・基本的な知識及び技能を活用し，健康・快適などの視点から，衣服の選択について考え，工夫することができるようにすることである。

エ(ア)の「目的に応じた縫い方」については，手縫いとミシン縫いを取り上げる。手縫いは，なみ縫い，返し縫い，かがり縫いなどの縫い方を扱うようにする。これらの縫い方にはそれぞれ特徴があり，縫う部分や目的に応じて，適した手縫いを選ぶ必要があることを理解し，できるようにする。

ミシン縫いについては，丈夫で速く縫えるという特徴や使い方が分かり，直線縫いを主としたミシン縫いができるようにする。

オ(ア)の「家族の生活と住空間との関わり」については，家族がどのような生活を重視するのかによって，住空間の使い方が異なることを知るようにする。また，家族が共に暮らすためには，住生活に対する思いや願いを互いに尊重しながら，調整して住空間を整える必要があることを知るようにする。さらに，畳，座卓，座布団などを用いた我が国の座式の住まい方が現代の住居に受け継がれていることが分かり，現代の住居には和式と洋式を組み合わせた住空間の使い方の工夫があることに気付くようにする。その際，中学部における季節の変化に合わせた住まい方の学習を踏まえて，我が国の伝統的な住宅や住まい方に見られる様々

な知恵に気付き，生活文化を継承する大切さに気付くようにする。和式と洋式については，布団とベッドによる就寝の形態や，押入れとクローゼットによる収納の形態などにも触れるようにする。

「住居の基本的な機能」については，家族の生活と住空間との関わりを考えることを通して，住居は家族の安定した居場所であることを知るようにする。その際，中学部の学習における，風雨・寒暑などの過酷な自然から人々を守る生活の器としての働きに加え，高等部では主として心身の安らぎと健康を維持する働き，子供が育つ基盤としての働きなどがあることを知るようにする。また，住居の基本的な機能を充たすために，住居には，共同生活の空間，個人生活の空間などが必要であることを知るようにする。

オ（イ）の「家族の安全や快適さを考えた住空間について考え」とは，安全な住まい方についての課題を解決するために，（ア）で身に付けた基礎的・基本的な知識を活用し，安全などの視点から，住空間の整え方について考えることである。

C 消費生活・環境

ア（ア）㋐の「購入方法の特徴」については，インターネットを介した通信販売などの無店舗販売を取り上げ，利点と問題点について分かるようにする。

「支払い方法の特徴」については，支払い時期（前払い，即時払い，後払い）の違いによる特徴が分かるようにするとともに，クレジットカードによる三者間契約を取り上げ，二者間契約と比較しながら利点と問題点について分かるようにする。

「計画的な金銭管理の必要性」については，収支のバランスを図るために，生活に必要な物資・サービスについての金銭の流れを把握し，多様な支払い方法に応じた計画的な金銭管理が必要であることに気付くようにする。その際，収支のバランスが崩れた場合には，物資・サービスが必要かどうかを判断し，必要なものについては，優先順位を考慮して調整することが重要であることに気付くようにする。

また，生活に必要な物資・サービスには，衣食住や，電気，ガス，水，交通などのライフラインに係る必需的なものや，教養娯楽や趣味などに係る選択的なものがあることに触れるようにする。

ア（ア）㋑の「物資・サービスの選択に必要な情報の収集・整理」については，選択のための意思決定に必要な安全性，機能，価格，環境への配慮，アフターサービス等の観点や，関連する品質表示や成分表示，各種マークを基に，広告やパンフレットなどの情報源から，偏りなく情報を収集し，購入目的に応じた観点で適切に整理し，比較検討できるようにする。その際，情報の信頼性を吟味する必要があることにも触れるようにする。

さらに，物資・サービスの選択・購入に必要な情報の収集・整理を適切に行うことが，消費者被害を未然に防いだり，購入後の満足感を高めたりすることにも気付くようにする。

　ア(イ)の「物資・サービスの選択に必要な情報を活用して購入について考え，表現する」とは，物資・サービスの購入についての課題を解決するために，(ア)で身に付けた基礎的・基本的な知識及び技能を活用し，物資・サービスの選択，購入方法，支払い方法等について考え，表現することができるようにすることである。

　イ(ア)の「消費者の基本的な権利と責任」については，消費者基本法の趣旨を踏まえ，消費者の基本的な権利と責任に気付くようにする。その際，身近な消費生活と関連を図り，具体的な場面でどのような権利と責任が関わっているのかに気付くようにするとともに，権利の行使には責任の遂行が伴うことに気付くようにする。例えば，物資・サービスを購入する際には，必要な情報が与えられたり，自由に選んだりする権利が保障されるとともに，情報をよく調べたり確かめたりするなど批判的な意識をもつ責任が生じることなどに気付くようにする。

　また，消費者が，購入した物資・サービスに不具合があったり，被害にあったりした場合に，そのことについて適切に主張し行動する責任を果たすことなどが，消費者被害の拡大を防ぐことについて気付くようにする。

　「自分や家族の消費生活が環境や社会に及ぼす影響」については，物資・サービスの購入から廃棄までの自分や家族の消費行動が，環境への負荷を軽減させたり，企業への働きかけとなって商品の改善につながったりすることなどに気付くようにする。その際，電気，ガス，水をはじめ，衣食住に関わる多くのものが限りある資源であり，それらを有効に活用するためには，自分や家族の消費行動が環境に与える影響を自覚し，環境への負荷を軽減させることについて自分だけでなく多くの人が行ったり，長期にわたって続けたりすることが大切であることに気付くようにする。

　また，商品の改善につながることについては，品質や価格などの情報に疑問や関心をもったり，消費者の行動が社会に影響を与えていることを自覚したりして，よく考えて購入することが大切であることにも気付くようにする。

　イ(イ)の「身近な消費生活について，自立した消費者として責任ある消費行動を考え」とは，身近な消費生活についての課題を解決するために，アで身に付けた基礎的・基本的な知識を活用し，自立した消費者としての責任ある消費行動を考えることである。

(2) 2段階の目標と内容
ア　目標

○2段階
(1) 目　標
　ア　家族・家庭の機能について理解を深め，生活の自立に必要な家族・
　　家庭，衣食住，消費や環境等についての基礎的な理解を図るととも
　　に，それらに係る技能を身に付けるようにする。
　イ　家庭や地域における生活の中から問題を見いだして課題を設定し，
　　解決策を考え，実践を評価・改善し，考えたことを表現するなど，
　　課題を解決する力を養う。
　ウ　家族や地域の人々との関わりを通して，よりよい生活の実現に向
　　けて，生活を工夫し考えようとする実践的な態度を養う。

　目標は，2段階において育成を目指す資質・能力を「ア知識及び技能」「イ思
考力，判断力，表現力等」「ウ学びに向かう力，人間性等」の三つの柱に沿って
示したものである。
　アでは，1段階での学習を踏まえ，家族・家庭の機能について理解を深めてい
くことを示している。
　イ及びウでは，1段階での学習を踏まえ，2段階の内容の学習を通し，それぞ
れの資質・能力を更に高めていくことを目指すものである。

イ　内容

---

(2) 内　容
　A　家族・家庭生活
　ア　自分の成長と家族
　　　自分の成長と家族や家庭生活などに関わる学習活動を通して，次
　　の事項を身に付けることができるよう指導する。
　　(ｱ) 自分の成長と家族や家庭生活の関わりが分かり，家庭生活が家族
　　　の協力によって営まれていることを理解すること。
　　(ｲ) 家族とのよりよい関わり方について考え，工夫すること。
　イ　家庭生活での役割と地域との関わり
　　　家族や地域の人々などに関わる学習活動を通して，次の事項を身
　　に付けることができるよう指導する。
　　(ｱ) 家庭生活において，地域の人々との協力が大切であることを理解

第5章
知的障害者であ
る生徒に対する
教育を行う特別
支援学校

すること。

(イ) 家族と地域の人々とのよりよい関わり方について考え，工夫すること。

ウ　家庭生活における健康管理と余暇

家庭生活における健康管理や余暇に関わる学習活動を通して，次の事項を身に付けることができるよう指導する。

(ア) 健康管理や余暇の有効な過ごし方について理解を深め，実践すること。

(イ) 健康管理や余暇の有効な過ごし方について考え，工夫すること。

エ　乳幼児や高齢者などの生活

乳幼児や高齢者と接することなどに関わる学習活動を通して，次の事項を身に付けることができるよう指導する。

(ア) 乳幼児や高齢者などの生活の特徴が分かり，乳幼児や高齢者などとの関わり方について理解すること。

(イ) 乳幼児や高齢者などとのよりよい関わり方について考え，工夫すること。

B　衣食住の生活

ア　必要な栄養を満たす食事

自分に必要な栄養を満たす食事に関わる学習活動を通して，次の事項を身に付けることができるよう指導する。

(ア) 自分に必要な栄養素の種類と働きが分かり，食品の栄養的な特質について理解すること。・

(イ) 一日分の献立について考え，工夫すること。

イ　日常食の調理

日常食の調理に関わる学習活動を通して，次の事項を身に付けることができるよう指導する。

(ア) 日常生活と関連付け，用途に応じた食品の選択，食品や調理用具等の安全と衛生に留意した管理，材料に適した加熱調理の仕方について理解し，基礎的な日常食の調理が適切にできること。

(イ) 基礎的な日常食の調理について，食品の選択や調理の仕方，調理計画を考え，工夫すること。

ウ　衣服の手入れ

衣服の手入れに関わる学習活動を通して，次の事項を身に付けることができるよう指導する。

(ア) 衣服の材料や状態に応じた日常着の手入れについて理解し，適切にできること。

（イ）衣服の材料や状態に応じた日常着の手入れについて考え，工夫すること。

エ　布を用いた製作

　　布を用いた製作に関わる学習活動を通して，次の事項を身に付けることができるよう指導する。

（ア）製作に必要な材料や手順が分かり，製作計画について理解すること。

（イ）布を用いた簡単な物の製作計画を考え，製作を工夫すること。

オ　住居の基本的な機能と快適で安全な住まい方

　　住居の基本的な機能や快適で安全な住まい方に関わる学習活動を通して，次の事項を身に付けることができるよう指導する。

（ア）家族の生活と住空間との関わりが分かり，住居の基本的な機能について理解すること。

（イ）家族の安全や快適さを考えた住空間の整え方について考え，工夫すること。

C　消費生活・環境

ア　消費生活

　　消費生活に関わる学習活動を通して，次の事項を身に付けることができるよう指導する。

（ア）次のような知識及び技能を身に付けること。

　㋐　購入方法や支払方法の特徴が分かり，計画的な金銭管理の必要性について理解すること。

　㋑　売買契約の仕組み，消費者被害の背景とその対応について理解し，物資・サービスの選択に必要な情報の収集・整理が適切にできること。

（イ）物資・サービスの選択に必要な情報を活用して購入について考え，工夫すること。

イ　消費者の基本的な権利と責任

　　消費者の基本的な権利と責任に関わる学習活動を通して，次の事項を身に付けることができるよう指導する。

（ア）消費者の基本的な権利と責任，自分や家族の消費生活が環境や社会に及ぼす影響について理解すること。

（イ）身近な消費生活について，自立した消費者として責任ある消費行動を考え，工夫すること。

A　家族・家庭生活

ア（ア）の「家庭生活が家族の協力によって営まれていること」については，家庭生活を成り立たせるために，家族の一員として自身の役割を果たす必要があることを理解するようにする。

ア（イ）の「家族とのよりよい関わり方について考え，工夫する」とは，家族の団らんに加わり，家族の心情を受け止めたりすることについて考え，工夫することができるようにすることである。

イ（ア）の「地域の人々との協力が大切であること」については，1段階で学んだ内容を踏まえ，適切に理解できるようにする。

イ（イ）の「家族と地域の人々とのよりよい関わり方について考え，工夫する」とは，1段階で学んだ内容を踏まえ，工夫することができるようにすることである。

ウ（ア）の「健康管理」については，1段階で学んだ内容を踏まえ，自分の生活を振り返り，規則正しく生活することについて理解を深め，実践できるようにする。

「余暇の有効な過ごし方」については，家庭生活の中で個人が自由に使える時間や休日を自分の趣味に有効に活用することや，家族などと有意義に余暇を過ごしたりすることについて理解を深め，実践できるようにする。

ウ（イ）の「余暇の有効な過ごし方について考え，工夫すること」とは，家庭では，各人が自由に過ごす時間だけではなく，食事や団らんなど家族と共に過ごす時間，家事を行う時間などもあることを考え，有効に時間を使えるよう工夫することができるようにすることである。

エ（ア）の「乳幼児や高齢者などの生活の特徴」については，1段階で学んだ内容を踏まえ，その特徴を理解するようにする。

B　衣食住の生活

ア（ア）の「自分に必要な栄養素の種類と働き」については，栄養素及びその働き，一日に必要な食物の量，いろいろな食品を組み合わせて食べることが必要であることを分かるようにする。

なお，「栄養素の種類と働き」は次のことである。

- 炭水化物と脂質は，主として体内で燃焼してエネルギーになること。
- たんぱく質は，主として筋肉，血液などの体を構成する成分となるだけでなく，エネルギー源としても利用されること。
- 無機質には，カルシウムや鉄などがあり，カルシウムは骨や歯の成分，鉄は血液の成分となるなどの働きと，体の調子を整える働きがあること。
- ビタミンには，A，B_1，B_2，C，Dなどの種類があり，いずれも体の調子を

整える働きがあること。

また，食物繊維は，消化されないが，腸の調子を整え，健康の保持のために必要であること，水は，五大栄養素には含まれないが，人の体の約60％は水分で構成されており，生命維持のために必要な成分であることにも触れるようにする。

「食品の栄養的な特質」については，食品に含まれる栄養素の種類と量など栄養的な特質によって，食品は食品群に分類されることを理解できるようにする。なお，食品に含まれる栄養素の種類と量については，日本食品標準成分表に示されていることが分かるようにする。

ア（イ）の「一日分の献立について考え，工夫する」とは，必要な栄養を満たす食事についての課題を解決するために，（ア）で身に付けた基礎的・基本的な知識を活用し，一日分の献立について健康などの視点から考え，工夫することができるようにすることである。

イでは，1段階で学んだ内容を踏まえ，食品の選択，食品や調理用具等の管理，加熱調理の仕方について理解できるようにするとともに，調理計画等を工夫し，基礎的な日常食の調理が適切にできるようにする。

ウ（ア）の「衣服の材料に応じた日常着の手入れ」については，日常着として着用することの多い綿，毛，ポリエステルなどを取り上げ，丈夫さ，防しわ性，アイロンかけの効果，洗濯による収縮性など，手入れに関わる基本的な性質とその違いに応じた手入れの仕方を理解し，日常着の洗濯などが適切にできるようにする。

洗濯については，洗剤の働きと衣服の材料に応じた洗剤の種類などが分かり，洗剤を適切に選択して使用できるようにする。また，衣服の材料や汚れ方に応じた洗濯の仕方について理解できるようにする。洗い方については，汚れ落ちには，水性や油性などの汚れの性質，洗剤の働き，電気洗濯機の水流の強弱などが関わっていることや，部分洗いの効果にも気付くようにする。さらに，例えば，綿と毛，また，同じ綿でも織物と編物により，布の収縮や型くずれに配慮した洗い方や干し方などがあることにも触れるようにする。

中学部で学習した手洗いによる洗濯を基礎として，電気洗濯機を用いた洗濯の方法と特徴を理解し，洗濯機を適切に使用できるようにする。また，衣服によっては専門業者に依頼する必要があることや，手入れをした衣服を適切に保管する必要があることにも気付くようにする。

「衣服の状態に応じた日常着の手入れ」については，衣服を大切にし，長持ちさせるために，例えば，まつり縫いによる裾上げ，ミシン縫いによるほころび直し，スナップ付けなどの補修を取り上げ，その目的と布地に適した方法について理解し，適切にできるようにする。また，日常の手入れとして，ブラシかけなど

が有効であることを理解し，適切にできるようにする。

ウ(イ)の「衣服の材料や状態に応じた日常着の手入れについて考え，工夫する」とは，衣服の手入れについての課題を解決するために，(ア)で身に付けた基礎的・基本的な知識及び技能を活用し，健康・快適などの視点から，衣服の手入れについて考え，工夫することができるようにすることである。

エ(イ)の「簡単な物の製作計画を考え，製作を工夫する」とは，型紙に合わせて裁断し，ミシンを使って作る簡単な小物や袋物の製作計画を考え，ミシンを使った製作を工夫することができるようにすることである。

オでは，1段階で学んだ内容を踏まえ，家族の生活と住空間との関わりや住居の基本的な機能について理解できるようにするとともに，家族の安全や快適さを考えた住空間の整え方について工夫できるようにする。

C　消費生活・環境

アでは，1段階で学んだ内容を踏まえ，計画的な金銭管理の必要性を理解し，物資・サービスの選択に必要な情報の収集・整理が適切にできるようにするとともに，物資・サービスの選択に必要な情報を活用して購入について考え，工夫できるようにする。

イでは，1段階で学んだ内容を踏まえ，消費者の基本的な権利と責任，自分や家族の消費生活が環境や社会に及ぼす影響について理解するとともに，自立した消費者として責任ある消費行動を考え，工夫できるようにする。

今回の改訂においては，中学部と高等部の系統性や，成年年齢の引下げを踏まえ，「C消費生活・環境」を新たに位置付けた。消費生活と環境を一層関連させて学習できるようにし，消費者教育の推進に関する法律（消費者教育推進法）の定義に基づく消費者市民社会の担い手として行動できるようにすることを意図している。

4　指導計画の作成と内容の取扱い
(1) 指導計画作成上の配慮事項

3　指導計画の作成と内容の取扱い
(1) 指導計画の作成に当たっては，次の事項に配慮するものとする。
ア　題材など内容や時間のまとまりを見通して，その中で育む資質・能力の育成に向けて，生徒の主体的・対話的で深い学びの実現を図るようにすること。その際，生活の営みに係る見方・考え方を働かせ，体験的な活動と知識とを相互に関連付けてより深く理解するとともに，生活の中から問題を見いだして解決策を考え，実践を評価・

改善して，新たな課題の解決に向かう過程を重視した学習の充実を図ること。

　　イ　各段階における目標・内容については，３学年間を見通した全体的な指導計画に基づき，生徒の学習状況を踏まえながら系統的に指導ができるようにすること。その際，中学部の職業・家庭科をはじめとする各教科等とのつながりを重視すること。また，各項目及び各項目に示す事項については，相互に有機的な関連を図り，総合的に展開されるよう適切な題材を設定して計画を作成すること。さらに，高等部における職業科等と関連付けて効果的に指導を行うとともに，他教科等との連携も図ること。

　　ウ　「Ｂ衣食住の生活」の２段階の「ア必要な栄養を満たす食事」及び「ウ衣服の手入れ」については，それぞれ１段階の「ア食事の役割」及び「ウ衣服の選択」の内容を十分に踏まえるとともに，各段階に示された事項の関連を図りながら，総合的に指導するよう計画すること。

　　エ　家庭や地域との連携を図り，校内外での実践的・体験的な学習活動の充実を図り指導の効果を高めること。実践的・体験的な学習活動については，校内での体験的な学習活動と関連させ，段階的・系統的に指導するよう配慮すること。

　アの事項は，家庭科の指導計画の作成に当たり，生徒の主体的・対話的で深い学びの実現を目指した授業改善を進めることとし，家庭科の特質に応じて，効果的な学習が展開できるように配慮すべき内容を示したものである。

　選挙権年齢や成年年齢の引下げなど，高校生にとって政治や社会が一層身近なものとなる中，学習内容を人生や社会の在り方と結び付けて深く理解し，これからの時代に求められる資質・能力を身に付け，生涯にわたって能動的に学び続けることができるようにするためには，これまでの学校教育の蓄積も生かしながら，学習の質を一層高める授業改善の取組を活性化していくことが求められている。

　家庭科の指導に当たっては，(1)「知識及び技能」が習得されること，(2)「思考力，判断力，表現力等」を育成すること，(3)「学びに向かう力，人間性等」を涵養することが偏りなく実現されるよう，題材など内容や時間のまとまりを見通しながら，生徒の主体的・対話的で深い学びの実現に向けた授業改善を行うことが重要である。

　主体的・対話的で深い学びは，必ずしも１単位時間の授業の中で全てが実現されるものではない。題材など内容や時間のまとまりの中で，例えば，主体的に学

習に取り組めるよう学習の見通しを立てたり，学習したことを振り返ったりして自身の学びや変容を自覚できる場面をどこに設定するか，対話によって自分の考えなどを広げたり，深めたりする場面をどこに設定するか，学びの深まりをつくりだすために，生徒が考える場面と教師が教える場面をどのように組み立てるか，といった視点で授業改善を進めることが求められる。

　また，生徒や学校の実態に応じ，多様な学習活動を組み合わせて授業を組み立てていくことが重要であり，題材のまとまりを見通した学習を行うに当たり基礎となる「知識及び技能」の習得に課題が見られる場合には，それを身に付けるために，生徒の主体性を引き出すなどの工夫を重ね，確実な習得を図ることが必要である。主体的・対話的で深い学びの実現に向けた授業改善を進めるに当たり，特に「深い学び」の視点に関して，各教科等の学びの深まりの鍵となるのが「見方・考え方」である。各教科等の特質に応じた物事を捉える視点や考え方である「見方・考え方」を，習得・活用・探究という学びの過程の中で働かせることを通じて，より質の高い深い学びにつなげることが重要である。

　家庭科の特質に応じた「主体的な学び」とは，題材を通して見通しをもち，家庭や地域での生活の中から課題の発見や解決に取り組んだり，基礎的・基本的な知識及び技能の習得に粘り強く取り組んだり，実践を振り返って新たな課題を見付け，主体的に取り組んだりする態度を育む学びである。そのため，学習した内容を実際の生活で生かす場面を設定し，自分の生活が家庭や地域と深く関わっていることを認識したり，自分の成長を自覚して実践する喜びに気付いたりすることができる活動などを充実させることが重要である。

　「対話的な学び」とは，生徒同士で協働したり，意見を共有して互いの考えを深めたり，家族や身近な人々などとの会話を通して考えを明確にしたりするなど，自らの考えを広げ深める学びである。例えば，家庭での役割や衣食住の生活について，高等部の生徒としての自己の在り方や自分の考えを明確にするとともに，家族や家庭との関わりにおける協力という視点から，よりよい在り方について考え実践することである。

　「深い学び」とは，生徒が家庭や地域での生活の中から問題を見いだして課題を設定し，その解決に向けて様々な解決方法を考え，計画を立てて実践し，その結果を評価・改善し，さらに，家庭や地域で実践するなどの一連の学習過程の中で，「生活の営みに係る見方・考え方」を働かせながら，課題の解決に向けて自分なりに考え，表現するなどして資質・能力を身に付ける学びである。このような学びを通して，家庭や地域での生活に必要な事実的知識が概念的知識として質的に高まったり，技能の習熟・定着が図られたりする。また，このような学びの中で「主体的な学び」や「対話的な学び」を充実させることによって，家庭科が目指す思考力，判断力，表現力等も豊かなものとなり，生活をよりよくしようと

工夫し考えようとする態度も育まれる。

イの事項に関しては，基礎的・基本的な知識及び技能の定着を図り，学習が無理なく効果的に進められるようにするために，3学年間にわたって扱うようにする。基礎的なものから応用的なものへ，簡単なものから複雑なものへと次第に発展するように，段階的に題材を配列することを示している。また，反復が必要なものについては，題材に繰り返し位置付けるなど，指導計画を工夫することを示している。また，学年の発展性や系統性，季節，学校行事，地域等との関連を考え配列することにも配慮する。

ウの事項に関しては，1段階と2段階の内容の関連を図り，総合的に学習できるように，指導計画を工夫することを示している。

エの事項に関しては，地域の特色を生かしながら，地域の資源を計画的に活用し，実践的・体験的な学習活動の充実を図ることを示している。合わせて，地域での学習活動と，校内での学習活動との関連を図ることも示している。

(2) 内容の取扱いと指導上の配慮事項

> (2) 2の各段階の内容の取扱いについては，次の事項に配慮するものとする。
>
> ア　指導に当たっては，衣食住などに関する実習等の結果を整理し考察する学習活動や，生活や社会における課題を解決するために言葉や図表，概念などを用いて考えたり，説明したりするなどの学習活動の充実を図ること。
>
> イ　指導に当たっては，コンピュータや情報通信ネットワークを積極的に活用して，実習等における情報の収集・整理や，実践結果の発表などを行うことができるように工夫すること。
>
> ウ　資質・能力の育成を図り，一人一人の個性を生かし伸ばすよう，生徒の興味・関心を踏まえた学習課題の設定，技能の習得状況に応じた指導や教材・教具の工夫など個に応じた指導の充実に努めること。
>
> エ　生徒が，学習した知識及び技能を生活に活用したり，生活や社会の変化に対応したりすることができるよう，生活や社会の中から問題を見いだして課題を設定し解決する学習活動を充実するとともに，家庭や地域社会，企業などとの連携を図るように配慮すること。
>
> オ　「B衣食住の生活」については，日本の伝統的な生活についても扱い，生活文化を継承する大切さに気付くことができるよう配慮すること。また，「B衣食住の生活」の各段階の「イ日常食の調理」については，地域の食文化や和食についても取り上げること。

カ 「C消費生活・環境」のア及びイについては，「A家族・家庭生活」又は「B衣食住の生活」の学習との関連を図り，実践的に学習できるようにすること。また，アについては，身近な消費行動と関連を図った物資・サービスや消費者被害を扱うこと。(ア)の㋐については，クレジットなどの三者間契約についても扱うこと。

アの事項に関しては，国語科で培った能力を基本に，知的活動の基盤という言語の役割の観点から，実習等の結果を整理し考察するといった学習活動を充実する必要があることを示している。また，家庭科の特質を踏まえ，生活における課題を解決するために，言葉だけでなく，設計図や献立表といった図表及び衣食住に関する概念などを用いて考えたり，説明したりするなどの学習活動も充実する必要がある。

こうした言語活動の充実によって，家庭科のねらいの定着を一層確実にすることができる。

なお，家庭科で重視している実践的・体験的な活動は，様々な語彙の意味を実感を伴って理解させるという効果もある。これらも含めて，各項目の指導内容との関わり及び国語科をはじめとする他教科等との関連も踏まえ，言語の能力を高める学習活動を指導計画に位置付けておくことが大切である。

イの事項に関して，今回の学習指導要領で求められる主体的・対話的で深い学びを実現するためには，コンピュータや情報通信ネットワークを，生徒の思考の過程や結果を可視化したり，大勢の考えを瞬時に共有化したり，情報を収集し編集することを繰り返し行い試行錯誤したりするなどの学習場面において，積極的に活用することが求められる。

家庭科においても，生活や社会の中から問題を見いだして課題を解決する活動の中で，課題の設定や解決策の具体化のために，情報通信ネットワークを活用して情報を収集・整理したり，実践の結果をコンピュータを用いて分かりやすく編集し，発表したりするなどの工夫が必要である。

ここでは，課題解決に向けて計画を立てる場面において，情報通信ネットワークを活用して調べたり，実践を評価・改善する場面において，コンピュータを活用して結果をまとめ，発表したりする活動も考えられる。

ウの事項に関しては，変化する社会に主体的に対応する資質・能力を身に付けさせるため，生活や社会の中から問題を見いだして適切な課題を設定し，習得した知識及び技能を活用し主体的・意欲的に課題解決に取り組み，解決のための方策を探る学習を行うため，必然的に生徒一人一人の興味・関心を踏まえた学習課題が設定され，個に応じた指導が必要となる。そのため，学習課題の解決に必要な技能の習得状況を把握し，必要に応じて少人数指導や教材・教具を工夫するこ

とで，生徒が自ら設定した課題の解決策を実現できるよう配慮することが必要である。

また，生徒の発達の段階によっては，問題を見いだしたり，課題を設定したりすることが困難な場合も考えられる。そのため，他教科で関連する内容の学習状況，題材の内容を踏まえた上で，生徒一人一人が興味・関心を踏まえた学習課題を設定できるよう，発達の段階に応じて，問題を見いだす範囲を生徒の生活範囲から社会に徐々に広げていくなど題材計画を工夫する必要がある。

エの事項に関しては，次の①及び②について示している。

① 問題解決的な学習の充実

よりよい生活の実現に向けて，将来にわたって変化し続ける社会に主体的に対応していくためには，生活を営む上で生じる問題を見いだして課題を設定し，自分なりの判断をして解決することができる能力，すなわち問題解決能力をもつことが必要である。

問題解決能力とは，課題を解決するに至るまでに段階的に関わる能力を全て含んだものであり，家庭や地域における生活の中から問題を見いだして課題を設定する力，課題の解決策や解決方法を検討・構想して具体化する力，知識及び技能を活用して課題解決に取り組む力，実践を評価して改善する力，課題解決の結果や実践を評価した結果を表現する力などが挙げられる。

これらの能力の育成には，生徒一人一人が，自らが問題を見いだして適切な課題を設定し，学習した知識及び技能を活用し主体的・意欲的に課題解決に取り組み，解決のための方策を探るなどの学習を繰り返し行うことが大切である。

そのためには，学習の進め方として，問題の発見や課題の設定，解決策や解決方法の検討及び具体化，課題解決に向けた実践，実践の評価・改善などの一連の学習過程を適切に組み立て，生徒が主体的に課題に向き合い，協働しながら，段階を追って学習を深められるよう配慮する必要がある。

また，家庭科の指導を通して育てたい資質・能力と各項目の指導内容との関わり及び指導の時期を明確にした3学年間の指導計画を作成するとともに，具体的な学習過程を工夫したり，思考を促す発問の工夫など日々の学習指導の在り方を改善したりするなどの意図的・計画的な授業設計が必要である。

なお，問題を見いだして課題を設定し，自分なりの判断をして解決するためには，根拠となる基準が重要であるので，生徒が個々の課題に直面した時のよりどころとなる価値判断の基準を育成することが必要である。その際，個人の生活の範囲だけで基準を設定するのではなく，生活の営みに係る見方・考え方を働かせ，自分の生活の在り方が，地域の人々の生活あるいは地

球規模での視点から，将来も視野に入れた上で，どのような意味をもつのか
を見極めることができるようにすることが望まれる。

② 家庭や地域社会，企業などとの連携

家庭科の学習指導を進めるに当たっては，今回の改訂で重視された家庭や
地域における生活の中から問題を見いだして課題を解決し，生活を工夫する
資質・能力を育むための指導を充実させることが必要である。

そのためには，家庭や地域における身近な課題を取り上げて学習したり，
学習した知識及び技能を実際の生活で生かす場面を工夫したりするなど，生
徒が学習を通して身に付けた資質・能力を家庭や地域における生活における
問題解決の場面に活用できるような指導が求められる。そのことによって，
自分の生活が家庭や地域社会と深く関わっていることや自分が社会に貢献で
きる存在であることにも気付いたりする。

よって，家庭科の指導計画の作成に当たっては，生徒や学校，地域の実態
を踏まえ，家庭や地域社会，企業などと効果的に連携が図れる題材を必要に
応じて設定するなど，生徒が身に付けた資質・能力を生活に活用できるよう
配慮する。

オの事項に関しては，次について示している。

「B衣食住の生活」の内容の学習では，日本の伝統的な生活について学ぶこと
を通して，生活文化を継承しようとする態度を養うこととしている。例えば，1
段階の「ア食事の役割」における食事が果たす役割や，「イ日常食の調理」にお
ける地域の食材を用いた和食の調理，1段階の「ウ衣服の選択」における衣服と
社会生活との関わり，「オ住居の基本的な機能と快適で安全な住まい方」におけ
る家族の生活と住空間との関わりなどと関連させて，伝統的な生活の仕方などに
ついて具体的に扱い，生活文化を継承する大切さに気付くことができるよう指導
を工夫する必要がある。

地域の食文化については，主として，地域又は季節の食材を用いることの意義
について理解できるようにする。地域の食材は生産者と消費者の距離が近いため
に，より新鮮なものを食べることができるなど，地域又は季節の食材のよさに気
付くことができるようにする。また，実際に食材に触れ，和食の調理をすること
を通して，自分の住む地域の食文化についても理解できるようにする。

地域の食材を用いた和食の調理については，日常食べられている和食として，
だしと地域又は季節の食材を用いた煮物又は汁物を取り上げ，適切に調理ができ
るようにする。

カの事項に関しては，次について示している。

消費者被害は，以下について扱う。

売買契約については，両者が対等な立場で契約に臨むことが公正な取引の前提

であり，消費者の意志が尊重されなければならないことに触れるようにする。また，消費者にとって熟慮する時間が短かったり，必要な情報が与えられなかったりする場合に，消費者被害に結び付きやすいことに気付くようにする。

　消費者被害の背景については，消費者被害が消費者と事業者（生産者，販売者等）の間にある情報量などの格差によって発生することを理解できるようにする。また，インターネットの普及やキャッシュレス化の進行により，目に見えないところで複雑な問題に巻き込まれやすくなることや，被害が拡大しやすいこと，被害者の低年齢化により，生徒も被害者になりやすいことに触れるようにする。

　消費者被害への対応については，消費者と事業者が対等な立場で結んだ公正な売買契約であるかどうかを判断する必要性について理解できるようにする。また，誤った使い方などによる被害を防ぐためには，消費者が説明書や表示，契約内容を確認することが重要であることに気付くようにする。

　さらに，消費者支援の具体例として，地域の消費生活センターなどの各種相談機関やクーリング・オフ制度を取り上げ，消費者を支援する仕組みがあるのは，消費生活に係る被害を未然に防いだり，問題が発生した場合に適切に対応して被害を拡大させないようにしたりするためであることを理解できるようにする。その際，通信販売には，クーリング・オフ制度が適用されないことについても触れるようにする。

　被害にあった場合の対応については，保護者など身近な大人に相談する必要があることに気付くようにし，地域の相談機関の連絡先や場所などの具体的な情報についても触れるようにする。

　また，クレジットなどの三者間契約について扱う際には，二者間契約と比較しながら利点と問題点について理解できるようにする。

(3) 実習などの指導

(3) 実習などの指導については，次の事項に配慮するものとする。
　ア　施設・設備の安全管理に配慮し，学習環境を整備するとともに，火気，用具，材料などの取扱いに注意して事故防止の指導を徹底し，安全と衛生に十分留意するものとする。その際，服装を整え，衛生に留意して用具の手入れや保管を適切に行うこととする。
　イ　食に関する指導については，家庭科の特質に応じて，食育の充実に資するようにすること。
　ウ　乳幼児や高齢者などと関わるなど校外での学習について，事故の防止策及び事故発生時の対応策等を綿密に計画するとともに，相手に対

する配慮にも十分留意すること。

　エ　調理に用いる食品については，安全・衛生に留意すること。また，食物アレルギーについても配慮すること。

　アの事項に関しては，次について示している。

　実習室等の環境の整備と管理については，安全管理だけの問題ではなく，学習環境の整った実習室そのものが，生徒の内発的な学習意欲を高める効果があることに留意する。そのため，実習室内は生徒の学習意欲を喚起するように題材に関する資料や模型，生徒の主体的な学習を支える支援教材等を掲示するなど工夫し，作業の効率や安全・衛生管理にも配慮して施設・設備等の学習環境の整備に努めるようにする。

　実習室等の施設の管理では，実習室の採光，通風，換気等に留意するとともに，生徒の作業動線を考慮して設備の整備をして事故防止に努める。また，設備の管理では，機器類の定期的な点検及び学習前の点検を行い，常に最良の状況を保持できるように留意する。例えば，ガス管が設備された実習室では，露出しているガス管の点検を定期的に行うなど，各実習室の安全管理に必要とされる事項を具体化し，それに基づき管理するようにする。

　材料や用具の管理は，学習効果を高めるとともに，作業の能率，衛生管理，事故防止にも関係しているので，実習等で使用する材料の保管，用具の手入れなど適切に行うようにする。調理実習では，火気，包丁，食品などについての安全と衛生に留意し，食品の購入や管理を適切に行うよう十分に留意する。

　これらについては，生徒にも指導を行い，整備や手入れを適切に行うことが技能の習得を補完するとともに，実生活でも役立つことに気付くよう配慮する。

　なお，廃棄物や残菜物について廃棄する場合は，自治体の分別方法等に対応して処理するようにする。

　安全指導においては，各学校の実態に即して実習室の使用規定や機器類の使用等に関する安全規則を定め，これらを指導計画の中に位置付けて指導の徹底を図るようにする。その際，事故が起きる状態とその理由などを予想させたり，その防止対策を考えさせたりするなど具体的に指導するようにする。また，事故・災害が発生した場合の応急処置と連絡の徹底等，緊急時の対応についても指導する。

　服装については，活動がしやすく安全性に配慮したものを準備して着用するように指導する。例えば，調理実習での服装は，清潔で，付いた汚れが分かりやすいエプロンなどを身に付けさせたり，袖口をまくったり腕カバーを付けたりするなどして作業に適したものを用いることや，髪の毛などが食品や調理器具等に触れないように三角巾を着けるなどの工夫をさせる。なお，製作や調理実習の前に

は手指を十分に洗うなど衛生面にも留意するように指導する。

　調理実習における用具の手入れについては，次のことに留意して指導する。

・加熱用調理器具は，回りの汚れを拭き取ること。
・調理用具は，使用したらなるべく早く丁寧に洗い，よく水気を取るようにすること。
・油の汚れは，紙や古い布などで拭き取ってから洗うようにすること。
・包丁は，安全に気を付けてよく洗い，水気を拭き取ること。
・まな板は，使用後，流し水をかけながら洗い，十分乾燥すること。
・ふきんは，洗剤を用いて洗い，直射日光に当てて乾燥すること。

　用具の保管については，安全や衛生に留意して指導する。例えば，調理実習については，茶碗などを重ねすぎないようにしたり，清潔な場所に収納したりするようにする。製作実習については，使用する針類，はさみ類，アイロン，ミシンなどの用具の安全な保管方法についても指導を徹底するとともに，アイロンは冷めてから収納場所に保管する。また，包丁やはさみは本数を確認し，保管箱に入れたりカバーを付けたりするなど，保管には十分留意し，常に安全管理に努めるように指導する。

　イの事項に関しては，次について示している。

　高等部においては，家庭科における食に関する指導を中核として，学校の教育活動全体で一貫した取組を一層推進することが大切である。

　今回の改訂では，中学部の内容との系統性を図るとともに，内容構成や調理の学習における内容の改善を図り，基礎的・基本的な知識及び技能を確実に習得できるようにすることを重視している。そのため，家庭科における食に関する指導については，中学部における学習を踏まえ，Bのア及びイの項目に示すとおり，食事の重要性，心身の成長や健康の保持増進の上で望ましい栄養や食事のとり方，食品の品質及び安全性等について自ら判断できる能力，望ましい食習慣の形成，地域の産物，食文化の理解，基礎的・基本的な調理の知識及び技能などを総合的に育むことが大切である。

　指導に当たっては，食生活を家庭生活の中で総合的に捉えるという家庭科の特質を生かし，家庭や地域との連携を図りながら健康で安全な食生活を実践するための基礎が培われるよう配慮するとともに，必要に応じて，栄養教諭や地域の人々等の協力を得るなど，食育の充実を図るようにすることが大切である。

　ウの事項に関しては，次について示している。

　見学，調査，実習等を校外で実施する場合には，目的地に到着するまでの移動経路や方法を事前に調査し，交通などの安全の確認や生徒自身の安全の確保に留意する。また，学習の対象が乳幼児や高齢者など人である場合には，相手に対する配慮や安全の確保などに十分気を配るように指導する。

校外での活動を計画する際には，校内での活動と同様に，事故を予見する力が求められる。また，事故の防止策及び事故発生時の対応策などについて綿密に計画し，教師の対応とともに生徒の対応についても指導の徹底を図るようにする。

　エの事項に関しては，次について示している。

　食品を扱う場面では，手洗いを励行させるなど衛生面に配慮するように指導する。

　また，食物アレルギーについては，生徒の食物アレルギーに関する正確な情報の把握に努め，発症の原因となりやすい食物の管理や，発症した場合の緊急時対応について各学校の基本方針等を基に事前確認を行うとともに，保護者や関係機関等との情報共有を確実に行い，事故の防止に努めるようにする。具体的には，調理実習で扱う食材にアレルギーの原因となる物質を含む食品が含まれていないかを確認する。食品によっては直接口に入れなくても，手に触れたり，調理したときの蒸気を吸ったりすることで発症する場合もあるので十分配慮する。

● 第10 外国語

1 外国語科の改訂の要点

　知的障害者である生徒に対する教育を行う特別支援学校の外国語科については，設けることができる教科としての位置付けは従前どおりである。

　今回の改訂では，小学部の教育課程に外国語活動を新たに位置付け，児童の実態により設けることができることとした。また，小学部の外国語活動，中学部の外国語科及び高等部の外国語科で共通して育成を目指す資質・能力を明確にし，小学部で新設した外国語活動から高等部の外国語科まで一貫した目標を設定することとしたことを踏まえ，高等部の外国語科において，目標及び内容の構成について以下の改善を行った。

(1) 目標の改訂の要点
① 教科の目標の改善

　高等部段階における外国語科で，育成が求められる資質・能力を明確にする視点から，従前「外国語に親しみ」，「簡単な表現を通して」，「外国語や外国への関心を育てる」の3点で構成していた目標を，資質・能力の三つの柱である「知識及び技能」，「思考力，判断力，表現力等」，「学びに向かう力，人間性等」で整理した。

　この点については，中学部や小学校，中学校及び高等学校の外国語科と同様の整理の仕方をして，育成を目指す資質・能力を明確化した。ただし，目標の構成については，小学校，中学校及び高等学校と異なる点がある。小学校，中学校及び高等学校の外国語科では，三つの資質・能力の下に，英語の目標として言語能力の「聞くこと」，「話すこと［やり取り］」，「話すこと［発表］」，「読むこと」，「書くこと」の五つの領域を設定し，領域別の目標を示している。これに対し，知的障害者である生徒に対する教育を行う特別支援学校の外国語科では，領域別の目標を学習指導要領に示さないこととした。これは，知的障害のある生徒の実態が多様であることや学習の特性等を踏まえ，個別の指導計画に基づき，単元などの指導計画を作成する際に適切に目標を定めるようにしたためである。

② 段階の目標の新設

　今回の改訂では，各段階における育成を目指す資質・能力を明確にするため，段階ごとの目標を新設した。段階ごとの目標においても「(1)知識及び技能」，「(2)思考力，判断力，表現力等」，「(3)学びに向かう力，人間性等」の三つの柱で整理し，教科の目標と段階の目標との関係を明確にした。

第5章
知的障害者である生徒に対する教育を行う特別支援学校

(2) 内容の改訂の要点

① 内容構成の改善

　従前「英語とその表現への興味・関心」,「英語での表現」の2点で構成していた内容を資質・能力の観点から「知識及び技能」と「思考力,判断力,表現力等」の2点で整理した。

② 学習内容,学習指導の改善・充実

　「知識及び技能」として「英語の特徴等に関する事項」を位置付けた。「思考力,判断力,表現力等」として「情報を整理しながら考えなどを形成し,英語で表現したり,伝え合ったりすることに関する事項」を位置付けた。そして,「知識及び技能」及び「思考力,判断力,表現力等」を身に付けるための具体的な言語活動,言語の働き等を整理した「言語活動及び言語の働きに関する事項」を位置付けた。言語活動については,「聞くこと」,「話すこと[発表]」,「話すこと[やり取り]」,「読むこと」,「書くこと」の五つの領域を設定した。

　内容は,知的障害のある生徒の学習の特性や高等部段階における生活や学習の広がりなどを踏まえ,育成を目指す資質・能力が確実に育まれるよう,生徒が興味・関心のあるものや日常生活及び社会生活と関わりがあるものなどを重視した。

2　外国語科の目標

> 1　目　標
>
> 　外国語によるコミュニケーションにおける見方・考え方を働かせ,外国語による聞くこと,読むこと,話すこと,書くことの言語活動を通して,コミュニケーションを図る基礎となる資質・能力を次のとおり育成することを目指す。
>
> (1) 外国語の音声や文字,語彙,表現,言語の働きなどについて,日本語と外国語との違いに気付くとともに,読むこと,書くことに慣れ親しみ,聞くこと,読むこと,話すこと,書くことによる実際のコミュニケーションにおいて活用できる基礎的な技能を身に付けるようにする。
>
> (2) コミュニケーションを行う目的や場面,状況などに応じて,身近で簡単な事柄について,聞いたり話したりするとともに,音声で十分に慣れ親しんだ外国語の語彙などが表す事柄を想像しながら読んだり書いたりして,自分の考えや気持ちなどを伝え合うことができる基礎的な力を養う。
>
> (3) 外国語の背景にある文化に対する理解を深め,他者に配慮しながら,

　　　　主体的に外国語を用いてコミュニケーションを図ろうとする態度を養う。

　高等部の外国語科の目標は，「コミュニケーションを図る基礎となる資質・能力」を育成することである。中学部までは，外国語に親しんだり，外国の言語や文化について関心をもったりすることに重点を置き，外国語科の学習で育成を目指す資質・能力の素地を育むようにしている。

　したがって，高等部の外国語科においては，中学部までの学習経験や既習事項を踏まえながら，コミュニケーションを図る基礎となる資質・能力を生徒が身に付けることができるよう工夫する必要がある。

　高等部の外国語科の目標である「コミュニケーションを図る基礎となる資質・能力」については，「外国語による聞くこと，読むこと，話すこと，書くことの言語活動を通して」育成することとしている。これは，聞くこと，読むこと，話すこと，書くことによる実際のコミュニケーションにおいて活用できる基礎的な技能を身に付けるようにすることを目指すものである。

　また，外国語教育において，「外国語によるコミュニケーションにおける見方・考え方」とは，外国語によるコミュニケーションの中で，どのような視点で物事を捉え，どのような考え方で思考していくのかという，物事を捉える視点や考え方であり，「外国語で表現し伝え合うため，外国語やその背景にある文化を，社会や世界，他者との関わりに着目して捉え，コミュニケーションを行う目的や場面，状況等に応じて，情報を整理しながら考えなどを形成し，再構築すること」であると考えられる。

　外国語やその背景にある文化を，社会や世界，他者との関わりに着目して捉えるとは，外国語で他者とコミュニケーションを行うには，社会や世界との関わりの中で事象を捉えたり，外国語やその背景にある文化を理解するなど相手に十分配慮したりすることが重要であることを示している。知的障害のある生徒の場合においては，外国語で他者とコミュニケーションを行う場合，単に語などに関する知識及び技能を扱うのではなく外国語やその背景にある文化を社会や他者との関わりに着目して捉える点を重視する必要がある。

　また，コミュニケーションを行う目的や場面，状況等に応じて，情報を整理しながら考えなどを形成し，再構築することとは，多様な人との対話の中で，目的や場面，状況等に応じて，既習のものも含めて習得した概念（知識）を相互に関連付けてより深く理解したり，情報を精査して考えを形成したり，課題を見いだして解決策を考えたり，身に付けた思考力を発揮させたりすることであり，外国語で表現し伝え合うためには，適切な言語材料を活用し，思考・判断して情報を整理するとともに，自分の考えなどを形成，再構築することが重要であることを

第5章
知的障害者である生徒に対する教育を行う特別支援学校

示している。知的障害のある生徒の場合においては，義務教育段階以降の，関わる相手や経験の範囲の広がりに応じて，コミュニケーションを行う目的や場面，状況などに応じて，自分の考えや気持ちなどを伝え合うことを生徒が実感できるようにすることが重要である。

「外国語による聞くこと，読むこと，話すこと，書くことの言語活動を通して」とは，外国語科の目標を実現するために必要な指導事項について述べたものである。外国語学習においては，語彙や文法等の個別の知識がどれだけ身に付いたかに主眼が置かれるのではなく，生徒の学びの過程全体を通じて，知識・技能が，実際のコミュニケーションにおいて活用され，思考・判断・表現することを繰り返すことを通じて獲得され，学習内容の理解が深まるなど，資質・能力が相互に関係し合いながら育成されることが必要である。このため，「思考力，判断力，表現力等」を育成するに当たり，「知識及び技能」に示す事項を活用して，英語の目標に掲げられた「聞くこと」，「読むこと」，「話すこと［発表］」，「話すこと［やり取り］」及び「書くこと」の五つの領域ごとの具体的な言語活動を通して指導することや言語の働きに関する事項を適切に取り上げて指導が行われる必要がある。

(1)は，外国語科における「知識及び技能」として掲げたものである。

平成28年12月の中央教育審議会答申にもあるとおり，基礎的・基本的な知識を着実に習得しながら，既存の知識と関連付けたり組み合わせたりしていくことにより，学習内容の深い理解と，個別の知識の定着を図るとともに，社会における様々な場面で活用できる概念としていくことが重要となる。また，技能についても，一定の手順や段階を追って身に付く個別の技能のみならず，獲得した個別の技能が自分の経験やほかの技能と関連付けられ，変化する状況や課題に応じて主体的に活用できる技能として習熟・熟達していくということが重要であり，「生きて働く『知識・技能』の習得」を重視している。知的障害のある生徒の場合においては，基礎的・基本的な知識を習得しながら，既存の知識と関連付けたり組み合わせたりしていく場合，実際に起こっている身近な出来事やこれまで体験的に理解したことを取り扱うなど，生徒が学習内容を体験的に理解したり，発達段階に応じた知識を得て，社会生活で活用できるようにすることが重要である。

「外国語の音声や文字，語彙，表現，言語の働きなどについて，日本語と外国語との違いに気付く」とは，外国語の音声や文字，語彙，表現，言語の働きなどについて，実際のコミュニケーションを通して日本語と外国語との違いに気付くことを示している。知的障害者である生徒の学習上の特性を踏まえ，例えば，同じ事物でも日本語と外国語では名称を表す音声や文字などが違うことに気付き，「何が違うか」，「どのように違うか」など生徒が自覚するような学習活動を積み

重ねることが，知識としての理解につながっていくことを意図しているものである。

「聞くこと，読むこと，話すこと，書くことによる実際のコミュニケーションにおいて活用できる基礎的な技能を身に付けるようにする」とは，中学部の外国語科で外国語の音声や基本的な表現に慣れ親しませたことを踏まえて，「読むこと」，「書くこと」を加え，教科として段階を進めたものである。中学部の外国語科において，外国語の音声や基本的な表現に慣れ親しんできたことを生かし，高等部の外国語科では，実際のコミュニケーションにおいて活用できる技能の基礎的なものを身に付けようとするものである。

(2)は，外国語科における「思考力，判断力，表現力等」として掲げたものである。コミュニケーションを行う際は，その「目的や場面，状況など」を意識する必要があり，その上で，「身近で簡単な事柄について，聞いたり話したりする」とともに，「音声で十分に慣れ親しんだ外国語の語彙などが表す事柄を想像しながら読んだり書いたり」して，「自分の考えや気持ちなどを伝え合う」ことが重要となる。「思考力，判断力，表現力等」の育成のためには，外国語を実際に使用することが必要となる。

「身近で簡単な事柄について，聞いたり話したりする」とは，伝え合う力の基礎について「聞くこと」及び「話すこと」の二つの技能を通じて養うことを表している。「身近で簡単な事柄」とは，生徒がよく知っている人や物，事柄のうち簡単な語彙や基本的な表現で表すことができるものを指している。例えば，学校の友達や教師，家族，身の回りの物，学校や家庭での出来事や日常生活で起こること，地域や現場実習先など校外での出来事などが考えられる。

「音声で十分に慣れ親しんだ外国語の語彙などが表す事柄を想像しながら読んだり書いたりして」とは，伝え合う力の基礎について「読むこと」及び「書くこと」の二つの技能を通じて養うことを表している。この場合，読んだり書いたりする対象は「音声で十分に慣れ親しんだ外国語の語彙など」としている。また，「外国語の語彙などが表す事柄を想像しながら」とは，その語彙などが表す事物や出来事を思い浮かべながら読んだり書いたりすることを表している。したがって，高等部の外国語科では，音声で十分に慣れ親しんだ外国語の語彙などが表す事柄を想像して読んだり書いたりして，自分の考えや気持ちなどを伝え合うこととしている。ただし，生徒の障害の状態等は一人一人異なるため，自分の考えや気持ちを伝え合うための具体的な方法もそれぞれ異なることを踏まえながら指導することが大切である。

(3)は，外国語科における「学びに向かう力，人間性等」として掲げたものである。

「文化に対する理解」やコミュニケーションの相手となる「他者」に対する

「配慮」を伴って,「主体的に外国語を用いてコミュニケーションを図ろうとする態度」を身に付けることを目標としている。

　外国語教育における「学びに向かう力，人間性等」は，生徒が言語活動に主体的に取り組むことが外国語によるコミュニケーションを図る基礎となる資質・能力を身に付ける上で不可欠であるため，極めて重要な観点である。「知識及び技能」を実際のコミュニケーションの場面において活用し，考えを形成・深化させ，話したり書いたりして表現することを繰り返すことで，生徒に自信が生まれ，主体的に学習に取り組む態度が一層向上するため，「知識及び技能」及び「思考力，判断力，表現力等」と「学びに向かう力，人間性等」は不可分に結び付いている。

　知的障害のある生徒の学習上又は生活上の困難さの中には，コミュニケーションやそれによって構築される人間関係などが含まれていることが多い。また，学習上の特性として，成功体験又は自分で成功したと自覚できた体験が少ないことが挙げられる。このため，生徒が興味をもって取り組むことができる易しい言語活動から段階的に取り入れたり，生徒の発話の状態を考慮して自己表現の方法を工夫したりするなど，様々な手立てを通じて生徒の「主体的に学習に取り組む態度」を養うことを目指した指導をすることが大切である。

　「外国語の背景にある文化に対する理解を深め」とは，中学部の外国語科において「外国語やその背景にある文化の多様性を知り」としていることを踏まえたものである。高等部の外国語科では，学習の対象となる外国語のみならず，日本語も含めた様々な言語そのものへの理解や言語の背景にある文化に対する理解を深めることを求めている。

　「他者に配慮しながら」とは，中学部の外国語科で，「相手に配慮しながら」としていることを踏まえてのものである。中学部の外国語科では，「聞くこと」，「話すこと」を中心にコミュニケーションを図る体験をすることから，目の前にいる「相手」が対象となるのに対して，高等部の外国語科では「読むこと」，「書くこと」も扱い，コミュニケーションを図る対象が必ずしも目の前にいる「相手」とは限らないため，「他者」としている。

　他者に「配慮しながら」とは，例えば「話すこと」や「聞くこと」の活動であれば，聞き手である他者の理解を確かめながら話したり，他者の発話に反応しながら聞いたりすることなどが考えられる。知的障害のある生徒の場合，生徒の障害の状態等は一人一人異なるため，自分の考えや気持ちを伝え合うための方法もそれぞれであることを踏まえながら，個に応じたコミュニケーションの図り方に配慮しつつ，実際のコミュニケーションにおいて活用できる具体的な方法を明らかにしておくことが大切である。

　「主体的に外国語を用いてコミュニケーションを図ろうとする態度」とは，単

に授業等において積極的に外国語を使ってコミュニケーションを図ろうとする態度のみならず，学校教育外においても，生涯にわたって継続して外国語習得に取り組もうとするといった態度を養うことを目標としている。これは，学校教育法において，学力の重要な要素として「生涯にわたり学習する基盤が培われるよう」，「主体的に学習に取り組む態度」を養うことを掲げていることを踏まえたものである。知的障害のある生徒においては，卒業後の生活を考慮し，外国語でコミュニケーションを図ることの楽しさや喜びを十分に味わうことで，学校教育外でも外国語に興味・関心をもち続け，学んでいこうとする態度を養うことが大切である。

こうしたことを踏まえ，学びを人生や社会に生かそうとする「学びに向かう力，人間性等」は，(1)「知識及び技能」及び(2)「思考力，判断力，表現力等」の資質・能力を一体的に育成する過程を通して育成する必要がある。

(1) 各段階の目標
① 「知識及び技能」に関する目標

○　1段階
ア　音声や文字，語彙，表現などについて日本語と外国語との違いに気付くとともに，読むこと，書くことに慣れ親しみ，聞くこと，話すことを中心とした実際のコミュニケーションにおいて活用できる基礎的な力を身に付けるようにする。
○　2段階
ア　音声や文字，語彙，表現などについて日本語と外国語との違いに気付くとともに，読むこと，書くことに慣れ親しみ，聞くこと，話すこと，読むこと，書くことによる実際のコミュニケーションにおいて活用できる基礎的な力を身に付けるようにする。

アは，「知識及び技能」として掲げた各段階の目標である。「日本語と外国語との違い」については，音声や文字，語彙，表現などの違いに気付くこととしている。

また，「実際のコミュニケーションにおいて活用できる基礎的な力」については，1段階では聞くこと，話すことを中心としており，読むこと，書くことについては慣れ親しむことをねらっている。そして，2段階では聞くこと，話すことに読むこと，書くことを加えている。中学部までの音声を中心とした学習を踏まえ，聞くこと，話すことを中心としたコミュニケーションを十分に行い，読むこと，書くことにつなげていくことが大切である。

② 「思考力，判断力，表現力等」に関する目標

○ 1段階
イ コミュニケーションを行う目的や場面，状況などに応じて，身近で簡単な事柄について，聞いたり話したりするとともに，音声で十分に慣れ親しんだ外国語の語彙などを真似ながら読んだり，外国語の文字をなぞって書いたりして，自分の考えや気持ちなどを伝え合うことができる基礎的な力を養う。

○ 2段階
イ コミュニケーションを行う目的や場面，状況などに応じて，身近で簡単な事柄について，聞いたり話したりするとともに，音声で十分に慣れ親しんだ外国語の語彙などが表す事柄を想像しながら読んだり書いたりして，自分の考えや気持ちなどを伝え合うことができる基礎的な力を養う。

イは，「思考力，判断力，表現力等」として掲げた各段階の目標である。「自分の考えや気持ちなどを伝え合うことができる基礎的な力」として，聞いたり話したりすることについては，1段階，2段階ともに，コミュニケーションを行う目的や場面，状況などに応じて，身近で簡単な事柄について聞いたり話したりすることをねらいとしている。読んだり書いたりすることについては，1段階では外国語の語彙などを真似ながら読んだり，外国語の文字をなぞって書いたりして，自分の考えや気持ちなどを伝え合うことをねらいとしている。2段階では，外国語の語彙などが表す事柄を想像しながら読んだり書いたりして，自分の考えや気持ちなどを伝え合うことをねらいとしている。いずれの段階においても，読んだり書いたりする言語活動においては，音声で十分に慣れ親しんだ語彙を中心として扱うことに留意が必要である。

③ 「学びに向かう力，人間性等」の涵養に関する目標

○ 1段階
ウ 外国語の背景にある文化について理解し，相手に配慮しながら，主体的に外国語を用いてコミュニケーションを図ろうとする態度を養う。

○ 2段階
ウ 外国語の背景にある文化について理解し，他者に配慮しながら，主体的に外国語を用いてコミュニケーションを図ろうとする態度を養う。

ウは，「学びに向かう力，人間性」として掲げた各段階の目標である。「外国語の背景にある文化」については，1段階，2段階共通である。コミュニケーションを図る対象については，1段階が「相手」，2段階は「他者」としている。「知識及び技能」及び「思考力，判断力，表現力等」の目標に示すよう，2段階では実際のコミュニケーションにおいて自分の考えや気持ちを伝え合う基礎的な力として，読むことと書くことが加わっている。このため，面と向かった「相手」から「他者」へと広げるものである。

3　内　容

〔英　語〕

○1段階

〔知識及び技能〕

(1) 英語の特徴等に関する事項

〔英　語〕

〔知識及び技能〕

ア　英語の特徴等に関する事項

実際に英語を用いた場面や状況等における言語活動を通して，次の事項を身に付けることができるよう指導する。

(ｱ) 英語の音声及び簡単な語句や基本的な表現などについて，日本語との違いに気付くこと。

㋐　英語の音声を聞いて話したり，文字を見て読んだり書いたりして日本語の音声や文字などとの違いに気付くこと。

㋑　英語の音声や文字も，事物の内容を表したり，要件を伝えたりするなどの働きがあることに気付くこと。

㋒　簡単な語句や基本的な表現などが表す内容を知り，それらを使うことで要件が相手に伝わることに気付くこと。

高等部の目標であるコミュニケーションを図る基礎となる資質・能力を育成するために，知識及び技能として，英語の特徴等に関する事項を示している。

(ｱ)は，英語の音声及び簡単な語句や基本的な表現などについて，日本語との違いに気付く事項である。「英語の音声及び簡単な語句や基本的な表現」とは，例えば，英語の音声としては，英語の歌，文字，食べ物やスポーツ，生活用品などの名称などがある。基本的な表現としては挨拶，指示，質問などのやり取りができるものが考えられる。

㋐の「英語の音声を聞いて話したり」とは，英語の音声及び簡単な語句や基本的な表現を聞いたり，話したりすることを通して日本語と英語の音声の違いに気付くことを示している。「文字を見て読んだり書いたり」するとは，英語の文字を見てその名称を読んだり文字を見て書いたりすることを示している。知的障害のある生徒は，聞いた音声と文字とを結び付けることに困難さがあることが多いため，音声で十分に慣れ親しんだ文字や語で日本語との違いに気付きやすいものを取り上げ，生徒が興味をもって繰り返し読んだり書いたりできるような配慮が必要である。

　㋑の「英語の音声や文字も，事物の内容を表したり，要件を伝えたりするなどの働きがあることに気付く」とは，英語の音声，文字には，事物の内容を表したり，相手に要件を伝えたりするといった働きがあることを実際のコミュニケーションや体験的な活動の繰り返しによって気付くようにすることである。中学部では，英語の音声や文字での表現が意思疎通の手段であることに気付くことを意図しており，高等部では，更に物の名称を表したり要件を伝えたりするといった働きがあることへの気付きを促すような活動を設定することが大切である。

　なお，国語科の知識及び技能として，中学部１段階では，言葉には事物の内容を表す働きや経験したことを伝える働きがあることに気付くこと，２段階では，考えたことや思ったことを表す働きがあることに気付くことが挙げられている。こうした既習事項と関連を図った指導を通して，日本語や英語に共通した働きがあることに気付くようにすることが大切である。

　㋒は聞くこと，話すことに関する知識及び技能として示している。

　「簡単な語句や基本的な表現などが表す内容が分かり，それらを使うことで要件が相手に伝わることに気付くこと」とは，「(3)言語活動及び言語の働きに関する事項」で示している言語活動や言語の使用場面で用いる簡単な語句や基本的な表現が表す内容を知り，それらを実際のコミュニケーションの場面で使うことで要件が相手に伝わることを生徒が実感することである。高等部での指導においても簡単な語句や基本的な表現を知識及び技能として教えることに終始するのではなく，実際のコミュニケーションや体験的な活動を通して身に付けていくようにすることが重要である。

〔思考力，判断力，表現力等〕
(2) 情報を整理しながら考えなどを形成し，英語で表現したり，伝え合ったりすることに関する事項

　〔思考力，判断力，表現力等〕
　イ　情報を整理しながら考えなどを形成し，英語で表現したり，伝え合っ

たりすることに関する事項

　　具体的な課題等を設定し，コミュニケーションを行う目的や場面，状況などに応じて，情報を整理しながら考えなどを形成し，これらを表現することを通して，次の事項を身に付けることができるよう指導する。

（ア）簡単な事柄について，伝えようとした内容を整理した上で，簡単な語句などを用いて自分の考えや気持ちなどを伝え合うこと。

（イ）身近で簡単な事柄について，音声で十分に慣れ親しんだ簡単な語彙などが表す事柄を想像しながら読んだり，書いたりすること。

　外国語教育における学習過程では，生徒が，①設定されたコミュニケーションの目的や場面，状況等を理解する，②目的に応じて情報や意見などを発信するまでの方向性を決定し，コミュニケーションの見通しを立てる，③目的達成のため，具体的なコミュニケーションを行う，④言語面・内容面で自ら学習のまとめと振り返りを行うというプロセスを経ることで，学んだことの意味付けを行ったり，既得の知識や経験と，新たに得られた知識を言語活動へつなげ，「思考力，判断力，表現力等」を高めたりすることが大切になる。

　「思考力，判断力，表現力等」としては，外国語を通じて，身近で簡単な事柄について，聞いたり話したりするとともに，音声で十分に慣れ親しんだ外国語の語彙などを想像しながら読んだり，その語彙などが表す事柄を意識しながら書いたりして，自分の考えや気持ちなどを伝え合うことができる基礎的な力を養うことが求められる。

　そのためには，具体的な課題を設定し，コミュニケーションを行う目的や場面，状況等に応じて，既得の知識や経験と，他者から聞き取ったり，掲示やポスター等から読み取ったりした情報を整理しながら自分の考えなどを形成することを通して，イの(ア)及び(イ)の事項を身に付けることができるように指導する。

　知的障害のある生徒の場合は，場面や状況等を把握したり，情報を整理しながら自分の考えを形成したりすることが難しく，表現するまでに至らないことがある。そのため，具体的な課題を設定する際は，生徒が経験し目的や場面，状況等が理解できるものを取り上げるようにする必要がある。

　イの(ア)の指導事項は，「聞くこと」，「話すこと［発表］」，「話すこと［やり取り］」の領域に関するものである。自分のこと，友達や家族，学校生活など身近で簡単な事柄について，コミュニケーションの目的や場面，状況等に応じて内容を整理した上で，簡単な語句などの中から適切なものを選び，自分の考えや気持ちなどを伝え合うことを示している。

　知的障害のある生徒の場合，例えば，買物の場面において，相手とのやり取りの中で買いたい物の名称や色，数などを簡単な語句を用いて伝え，買うことがで

きるような活動などが考えられる。簡単な語句であっても，相手に伝わり，目的が達成できることを体験させながら，伝え合うことの喜びを実感させることが大切である。また，コミュニケーションを行う中で，表現することが難しい場合は，教師が支援をしながら考えや気持ちが伝えられるようにし，コミュニケーションの中で簡単な語句などを引き出して表現につなげていくことが大切である。

こうした体験的な言語活動を通して，友達や教師の表現を聞き，その場面に応じた表現の仕方を身に付けていくことが期待できる。

イの(イ)の指導事項は，「読むこと」，「書くこと」の領域に関するものであり，自分のこと，友達や家族，日常生活について，絵や写真等，言語外情報を伴って示された簡単な語彙などをそれが表す事柄を想像しながら読んだり，書いたりすることを示している。

「音声で十分に慣れ親しんだ簡単な語彙などが表す事柄」とは，これまでの学習で繰り返し聞いたり話したりしている語彙などが表す事物や出来事などのことである。「想像しながら読んだり」とは，語彙などが表す事柄を想像しながら読むことである。例えば，語の綴りが添えられた写真や絵カードを見ながら何度も聞いたり話したりしてその音声に十分に慣れ親しんだ語が文字のみで提示された場合，その表す事物や動作などを思い浮かべながら読むことを表している。

知的障害のある生徒の場合，学習上の特性から，語彙などを書いたり読んだりしていても，その語彙などの意味と音声や文字とが一致していないこともある。このため，例えば，"milk"という語を読み牛乳を思い浮かべたり，"eat"という語を読み食べる動作を思い浮かべ日本語の「食べる」という言葉と結び付けたりすることが大切である。「書いたりする」とは，音声で十分に慣れ親しんだ語彙などの文字をなぞったり，見ながら書いたりすることを示している。その際，読むことと同様，語彙などが表す事柄を想像しながら書くことが大切である。このため，生徒の実態に応じて絵カードを提示したり，語彙などを読みながら書いてみせたりし，何を書いているのかを生徒が意識して取り組むことができるようにすることが大切である。

(3) 言語活動及び言語の働きに関する事項
① 言語活動に関する事項

> ウ　言語活動及び言語の働きに関する事項
> 　①　言語活動に関する事項
> 　　イに示す事項については，アに示す事項を活用して，例えば，次のような言語活動を通して指導する。
> 　　(ア)聞くこと

㋐　自分に関する簡単な事柄について，簡単な語句や基本的な表現を聞き，それらを表すイラストや写真などと結び付ける活動。
㋑　日付や時刻，値段などを表す表現など，身近で簡単な事柄について，表示などを参考にしながら具体的な情報を聞き取る活動

高等部の外国語科では，中学部と同様に，「聞くこと」，「話すこと［発表］」，「話すこと［やり取り］」，「読むこと」，「書くこと」の五つの領域で言語活動を示している。しかしながら，高等部で初めて外国語科を学習をする生徒がいることも考えられることから，中学部までの学習状況や生徒の実態等を考慮し，身近で簡単な事柄を中心に，聞いたり話したりする活動を中心としながら，書いたり読んだりすることに慣れ親しむことができるように学習活動を設定していくなどの配慮が必要である。

(ア)は，聞くことに関する事項である。

㋐の「自分に関する簡単な事柄について，簡単な語句や基本的な表現」とは，自己紹介で述べるような出身地，得意なことなど，一日のスケジュール，週末の出来事，休暇の予定などについての簡単な語句や基本的な表現を示している。例えば，“I belong to the chorus club. I'm good at singing.”や“I get up at six every morning. And I go to school by bus.”などが挙げられる。

「それらを表すイラストや写真などと結び付ける」とは，聞くことについて，一語一句全てを詳細に聞き取ろうとするのではなく，必要な情報を得ようとする聞き方を身に付けることが重要であることを示している。聞き取った情報と合うイラストを選ぶ活動を通して，音声と事物を結び付けることが大切である。このため，ゆっくりはっきり話される音声を聞かせるようにするとともに，その表現の中の重要な部分を取り上げ繰り返して聞かせるなどして，生徒が「聞いて分かった」と実感できるようにすることが大切である。知的障害のある生徒の場合，音声を聞きながらイラストの内容を把握することを同時に行うことが難しい場合がある。その際には，イラストに描かれている内容を確認した後に音声を聞くようにするなどの配慮が必要である。

㋑の「日付や時刻，値段など」とは，生徒が聞き取る内容として，身近で簡単な事柄についての事実や出来事などの具体的な情報であることを示している。その際，「表示などを参考にしながら」具体的な情報を聞き取るよう示している。例えば，自己紹介の場面で，カレンダーを参考にしながら友達の誕生日などを聞き取ったり，時計や時刻が書かれたものなどを参考にしながら友達の起床時刻などを聞き取ったりすることが考えられる。

知的障害のある生徒の場合，聞いた音声と表示された視覚的な情報との関係を捉えることが難しいことがある。このため，例えば，“My birthday is May twenty first." と話されたのを聞き「5月21日」と結び付けることが難しい場合には，聞き取る情報を May と twenty first とに分けて段階的に聞き取らせたり，表示のどこに着目しながら聞き取ればよいかが分かるよう，着目する箇所を○で囲んだりするなどの配慮が考えられる。

　日付や時刻，値段などの日常生活に関する身近な事柄を表す語句等は，汎用性の高いものであるため，様々な場面で繰り返し用いるなどして音声で十分に慣れ親しんでおくことが大切である。

（イ）話すこと［発表］

　　㋐　簡単な語句や基本的な表現を用いて，自分の趣味や得意なことなどを含めて自己紹介をする活動。

　（イ）は，話すことのうち［発表］に関することの事項である。

　㋐は，これまで行ってきた自己紹介をする活動に，自分の得意なことや趣味などを含めて発表することを示している。これまで自己紹介の場面で自分の名前や好きなことなどを発表してきたことに加え，得意なことや趣味など伝える内容を増やしていくことを表している。例えば"My birthday is ～.""I have/play/watch ～.""I'm good at ～.""I want to ～."などが考えられる。

　年度始めの顔合わせや交流の機会などを捉えて活動を設定したり，自己紹介の内容を段階的に加えて生徒の話すことへの意欲を喚起したりするなどの工夫をすることが大切である。また，生徒の実態に応じて，発表する部分を短くしたり，身振りやイラストなどを加えたりしながら，生徒が自信をもって発表することができるよう準備をするなどの配慮も必要である。

（ウ）話すこと［やり取り］

　　㋐　挨拶を交わしたり，簡単な指示や依頼をして，それらに応じたり断ったりする活動。

　（ウ）は，話すことのうち［やり取り］に関する事項である。

　㋐の事項では，例えば，年度始めに学級で行う自己紹介やレストランで客と店員になりきって行う活動などに取り組むことを示している。例えば，レストランでの会話であれば，次のようなやり取りが考えられる。

　　A：What would you like?

　　B：I'd like pizza.

A：OK. How about drinks?

B：No, thank you.

　この事項における活動は，「挨拶」，「自己紹介」，「買物」，「食事」，「道案内」，「旅行」など，「②言語の働きに関する事項」の（ア）の㋐で示す「特有の表現がよく使われる場面」を設定して行われることが考えられる。

　知的障害のある生徒の場合，バザーや喫茶コーナーなど，これまでの学習や経験を生かし，簡単な指示や依頼，応じたり断ったりするなどのやり取りができるようにすることが大切である。また生徒の実態を考慮しながら，はじめは教師が店員の役，生徒が客の役を行い，その後役割を交代したり，やり取りに慣れてきたら生徒同士で取り組ませたりするなど，段階的に進める必要がある。

（エ）書くこと

　㋐　活字体の大文字，小文字を区別して書く活動。

　㋑　相手に伝えるなどの目的をもって，身近で簡単な事柄について，音声で十分に慣れ親しんだ簡単な語彙などを書き写す活動。

　㋒　相手に伝えるなどの目的をもって，身近で簡単な事柄について，音声で十分に慣れ親しんだ語彙などを書き写す活動。

　（エ）は書くことに関する事項である。

　㋐の「活字体の大文字，小文字を区別して書く」とは，英語の文字については活字体を取り扱い，英語の文字には大文字と小文字があることを生徒が知り，区別して書くことを示している。この事項は「書くこと」の事項のうち最も基本的なものである。一方，「書くこと」は，文字の識別や手指の運動など知的障害のある生徒においては特に個人差が大きく出やすい領域であり，丁寧な指導を行うことが必要である。

　このため，指導に当たっては，以下のことに留意する必要がある。

・「聞くこと」の活動により文字の読み方について十分に慣れ親しませ，「読むこと」の活動により文字を識別したり発音したりさせ，その後にこの事項の活動に取り組ませるという順序性を踏まえた指導を行う。なお，英語の文字の「読み方」には，名称の読み方と音の読み方の二種類があるが，まず，文字の名称の読み方に十分に慣れ親しませることが必要である。

・活字体の大文字，小文字を一度に全て取り扱うのではなく，生徒の実態に応じて一度に取り扱う文字の数や種類に配慮する。

・いわゆる「ドリル学習」のような，単調な繰り返しの学習に終始するのではなく，何らかの書く目的をもたせたり，ゲーム的要素を取り入れたりするな

第5章
知的障害者である生徒に対する教育を行う特別支援学校

ど，生徒の学習意欲を高める工夫をする。

・「書くこと」の活動を行う場合は，十分な時間を確保するとともに，四線上に正しく書くことができるようにする。四線は，文字の高さや形などの特徴を捉える手掛かりになることから，知的障害のある生徒の書く活動においても有効である。

・年間を通じて，全ての「書くこと」の活動において，文字を書くことができているか，できるようになってきているかなどを丁寧に見届け，指導に生かす。

知的障害のある生徒の中には，上下や左右，大小など文字を識別するために必要な位置関係を捉えることが困難な者もいる。このため，「書くこと」の活動で文字を取り上げる際は，「a，c，e」と「f，l」や「g，y」とを比べ文字の高さが違うことを意識させたり，「p，q」や「b，d」など紛らわしい形を意識させたりするなど，指導の工夫が必要である。これらの特徴に生徒が気付きながら書くことができるように，小文字と大文字をマッチングさせた後に書いたりするなど，「書くこと」が負担にならないような工夫も大切である。

㋑の事項で書き写すのは「簡単な語彙など」である。また，「相手に伝えるなどの目的をもって」書き写すようにすることを示している。この事項で示す「相手に伝えるなどの目的をもって」とは，意味を考えさせたり目的をもたせたりすることなく，機械的に書かせるだけの指導ではないことを示している。知的障害のある生徒への指導においては，例えば，行ってみたい国を紹介するといった目的をもたせ，イラストを付した国紹介カードに国名を書き写したり，誕生会の招待状に"Birthday Party"と書き写したりする活動が考えられる。

「音声で十分に慣れ親しんだ簡単な語彙など」とは，これまでの学習において音声で十分に慣れ親しみ，音声と意味が一致している簡単な語彙などのことである。また，「書き写す」とは，手本を見ながら書くことである。その際，生徒の実態によっては，教師が手を添えて一緒に書いたり，手本を手元に置いて見やすくしたりするなど，支援の仕方を工夫する必要がある。書いた後には自分で確認する時間を設け，間違いや語のまとまりに気付くようにする必要がある。

この事項は，㋐の「大文字，小文字を区別して書く活動。」の延長線上にある事項と考えられる。したがって，㋐に示した，順序性を踏まえること，十分な時間を確保して四線上に書かせることなどは，この事項においても重要である。また，語彙などの綴りを覚えることが目的ではないので，綴りを覚えさせるために何度も書かせるような指導は適していないことに留意する必要がある。

㋒の事項について，㋑が「簡単な語彙など」を書き写すことを示していることに対して，この事項で書き写すものは，「語彙など」である。「相手に伝えるなどの目的をもって」活動することや，「音声で十分に慣れ親しんだ」ものを書き写

すことは㋑と同様である。㋒では，書き写す語彙の文字数や意味など，段階的に発展させていくことを意味している。

(ｵ) 読むこと
㋐　活字体で書かれた文字を見て，どの文字であるかやその文字が大文字であるか小文字であるかを識別する活動。
㋑　活字体で書かれた文字を見て，その読み方を発音する活動。

(ｵ)は，読むことに関する事項である。

㋐の事項における「識別する」とは，活字体で書かれた文字の中から，例えばA，Bやa，bという文字を見て，それらが，/ei/，/bi:/を表した文字であることを認識することである。

知的障害のある生徒の場合，中学部での外国語科においても活字体で書かれた文字を見付けたり，読んだりする活動を経験していることを踏まえ，英語の文字には大文字と小文字があることに気付き意識させることが大切である。具体的な活動としては，例えば，一文字ずつ書かれたカードの中から「/ei/」と文字の名称が読まれるのを聞いて，「A」や「a」のカードを選ぶゲームや，慣れ親しんできたカードなどに書いてある文字に注目させて一文字ずつ読ませる活動，また自分の名前の綴りを言ったりする活動が考えられる。

この事項は「読むこと」の活動のうち最も基本的なものであり，丁寧な指導が必要である。音声に十分に慣れ親しませたり，身近な場所にある看板や持ち物に記されている活字体で書かれた文字に意識を向けさせたりすることを繰り返し取り扱うことが大切である。

㋑の事項における「読み方」とは，文字そのものを表す際の文字の名称の読み方を指している。例えば，aやbであれば，/ei/や/bi:/という発音のことである。

この事項における活動は，㋐の活動と併せて行うこともできる。例えば，自己紹介の場面で，カードに書いてある自分の名前の綴りを発音する活動がそれに相当する。

英語の文字を読むことには，この事項で取り上げている名称を読むこと以外に，語の中で用いられる音がある。文字の音の読み方については，難しさや混乱が生じることもあることからここでは取り上げないが，生徒が単語を読んだり，話したりする際に，文字には名称と音があることに自然と気付くことがある。その際には，詳しく取り扱うことはせず，どちらの読み方もあることを伝える程度にとどめるようにする。

② 言語の働きに関する事項

---

② 言語の働きに関する事項
  言語活動を行うに当たり，主として次に示すような言語の使用場面や言語の働きを取り上げるようにする。
(ｱ) 言語の使用場面の例
  ㋐ 特有の表現がよく使われる場面
   ・挨拶
   ・自己紹介
   ・買物
   ・食事
   ・道案内
   ・旅行　など
  ㋑ 生徒の身近な暮らしに関わる場面
   ・学校での学習や活動
   ・家庭での生活
   ・地域での生活　など

　ここでは「言語の使用場面」や「言語の働き」について特に具体例を示している。これは，日常の授業において実際的な言語の使用場面の設定や，言語の働きを意識した指導において手掛かりとなるよう考慮したものである。

　言語の使用場面については，「特有の表現がよく使われる場面」と「生徒の身近な暮らしに関わる場面」の二つに分けて示した。

　言語の働きについては，「コミュニケーションを円滑にする」，「気持ちを伝える」，「事実・情報を伝える」，「考えや意図を伝える」及び「相手の行動を促す」の五つに整理して，それぞれ代表的な例を示した。

(ｱ) 言語の使用場面の例

以下にそれぞれの特有の表現例を示す。

㋐　特有の表現がよく使われる場面
　・挨拶
　　例1　　A：Good morning. How are you?
　　　　　　B：I'm fine, thank you.
　　例2　　A：Good bye.
　　　　　　B：See you tomorrow.

・自己紹介

例1　　Hi, I'm Suzuki Emi. I like baseball very much.

例2　　My name is Shinya. I live in Tokyo. Nice to meet you.

・買物

例1　　店員：May I help you?

　　　　　客：Yes, I'm looking for a bag.

例2　　　客：How much is it?

　　　　店員：Five hundred yen, please.

・食事

例1　　店員：What would you like?

　　　　　客：I'd like pizza.

例2　　　客：How much is it?

　　　　店員：It's two hundred yen.

・道案内

例　　　　A：Where is the park?

　　　　　B：Go straight. Turn left. You can see it on your right.

・旅行

例1　　I want to go to Izu. Which train should I take?

例2　　A：Could you take a picture?

　　　　B：Sure.

　中学部の外国語科においても，ほぼ同様の場面が取り上げられており，高等部では「道案内」，「旅行」を新たに設けている。

　上記に示す表現を扱う際には，場面設定を工夫し，場面を意識させながら特有の表現を聞いたり話したりする言語活動を，繰り返し行わせることが大切である。

④　生徒の身近な暮らしに関わる場面

・学校での学習や活動

例1　　A：Do you have a Japanese class today?

　　　　B：Yes, I do. / No, I don't.

例2　　A：Pass me that pen.

　　　　B：Here you are.

例3　　A：How many?

　　　　B：Eight.

例4　　This is the music room.

例5　　A：When is your school trip?

　　　　　　　　B：In October.
・家庭での生活
　　例1　　I get up at six every morning. I go to school.
　　例2　　A：What time is it?
　　　　　　　　B：It's ten thirty.
　　例3　　I eat breakfast.
　　例4　　This is my brother. He is twelve years old.
　　例5　　A cat is under the table.
　日常的に行っている動作，行動，また普段から使用している事物などは理解が定着しやすい題材が多い。中学部の外国語科で触れたことのある表現を繰り返し用いながら定着を図るとともに，場所や時刻などの情報を加えて発展させることも考えられる。

・地域での生活
　　例1　　Let's go to the summer festival.
　　例2　　A post office is near my house.
　　例3　　I belong to the basketball club.
　高等部になると，産業現場等における実習において働くことを体験したり，スポーツ大会等に出場したりするなど，校外で活動する機会も増えてくる。それらの場面での様子や体験したことなども題材として取り上げることも考えられる。

（イ）言語の働きの例
　㋐　コミュニケーションを円滑にする
　　・挨拶をする
　　・呼び掛ける
　　・相づちを打つ
　　・聞き直す　など

　「コミュニケーションを円滑にする」働きとは，相手との関係を築きながらコミュニケーションを開始したり維持したりする働きである。
　以下にそれぞれの働きについての表現例を示す。
・挨拶をする
　　例1　　Good morning.
　　例2　　Good afternoon.
・呼び掛ける
　　例1　　Hello, Ken.

179

例2　　Excuse me.

・相づちを打つ

例1　　Oh, I see.

例2　　Really?

・聞き直す

例1　　Sorry?

例2　　Pardon me?

　この事項の指導の際には，表現を教えるだけはなく，挨拶をしたり，話し掛けたり，相づちを打ったりすることなどによって，他者とのコミュニケーションが円滑になることに気付かせることが重要である。

---

④　気持ちを伝える
・礼を言う
・褒める
・謝る　など

　「気持ちを伝える」働きとは，相手との信頼関係を築いたり，良好な関係でコミュニケーションを行ったりするために，自分の気持ちを伝えることを示している。他者に配慮しながら，自分の気持ちや感情を伝えられるよう指導する。以下にそれぞれの働きについての表現例を示す。

・礼を言う

例1　　Thank you very much.

例2　　Thanks.

・褒める

例1　　Great.

例2　　Good job.

・謝る

例1　　Sorry.

例2　　I'm sorry.

　この事項の指導の際には，表現を知らせるだけでなく，礼を言ったり，褒めたりすることなどによって，自分の気持ちを他者に伝えることができることに気付かせることが重要である。

┌───┐
│ ⑤　事実・情報を伝える   │
│ 　・説明する   │
│ 　・報告する   │
│ 　・発表する　　など   │
└───┘

　「事実・情報を伝える」働きとは，コミュニケーションを行う相手に事実や情報を伝達する働きである。以下にそれぞれの働きについての表現例を示す。

　・説明する

　　例1　　This is my favorite food.

　　例2　　He is very kind.

　・報告する

　　例1　　She can play volleyball well.

　　例2　　We went to Kyoto.

　・発表する

　　例1　　This is my brother.

　　例2　　His birthday is April 6th.

　この事項の指導の際には，必要に応じて実物や写真等を活用し，相手に伝わりやすい方法を工夫することも重要であることを指導する。

┌───┐
│ ㋔　考えや意図を伝える   │
│ 　・意見を言う   │
│ 　・賛成する   │
│ 　・承諾する   │
│ 　・断る　　など   │
└───┘

　「考えや意図を伝える」働きとは，コミュニケーションを行う相手に自分の考えや意図を伝達する働きである。以下にそれぞれの働きについての表現例を示す。

　・意見を言う

　　例1　　I want to watch baseball on TV.

　　例2　　It is exciting.

　・賛成する

　　例1　　Yes, let's.

　　例2　　That's a good idea.

・承諾する
　　例1　　A：Let's play soccer.
　　　　　　B：O.K.
　　例2　　A：I want to play basketball.
　　　　　　B：Me, too.
・断る
　　例1　　A：May I help you?
　　　　　　B：No, thank you.
　　例2　　A：Let's play basketball.
　　　　　　B：Sorry. I can't.

　㋕　相手の行動を促す
　・質問する
　・依頼する
　・命令する　　など

「相手の行動を促す」働きとは，相手に働き掛け，相手の言語的・非言語的行動を引き出す働きを示している。以下にそれぞれの働きについての表現例を示す。

・質問する
　　例1　　A：What sport do you like?
　　　　　　B：I like soccer.
　　例2　　A：Can you sing well?
　　　　　　B：Yes, I can.
・依頼する
　　例1　　Please help me.
　　例2　　Come here, please.
・命令する
　　例1　　Go straight.
　　例2　　Close the door.

この事項の指導の際には，表現を知らせるだけではなく，質問したり，依頼したりすることなどによって，他者に働きかけて相手の行動を促すことができることに気付かせることが重要である。

　上記に示した，「言語の働きの例」において言語活動を行う際には，身振りや表情，ジェスチャーなどの非言語的要素の活用も重要であることを意味する。

（その他の外国語）

> ［その他の外国語］
>
> 　その他の外国語については，〔英語〕に示す内容に準じて指導を行うものとする。

　英語ではなくほかの外国語を指導する場合については，英語に準じて行うことを示したものである。

○２段階
〔知識及び技能〕
(1) 英語の特徴等に関する事項

> (2) 内　容
> 〔英　語〕
>
> 　〔知識及び技能〕
> ア　英語の特徴等に関する事項
> 　　実際に英語を用いた場面や状況等における言語活動を通して，次の事項を身に付けることができるよう指導する。
> (ア) 英語の音声及び簡単な語句や基本的な表現などについて，日本語との違いに気付くこと。
> 　　㋐　英語の音声を聞いて話したり，簡単な語彙などを読んだり書いたりして日本語の音声や文字などとの違いに気付くこと。
> 　　㋑　英語の音声や文字も，事物の内容を表したり，要件を伝えたりするなどの働きがあることに気付くこと。
> 　　㋒　簡単な語句や基本的な表現などが表す内容を知り，それらを使うことで要件が相手に伝わることに気付くこと。

　㋐の「簡単な語彙などを読んだり書いたりして」は，１段階の「文字を見て読」むことの段階を進めたものである。読んだり書いたりする対象は，語彙が中心であり，簡単な語句や基本的な表現については聞くこと，話すことで扱うこととしている。

　㋑の事項は１段階と同様である。１段階までの学習を踏まえ，英語の音声や文字が事物の内容を表したり，要件を伝えたりするなどの働きがあることに生徒が気付き，自覚していくようにすることを示している。例えば，取り上げる事物や

要件など題材を広げ，題材が変わっても同じ働きがあることに気付かせることが考えられる。また，気付いたことを発表したり書いたりするなどの言語活動を通して理解につなげていくことも考えられる。また，意図的に言葉を使うよう，互いに事物の内容や要件を伝え合う活動を設定することも考えられる。

㋒の事項は１段階と同様である。知的障害のある生徒の場合，語句や基本的な表現が表す内容を知っても，それらを使うまでには時間がかかる場合が多いため，２段階においても指導する事項として設定している。指導に当たっては，「(3) 言語活動及び言語の働きに関する事項」で示している言語活動や言語の使用場面で用いる簡単な語句や基本的な表現を相手や場面設定などに変化をもたせ，生徒が興味・関心をもって繰り返し取り組むことができるような工夫が求められる。

〔思考力，判断力，表現力等〕

(2) 情報を整理しながら考えなどを形成し，英語で表現したり，伝え合ったりすることに関する事項

〔思考力，判断力，表現力等〕

イ　情報を整理しながら考えなどを形成し，英語で表現したり，伝え合ったりすることに関する事項

具体的な課題等を設定し，コミュニケーションを行う目的や場面，状況などに応じて，情報を整理しながら考えなどを形成し，これらを表現することを通して，次の事項を身に付けることができるよう指導する。

(ｱ) 身近で簡単な事柄について，伝えようとする内容を整理した上で簡単な語句や基本的な表現などを用いて伝え合うこと。

(ｲ) 身近で簡単な事柄について，音声で十分に慣れ親しんだ簡単な語彙などが表す事柄を想像しながら読んだり，書いたりすること。

(ｱ)の指導事項は，１段階の(ｱ)の内容を発展させたものである。２段階では，１段階で示す簡単な語句などで表現することに加えて，基本的な表現を用いて伝え合うことを示している。「基本的な表現」とは，これまでの学習で十分に活用されてきた，“Excuse me.”や“Thank you.”などの慣用表現や“I have breakfast at seven every morning.”などの文で表現されているものである。基本的な表現を用いることでより円滑にコミュニケーションが行われたり，自分の考えや気持ちをより詳しく伝えることができたりするとともに，相手の考えや気持ちを知ることにつながっていく。コミュニケーションを行う際の重要なこととして，英語で伝え合うだけでなく，自分の考えと相手の考えを比較したり，新た

な考えとして取り入れたりしながら，自分の考えを再構築することがある。知的障害のある生徒にとっても，相手の考えを踏まえて自分はどのように思うかなど，考えたり想像したりすることは可能である。その際には，活動の中に考える時間を設けるなどして，「思考力，判断力，表現力等」を高めることができるよう活動を工夫していくことが必要である。

（イ）の指導事項は，1段階と同様で，音声で十分に慣れ親しんだ簡単な語彙などが表す事柄を想像しながら読んだり，書いたりすることを示している。

1段階までの学習を踏まえ，例えば，取り上げる語彙を増やしたり，dogを読み犬を思い浮かべられるようになった場合は"a black dog"からdogを見付けて犬を思い浮かべたりするなど，学習を発展させていくことが必要である。

(3) 言語活動及び言語の働きに関する事項
① 言語活動に関する事項

> ウ　言語活動及び言語の働きに関する事項
> 　① 言語活動に関する事項
> 　　イに示す事項については，アに示す事項を活用して，例えば，次のような言語活動を通して指導する。
> 　（ア）聞くこと
> 　　㋐　自分のことや学校生活など身近で簡単な事柄について，簡単な語句や基本的な表現を聞き，それらを表すイラストや写真などと結び付ける活動。
> 　　㋑　日付や時刻，値段などを表す表現など，身近で簡単な事柄について，具体的な情報を聞き取る活動。
> 　　㋒　友達や家族，学校生活など，身近で簡単な事柄について，簡単な語句や基本的な表現で話される短い会話や説明を，イラストや写真を参考にしながら聞いて，必要な情報を聞き取る活動。

（ア）は，聞くことに関する事項である。

㋐の「自分のことや学校生活など身近で簡単な事柄について」とは，1段階では自分のことに関する簡単な事柄を話題にしていたことに，学校生活など身近で簡単な事柄を加え，話題を広げている。例えば，学校での出来事や行事，友達のことなど生徒の興味・関心や実態に応じて話題を広げることが考えられる。

「それらを表すイラストや写真などと結び付ける」活動は1段階と同様であるが，話題を広げたり，イラストや写真などの提示の仕方に変化をもたせたりして，発展的に扱っていくことが大切である。例えば，複数の異なる人物のイラス

トを同時に提示し，"long hair" "a white shirt" "red glasses" と話されるのを聞いてこれらの表現に合うイラストを選ぶ活動や生徒の絵やアルバムなどを見ながら教師が英語でゆっくり説明するのを聞く活動などが考えられる。

知的障害のある生徒の中には，例えば，その場で提示されたイラストに描かれた人物の衣服の色や髪型などの相違点を，音声を聞きながら見付けることが難しい者もいる。その場合には，イラストに何が描かれているのかを確認した上で音声を聞くようにするなどの配慮が必要である。また，聞き取ることができなかった音声については，その表現を教師がゆっくり話して聞かせ，生徒に繰り返し言わせた後にもう一度聞かせるなどし，「聞いて分かった」と実感させることも大切である。

㋑の「身近で簡単な事柄について，具体的な情報を聞き取る」とは，1段階では表示などを参考にしながら聞き取る活動としていたものを，音声を聞いて具体的な情報を聞き取る活動に発展させたものである。例えば，授業の始めに日付を確認したり，ゲームや競争などで数を数えたりすることが考えられる。また，(ウ)「話すこと［やり取り］」の㋐に取り組む中で，話し手がインタビューで聞き取ったりする活動もこの事項で行うことが考えられる。

1段階では，表示などの視覚的手掛かりを参考にして情報を聞き取るようにしているが，2段階においては，話を聞く前に話題を知らせたり，生徒が十分に聞いたり話したりしている数字を用いたりするなどの配慮をしながら生徒の意欲を喚起することが大切である。

なお，日付や時刻，値段などの日常生活に関する身近な事柄を表す語句等は，卒業後の生活において触れる機会があるものである。このため，生徒の実態に応じて，少しずつ聞き取れるものを増やせるよう段階的な指導を行うことが大切である。

㋒は2段階にのみ設定された事項で，短い会話や説明などある程度まとまりのある英語を聞いて必要な情報を得る活動に取り組むことを示している。例えば，教師が，"Hello. I want to be a pilot. I want to visit many countries. ..." などと話している英語を，その内容に関係するイラストや写真等を見ながら，就きたい職業，その理由などの情報を聞き取る活動が考えられる。

この事項における活動に取り組ませる際も，生徒が視覚資料を見ながら聞くことができるようにするなど，内容理解の助けとなる支援を行うことが必要である。また，活動に取り組む前には，何を聞き取ればよいのか，また何を聞き取りたいのかを明らかにし，目的意識をもった聞き方ができるように指導することが大切である。一語一句全てを詳細に聞き取ろうとするのではなく，自分にとって必要な情報を得ようとする聞き方を身に付けることが重要である。

知的障害のある生徒の場合，提示したイラストの表す意味や状況などを理解し

ていないこともあるため，身近で簡単な事柄の中でも生徒がよく知っているものを選んだり，視覚資料に示された内容について確認してから話を聞かせたりするなどの配慮が必要である。

（イ）話すこと［発表］
　㋐　簡単な語句や基本的な表現を用いて，身近で簡単な事柄について，自分の考えや気持ちを話す活動。

　㋐は，学校や家庭で起こる日常的な出来事や興味・関心のあることなどについて自分の考えや気持ちを含めて発表する活動に取り組むことを示している。例えば，修学旅行で興味・関心があることとして，"Naha is a beautiful city. I like Naha. I want to go to Naha." などの発表が考えられる。

　知的障害のある生徒の場合，コミュニケーションの困難さを有するため話すことへの自信や意欲をもつことが難しいことも考えられる。このため，話すための準備の時間を確保し，生徒が，自分の伝えたいことを考えたり，伝える順番を決めたりして，英語で話して伝えることへの期待感をもたせるようにすることが大切である。また，話すための練習の時間を確保し，生徒が自信をもって話すことができるようにすることも必要である。その際は，生徒が話しやすいように視覚資料などを加えたり，発表のモデルを示したりするなどの支援を行い，生徒が達成感を得ることができるようにすることが大切である。

（ウ）話すこと［やり取り］
　㋐　身近で簡単な事柄について，自分の考えや気持ちを伝えたり，簡単な質問をしたり質問に答えたりして伝え合う活動。

　㋐の事項では，例えば，身近で簡単な事柄について，質問をしたり質問に答えたりしながら自分の考えや気持ちなどを伝え合う活動などに取り組むことを示している。この活動においては，次のようなやり取りが考えられる。

　　A：I like *sushi* very much. It's delicious.
　　B：Me, too. *Sushi* is delicious. I like salmon.
　　　　Do you like it(salmon)?
　　A：Yes, I like salmon, too.

この事項における活動は，その場で質問や答えを考えるといった即興性を求めてはいない。したがって，身近で簡単な事柄について，生徒が自分の考えをもつ

ことができるような指導を，単元や授業の中で必要に応じて行っておくことが必要となる。例えば，1段階の㋐の事項における活動であれば，日本の食文化としてどのようなものがあるかを知ったり，それらを説明したり，それらに対する気持ちを伝えるための表現を言うことができるようになったりするための指導を行うことなどが考えられる。

　また，やり取りがある程度は継続するように，相手が言ったことを繰り返したり，応答したり，質問したりすることができるようになるための指導も必要となる。上記の例であれば，"You like *sushi*."（繰り返し）や"Me, too."（応答）"Do you like it(salmon)?""How about you?"（質問）がそれらに相当する。これらの表現をやり取りの中で使えるようになるために，まずは，教師が生徒と身近な話題について英語を使って簡単なやり取りをすること，そのようなやり取りの機会を継続的にもつこと，そして，そのやり取りの中で，教師が当該表現を意識的に繰り返し使用するといった「やってみせる指導」が大切である。

　知的障害のある生徒が英語によるやり取りへの意欲をもち，取り組むことができるよう，生徒の興味・関心や既習事項などを生かした場面設定をし，継続的に取り組むことが大切である。生徒が自分で考える時間を確保したり，考えるための手掛かりとなるカードやイラストなどの視覚資料を活用したりすることも大切である。

第5章
知的障害者である生徒に対する教育を行う特別支援学校

（エ）書くこと
　　㋐　相手に伝えるなどの目的をもって，身近で簡単な事柄について，音声で十分に慣れ親しんだ語彙などを書き写す活動。
　　㋑　相手に伝えるなどの目的をもって，身近で簡単な事柄について，音声で十分に慣れ親しんだ簡単な語彙などを書く活動。

　㋐の事項は，1段階の㋒と同様である。1段階までの指導を踏まえ，書き写す語彙を増やしたり，伝える相手や目的を広げたりしながら，書くことに慣れ親しむことができるようにすることが大切である。

　㋑の事項については，1段階の㋐，㋑，㋒（2段階の㋐と同じ内容）との相違点や共通点を踏まえる必要がある。

　1つ目は，「書き写す」と「書く」である。1段階の㋒（2段階の㋐と同じ内容）が「書き写す」としていることに対して，この事項では「書く」としている。「書き写す」とは，語彙などを見ながらそれらをそのまま書くことである。一方で，「書く」とは，例となる文を見ながら，自分の考えや気持ちを表現するために，例となる文の一部を別の語に替えて書くことである。例えば，自分が好

きな人や好きなことを他者に紹介する活動において"I like baseball."を例としながら，自分の考えや気持ちを表現するために"baseball"の語を替え，"I like music."と書くことである。

2つ目は，1段階の㋐とこの事項との関係についてである。1段階の㋐もこの事項も「書く活動」としている。しかし，1段階の㋐は，手本などを見ずに生徒が自分の力で書くことができるようになることを求めているものである。一方で，この事項では，その段階までは求めていない。そのため，この事項における活動に取り組ませる際は，生徒が，言葉を選んで書くことができるよう，例となる語彙などを示すことが必須となる。

1段階の㋐は活字体を，1段階の㋑や2段階の㋐とこの事項では語彙などを書き写したり書いたりすることを示している。知的障害のある生徒の場合，簡単な語句や基本的な表現については「聞くこと」，「話すこと」の領域で取り扱うこととしていることに留意する必要がある。

また，書いた後は，その文を読むように促し，自分の書いた文が自分の考えや気持ちを表していることに気付くようにすることも大切である。名前や人名，地名などを書かせる際には，日本語のローマ字表記を活用して取り組ませるようにする。

（オ）読むこと
　㋐　日常生活に関する身近で簡単な事柄を内容とする掲示やパンフレットなどから，自分が必要とする情報を得る活動。
　㋑　音声で十分に慣れ親しんだ簡単な語彙などを，挿絵がある本などの中から識別する活動。

㋐の事項では，例えば海外旅行のパンフレットを模した紙面を読んで，行きたい国で有名な食べ物などの情報を得る活動や，テレビ番組欄を模した紙面を読み，曜日や見たいスポーツ（スポーツ番組名）などの情報を得る活動に取り組むことを示している。

この事項では，情報を得る際に読ませるものとして，「掲示やパンフレット」という例示をしている。掲示やパンフレットでは，伝えたい情報を読み手に効果的に伝えるために，写真や絵などの視覚材料を示した上で，その情報が短い語句や文で分かりやすく示されていることが多い。つまり，この活用において生徒に読ませる英語は，語句や1〜2文程度の短文であり，理解の助けとなるよう，その英語が表す内容と関連した絵や写真などを付記することも必要である。

知的障害のある生徒にとって，全ての英語が読めなくとも，絵や写真などを手

掛かりに知っている語などを基に推測しながら必要な情報を得ることは，卒業後の生活においても必要となることが考えられる。一方で，読むことについては個人差が大きいことが想定される。そのような場合は，個々の生徒の実態に応じた手立てを講じながら取り組ませたり，グループで取り組ませることで，友達と一緒に情報を読み取るグループ活動を設定したりするなどの工夫が必要である。生徒によっては英語の文字を識別することが難しい場合もある。この事項における活動では，情報を読み取ることをねらっているので，生徒が正しい読み方にこだわることがないよう留意する必要がある。

㋑の事項においては，「挿絵がある本」という例示をしている。これは，この事項における活動に取り組む際は，挿絵やイラストなど視覚資料を手掛かりにして簡単な語彙などを識別することができるようにすることを示している。また，「音声で十分に慣れ親しんだ簡単な語彙など」を識別するためには，これまでの学習を踏まえ，「聞くこと」や「話すこと」の領域で取り扱った身近で簡単な事柄など，話の内容や展開が分かりやすいものであることを示している。

知的障害のある生徒への指導においては，例えば，日記や身近な事柄についての紹介，簡単な物語などを取り扱うことが考えられる。

また，知的障害のある生徒が取り組む活動としては，文を読んで，その中から音声で十分に慣れ親しんだ簡単な語彙などを識別することが挙げられる。例えば，簡単な日記を提示し，“I went to see a movie with my friends last weekend. It was so interesting.”“Where is ‘movie’?”と言ってその語を見付けさせる活動などである。生徒によってはその語を見付けることが難しい場合もあるため，その際は教師がこの文をゆっくり読んで聞かせ，その後に見付けさせたり，読んでいるところを指で追いながら聞くように促したりし，生徒が自分で見付けられるような工夫をする必要がある。生徒に識別させる語彙などについては，これまで音声で十分に慣れ親しんできたもののうち生徒が意味を理解し，書き写したことがある語彙などを選定するなどの配慮が必要である。

②　言語の働きに関する事項

> ②　言語の働きに関する事項
>
> ２段階の言語活動を行うに当たっては，１段階の言語の働きに関する事項を踏まえ，生徒の学習状況に応じた言語の使用場面や言語の働きを取り上げるようにする。

高等部の外国語科では，言語の働きに関する事項については，１段階，２段階ともに同じ事項を扱うようにする。その内容や具体例については，１段階に示さ

れているとおりである。活動で取り扱う際には，記載されている具体例を参考にしながら，他の表現を取り入れることができる。その際に，使用頻度の高いもの，汎用性のあるものなどを優先的に取り入れるようにする。

〔その他の外国語〕

> 〔その他の外国語〕
> 　その他の外国語については，〔英語〕に示す内容に準じて指導を行うものとする。

英語ではなくほかの外国語を指導する場合については，英語に準じて行うことを示したものである。

4　指導計画の作成と内容の取扱い
(1) 外国語科における英語の履修

> 3　指導計画の作成と内容の取扱い
> 　(1) 外国語科においては，英語を履修させることを原則とすること。

高等部の外国語科では，英語が世界で広くコミュニケーションの手段として用いられている実態や，改訂前の高等部における外国語科においても英語を取り扱ってきたこと，中学部の外国語科は英語を履修することが原則とされていることなどを踏まえ，英語を取り扱うことを原則とすることを示したものである。

「原則とする」とは，学校の創設の趣旨や地域の実情，生徒の実態などによって，英語以外の外国語を取り扱うこともできるということである。

(2) 指導計画作成上の配慮事項

今回の改訂では，知的障害者である生徒に対する教育を行う特別支援学校の各教科全体にわたって共通する指導計画の作成と内容の取扱いについては，第2章第1節第2款第2に示した小学部及び中学部における指導計画の作成と各教科全体にわたる内容の取扱いに示した事項に準ずるとしている。

> (2) 指導計画の作成に当たっては，次の事項に配慮するものとする。
> 　ア　単元など内容や時間のまとまりを見通して，その中で育む資質・能力の育成に向けて，生徒の主体的・対話的で深い学びの実現を図るようにすること。その際，具体的課題等を設定し，生徒が外国語による

コミュニケーションにおける見方・考え方を働かせながら，コミュニケーションの目的や場面，状況などを意識して活動を行い，英語の音声や語彙，表現などの知識を，五つの領域における実際のコミュニケーションにおいて活用する学習の充実を図ること。
イ　これまでに学習した外国語との関連に留意して，指導計画を適切に作成すること。
ウ　外国語科を設ける場合は，生徒の障害の状態や実態に応じて，指導目標を適切に定め，３年間を通して外国語科の目標の実現を図るようにすること。
エ　指導内容や活動については，生徒の興味や関心，経験などに合ったものとし，他の教科等で学習したことを活用したり，学校行事で扱う内容と関連付けたりするなどの工夫により，指導の効果を高めるようにすること。
オ　指導計画の作成や授業の実施に当たっては，ネイティブ・スピーカーや英語が堪能な地域人材などの協力を得る等，指導体制等の充実を図るとともに，指導方法の工夫を行うこと。
カ　外国語を通して他者とコミュニケーションを図ることの必要性や楽しさを味わうことができるよう工夫すること。

アは，外国語科の指導計画の作成に当たり，生徒の主体的・対話的で深い学びの実現を目指した授業改善を進めることとし，外国語科の特質に応じて，効果的な学習が展開できるように配慮すべき内容を示したものである。

選挙権年齢や成年年齢の引き下げなど，生徒にとって政治や社会が一層身近なものとなる中，学習内容を人生や社会の在り方と結び付けて深く理解し，これからの時代に求められる資質・能力を身に付け，生涯にわたって能動的に学び続けることができるようにするためには，これまでの学校教育の蓄積も生かしながら，学習の質を一層高める授業改善の取組を活性化していくことが求められている。

指導に当たっては，(1)「知識及び技能」が習得されること，(2)「思考力，判断力，表現力等」を育成すること，(3)「学びに向かう力，人間性等」を涵養することが偏りなく実現されるよう，単元など内容や時間のまとまりを見通しながら，生徒の主体的・対話的で深い学びの実現に向けた授業改善を行うことが重要である。

主体的・対話的で深い学びは，必ずしも１単位時間の授業の中で全てが実現されるものではない。単元など内容や時間のまとまりの中で，例えば，主体的に学習に取り組めるよう学習の見通しを立てたり学習したことを振り返ったりして自

身の学びや変容を自覚できる場面をどこに設定するか，対話によって自分の考えなどを広げたり深めたりする場面をどこに設定するか，学びの深まりをつくりだすために，生徒が考える場面と教師が教える場面をどのように組み立てるか，といった視点で授業改善を進めることが求められる。また，生徒や学校の実態に応じ，多様な学習活動を組み合わせて授業を組み立てていくことが重要であり，単元のまとまりを見通した学習を行うに当たり基礎となる「知識及び技能」の習得に課題が見られる場合には，それを身に付けるために，生徒の主体性を引き出すなどの工夫を重ね，確実な習得を図ることが必要である。

　主体的・対話的で深い学びの実現に向けた授業改善を進めるに当たり，特に「深い学び」の視点に関して，各教科等の学びの深まりの鍵となるのが「見方・考え方」である。各教科等の特質に応じた物事を捉える視点や考え方である「見方・考え方」を，習得・活用・探究という学びの過程の中で働かせることを通じて，より質の高い深い学びにつなげることが重要である。

　これらは，外国語教育においてこれまでも行われてきた学習活動の質を向上させることを主眼とするものであり，主体的・対話的で深い学びの実現に向けた授業改善が，全く新たな学習活動を取り入れる趣旨ではないことに留意しなければならない。

　イは，中学部の外国語科との関連に留意して，指導計画を適切に作成することを示している。知的障害者である児童生徒の教育を行う特別支援学校においては，小学部の外国語活動や中学部の外国語科は設けることができることになっており，高等部に入学した生徒の外国語の学習状況は多様であることが考えられる。このため，中学部での学習経験の有無や学習状況を把握し，これまで学習してきたことの定着を図ったり，活用を図ったりするような計画を作成していくことが大切である。また，生徒の発達段階や卒業後の生活を見通して，言語活動を選択したり，使用場面を工夫したりすることが大切である。

　ウは，高等部で外国語科を設ける場合は，生徒の障害の状態や実態に応じて，指導目標を適切に定めるとともに，3年間を通して外国語科の目標の実現を図るようにすることを示している。その際，卒業後の生活を見通して，さまざまな言語の使用場面において対話的な活動を十分に行い，生涯学習への意欲を高めるようにすることが大切である。

　エは，指導内容や活動については，生徒の実態や学習の特性を踏まえ，興味・関心，経験に合ったものとすることを示している。また，他の教科等で学習したことを活用したり，学校行事で扱う内容と関連付けたりするなどの工夫により，指導の効果を高めることを示している。「他の教科等で学習したこと」とは，国語科や音楽科などのほか，高等部に設けられた職業や家庭などの教科，学校行事や生徒会活動など特別活動も考えられる。こうした学習内容の広がりを踏まえ

て，具体的な指導内容や学習活動を計画することが大切である。

オは，ネイティブ・スピーカーや英語が堪能な地域の人材などの協力を得るなど，指導体制の充実や指導方法の工夫について示したものである。ネイティブ・スピーカーや英語が堪能な地域人材の協力を得る際には，特に音声や言語の働きに関することや文化や習慣の違いなどについて，生徒が外国語でコミュニケーションを円滑に図るための知識や技能を得られるように授業を計画していくことが大切である。また，生徒の障害特性や実態などについては，事前に伝えておき，生徒が困らないように配慮する必要がある。

カは，外国語を通して他者とコミュニケーションを図ることの必要性や楽しさを味わうことができるよう工夫することを示している。英語を使って自分の考えや気持ちを相手に伝えたり，目的を達成したりする体験的な活動を通して，相手とコミュニケーションを図ることの大切さや良さを知るとともに，伝わる喜びを生徒自身が実感することができるような活動を計画することが必要である。また，生徒が伝えられる手段として必要に応じてカードや具体物，タブレット端末などを十分に活用し，コミュニケーションを図ることの大切さや良さを味わうことができるように工夫していくことが大切である。

(3) 内容の取扱いについての配慮事項

(3) 2の各段階の内容の取扱いについては，次の事項に配慮するものとする。

ア　言語材料については，生徒に身近で簡単なものから扱うようにするとともに，語句，連語及び慣用表現については活用頻度の高いものを用い，必要に応じて繰り返し活用しながら体験的な理解を図るようにすること。

イ　1段階のウの②に示す事項については，2段階においても指導すること。

ウ　生徒の実態や教材の内容などに応じて，情報機器等を有効に活用し適切な言語材料を十分に提供できるようにすること。

アの言語材料については，中学部で学んだ生徒に身近でなじみのある簡単なものから段階的に取り扱うようにする。高等部においても「聞くこと」，「話すこと」を中心とした活動を基本としながら活動を組み立てるようにする。また，聞いたり読んだりすることで意味を理解できる事柄については，話すことができるように繰り返し扱う場面を設けるなど，運用能力として身に付けられるように活動場面や内容を工夫する必要がある。「聞くこと」，「話すこと」で取り上げる語

句，基本的な表現については活用頻度の高いものから扱うようにする。「読むこと」，「書くこと」で取り上げる語彙については音声で十分に慣れ親しんだ身近でなじみのある簡単なものから扱うようにする。

　また，取り扱う内容は，教師とのペア・ワークから友達とのペア・ワーク，またグループ・ワークへとその学習形態を段階的に構成し，学習した内容が様々な場面で活用できるように工夫していくようにする。

　イは，２の内容のうち，１段階の〔思考力，判断力，表現力等〕に示す(3)言語活動及び言語の働きに関する事項の「②言語の働きに関する事項」については，２段階においても指導することを示している。この事項は，「ア　言語の使用場面の例」と「イ　言語の働きの例」で構成されている。知的障害のある生徒の学習上の特性を踏まえ，例えば，言語の使用場面が同じ挨拶や自己紹介でも，相手を広げたり，使用する語彙などを広げたりするなど，繰り返し言語活動を行うことで生徒の理解が深まるようにすることが考えられる。また，生徒が関わる相手や活動場面の広がりに応じて，言語の働きが同じ「気持ちを伝える」場合でも，相手を広げたり，気持ちを表す語彙などを広げたりすることも考えられる。

　ウは，生徒の実態に応じて，身振り，手振りやカード，情報機器などを活用し，言語でコミュニケーションを図ることの表現方法は多様であるという認識のもと指導を行うことの重要性を示したものである。これを踏まえ，指導に当たっては，生徒の関心を高め，主体的・対話的で深い学びの実現に向けた授業改善につながるよう，活動に応じた情報機器等の活用が考えられる。

　例えば，実際にコミュニケーションが行われている様子を視聴覚教材で提示したり，活動の動画を再生して振り返ったりするなどして，外国語を通して他者とコミュニケーションを図る大切さを学ぶことができるような工夫が考えられる。また，外国語の背景にある文化に対する理解を深めるために，様々な国や地域の行事等を紹介した教材を活用することも考えられる。

　知的障害のある生徒の中には，コミュニケーションや環境の把握，人間関係の形成などに，困難さを有する場合がある。こうした障害による困難さがある場合においても対話的な活動を通して，いろいろな表現方法をもつ相手を受け入れたり，待ってあげたり，ゆっくり話すようにしたりするなど，相手に配慮した関わり方を学ぶことも大切である。

　また，生徒の実態によっては，生活経験が少ないため情報機器等を有効に活用することで，実際に見たり体験したりすることができない内容にも触れることができる。

1　情報科の改訂の要点

(1) 目標の改訂の要点

　近年，情報技術は急激な進展を遂げ，社会生活や日常生活に浸透するなど，生徒たちを取り巻く環境は劇的に変化している。今後，人々のあらゆる活動において，そうした機器やサービス，情報を適切に選択・活用していくことが不可欠な社会が到来しつつある。こうしたことを踏まえ，高等部の情報科では，情報を主体的に収集・判断・表現・処理・創造し，受け手の状況などを踏まえて発信・伝達できる力や情報モラル等，情報活用能力を含む学習を一層充実するとともに，生徒の卒業後の進路を問わず，情報の科学的な理解に裏打ちされた情報活用能力を育むことが一層重要となってきているため，これらの課題に適切に対応できるよう改善を図った。

　今回の改訂においては，目標について，「知識及び技能」，「思考力，判断力，表現力等」，「学びに向かう力，人間性等」の三つの柱で整理して示した。また，このような資質・能力を育成するためには，生徒が「情報に関する科学的な見方・考え方」を働かせながら，知識及び技能を習得したり，習得した知識や技能を活用して問題を解決したりする必要があることを示した。

　これらを踏まえて，従前からの指導内容である「コンピュータ等の情報機器の操作の習得」を図ったり，「情報を適切に活用する基礎的な能力や態度」を育てたりしながら，問題の解決を行う学習活動を通して，情報と情報技術を適切かつ効果的に活用し，情報社会に主体的に参画するために必要な資質・能力の育成を目指すことを明確にした。

　各段階の目標は，生徒の発達の段階等を踏まえ，教科の目標を実現していくための具体的な指導の目標として，三つの柱から示している。

　なお，情報科は，学校や生徒の実態に応じて設けることができる教科として示している。

(2) 内容の改訂の要点

　内容は，従前の「情報やコンピュータ等の情報機器の役割」，「機器の操作」，「ソフトウェアの操作と活用」，「通信」，「情報の取扱い」について，育成を目指す資質・能力と学びの連続性を踏まえ，内容を見通し，「情報社会の問題解決」，「コミュニケーションと情報デザイン」，「情報通信ネットワークとデータの活用」の三つの区分に整理した。

　内容は，(ｱ)「知識及び技能」，(ｲ)「思考力，判断力，表現力等」の柱から示している。なお，「学びに向かう力，人間性等」については，各段階の目標に，

それぞれ示すこととした。

　なお，職業科ではコンピュータ等の情報機器を扱うことに関わる学習活動が，家庭科では消費生活に関わる学習活動が示され，他に専門学科において開設される各教科においてもコンピュータ等の情報機器の操作等に関する内容が示されていることから，情報科の内容の指導に当たっては，それらと関連した指導の工夫に配慮することが大切である。

(3) 指導計画の作成と内容の取扱いの改訂の要点

　「3 指導計画の作成と内容の取扱い」を新たに設け，「指導計画作成上の配慮事項」，「内容の取扱いについての配慮事項」によって構成した。

　「指導計画作成上の配慮事項」では，特に特別支援学校中学部職業・家庭科の学習を踏まえ，系統的・発展的に指導するとともに，各教科等との関連を図り，指導の効果を高めるようにするだけでなく，3年間を見通した取組の必要性などについて示している。

　「内容の取扱いについての配慮事項」では，情報モラルの育成や，実習を積極的に取り入れた情報機器の操作の習得，健康に留意し望ましい情報機器利用の習慣化など，情報科の目標の達成に向けて，実施する際の配慮事項について示している。

2　情報科の目標

> 1　目　標
>
> 　　情報に関する科学的な見方・考え方を働かせ，身近にある情報機器の操作の習得を図りながら，問題の解決を行う学習活動を通して，問題を知り，問題の解決に向けて情報と情報技術を適切かつ効果的に活用し，情報社会に主体的に参画するための資質・能力を次のとおり育成することを目指す。
>
> (1) 身近にある情報と情報技術及びこれらを活用して問題を知り，問題を解決する方法について理解し，基礎的な技能を身に付けるとともに，情報社会と人との関わりについて理解できるようにする。
>
> (2) 身近な事象を情報とその結び付きとして捉え，問題を知り，問題を解決するために必要な情報と情報技術を適切かつ効果的に活用する力を養う。
>
> (3) 身近にある情報や情報技術を適切に活用するとともに，情報社会に参画しようとする態度を養う。

この教科のねらいは，身近にある情報機器の操作の習得を図りながら，具体的な問題の発見・解決を行う学習活動を通して，問題の発見・解決に向けて情報と情報技術を活用するための知識と技能を身に付け，情報と情報技術を適切かつ効果的に活用するための力を養い，情報社会に主体的に参画するための資質・能力を養うことである。

　「情報に関する科学的な見方・考え方」とは，「事象を，情報とその結び付きとして捉え，情報技術の適切かつ効果的な活用（プログラミングやモデル化・シミュレーションを行ったり情報デザインを適用したりすること等）により，新たな情報に再構成すること」（平成28年12月21日中教審「幼稚園，小学校，中学校，高等学校及び特別支援学校の学習指導要領等の改善及び必要な方策等について（答申）」）であると整理されている。

　「身近にある（身近な）」とは，生徒の日常生活や社会生活などの身の回りの生活において経験する範囲を指す。なお，生徒のこれまでの経験，興味・関心及び進路希望などの違いを踏まえて考える必要がある。

　「情報社会と人との関わりについて理解できるようにする」とは，情報に関する法規や制度及びマナー，個人が果たす役割や責任等について，情報社会の問題を知り，問題を解決する活動を通じて理解するようにすることである。

　「事象を情報とその結び付きとして捉え」とは，事象を複数の情報とその結び付きから構成されているものとして把握することである。

　「必要な情報と情報技術を適切かつ効果的に活用する力」とは，コミュニケーションの手段，コンピュータ，ネットワーク，データ及びデータベースなどの活用を通して，情報社会などの問題を知り，問題の解決に向けて，問題を解決する活動とその振り返り及び見直しを行い，情報と情報技術を適切かつ効果的に活用する力である。

　「身近にある情報や情報技術を適切に活用するとともに，情報社会に参画しようとする態度を養う」とは，情報と情報技術を適切に活用することで，法規，制度及びマナーを守ろうとする態度，情報セキュリティを確保しようとする態度などの情報モラルを養い，これらを踏まえて情報と情報技術を活用することで情報社会に参画しようとする態度を養うことである。

3　各段階の目標及び内容

(1)　1段階の目標と内容

ア　目標

2　各段階の目標及び内容

○1段階

(1) 目　標

　ア　効果的なコミュニケーションの方法や，身近にあるコンピュータ
　　　やデータの活用について知り，基礎的な技能を身に付けるとともに，
　　　情報社会と人との関わりについて知る。

　イ　身近な事象を情報とその結び付きとして捉え，問題を知り，問題
　　　を解決するために必要な情報と情報技術を活用する力を養う。

　ウ　身近にある情報や情報技術を活用するとともに，情報社会に関わ
　　　ろうとする態度を養う。

　アの「効果的なコミュニケーションの方法や，身近にあるコンピュータやデータの活用について知り」とは，効果的なコミュニケーションを実現するために必要な情報デザイン，身近にあるコンピュータを活用するために必要な情報が処理される仕組み，身近にあるデータを活用するために必要な収集，整理の方法，ネットワーク，データベースなどについて知るようにすることである。

　イの「問題を知り，問題を解決するために必要な情報と情報技術を活用する力を養う」とは，情報に関する科学的な見方・考え方を働かせ，身近な事象を情報とその結び付きとして捉え，コミュニケーションの手段，コンピュータ，ネットワーク，データ及びデータベースなどの活用を通して，情報社会などの問題を知り，様々な情報手段の中から，直面する課題や目的に応じた情報手段を選択し，問題の解決に活用する力を養うことである。

　ウの「情報社会に関わろうとする態度を養う」とは，生活の中で情報や情報技術が果たしている役割や及ぼしている影響を知り，情報モラルの必要性や情報などに対する責任などについて考えながら，情報社会に関わろうとする態度を養うことである。

イ　内容

A　情報社会の問題解決

(2) 内　容

　A　情報社会の問題解決

　　　身近にある情報や情報技術を活用して問題を知り，問題を解決する方法に着目し，解決に向けた活動を通して，次の事項を身に付けることができるよう指導する。

　ア　次のような知識及び技能を身に付けること。

　(ア) 身近にある情報やメディアの基本的な特性及びコンピュータ等の情報機器の基本的な用途，操作方法及び仕組みを知り，情報と情報技術を活用して問題を知り，問題を解決する方法を身に付けること。

　(イ) 情報に関する身近で基本的な，法規や制度，情報セキュリティの重要性，情報社会における個人の責任及び情報モラルについて知ること。

　(ウ) 身近にある情報技術が人や社会に果たす役割と及ぼす影響について知ること。

　イ　次のような思考力，判断力，表現力等を身に付けること。

　(ア) 目的や状況に応じて，身近にある情報や情報技術を活用して問題を知り，問題を解決する方法について考えること。

　(イ) 情報に関する身近で基本的な，法規や制度及びマナーの意義，情報社会において個人の果たす役割や責任，情報モラルなどについて考えること。

　(ウ) 身近にある情報や情報技術の活用について考えること。

　ここでは，身近にある情報やメディアの特性及びコンピュータ等の情報機器の基本的な用途や操作方法を習得するとともに，情報の科学的な見方・考え方を働かせて，身近にある情報と情報技術を活用して問題を知り，問題を解決する学習活動を通して，問題を知り，問題を解決する方法を身に付けるとともに，情報技術が人や社会に果たす役割と影響，情報モラルなどについて知り，情報と情報技術を活用して問題を知り，問題を解決し，望ましい情報社会に関わる力を養う。

　こうした活動を通して，情報社会における問題を知ること及び問題の解決に情報と情報技術を活用しようとする態度，情報モラルなどに配慮して情報社会に関わろうとする態度を養うことが考えられる。

　問題を知り，問題を解決する方法については，中学部や中学校までの段階で学

習するものを踏まえて，情報と情報技術を活用した具体的な問題解決の過程の中で扱う。情報に関する法規や制度及びマナーの意義，情報社会において個人の果たす役割や責任，情報モラルなどの指導に当たっては，中学部や中学校までの学習，社会科及び職業科をはじめ他教科等の学習との関連を図ることが大切である。

アの(ア)の「情報やメディアの基本的な特性及びコンピュータ等の情報機器の基本的な用途，操作方法及び仕組みを知り」とは，情報には「形がない」，「消えない」，「簡単に複製できる」，「容易に伝播する」などの特性や，表現，伝達，記録などに使われるメディアの特性を知るようにすることである。また，コンピュータ等の情報機器やソフトウェア等に関する基本的な知識と操作方法を知ることである。

アの(イ)の「情報に関する身近で基本的な，法規や制度，情報セキュリティの重要性，情報社会における個人の責任及び情報モラルについて知る」とは，情報社会で生活していくために，知的財産に関する法律，個人情報の保護に関する法律及び不正アクセス行為の禁止等に関する法律などを含めた法規や制度から求められる具体的な対応，さらに，電子メールやSNS（Social Networking Service）の書き方やファイルの添付などのマナーの意義や基本的内容，情報を適切に管理するなど情報を扱う上では個人の責任があること，情報セキュリティの3要素である機密性・完全性・可用性の観点を踏まえた情報セキュリティの確保の重要性，情報セキュリティを確保するにはパスワードの管理などの組織や個人が行うべき対策があり技術的対策だけでは対応できないことなどを知るようにすることである。また，人の心理的な隙や行動のミスにつけ込み情報通信技術を使わずにパスワードなどの重要な情報を盗み出すソーシャルエンジニアリングなどについて知るようにする。ソーシャルエンジニアリングについては，不特定多数の人に聞こえるような状況でパスワードなどを声に出して言ってしまったり，パスワードなどの情報を記した紙をそのまま捨ててしまったりすることから，大切な情報が漏れ悪用されてしまうことなどを取り扱うことが考えられる。

なお，情報セキュリティの3要素である機密性・完全性・可用性などについては，「C情報通信ネットワークとデータの活用」との関連について配慮する。

アの(ウ)の「身近にある情報技術が人や社会に果たす役割と及ぼす影響について知る」とは，情報社会の変化に対応するために，人工知能やロボットなどで利用される情報技術の進展が社会の利便性を高め，人の生活や経済活動を豊かにさせる反面，サイバー犯罪や情報格差，健康への影響などを生じさせていることなどについて知るようにすることである。

イの(ア)の「目的や状況に応じて，身近にある情報や情報技術を活用して問題を知り，問題を解決する方法について考える」とは，問題を知り，問題を解決す

るための一連の流れの中で，身近にある情報と情報技術を活用し，思考を広げ，整理し，物事を判断する力を養うことである。その際，複数の解決策から選択する力，問題がどの程度解決されたのかを判断する力を養うことである。

イの(イ)の「情報に関する身近で基本的な，法規や制度及びマナーの意義，情報社会において個人の役割や責任，情報モラルなどについて考える」とは，情報社会で責任をもって生活していくために，情報に関する法規や制度に適切に対応する力，情報モラルに配慮して情報を発信する力，情報セキュリティを確保する力などを養うことである。

イの(ウ)の「情報や情報技術の活用について考える」とは，情報社会で生活していくために，情報と情報技術を適切に活用できる力，望ましい情報社会の在り方について考える力，情報社会によりよく関わる方法について考える力を養うことである。

アの(ア)，イの(ア)に係る学習活動については，例えば，「情報」と「もの」とを比較し，具体的な例を挙げて考えることを通して，情報は複製することにより伝わるとともに，誰かに情報を提供したからといって「もの」のように元の所有者の手元から無くなるわけではないという性質や，情報通信ネットワーク上に提供した情報は，どこで誰がその情報を複製しているか分からないため，情報の提供者がその情報を消去しただけでは完全に消去することができたと断定することはできないなどの情報の特性を扱うことが考えられる。

アの(イ)，イの(イ)に係る学習活動については，例えば，インターネット上で起こるトラブルやSNSでのコミュニティサイトを利用した犯罪などについて，その原因を調べ，対策を考えることを通して，情報が拡散する速さや一度拡散された情報の削除は困難であること，トラブルや犯罪は身近で発生していることなどを知り，個人情報の管理の重要性や推測されにくいパスワードの必要性などを扱うことが考えられる。

アの(ウ)，イの(ウ)に係る学習活動については，例えば，電子マネーやICカード，ICチップなどの普及によって，自動改札やセルフレジなどが増加し，利便性が高まったことなどを扱うことが考えられる。また，SNSなどの利用状況を調べることによって，時間や場所を越えてコミュニケーションが可能になったこと，誹謗・中傷などの悪質な書き込みが問題になっていること，利用の仕方によっては健康面への影響が懸念されていることなど，情報技術と実生活の関わりにおける利便性と問題点の双方を扱うことが考えられる。

Aの全体にわたる学習活動としては，よりよい情報技術の活用や情報社会の在り方について，生徒の身の回りにある事象から問題を知り，その解決方法を提案

するなど，グループで一連の学習活動を行うことが考えられる。

　例えば，校内で生徒が運営する喫茶コーナーを活性化する活動が挙げられる。企画・運営の段階で，インターネットを活用して季節や年齢に応じた飲食物の嗜好の傾向を調べたり，生徒や教師，保護者を対象に販売してほしい商品や運営に関する要望などをアンケート調査やインタビューなどの結果を基に話し合い，具体的な計画の立案，運営を行う活動が考えられる。その際，調査やグループでの話合いの場面において，メディアの特性及びコンピュータ等の情報機器の基本的な用途や操作方法を踏まえ，情報技術や情報通信ネットワークを効果的に活用し，発表の場面において情報技術を適切に活用することなどが考えられる。

B　コミュニケーションと情報デザイン

B　コミュニケーションと情報デザイン
　　身近なメディアとコミュニケーション手段及び情報デザインに着目し，目的や状況に応じて受け手に分かりやすく情報を伝える活動を通して，次の事項を身に付けることができるよう指導する。
　ア　次のような知識及び技能を身に付けること。
　（ア）身近なメディアの基本的な特性とコミュニケーション手段の基本的な特徴について，その変遷を踏まえて知ること。
　（イ）身近にある情報デザインが人や社会に果たしている役割を知ること。
　（ウ）身近にある情報デザインから，効果的なコミュニケーションを行うための情報デザインの基本的な考え方や方法を知り，表現する基礎的な技能を身に付けること。
　イ　次のような思考力，判断力，表現力等を身に付けること。
　（ア）身近なメディアとコミュニケーション手段の関係を考えること。
　（イ）コミュニケーションの目的に合わせて，必要な情報が伝わるような情報デザインを考えること。
　（ウ）効果的なコミュニケーションを行うための情報デザインの基本的な考え方や方法に基づいて，表現の仕方を工夫すること。

　ここでは，目的や状況に応じて受け手に分かりやすく情報を伝える活動を通じて，情報の科学的な見方・考え方を働かせて，テレビ，Webサイト，電子メール及びSNSなどの身近なメディアの基本的な特性やコミュニケーション手段の基本的な特徴について知り，効果的なコミュニケーションを行うための情報デザインの基本的な考え方や方法を身に付け，コンテンツの表現の仕方を工夫する力

を養う。

　こうした学習活動を通して，情報と情報技術を活用して効果的なコミュニケーションを行おうとする態度，情報社会に関わろうとする態度を養うことが考えられる。

　なお，ここで扱う情報デザインとは，効果的なコミュニケーションや問題解決のために，情報を整理したり，目的や意図をもった情報を受け手に対して分かりやすく伝達したり，操作性を高めたりするためのデザインの基礎知識や表現方法及びその技術のことである。例えば，情報を正確かつ効果的に，伝達する為に情報を表に整理したり，図やグラフによって可視化したり，ページレイアウト，情報の階層化，ハイパーリンクなどにより構造化したり，形態，色彩，光や材質などについて工夫したりする学習活動を通して情報デザインの考え方や方法を身に付けることが考えられる。

　身近なメディアの基本的な特性やコミュニケーション手段の基本的な特徴については，中学部職業・家庭科の職業分野「B情報機器の活用」（中学校技術・家庭科技術分野を履修した生徒については「D情報の技術」），高等部職業科の「B情報機器の活用」，高等部情報科の「A情報社会の問題解決」と関連付けて扱う。また，情報デザインの基本的な考え方や方法については，同じく情報科の「C情報通信ネットワークとデータの活用」でも扱う。

　アの(ア)の「メディアの基本的な特性とコミュニケーション手段の基本的な特徴について，その変遷を踏まえて知る」とは，コミュニケーションを行うために，表現，伝達，記録などに使われるメディアの基本的な特性，同期や非同期，1対1や1対多数などのコミュニケーション手段の基本的な特徴について知るようにすることである。また，情報技術の発達によりコミュニケーション手段が変化したこと，情報の流通量や範囲が広がったこと，即時性や利便性が高まったこと，効果や影響が拡大したこと，コミュニケーションの役割が変化したことなどについて知るようにする。

　その際，情報のデジタル化に関して，デジタルカメラやコンピュータ等の情報機器を活用し，画像データなどを実際に操作することで，標本化，量子化，符号化などを知るようにするとともに，標本化の精度や量子化のレベルによって，ファイルサイズや音質，画質の変化が生じることを知るようにする。また，情報をデジタル化することにより，情報の蓄積，編集，表現，圧縮，転送が容易にできることについて知るようにする。

　アの(イ)の「情報デザインが人や社会に果たしている役割を知る」とは，分かりやすく情報を表現するために，目的や受け手の状況に応じて伝達する情報を抽象化，可視化，構造化する方法を知るようにすることである。その際，それらの知識や技能によって作成された情報デザインが人や社会に果たしている役割を知

るようにする。

　アの(ウ)の「効果的なコミュニケーションを行うための情報デザインの基本的な考え方や方法を知り，表現する基礎的な技能を身に付ける」とは，効果的なコミュニケーションを行うために，目的や受け手の状況に応じたコンテンツの制作過程，情報デザインの基本的な考え方や方法について知り，技能を身に付けるようにすることである。

　イの(ア)の「メディアとコミュニケーション手段の関係を考える」とは，よりよくコミュニケーションを行うために，複数のメディアと複数のコミュニケーション手段の関係について考える力を養うことである。

　イの(イ)の「コミュニケーションの目的に合わせて，必要な情報が伝わるような情報デザインを考える」とは，コミュニケーションの目的を知り，目的に応じて必要な情報を伝える情報デザインを考える力を養うことである。その際，扱う情報やメディアの種類によって適切な表現方法を選択する力を養うことである。

　イの(ウ)の「効果的なコミュニケーションを行うための情報デザインの基本的な考え方や方法に基づいて表現の仕方を工夫する」とは，効果的なコミュニケーションを行うために，情報デザインの基本的な考え方や方法を用いて，表現の仕方を工夫しながらコンテンツを制作する力を養うことである。

　アの(ア)，イの(ア)に係る学習活動については，例えば，電子メールやSNSの送受信やコミュニケーションの際に利用する数値や文字，静止画や動画，音声や音楽などの情報について，これらのアナログ情報をデジタル化して効率的に伝送するなどの実習が考えられる。

　また，静止画については，デジタルカメラで撮影する際に解像度に応じてファイルサイズが変化したり，同じ解像度でもファイル形式を変えることで圧縮方法が変わってファイルサイズが変化したりすることから，画像データの解像度，画像サイズ，階調表現，色彩表現，圧縮方法などを操作するなど実際的な活動を通して画質とファイルサイズがトレードオフの関係になっていることを確認する学習活動が考えられる。

　さらに，マスメディアの情報伝達手段の変遷を取り上げ，ニュース，天気予報，鉄道路線や経路検索などの交通情報，地図，催事など，生活を豊かにする有益な情報などについて紙，電波，情報通信ネットワークなどを扱い，個人と個人とのコミュニケーション手段の変遷を取り上げ，手紙，電子メール，SNSなどを扱うことが考えられる。また，交流及び共同学習の取組として他の学校とやりとりする活動など，実際にメディアやコミュニケーション手段の扱いを体験し，それぞれのメリットやデメリットについて扱うことが考えられる。

　アの(イ)，イの(イ)に係る学習活動については，例えば，道路標識やトイレ

の場所などを示すサイン，Webページなどの情報デザインを取り上げ，情報を抽象化する方法としてアイコン，ピクトグラム，ダイヤグラム，地図のモデル化など，情報を可視化する方法として表，図解，グラフなど，情報を構造化する方法として，文字の配置，ページレイアウト，Webサイトの階層構造，ハイパーリンクなどを扱うことが考えられる。その際，全体を把握した上で，構成要素間の関係を分かりやすく整理することが大切である。

アの(ウ)，イの(ウ)に係る学習活動については，例えば，情報デザインの基本的な考え方や方法を活用した作品制作を取り上げ，アプリケーションソフトウエアを活用した学校行事の案内，生徒会活動などで取り組まれる標語ポスター，学級新聞やWebページの作成などを扱うことが考えられる。その際，例えば，点，線，面などの形態，色の三属性，配色などの色彩，ページレイアウトなどにより，伝わり方が違うことを知るようにする。

Bの全体にわたる学習活動としては，情報と情報技術を活用して問題を知り，その問題の解決に向けて効果的なメディアやコミュニケーション手段を選択し，情報デザインの基本的な考え方や方法に基づいて表現の工夫をし，コンテンツを制作することが考えられる。

例えば，作業製品を販売するための宣伝ポスターやWebページを制作する学習活動を行う場合，情報通信ネットワークを活用して参考となるデザインを集め，グループでの話合いなどにより，より多くの製品を販売するためにデザインを選択したり，購入者に伝えたい情報を入れたり，関連する図や表を入れたりするなどの表現の工夫をしたりすることが考えられる。

C　情報通信ネットワークとデータの活用

> C　情報通信ネットワークとデータの活用
> 　　情報通信ネットワークを介して流通するデータに着目して，情報通信ネットワークや情報システムにより提供されるサービスを利用し，問題を知り，問題の解決に向けた活動を通して，次の事項を身に付けることができるよう指導する。
> 　ア　次のような知識及び技能を身に付けること。
> 　　(ア) 情報通信ネットワークの基本的な仕組みや情報セキュリティを確保するための基本的な方法について知ること。
> 　　(イ) 身近なデータを蓄積，管理，提供する基本的な方法，情報通信ネットワークを介した情報システムによるサービスの提供に関する基本的な仕組みと特徴について知ること。

（ウ）データを表現，蓄積するための基本的な表し方と，データを収集，
　　　整理する基本的な方法について知り，基礎的な技能を身に付けるこ
　　　と。
　イ　次のような思考力，判断力，表現力等を身に付けること。
　　（ア）情報通信ネットワークにおける情報セキュリティを確保する基本
　　　的な方法について考えること。
　　（イ）情報システムが提供するサービスの利用について考えること。
　　（ウ）データの収集，整理及び結果の表現の基本的な方法を適切に選択
　　　し，実行すること。

　　ここでは，情報通信ネットワークや情報システムにより提供されるサービスを
活用する活動を通して情報の科学的な見方・考え方を働かせて，インターネット
接続サービス，サーバ，アプリケーション及びオペレーティングシステムなどの
情報通信ネットワークや情報システムの基本的な仕組みを知るとともに，身近な
データを蓄積，管理，提供する基本的な方法，データを収集，整理する方法，情
報セキュリティを確保する方法を身に付けるようにし，目的に応じて情報通信ネ
ットワークや情報システムにより提供されるサービスを安全かつ効率的に利用す
る力やデータから問題を知り，データを問題の解決に利用する力を養うことをね
らいとしている。

　　また，こうした活動を通して，情報技術を利用しようとする態度，データを精
査しようとする態度，情報セキュリティなどに配慮して情報社会に関わろうとす
る態度を養うことが考えられる。

　　ここで学ぶ情報通信ネットワークの仕組み，情報システムにおけるデータを通
信する技術については，中学部職業・家庭科の職業分野「B情報機器の活用」
（中学校において技術・家庭科を履修した生徒については技術分野「D情報の技
術」）の内容を踏まえて扱う。

　　また，統計的な内容については，中学部数学科及び中学校数学科の領域である
「Dデータの活用」や高等部数学科の「Dデータの活用」の内容を踏まえて扱う
とともに，地域や学校の実態及び生徒の状況等に応じて教育課程を工夫するなど
相互の内容の関連を図ることも大切である。

　　アの（ア）の「情報通信ネットワークの基本的な仕組みや情報セキュリティを確
保するための基本的な方法について知る」とは，コンピュータ等を使ってデータ
をやり取りするためにコンピュータ同士を接続する仕組みや情報通信ネットワー
クを構成する機器の名称や役割を知るようにすることである。また，安全かつ効
率的な通信を行うための個人認証や情報の暗号化，デジタル署名やデジタル証明
書などの情報セキュリティを確保する仕組みと必要性などについて知るようにす

る。

アの(イ)の「身近なデータを蓄積，管理，提供する基本的な方法，情報通信ネットワークを介した情報システムによるサービスの提供に関する基本的な仕組みと特徴について知る」とは，情報システムが提供するサービスを安全かつ効率的に利用するために，情報システムにおけるデータの位置付け，データを蓄積，管理，提供するデータベースについて知るようにすることである。

また，データベースとは，ある目的のために収集した情報を一定の規則に従ってコンピュータに蓄積し利用するための仕組みであることなどについて知るようにすることである。

アの(ウ)の「データを表現，蓄積するための基本的な表し方とデータを収集，整理するための基本的な方法について知り」とは，問題を知り，問題の解決に活用するために，データをファイルとして蓄積するためのデータの様々な形式，データを収集，整理する一連のデータ処理の流れ及びその評価について知るようにすることである。その際，データの形式としては，表計算ソフトウェア等で扱われる表形式で表現されるデータをはじめとして，様々な形式のデータを扱う。また，データの収集としては，データの内容や形式を踏まえて，その収集方法を知ることができるようにする。さらに，データの整理としては，データに含まれる欠損値や外れ値の扱いやデータを整理，変換する必要性を知るようにする

イの(ア)の「情報通信ネットワークにおける情報セキュリティを確保する基本的な方法について考える」とは，コンピュータ等を用いて安全かつ効率的な通信を行う力を養うことである。また，情報セキュリティを確保する基本的な方法について調べ，その意義を考えることにより，情報通信ネットワークを適切に利用しようとする態度を養うことが考えられる。

イの(イ)の「情報システムが提供するサービスの利用について考える」とは，目的に応じて適切なサービスを選択するために，様々なサービスが自らの生活にどのように役立っているのかを考え，よりよいサービスの使い方を模索する力を養うことである。また，情報システムが提供するサービスを活用する際に，提供する個人情報と受けるサービスとの関係に留意することが考えられる。

イの(ウ)の「データの収集，整理及び結果の表現の基本的な方法を適切に選択し，実行する」とは，問題を知り，問題の解決にデータを利用するために，必要なデータの収集について，選択，判断する力，それに応じて適切なデータの整理や変換の方法を判断する力を養うことである。

アの(ア)，イの(ア)に係る学習活動については，例えば，校内LAN（Local Area Network）等の情報通信ネットワークの仕組みや，電子メールを送受信するときの情報の流れなどを取り上げ，安全で効率的な情報通信ネットワークに必

要なことを扱う。

アの（イ），イの（イ）に係る学習活動については，例えば，携帯電話のアドレス帳，学校における進路情報データベース，図書館の蔵書管理・検索システム，電車等の座席予約システム，コンビニエンスストアやスーパーマーケットなどのPOSシステム（Point Of Sales system）及び銀行ATM（Automatic Teller Machine）などの情報システムの仕組みや利用例を取り上げ，情報システムにおけるデータの重要性，情報システムが提供するサービスを利用するための方法を扱う。その際，情報通信ネットワークを介して情報システムが提供するサービスを利用する際の留意点などについても触れる。

アの（ウ），イの（ウ）に係る学習活動については，例えば，データの形式に関しては，作成した文書，表やグラフ，画像，住所録などのデータを扱うことが考えられる。その際には，必要に応じて，「A情報社会の問題解決」の内容と関連付け，個人情報の取り扱いなどに配慮する必要があることにも触れる。

また，それらのデータを様々なソフトウェアで扱うことができるように整理，加工し，分かりやすい可視化の方法について話合い，これらを選択して実施する学習活動などが考えられる。

Cの全体にわたる学習活動としては，情報通信ネットワークとデータの利用を取り上げ，情報通信ネットワークを用いて安全かつ効率的に多量のデータを集め，これを整理し，発信する学習活動が考えられる。

例えば，作業製品の販売活動における売上げなどのデータを整理する学習活動を行う場合，購入者のアンケート結果をグラフや表などを用いてデータを可視化して全体の傾向に気づいたり，問題を知ったりすることが考えられる。

その際，アンケートのデータを整理して分かりやすくまとめる学習活動を通して，データの形式に関する知識，整理した結果を可視化する技能を身に付け，適切なデータ形式を選択する力，データを基に考える力，整理した結果を分かりやすく伝える力を養うことが考えられる。

さらに，地域や学校及び生徒の実態に応じて，校内LANあるいはインターネットなどの情報通信ネットワークを選択するとともに，アンケートについては，サーバに生徒自身が作成するほか，アンケートの作成，収集などの機能を提供するインターネット上のサイトを使用できるようにすることが考えられる。

(2) 2段階の目標と内容
ア 目標

> ○2段階
> (1) 目　標
>> ア　効果的なコミュニケーションの方法や，身近にあるコンピュータ
>> やデータの活用について理解し，基礎的な技能を身に付けるととも
>> に，情報社会と人との関わりについて理解する。
>> イ　身近な事象を情報とその結び付きとして捉え，問題を知り，問題
>> を解決するために必要な情報と情報技術を適切かつ効果的に活用す
>> る力を養う。
>> ウ　身近にある情報や情報技術を適切に活用するとともに，情報社会
>> に参画しようとする態度を養う。

　ここでは，1段階で育成した資質・能力を踏まえ，更に主体的に学び，問題の解決に向けて情報技術を適切に活用する力や情報社会に参画しようとする実践的な態度を育てることをねらいとしている。

　アの「情報社会と人との関わりについて理解する」とは，情報社会においては，全ての人間が情報の送り手と受け手の両方の役割をもつということを踏まえ，情報の送り手と受け手としてあらゆる場面において適切な行動ができるようにするために必要な情報に関する法規や制度，マナー及び情報を扱うときに生じる責任などについて，情報社会の問題を知り，問題を解決する活動を通じて理解することである。

　イの「問題を知り，問題を解決するために必要な情報と情報技術を適切かつ効果的に活用する力を養う」とは，1段階で習得した内容を踏まえ，様々な情報手段の中から，直面する課題や目的に応じて情報手段を選択し，問題の解決に向けて，問題を解決する活動とその振り返り及び見直しを行い，問題の解決に適切かつ効果的に活用する力を養うことである。

　ウの「情報社会に参画しようとする態度を養う」とは，生活の中で情報や情報技術が果たしている役割や及ぼしている影響を理解し，情報モラルの必要性や情報などに対する責任などについて考えたり，情報と情報技術を適切に活用したりしながら情報社会に参画しようとする態度を養うことである。

イ　内容

A　情報社会の問題解決

（2）内　容

　A　情報社会の問題解決

　　身近にある情報や情報技術を活用して問題を知り，問題を解決する
　方法に着目し，解決に向けた活動を通して，次の事項を身に付けるこ
　とができるよう指導する。

　ア　次のような知識及び技能を身に付けること。

　　（ア）身近にある情報やメディアの基本的な特性及びコンピュータ等
　　　の情報機器の基本的な用途，操作方法及び仕組みを踏まえ，情報
　　　と情報技術を活用して問題を知り，問題を解決する方法を身に付
　　　けること。

　　（イ）情報に関する身近で基本的な，法規や制度，情報セキュリティの
　　　重要性，情報社会における個人の責任及び情報モラルについて理
　　　解すること。

　　（ウ）身近にある情報技術が人や社会に果たす役割と及ぼす影響につ
　　　いて基本的な理解をすること。

　イ　次のような思考力，判断力，表現力等を身に付けること。

　　（ア）目的や状況に応じて，身近にある情報や情報技術を適切かつ効果
　　　的に活用して問題を知り，問題を解決する方法について考えるこ
　　　と。

　　（イ）情報に関する身近で基本的な，法規や制度及びマナーの意義，情
　　　報社会において個人の果たす役割や責任，情報モラルなどについ
　　　て，それらの背景を捉え，考えること。

　　（ウ）身近にある情報や情報技術の適切かつ効果的な活用と望ましい
　　　情報社会の在り方について考えること。

　ここでは，1段階で習得した身近にある情報やメディアの基本的な特性及びコ
ンピュータ等の情報機器の基本的な用途や操作方法を踏まえ，情報の科学的な見
方・考え方を働かせて，身近にある情報と情報技術を活用して問題を知り，問題
を解決する学習活動を通して，問題を知り，問題を解決する方法を身に付けると
ともに，情報技術が人や社会に果たす役割と影響，情報モラルなどについて理解
するようにし，情報と情報技術を適切かつ効果的に活用して問題を知り，問題を
解決し，望ましい情報社会の在り方を考える力を養う。

　こうした活動を通して，情報社会における問題を知ること及び問題の解決に情

報と情報技術を適切かつ効果的に活用しようとする態度，情報モラルなどに配慮して情報社会に参画しようとする態度を養うことが考えられる。

　問題を知り，問題を解決する方法については，１段階の内容，中学部及び中学校までの段階で学習するものを踏まえて，情報と情報技術を活用した具体的な問題解決の過程の中で扱う。情報に関する法規や制度及びマナーの意義，情報社会において個人の果たす役割や責任，情報モラルなどの指導に当たっては，１段階の内容，中学部及び中学校までの学習，社会科及び職業科をはじめ他教科等の学習との関連を図ることが大切である。

　アの（ア）の「情報と情報技術を活用して問題を知り，問題を解決する方法を身に付ける」とは，問題解決の一連の流れ及び各場面で必要な知識及び技能を身に付けることである。その際，得られた情報を文章や図にするなど可視化させることによって，比較したり，組み合わせたり，新たな情報を生み出したりすることができることを理解するようにする。さらに，選択した解決方法によって作業の効率や得られる効果が異なる場合があること，問題解決の各場面や解決後に自ら振り返ったり他者に評価してもらったりして改善することが大切なこと，成果を発信し，周りと共有することによって情報が蓄積され，情報と情報技術を活用した自らの問題解決が社会に役立つ可能性があることについて理解するようにする。

　アの（イ）の「法規や制度，情報セキュリティの重要性，情報社会における個人の責任及び情報モラルについて理解する」とは，１段階で習得した内容を踏まえ，法を遵守すること，情報モラルを養うこと，情報セキュリティを確保することの重要性，大量かつ多様な情報の発信・公開・利用に対応した法規や制度の必要性が増していることも理解するようにすることである。ソーシャルエンジニアリングについては，例えば，なりすましの電話や電子メールで，IDやパスワードなどの情報を聞き出されたことにより不正なログインをされたり，電子メールに個人情報を添付して送信してしまったりすることで，個人情報が漏洩してしまい被害に遭うことがあることなどを取り扱うことが考えられる。

　なお，情報セキュリティの３要素である機密性・完全性・可用性などについては，「C情報通信ネットワークとデータの活用」との関連について配慮する。

　アの（ウ）の「身近にある情報技術が人や社会に果たす役割と及ぼす影響について基本的な理解をする」とは，１段階で習得した内容を踏まえ，人工知能などの発達により人に求められる仕事の内容が変化していくことや，情報化の「影」の影響を少なくし，「光」の恩恵をより多く享受するために問題解決の考え方が重要であることなども理解するようにすることである。

　イの（ア）の「目的や状況に応じて，身近にある情報や情報技術を適切かつ効果的に活用して問題を知り，問題を解決する方法について考える」とは，問題を知

第5章
知的障害者である生徒に対する教育を行う特別支援学校

り，問題を解決するための一連の流れの中で，身近にある情報と情報技術を適切かつ効果的に活用し，思考を広げ，整理し，深め，根拠をもって物事を判断する力を養うことである。その際，問題解決のゴールを想定する力，複数の解決策を作り根拠に基づき合理的に選択する力，問題がどの程度解決されたのかを判断する力，他の方法を選択していた場合の結果を予想する力，問題を知り，問題を解決する過程を振り返って見直す力を養う。

イの(イ)の「情報に関する身近で基本的な，法規や制度及びマナーの意義，情報社会において個人の果たす役割や責任，情報モラルなどについて，それらの背景を捉え，考える」とは，情報社会で責任をもって生活していくために，情報に関する基本的な法規や制度に適切に対応する力，情報モラルに配慮して情報を発信する力，情報セキュリティを確保する力などを養うことである。その際，法規や制度が改正されたり，マナーが変わったりしても，根拠や，法規，制度及びマナーの意義に基づいて正しい対応ができるようにする。

イの(ウ)の「身近にある情報や情報技術の適切かつ効果的な活用と望ましい情報社会の在り方について考える」とは，情報社会に参画するために，身近にある情報と情報技術を適切に活用できる力，望ましい情報社会の在り方について考える力，人工知能やロボットなどの情報技術の補助を受けたときに人に求められる仕事がどのように変わるかを考える力，情報社会をよりよくする方法について考える力を養うことである。

アの(ア)，イの(ア)に係る学習活動については，例えば，自分たちの携帯情報端末の利用方法などを，国や自治体等が公開しているデータと比較する活動を通して問題を知り，解決策を提案するとともに，その活動を自ら振り返ったり，互いに評価し合ったりすることで，より適切な利用方法を選択することが考えられる。

なお，数値の処理を行う際には，これまでの学習を基に，問題の解決方法と関連付けながら数値やグラフなどを選択させることの重要性を扱い，「C情報通信ネットワークとデータの活用」でのデータの収集や統計データの分析の内容の基礎となるよう配慮する。

アの(イ)，イの(イ)に係る学習活動については，例えば，サイバー犯罪などの原因を調べ，対策を考えることを通して，IDやパスワードの管理の必要性，推測されにくいパスワードや生体認証などの個人認証の必要性，ソフトウェアのセキュリティ更新プログラムを適用する必要性，その提供が終了したソフトウェアを使い続けることの危険性を扱うことが考えられる。また，個人情報の保護に関する法律における個人データの例外的な第三者提供について考えることによって，個人情報の保護と活用の在り方を扱うことが考えられる。

アの（ウ），イの（ウ）に係る学習活動については，例えば，SNSなどの特性や利用状況を調べさせることによって，時間や場所を越えてコミュニケーションが可能になったこと，誹謗・中傷などの悪質な書き込みが問題になっていること，いわゆるネット依存やテクノストレスなどの健康面への影響が懸念されていることなどを扱うことが考えられる。また，電子マネーやICカード，ICチップなどの普及によって，自動改札やセルフレジなどが増加したことや，人工知能やロボットが発達したことで人の仕事内容が変化したことなどを扱うことが考えられる。

なお，必要に応じて，「Bコミュニケーションと情報デザイン」の内容と関連付け，全ての人間が情報と情報技術を快適に利用するためにはユニバーサルデザイン，ユーザビリティ，アクセシビリティなどに配慮する必要があることにも触れる。

Aの全体にわたる学習活動としては，よりよい情報技術の活用や情報社会の在り方について，問題を知り，解決方法の提案，振り返り，見直しなど，グループで一連の学習活動を行うことが考えられる。

例えば，校内で生徒が運営する喫茶コーナーを校外のイベント等で実施する活動が挙げられる。これまで行われてきたイベントへの参加状況や感想などをアンケートなどで調査し，問題を知るとともに，それをより良くするために，情報通信ネットワーク等を効果的に活用したり，また，情報技術を取り入れることにより，どのような効果が期待されるのかを検討して当事者の立場に立って提案したりすることが考えられる。

その際，外部人材の活用や生徒自身が進んで社会と関わるような活動について配慮し，学習したことと社会との結び付きを強めるようにする。

B　コミュニケーションと情報デザイン

> B　コミュニケーションと情報デザイン
> 　身近なメディアとコミュニケーション手段及び情報デザインに着目し，目的や状況に応じて受け手に分かりやすく情報を伝える活動を通して，次の事項を身に付けることができるよう指導する。
> ア　次のような知識及び技能を身に付けること。
> 　（ア）身近なメディアの基本的な特性とコミュニケーション手段の基本的な特徴について，その変遷を踏まえて理解すること。
> 　（イ）身近にある情報デザインが人や社会に果たしている役割を理解すること。

（ウ）身近にある情報デザインから，効果的なコミュニケーションを行う
　　ための情報デザインの基本的な考え方や方法を理解し表現する基礎
　　的な技能を身に付けること。
イ　次のような思考力，判断力，表現力等を身に付けること。
（ア）身近なメディアとコミュニケーション手段の関係を捉え，それらを
　　目的や状況に応じて適切に選択すること。
（イ）コミュニケーションの目的に合わせて，適切かつ効果的な情報デザ
　　インを考えること。
（ウ）効果的なコミュニケーションを行うための情報デザインの基本的
　　な考え方や方法に基づいて表現し，振り返り，表現を見直すこと。

　ここでは，目的や状況に応じて受け手に分かりやすく情報を伝える活動を通じ
て，情報の科学的な見方・考え方を働かせて，身近なメディアの基本的な特性や
コミュニケーション手段の基本的な特徴について科学的に理解するようにし，効
果的なコミュニケーションを行うための情報デザインの基本的な考え方や方法を
身に付けるようにするとともに，コンテンツを表現し，振り返り，表現を見直す
力を養う。
　こうした学習活動を通して，情報と情報技術を活用して効果的なコミュニケー
ションを行おうとする態度，情報社会に参画しようとする態度を養うことが考え
られる。
　身近なメディアの基本的な特性やコミュニケーション手段の基本的な特徴につ
いては，中学部職業・家庭科の職業分野「B情報機器の活用」（中学校技術・家
庭科技術分野を履修した生徒については「D情報の技術」），高等部情報科の「A
情報社会の問題解決」と関連付けて扱う。また，情報デザインの基本的な考え方
や方法については，同じく情報科の「C情報通信ネットワークとデータの活用」
でも扱う。
　アの（ア）の「メディアの基本的な特性とコミュニケーション手段の基本的な特
徴について，その変遷を踏まえて理解する」とは，1段階で扱った内容を理解す
るようにするとともに，情報のデジタル化に関して標本化，量子化，符号化など
を理解するようにすることである。また，複数のメディアを組み合わせて統合し
たり，大量の情報を効率よく伝送したりできることなどについて扱うことなどが
考えられる。
　アの（イ）の「情報デザインが人や社会に果たしている役割を理解する」とは，
分かりやすく情報を表現するために，目的や受け手の状況に応じて伝達する情報
を抽象化，可視化，構造化する方法，年齢，言語や文化及び障害の有無などに関
わりなく情報を伝える方法を理解するようにすることである。その際，これらの

215

知識や技能によって作成された情報デザインが人や社会に果たしている役割を理解するようにする。

アの(ウ)の「効果的なコミュニケーションを行うための情報デザインの基本的な考え方や方法を理解し表現する基礎的な技能を身に付ける」とは，効果的なコミュニケーションを行うために，目的や受け手の状況に応じたコンテンツの設計，制作，実行，見直しなどの一連の過程，情報デザインの基本的な考え方や方法について理解し，技能を身に付けるようにすることである。その際，情報デザインの重要性，一連の過程を繰り返すことの重要性などについて理解するようにする。

イの(ア)の「メディアとコミュニケーション手段の関係を捉え，それらを目的や状況に応じて適切に選択する」とは，よりよくコミュニケーションを行うために，複数のメディアと複数のコミュニケーション手段の組合せについて考える力，コミュニケーションの目的や受け手の状況に応じて適切で効果的な組合せを選択する力，自らの取組を振り返り，表現を見直す力を養うことである。

イの(イ)の「コミュニケーションの目的に合わせて，適切かつ効果的な情報デザインを考える」とは，全ての人に情報を伝えるために，コミュニケーションの目的に合わせて，伝える情報を明確にする力，目的や受け手の状況に応じて適切かつ効果的な情報デザインを考える力を養うことである。その際，扱う情報やメディアの種類によって適切な表現方法を選択する力，年齢，言語や文化及び障害の有無などに関わりなく情報を伝える方法について考える力を養うことである。

イの(ウ)の「効果的なコミュニケーションを行うための情報デザインの基本的な考え方や方法に基づいて表現し，振り返り，表現を見直す」とは，効果的なコミュニケーションを行うために，情報デザインの基本的な考え方や方法を用いてコンテンツを設計する力，制作する力，実行する力，及び見直す力を養うことである。その際，必要なコンテンツを企画する力，情報デザインの考え方や方法を活用する力，見直す方法を考える力を養うことである。

アの(ア)，イの(ア)に係る学習活動については，例えば，情報の受け手が理解しやすいように複数のメディアを組み合わせて統合したり，その情報を実際に関係機関などに伝送したりする学習活動が考えられる。その際，文字・静止画・動画・音声・グラフィックスなどの複数のメディアをコミュニケーションの目的や受け手の状況に応じて組み合わせて統合し，受け手に直感的で分かりやすく効果的に情報を伝える学習活動が考えられる。さらに，選択したメディアやコミュニケーション手段の組合せを振り返り，表現を見直す学習活動などが考えられる。

アの(イ)，イの(イ)に係る学習活動については，例えば，全ての人に伝わり

やすい情報デザインの工夫を取り上げ，ユニバーサルデザイン，ユーザビリティ，アクセシビリティや環境の様々な要素が人の動作などに働きかけるシグニファイアなどを扱うことが考えられる。

アの(ウ)，イの(ウ)に係る学習活動については，例えば，情報デザインの基本的な考え方や方法を活用した作品制作を取り上げ，アプリケーションソフトウエアを活用した学校行事の案内，生徒会活動などで取り組まれる標語ポスター，学級新聞やWebページなどの作成などを扱う学習活動が考えられる。その際，作品に対して，自己の振り返りや他者の感想，意見などを基に表現を見直し，工夫をすることなどについて扱うことが考えられる。

Bの全体にわたる学習活動としては，情報と情報技術を活用して問題を知り，その問題の解決に向けて適切かつ効果的なメディアやコミュニケーション手段を選択し，情報デザインの基本的な考え方や方法に基づいてコンテンツの設計，制作，実行，見直しなどの一連の過程に取り組むことが考えられる。

例えば，学校紹介や学校行事などの特別活動などと連携したWebページやポスターなどのコンテンツを制作する学習活動を行う場合，より多くの人に訪問してもらうために，グループで意見を出し合いながら，Webページやポスターなどを制作し，その訪問者の数の違いや訪問者の意見からWebページやポスターのデザインを振り返ったり，表現を見直したりすることが考えられる。

また，問題の解決策を検討するためにラフスケッチや絵コンテを作成したり，図，グラフによって情報を可視化したりすることなどが考えられる。それらを基に役割分担し，制作，振り返りとそれに基づく表現の見直しなどを扱うことが考えられる。

C　情報通信ネットワークとデータの活用

C　情報通信ネットワークとデータの活用
　　情報通信ネットワークを介して流通するデータに着目して，情報通信ネットワークや情報システムにより提供されるサービスを活用し，問題を知り，問題の解決に向けた活動を通して，次の事項を身に付けることができるよう指導する。
ア　次のような知識及び技能を身に付けること。
　(ア)情報通信ネットワークの基本的な仕組みや情報セキュリティを確保するための基本的な方法について理解すること。
　(イ)身近なデータを蓄積，管理，提供する基本的な方法，情報通信ネットワークを介した情報システムによるサービスの提供に関する基本

的な仕組みと特徴について理解すること。

(ウ) データを表現，蓄積するための基本的な表し方と，データを収集，
整理，分析する基本的な方法について理解し，基礎的な技能を身に
付けること。

イ　次のような思考力，判断力，表現力等を身に付けること。

(ア) 目的や状況に応じて，情報通信ネットワークにおける情報セキュリ
ティを確保する基本的な方法について考えること。

(イ) 情報システムが提供するサービスの効果的な活用について考える
こと。

(ウ) データの収集，整理，分析及び結果の表現の基本的な方法を適切に
選択し，実行し，振り返り，表現を見直すこと。

　ここでは，1段階で習得した情報通信ネットワークや情報システムにより提供
されるサービスを活用する活動を通して情報の科学的な見方・考え方を働かせ
て，情報通信ネットワークや情報システムの基本的な仕組みを理解するととも
に，身近なデータを蓄積，管理，提供する基本的な方法，データを収集，整理，
分析する方法，情報セキュリティを確保する方法を身に付けるようにし，目的に
応じて情報通信ネットワークや情報システムにより提供されるサービスを安全か
つ効率的に活用する力やデータから問題を知り，データを問題の解決に活用する
力を養うことをねらいとしている。

　また，こうした学習活動を通して，情報技術を適切かつ効果的に活用しようと
する態度，データを多面的に精査しようとする態度，情報セキュリティなどに配
慮して情報社会に参画しようとする態度を養うことが考えられる。

　ここで学ぶ情報通信ネットワークの仕組み，情報システムにおけるデータを通
信する技術やデータを蓄積，管理，提供する方法については，中学部職業・家庭
科の職業分野「B情報機器の活用」（中学校において技術・家庭科を履修した生
徒については技術分野「D情報の技術」）の内容を踏まえて取り扱う。

　また，統計的な内容については，中学部数学科及び中学校数学科の領域である
「Dデータの活用」や高等部数学科の「Dデータの活用」の内容を踏まえて扱う
とともに，地域や学校の実態及び生徒の状況等に応じて教育課程を工夫するなど
相互の内容の関連を図ることも大切である。

　アの(ア)の「情報通信ネットワークの基本的な仕組みや情報セキュリティを確
保するための基本的な方法について理解する」とは，1段階で習得した内容を踏
まえ，必要なときに正確かつ安全に保護された情報を扱うことができるようにす
るために，情報の信頼性，可用性，機密性を確保するための方法である個人認証
や情報の暗号化，デジタル署名やデジタル証明書などの情報セキュリティを確保

するための基本的な方法と必要性などについて理解するようにすることである。

　アの(イ)の「身近なデータを蓄積，管理，提供する基本的な方法，情報通信ネットワークを介した情報システムによるサービスの提供に関する基本的な仕組みと特徴について理解する」とは，情報システムが提供するサービスを安全かつ効率的に活用するために，情報システムにおけるデータの位置付け，身近にあるデータを蓄積，管理，提供するデータベースについて理解するようにすることである。

　データベースについては，1段階で習得したことに加え，情報通信技術の急速な発展により，情報システムが提供するサービスの多くが情報通信ネットワーク上のシステムで稼働していることなどについて理解するようにする。

　アの(ウ)の「データを収集，整理，分析する基本的な方法について理解し，基礎的な技能を身に付ける」とは，1段階で習得した内容を踏まえ，データを収集，整理，分析する一連のデータ処理の流れ及びその振り返りと見直しについて理解するようにすることである。

　データの分析としては，基礎的な分析及び可視化の方法を理解するようにする。

　イの(ア)の「目的や状況に応じて，情報通信ネットワークにおける情報セキュリティを確保する基本的な方法について考える」とは，コンピュータ等を用いて安全かつ効率的な通信を行う力を養うことである。また，情報セキュリティを確保する方法について調べ，その意義を考えることにより，情報通信ネットワークを適切に活用しようとする態度を養うことが考えられる。

　イの(イ)の「情報システムが提供するサービスの効果的な活用について考える」とは，目的に応じて適切なサービスを選択するために，様々なサービスが自らの生活にどのように役立っているのかを考え，よりよいサービスの使い方を模索する力を養うことである。また，複数のサービスを比較検討し，目的に応じて最適なものを選択したり，組み合わせたりして活用する力を養うことである。さらに，情報システムが提供するサービスを活用する際に，提供する個人情報と受けるサービスとの関係に留意することが考えられる。

　イの(ウ)の「データの収集，整理，分析及び結果の表現の基本的な方法を適切に選択し，実行し，振り返り，表現を見直す」とは，1段階で習得した内容を踏まえ，分析の目的に応じた方法を選択，処理する力，その結果について多面的な可視化を行うことにより，データに含まれる傾向を見いだす力を養うことである。

　また，データの傾向に関して評価するために，客観的な指標を基に判断する力，生徒自身の考えを基にした適正な解釈を行う力を養うことである。

アの（ア），イの（ア）に係る学習活動については，例えば，家庭内LAN等の小規模な情報通信ネットワークの仕組みを取り上げ，有線LANと無線LANの違い及び無線LANにおいて情報セキュリティを確保する方法を扱うことが考えられる。さらに，公衆無線LANを安全・安心に利用するための注意点についても触れる。

アの（イ），イの（イ）に係る学習活動については，例えば，コンサートチケットの予約サービス，インターネットを介した在宅学習，防災情報などの情報提供サービスの仕組みや活用例を取り上げ，情報システムにおいて取り扱われているデータの種類や内容とそのデータの重要性，情報システムが提供するサービスを利用するための方法を扱う。また，インターネットを介した売買サービスを取り上げ，その仕組みや特徴，取引データを守る工夫，利用する側と提供する側双方のメリットを扱う。その際，情報通信ネットワークを介して情報システムが提供するサービスを活用する際の留意点などについても触れる。

アの（ウ），イの（ウ）に係る学習活動については，例えば，データの形式に関しては，表形式以外の時系列データ，SNSなどにおいて個人と個人の繋がりを表現するためのデータ，項目（キー）と値（バリュー）をセットにして値を格納するキー・バリュー形式のデータを扱うことが考えられる。

また，気象データや就職率など，国や地方公共団体などが提供しているオープンデータなどについて扱い，それらのデータを整理，加工し，適切な分析や分かりやすい可視化の方法について，生徒個々人の考えなどをグループで話し合い，表現の方法を見直す学習活動などが考えられる。

Cの全体にわたる学習活動としては，情報通信ネットワークとデータの利用を取り上げ，情報通信ネットワークを用いて安全かつ効率的に多量のデータを集め，これを整理，分析し，発信する学習活動が考えられる。また，国や地方公共団体，民間企業等が提供するオープンデータを取り上げ，データの傾向を見いだす学習活動も考えられる。

例えば，作業製品の販売活動における売上げなどのデータを分析する学習活動を行う場合，グラフや表などを用いてデータを可視化して特徴を読み取ったり，公開されている気象データ等から今後の生産数や売上げの予測をしたりすることが考えられる。

その際，最適な判断ができるようにするための安全かつ効率的なデータの収集を行うために必要な情報システムについて考える学習活動を通して，情報通信ネットワークの仕組み，データを蓄積，管理，提供するデータベースの仕組み，情報セキュリティなどについて理解を深め，これらを効果的に活用する力を養うことが考えられる。

また，調査によって得られたデータを分析して分かりやすくまとめたり，報告したりする学習活動を通して，データの形式に関する知識，統計的に分析する技能や結果を可視化する技能を身に付け，適切なデータ形式を選択する力，データを基に多面的に考える力，分析結果を分かりやすく伝える力を養うことが考えられる。

　さらに，地域や学校及び生徒の実態に応じて，校内LANあるいはインターネットなどの情報通信ネットワークを選択することが考えられる。

4　指導計画の作成と内容の取扱い

(1) 指導計画作成上の配慮事項

3　指導計画の作成と内容の取扱い

(1) 指導計画の作成に当たっては，次の事項に配慮するものとする。

　ア　単元など内容や時間のまとまりを見通して，その中で育む資質・能力の育成に向けて，生徒の主体的・対話的で深い学びの実現を図るようにすること。その際，情報に関する科学的な見方・考え方を働かせ，情報と情報技術を活用して問題を知り，主体的，協働的に制作や話合いなどを行うことを通して解決策を考えるなどの探究的な学習活動の充実を図ること。

　この事項は，情報科の指導計画の作成に当たり，生徒の主体的・対話的で深い学びの実現を目指した授業改善を進めることとし，情報科の特質に応じて，効果的な学習が展開できるように配慮すべき内容を示したものである。

　選挙権年齢や成年年齢の引き下げなど，生徒にとって政治や社会が一層身近なものとなる中，学習内容を人生や社会の在り方と結び付けて深く理解し，これからの時代に求められる資質・能力を身に付け，生涯にわたって能動的に学び続けることができるようにするためには，これまでの学校教育の蓄積も生かしながら，学習の質を一層高める授業改善の取組を活性化していくことが求められている。

　指導に当たっては，(1)「知識及び技能」が習得されること，(2)「思考力，判断力，表現力等」を育成すること，(3)「学びに向かう力，人間性等」を涵養することが偏りなく実現されるよう，単元や題材など内容や時間のまとまりを見通しながら，生徒の主体的・対話的で深い学びの実現に向けた授業改善を行うことが重要である。

　主体的・対話的で深い学びは，必ずしも1単位時間の授業の中で全てが実現されるものではない。単元や題材など内容や時間のまとまりの中で，例えば，主体

221

的に学習に取り組めるよう学習の見通しを立てたり学習したことを振り返ったりして自身の学びや変容を自覚できる場面をどこに設定するか，対話によって自分の考えなどを広げたり深めたりする場面をどこに設定するか，学びの深まりをつくりだすために，生徒が考える場面と教師が教える場面をどのように組み立てるか，といった視点で授業改善を進めることが求められる。また，生徒や学校の実態に応じ，多様な学習活動を組み合わせて授業を組み立てていくことが重要であり，単元のまとまりを見通した学習を行うに当たり基礎となる「知識及び技能」の習得に課題が見られる場合には，それを身に付けるために，生徒の主体性を引き出すなどの工夫を重ね，確実な習得を図ることが必要である。

　主体的・対話的で深い学びの実現に向けた授業改善を進めるに当たり，特に「深い学び」の視点に関して，各教科等の学びの深まりの鍵となるのが「見方・考え方」である。各教科等の特質に応じた物事を捉える視点や考え方である「見方・考え方」を，習得・活用・探究という学びの過程の中で働かせることを通じて，より質の高い深い学びにつなげることが重要である。

イ　学習の基盤となる情報活用能力が，中学部や中学校までの各教科等において，教科等横断的な視点から育成されてきたことを踏まえ，情報科の学習を通して生徒の情報活用能力を更に高めるようにすること。また，他の各教科等の学習において情報活用能力を生かし高めることができるよう，他の各教科等との連携を図ること。

　情報科は，小・中学部，小・中学校，高等部，高等学校の各教科等の指導を通じて行われる情報教育の中核として，小・中学部，小・中学校段階からの問題を知り，問題を解決し，情報活用した経験の上に，情報と情報技術の問題を知り，問題の解決に活用するための科学的な理解や思考力等を育み，情報活用能力を更に高める教科として位置付けることができる。また，生涯にわたって情報技術を活用し現実の問題を知り，問題を解決していくことができる力を育むことは，情報科の学習だけで達成されるのではなく，各教科等の全ての教育活動を通じて達成されるものである。各教科等においては，それぞれの見方・考え方やねらいに即して情報活用能力を育成する教育が行われる。情報科においては，情報教育の目標の観点に基づき，各教科等と密接な関連を図りながら，カリキュラム・マネジメントを含めた計画的な指導によって情報活用能力を生かし高めるよう指導計画の作成に当たって次のような工夫が必要である。

・指導内容の実施時期について，相互に関連付けながら決定する
・教材等を共有する

・学習課題と情報手段を活用した学習活動と実習の有機的な関連を図る

　また，生徒が中学部や中学校で情報手段をどのように活用してきたかを的確に把握することは，情報科の指導計画を立てる際に重要なことである。中学部や中学校での活動内容や程度を踏まえて，適切な指導ができるよう留意する必要がある。

> ウ　情報科を設ける場合は，生徒の障害の状態や実態に応じて，指導目標を適切に定め，３年間を通して情報科の目標の実現を図るようにすること。

　高等部で情報科を設ける場合は，生徒の障害の状態や実態に応じて，指導目標を適切に定めるとともに，３年間を通して情報科の目標の実現を図るようにすることを示している。また，段階の指導への円滑な接続がなされるよう留意することも示している。その際，卒業後の生活を見通して，様々な情報や情報機器を適切かつ効果的に活用する機会を十分に設け，生涯学習への意欲を高めるようにすることが大切である。

> エ　社会科，数学科及び職業科などの内容との関連を図るとともに，教科の目標に即した調和のとれた指導が行われるように留意すること。

　情報科と社会科や数学科及び職業科との連携を図るとともに学習内容の系統性に留意することが大切である。

(2) 内容の取扱いについての配慮事項

> (2)　２の各段階の内容の取扱いについては，次の事項に配慮するものとする。
> ア　情報の信頼性や信憑性を確認する基礎的な能力の育成を図るとともに，知的財産や個人情報の保護と活用など，情報モラルの育成を図ること。

　各内容の指導に当たっては，情報の信頼性や信憑性を見極めたり確保したりする能力については，他の情報と組み合わせる，情報源を整理する，情報を比較するなどの具体的な方法を通して育成を図るようにする。知的財産や個人情報に

関する扱いについては，関係する法律や規則ができた経緯や目的の理解を図るようにし，保護と同時に活用にも配慮されていることを理解するようにする。

これらと併せて情報通信ネットワークやコンピュータの仕組みなどの科学的な理解を進めることで，よりよい情報社会の実現に向けて情報モラルの育成を適切に行うことができる。

イ　目標及び内容等に即して，コンピュータや情報通信ネットワークなどを活用した実習を積極的に取り入れ，身近にある情報機器の操作の習得を図ること。その際，必要な情報機器やネットワーク環境を整えるとともに，内容のまとまりや学習活動，学校や生徒の実態に応じて，適切なソフトウェア，外部装置などを選択すること。

各内容の指導に当たっては，実習などの実践的・体験的な学習活動を通して，教科や各段階の目標を達成し，その内容を実現することができるよう配慮し，指導の効果を高めることが必要である。

なお，総授業時数に占める実習に配当する授業時数の割合を明示していない。この割合については各学校の実情に応じて弾力的に設定できるようにしたものである。しかし，ここで特に留意すべきことは，情報活用能力を確実に身に付けるためには，問題解決の過程で情報手段を活用することが不可欠であり，実習は重要である，ということである。

また，実習の内容に応じた機能や性能を持つコンピュータなどの情報機器，インターネット接続を含めた情報通信ネットワーク環境を整えることが必要である。さらに，情報デザインの学習であれば，それに応じた画像や動画を加工するためのソフトウェアなど，内容のまとまりや学習活動，学校や生徒の実態に応じたものを準備することによって，実習の効果を高めることができる。

ウ　思考力，判断力，表現力等を育成するため，情報と情報技術を活用して問題を知り，問題を解決する過程において，考えたり，調べたりしたことを説明したり記述したりするなどの言語活動の充実を図ること。

言葉は，情報を理解したり自分の考えをまとめたり発表したりするなどの知的活動の基盤であり，コミュニケーション能力，さらには，感性・情緒の基盤としての役割を持つ。

各内容の指導に当たっては，情報と情報技術を活用した問題を知り，問題を解

決する過程で，認識した情報を基に思考する場面として考察や解釈，概念の形成などの言語活動を行う。その際，情報科の特質を生かして，情報通信ネットワークを活用した情報の収集と共有化などを用いることが考えられる。同様に思考したものを言語により表現する場面として論理的な説明や記述などの言語活動を行う。その際，情報科の特質を生かして，図，グラフ，アニメーションや動画などのメディアを用いた表現，情報通信ネットワークの特性を生かして考えを伝え合う活動の充実などが考えられる。

エ　情報機器を活用した学習を行うに当たっては，照明やコンピュータの使用時間などに留意するとともに，生徒が自らの健康に留意し望ましい習慣を身に付けることができるよう配慮すること。

　学習環境としては，適切な採光と照明，周囲の光が画面に反射しない工夫，机や椅子の高さの調整など，また，望ましい習慣としては，正しい姿勢や適度な休憩などがある。

　これらを踏まえ，生徒が主体的に自宅や学校で必要な学習環境を整え，望ましい習慣で情報機器を活用するようにするには，生徒自らが健康に留意した学習環境や望ましい習慣について考え，その意義を理解することが大切である。

オ　授業で扱う具体例，教材・教具などについては，生活に関連の深いものを取り上げるとともに，情報技術の進展に対応して適宜見直しを図ること。

　生徒が見通しをもって意欲的に学習活動に取り組むことができるように，生活に関連した題材を扱うことが重要である。その際，その題材のもつ情報技術が実際の生活とどのように関連しているかについて指導することが大切である。

　情報技術の進展により，情報と情報技術に関する用語，学習内容における具体例，実習の課題，情報モラルの内容，現在の標準的な情報機器や情報技術などが数年先には標準でなくなる可能性もあるので，授業で扱う具体例，教材・教具などは適宜見直す必要がある。

　また，これに伴いコンピュータや情報通信ネットワークなどの学習環境についても見直しや更新が必要になる場合がある。情報科では，個々の機器の操作方法や技術の習得で終わるのではなく，それらの基礎になる原理を理解することが大切である。授業で具体例を選ぶ基準としては，情報機器や情報技術の原理などが

生徒にとって分かりやすいものであることを優先させるべきである。

> カ　「A情報社会の問題解決」については，この教科の導入として位置付
> け，「Bコミュニケーションと情報デザイン」や「C情報通信ネットワー
> クとデータの活用」との関連性に配慮すること。

　内容のAを情報科の導入として位置付けるとともに，BやCの内容の指導に当
たっては，内容のAと関連付けて扱うことで，各内容に関する興味・関心を高
め，生徒が主体的に学習に取り組み，「情報に関する科学的な見方・考え方」を
働かせることができるようにすることが大切である。

> キ　「C情報通信ネットワークとデータの活用」のアの(ア)及びイの(ア)に
> ついては，身近にある情報機器を操作し，情報セキュリティを確保する
> 活動を取り入れること。

　Cの情報通信ネットワークの基本的な仕組みや情報セキュリティを確保するた
めの基本的な方法に関する指導を行う際には，生徒の身近にある，もしくは日常
的に使用している情報機器等を扱い，その情報機器等に潜む情報セキュリティに
関する危険性に気付かせるとともに，その仕組みを知ったり，情報セキュリティ
を確保したりする活動に取組むことが大切である。

● 第1　家政

1　改訂の要点

　目標については，産業界で必要とされる資質・能力を見据えて三つの柱に沿って整理し，育成を目指す資質・能力のうち，(1)には「知識及び技術」を，(2)には「思考力，判断力，表現力等」を，(3)には「学びに向かう力，人間性等」を示した。

　内容については，〔指導項目〕を示すこととし，〔指導項目〕として示す学習内容の指導を通じて，目標において三つの柱に整理した資質・能力を身に付けさせることを明確にした。なお，項目の記述については，専門教科は様々な履修の形があり，学習内容の程度にも幅があることから，従前どおり事項のみを大綱的に示した。

　また，少子高齢化，食育の推進，価値観やライフスタイルの多様化等への対応などを踏まえ，生活産業を通して生活の質の向上と社会の発展に寄与する職業人を育成する視点から，〔指導項目〕として「生活産業の概要」を設けるなど，学習内容等の改善・充実を図った。

2　目標

> 1　目　標
>
> 　家庭の生活に関わる産業の見方・考え方を働かせ，実践的・体験的な学習活動を行うことなどを通して，生活の質の向上と社会の発展に寄与する職業人として必要な資質・能力を次のとおり育成することを目指す。
>
> (1) 生活産業に関することについて理解するとともに，関連する技術を身に付けるようにする。
>
> (2) 生活産業に関する課題を発見し，職業人に求められる倫理観を踏まえ課題を解決する力を養う。
>
> (3) 職業人として必要な豊かな人間性を育み，よりよい社会の構築を目指して自ら学び，社会貢献に主体的かつ協働的に取り組む態度を養う。

　この教科においては，生活産業が人間の生活を支える産業の一つであるという視点をもち，商品・サービスを提供する一連の生産活動に関わることなどを通して，生活の質の向上と社会の発展に寄与する職業人として必要な資質・能力の育

第4節
各学科に共通
する各教科

第5節
主として専門学
科において開設
される各教科

成を目指すことを示した。

家庭の生活に関わる産業の見方・考え方とは，「生活産業に関する事象を協力・協働，健康・快適・安全，生活文化の伝承，持続可能な社会の構築等の視点で捉え，生活の質の向上や社会の発展と関連付けること」を意味している。

目標の(1)については，人間の生活を豊かにする生活産業の意義と役割を理解し，職業人に求められる技術を身に付けることを意味している。

目標の(2)については，衣食住，保育，家庭看護などの指導項目で，生活に関わる諸課題を発見し，生活産業に従事する者として求められる，職業人としての倫理観を踏まえて解決に向けて取り組み，解決する力を養うことを意味している。

目標の(3)については，生活産業を通して，社会に貢献する意識などを育み，卒業後企業等に就労し，生活の質の向上と社会の発展に主体的かつ協働的に取り組む態度を養うことを意味している。

3　内容とその取扱い

(1) 内容の構成及び取扱い

この教科は，目標に示す資質・能力を身に付けることができるよう，(1)生活産業の概要，(2)被服，(3)クリーニング，(4)手芸，(5)調理，(6)住居，(7)保育，(8)家庭看護の八つの指導項目で内容を構成している。また，内容を取り扱う際の配慮事項は次のように示されている。

(内容を取り扱う際の配慮事項)

第5章
知的障害者である生徒に対する教育を行う特別支援学校

---

(2) 2の内容の取扱いについては，次の事項に配慮するものとする。
　ア　〔指導項目〕の(2)から(8)までについては，生徒や地域の実態，学科の特色等に応じて，いずれか一つ以上を選択して扱うことができること。

〔指導項目〕の(2)から(8)までについては，生徒や地域の実態，学科の特色等に応じて指導項目を選択し，生徒が適切に履修できるようにすることが必要である。

また，学習指導要領第1章第2節第2款の3の(4)のアの規定に基づき，〔指導項目〕で示していない事項についても，家政に関する適切な事項があれば取り上げて指導することができる。その〔指導項目〕の選択に当たり考慮すべきこととしては，次の点が挙げられる。

(ア) 生徒の生活の状況や進路などを十分考慮したものであること。

(イ) 学校の実態や立地条件及び環境条件，地域性に即したものであること。

(ウ) 学校の施設・備品などを考慮したものであること。

(ェ) 生活産業において必要な基礎的な知識と技術の要素を多く含むものであること。

> イ 〔指導項目〕の(4)のイについては，刺しゅう，編物，染色，織物及びその他の手芸に係る製作の中から選択して，基礎的な技法を扱うこと。

〔指導項目〕の(4)のイについて内容を取り扱う際には，生徒の実態等に応じて，刺しゅう，編物，染色，織物の中から選択し，生徒が適切に履修できるようにする必要がある。なお，刺しゅう，編物，染色，織物以外でも，その他の手芸に係る製作で適当なものがあれば取り上げて指導することができる。

> ウ 〔指導項目〕の(5)については，家政科の特質に応じて，食育の充実を図ること。また，実習に用いる食品については，安全・衛生に留意し，食物アレルギーについても配慮すること。

食に関する内容を取り扱う際には，生涯を見通した食生活を営む力を育むために，食生活の文化に関心をもてるようにするとともに，必要な知識と技術を習得し，安全と環境に配慮し主体的に食生活を営む力を身に付けられるようにする。その際，生徒の日常生活との関連を図り，より実践的に指導することが重要である。

また，食中毒を防止するための食材の保管と取扱い，調理器具の衛生的な管理について指導を徹底し，食中毒の防止を図り，安全と衛生に十分留意して実験・実習ができるようにする。加えて，食物アレルギーについては，生徒の食物アレルギーに関する正確な情報の把握に努め，発症の原因となりやすい食物の管理や，発症した場合の緊急時対応について各学校の基本方針等を基に事前確認を行うとともに，保護者や関係機関等との情報共有を確実に行い，事故の防止に努めるようにする。具体的には，調理実習で扱う食材にアレルギーの原因となる物質を含む食品が含まれていないかを確認する。食品によっては直接口に入れなくても，手に触れたり，調理したときの蒸気を吸ったりすることで発症する場合もあるので十分配慮する。

エ　実験・実習を行うに当たっては，関連する法規等に従い，施設・設備や薬品等の安全管理に配慮し，学習環境を整えるとともに，事故防止の指導を徹底し，安全と衛生に十分留意すること。

　内容を取り扱う際に，実験・実習を行うに当たっては，関連する法規等に従い，実習室の施設・設備の定期点検と整備を実施し，安全管理や衛生管理を徹底することが必要である。また，コンピュータ等の情報機器などを適切に整備し，学習環境を整えることが必要である。特に，調理実習における電気，ガスなどの火気の扱い，実習室の換気，包丁などの刃物の安全な取扱いと管理，被服製作や服飾手芸における針，縫製機器，薬品などの安全な取扱いと管理についての指導を徹底し，事故の防止を図り，安全に十分留意して実験・実習ができるようにする。

　また，校外で調査・研究・実習などを行う際においても，事故の防止や安全管理などに配慮し，指導計画を綿密に作成し，目的が効果的に達成されるよう，生徒指導にも十分留意することが必要である。

(2) 内容

２　内　容
　　1に示す資質・能力を身に付けることができるよう，次の〔指導項目〕を指導する。

〔指導項目〕

(1) 生活産業の概要
　ア　生活産業の意義と役割
　イ　生活産業の基礎
　ウ　使用する器具や機械，コンピュータ等の情報機器の取扱い

　ここでは，教科の目標を踏まえ，生活産業が日常生活に深く関わっていることについての知識などを基盤として，生活産業の意義について自らの考えをもつとともに，組織の一員として商品やサービスの生産や販売，提供などに取り組もうとする意識と意欲を高めることができるようにすることをねらいとしている。
　このねらいを実現するため，次の①から③までの事項を身に付けることができるよう，〔指導項目〕を指導する。
　①　生活産業が社会で果たしている意義と役割などについて理解するととも

に，職業生活に必要となる技術を身に付けること。

② 生活産業を通して生活の質の向上と社会の発展に寄与する職業人となる視点から，よりよい商品・サービスの生産や提供をするために必要な課題を発見し，工夫について考え，表現すること。

③ 生活産業の意義と役割などについて自ら学ぶこと。

ア　生活産業の意義と役割

ここでは，人間のニーズに応えて生活産業が発展してきたことについて取り上げ，人間の生活を支え，心の豊かさをもたらしている生活産業の意義や役割について扱うこと。また，作業態度や意欲，職業生活に必要な基本的な生活能力を高めることについても扱うこと。

イ　生活産業の基礎

ここでは，生活産業の被服，クリーニング，手芸，調理，住居，保育などの分野を取り上げ，それぞれの分野が販売，提供している多様な商品・サービスの内容や生産から消費者に販売，提供されるまでの工程について扱うこと。

ウ　使用する器具や機械，コンピュータ等の情報機器の取扱い

ここでは，生活産業で用いられる主な器具や機械，コンピュータ等の情報機器を取り上げ，名称，用途，操作手順，保管・管理等について扱うこと。

〔指導項目〕

---

(2) 被服

　ア　被服の機能と基本的な構成

　イ　被服製作の工程

ここでは，教科の目標を踏まえ，被服の機能と基本的な構成の理解に基づき，被服の製作が行えるようにすることをねらいとしている。

このねらいを実現するため，次の①から③までの事項を身に付けることができるよう，〔指導項目〕を指導する。

① 被服の機能と基本的な構成について理解するとともに，被服の製作に係る技術を身に付けること。

② 被服製作において，よりよい製品を製作するために必要な課題を発見し，工夫について考え，表現すること。

③ 被服の機能と基本的な構成について自ら学び，被服製作に主体的かつ協働的に取り組むこと。

ア　被服の機能と基本的な構成

ここでは，被服が社会生活で果たす機能や和服と洋服の構成を取り上げ，被服

の機能が，被服材料の性能や被服の構成との関わりが深いことを扱うこと。また，構成上の特徴については，平面構成である和服と立体構成である洋服の違いについてなどを扱うこと。

イ　被服製作の工程

　ここでは，日常着，外出着などの製作を取り上げ，採寸，型紙の活用，裁断，仮縫い，ミシンなどによる本縫い，アイロンなどによる仕上げなどを扱うこと。

〔指導項目〕

---

(3)　クリーニング
　　ア　クリーニングの種類と特徴
　　イ　クリーニングの工程

　ここでは，教科の目標を踏まえ，クリーニングの種類と特徴の理解に基づき，クリーニングの各工程を行えるようにすることをねらいとしている。

　このねらいを実現するため，次の①から③までの事項を身に付けることができるよう，〔指導項目〕を指導する。

①　クリーニングの種類と特徴について理解するとともに，クリーニングの各工程に係る技術を身に付けること。

②　クリーニングにおいて，よりよいサービスを提供するために必要な課題を発見し，工夫について考え，表現すること。

③　クリーニングの種類と特徴について自ら学び，クリーニングの各工程に主体的かつ協働的に取り組むこと。

ア　クリーニングの種類と特徴

　ここでは，ランドリー，ウェットクリーニング，ドライクリーニングなどを取り上げ，その内容や方法，適した被洗物などの特徴を扱うこと。

イ　クリーニングの工程

　ここでは，ランドリー，ウェットクリーニング，ドライクリーニングなどを取り上げ，受注，被洗物の分類，洗い，乾燥，仕上げ，たたみ込み，仕分け，包装，納品などを扱うこと。

〔指導項目〕

```
(4) 手芸
  ア  手芸の種類と特徴
  イ  刺しゅう，編物，染色，織物及びその他の手芸に係る製作
```

　ここでは，教科の目標を踏まえ，手芸の種類と特徴の理解に基づき，刺しゅう，編物，染色，織物及びその他の手芸から選択して，その基礎的な技法を身に付けることをねらいとしている。

　このねらいを実現するため，次の①から③までの事項を身に付けることができるよう，〔指導項目〕を指導する。

　①　手芸の種類と特徴について理解するとともに，手芸の基礎的な技法を身に付けること。

　②　手芸に係る製作において，よりよい製品を製作するために必要な課題を発見し，工夫について考え，表現すること。

　③　手芸の種類と特徴について自ら学び，手芸に係る製作に主体的かつ協働的に取り組むこと。

ア　手芸の種類と特徴

　ここでは，刺しゅう，編物，染色，織物及びその他の手芸の中から選択して取り上げ，それぞれの技法や特徴，手芸用品の種類を扱うこと。

イ　刺しゅう，編物，染色，織物及びその他の手芸に係る製作

　ここでは，刺しゅう，編物，染色，織物及びその他の手芸による小物などの製作の中から選択して取り上げ，編む，染める，洗う，干す，織るなどの基礎的な技法を扱うこと。

〔指導項目〕

```
(5) 調理
  ア  食品の種類とその特徴
  イ  栄養と栄養素
  ウ  調理における衛生管理
  エ  調理の工程
```

　ここでは，教科の目標を踏まえ，食品の種類とその特徴，栄養と栄養素，調理における衛生管理の理解に基づき，調理の基本操作ができるようにすることをねらいとしている。

このねらいを実現するため，次の①から③までの事項を身に付けることができるよう，〔指導項目〕を指導する。

① 食品の種類とその特徴，栄養と栄養素，調理における衛生管理について理解するとともに，調理の基本操作を身に付けること。

② 調理の工程において，よりよい調理のために必要な課題を発見し，工夫について考え，表現すること。

③ 食品の種類とその特徴，栄養と栄養素，調理における衛生管理について自ら学び，調理の基本操作に主体的かつ協働的に取り組むこと。

ア　食品の種類とその特徴

ここでは，植物性食品とその加工品，動物性食品とその加工品，成分抽出素材を取り上げ，その栄養的特徴，調理上の性質，利用法などの基礎を扱うこと。また，調味料，甘味料，香辛料及び嗜好品を取り上げ，使用目的とその役割，利用法などを扱うこと。

イ　栄養と栄養素

ここでは，炭水化物，脂質，たんぱく質，無機質，ビタミン，その他の成分を取り上げ，人体と栄養との関わりなど栄養の概念と，各栄養素の機能などの基礎を扱うこと。

ウ　調理における衛生管理

ここでは，食中毒とその予防，食品の変質とその防止，食品衛生対策などを取り上げ，生鮮食品や加工食品の品質や適切な管理を扱うこと。

エ　調理の工程

ここでは，弁当などの調理，製パン，クッキー，ケーキなどの製菓，加工食品の製造，大量の調理などを取り上げ，洗う，切る，むく，煮る，焼く，いためる，調味する，材料を量る，混ぜる，ねかす，焼く，揚げるなどの調理の基本操作を扱うこと。

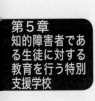

第5章
知的障害者である生徒に対する教育を行う特別支援学校

〔指導項目〕

---

(6) 住居
　　ア　住居の機能や室内環境
　　イ　住居の管理
　　ウ　インテリア

ここでは，教科の目標を踏まえ，住居の機能や室内環境の理解に基づき，必要な住居の管理，適切な室内の装飾ができるようにすることをねらいとしている。

このねらいを実現するため，次の①から③までの事項を身に付けることができ

るよう，〔指導項目〕を指導する。
① 住居の機能や室内環境について理解するとともに，住居の管理，室内の装飾に係る技術を身に付けること。
② 住居の管理，室内の装飾において，より安全で快適な住生活を営むために必要な課題を発見し，工夫について考え，表現すること。
③ 住居の機能や室内環境について自ら学び，住居の管理，室内の装飾に主体的かつ協働的に取り組むこと。

ア 住居の機能や室内環境

ここでは，住居の機能や室内環境を取り上げ，室内の空気や照度，室温，清潔など安全で快適な住生活を営むために必要な室内環境の在り方を扱うこと。

イ 住居の管理

ここでは，室内空気，室内照度，住居の保温性，安全性，快適性などを取り上げ，照明器具の点検及び取替え，空調設備の点検及び修理，通風，換気，室内や台所，トイレ，風呂などの清掃，敷地内の住居周りの外部空間の整備などを扱うこと。

ウ インテリア

ここでは，適切な室内の装飾を取り上げ，小物や家具の配置，カーテン，壁の装飾などを扱うこと。

〔指導項目〕

> (7) 保育
>   ア 子供の発達と生活
>   イ 子供との関わり

ここでは，教科の目標を踏まえ，子供の発達過程や子供の生活の特徴の理解に基づき，子供との適切な関わりができるようにすることをねらいとしている。

このねらいを実現するため，次の①から③までの事項を身に付けることができるよう，〔指導項目〕を指導する。

① 子供の発達過程や子供の生活の特徴について理解するとともに，子供との適切な関わり方に関連する技術の基礎を身に付けること。
② 子供とより適切に関わるために必要な課題を発見し，工夫について考え，表現すること。
③ 子供の発達過程や子供の生活の特徴について自ら学び，子供との関わりに主体的かつ協働的に取り組むこと。

ア　子供の発達と生活

　ここでは，誕生以後の子供の身体発育，運動機能，認知機能，情緒，人間関係などを取り上げ，その発達過程を扱うこと。また，誕生以後の子供の睡眠，食事，遊びなどを取り上げ，その特徴を扱うこと。

イ　子供との関わり

　ここでは，睡眠，食事，遊びなど子供の一日の生活を取り上げ，睡眠，栄養と食事，被服，排泄や造形表現活動，言語表現活動，音楽・身体表現活動などの遊び・運動などについての適切な関わりの基礎を扱うこと。

〔指導項目〕

> (8) 家庭看護
> 　ア　病気の予防や疾病の状態
> 　イ　食事や排泄，衣生活，移動の援助

　ここでは，教科の目標を踏まえ，病気の予防や疾病の状態の理解に基づき，健康観察などができるようにすること，食事や排泄，衣生活，移動の援助などができるようにすることをねらいとしている。

　このねらいを実現するため，次の①から③までの事項を身に付けることができるよう，〔指導項目〕を指導する。

①　病気の予防や疾病の状態について理解するとともに，健康観察，食事，排泄，衣生活，移動の援助などの方法に関連する技術の基礎を身に付けること。

②　健康観察，食事，排泄，衣生活，移動の援助などをより適切に行うために必要な課題を発見し，工夫について考え，表現すること。

③　病気の予防や疾病の状態について自ら学び，健康観察，食事，排泄，衣生活，移動の援助などに主体的かつ協働的に取り組むこと。

ア　病気の予防や疾病の状態

　ここでは，病気の予防や疾病の状態の基礎，体温や脈，血圧の測定などによる健康観察の基礎などを扱うこと。

イ　食事や排泄，衣生活，移動の援助

　ここでは，家庭生活での援助を取り上げ，食事や排泄の援助，寝間着・シーツの交換，体位変換，ベッドメーキング，移動の援助などの基礎を扱うこと。

(3) 指導計画の作成に当たっての配慮事項

　指導計画の作成に当たっては，次の事項に配慮するものとする。

第5章
知的障害者である生徒に対する教育を行う特別支援学校

> 3　指導計画の作成と内容の取扱い
>
> （1）指導計画の作成に当たっては，次の事項に配慮するものとする。
>
> 　ア　単元など内容や時間のまとまりを見通して，その中で育む資質・
> 　　　能力の育成に向けて，生徒の主体的・対話的で深い学びの実現を図
> 　　　るようにすること。その際，生活に関連する産業の見方・考え方を
> 　　　働かせ，実践的・体験的な学習活動の充実を図ること。

　この事項は，家政科の指導計画の作成に当たり，生徒の主体的・対話的で深い学びの実現を目指した授業改善を進めることとし，家政科の特質に応じて，効果的な学習が展開できるように配慮すべき内容を示したものである。

　選挙権年齢や成年年齢の引き下げなど，生徒にとって政治や社会が一層身近なものとなる中，学習内容を人生や社会の在り方と結び付けて深く理解し，これからの時代に求められる資質・能力を身に付け，生涯にわたって能動的に学び続けることができるようにするためには，これまでの学校教育の蓄積も生かしながら，学習の質を一層高める授業改善の取組を活性化していくことが求められている。

　指導に当たっては，（1）「知識及び技術」を習得すること，（2）「思考力，判断力，表現力等」を育成すること，（3）「学びに向かう力，人間性等」を涵養することが偏りなく実現されるよう，単元など内容や時間のまとまりを見通しながら，生徒の主体的・対話的で深い学びの実現に向けた授業改善を行うことが重要である。

　主体的・対話的で深い学びは，必ずしも1単位時間の授業の中で全てが実現されるものではない。単元など内容や時間のまとまりの中で，例えば，主体的に学習に取り組めるよう学習の見通しを立てたり学習したことを振り返ったりして自身の学びや変容を自覚できる場面をどこに設定するか，対話によって自分の考えなどを広げたり深めたりする場面をどこに設定するか，学びの深まりをつくりだすために，生徒が考える場面と教師が教える場面をどのように組み立てるかといった視点で授業改善を進めることが求められる。また，生徒や学校の実態に応じ，多様な学習活動を組み合わせて授業を組み立てていくことが重要であり，単元など内容や時間のまとまりを見通した学習を行うに当たり基礎となる「知識及び技術」の習得に課題が見られる場合には，それを身に付けるために，生徒の主体性を引き出すなどの工夫を重ね，確実な習得を図ることが必要である。

　主体的・対話的で深い学びの実現に向けた授業改善を進めるに当たり，特に「深い学び」の視点に関して，各教科等の学びの深まりの鍵となるのが「見方・考え方」である。各教科等の特質に応じた物事を捉える視点や考え方である「見

方・考え方」を，習得・活用・探究という学びの過程の中で働かせることを通じて，より質の高い深い学びにつなげることが重要である。

「主体的な学び」について，例えば，就業体験活動を通して，生活産業に関する仕事に直接関わることで，学習内容により興味・関心をもったり，自分が社会の発展に寄与できる存在であることを認識したりするなどして，学習意欲を喚起することなどが考えられる。

「対話的な学び」については，産業界の関係者や他の生徒と対話したり，協働したりする中で，課題解決に向けて，自らの考えを明確にしたり，他者と多様な価値観を共有したりして自らの考えを広め深めたりすることなどが考えられる。

「深い学び」については，生徒が，地域や社会の生活の中から問題を見いだして解決策を構想し，計画を立案し，実践，評価，改善して新たな課題解決に向かうといった一連の過程の中で，家庭の生活に関わる産業の見方・考え方を働かせながら，課題の解決に向けて自分の考えを構想したり，表現したりして，資質・能力を育成しているかどうかの視点から授業改善を図ることが考えられる。

このように，家政科においては，家庭の生活に関わる産業の見方・考え方を働かせて学ぶことにより，事実等に関する知識を相互に関連付けて概念に関する知識を獲得したり，技術の深化を図ったりすることができると考えられる。

以上のような授業改善の視点を踏まえ，家政科で育成を目指す資質・能力及びその評価の観点との関係も十分に考慮し，指導計画等を作成することが必要である。

> イ　地域や産業界との連携・交流を通じた実践的な学習活動や就業体験活動を積極的に取り入れるとともに，社会人講師を積極的に活用するなどの工夫に努めること。

地域や産業界との連携・交流を図り，受注・納品等を通して社会との接点をもった活動を展開するよう配慮し，製品やサービスが社会生活で有効に活用されるよう十分考慮されることが重要である。その際，専門的な知識や技術を有する社会人講師を積極的に活用し学習活動を充実するなどの工夫も必要である。

また，被服やクリーニング，手芸，調理，住居のインテリア，保育，家庭看護についての見学やそれらに関連する各種資格などについての調査等を行うことにより，興味・関心を一層深められるようにすることが大切である。

> ウ　〔指導項目〕の指導に当たっては，実験・実習を適切に取り入れること。

〔指導項目〕の指導に当たっては，これらに関する実験・実習の時間を十分に確保できるよう配慮することが大切である。なお，実験・実習の指導においては，生徒一人一人の障害の状態等や学習上の特性等を十分考慮して進めることが重要である。また，具体的な指導に当たっては，生産工程表などによる工程全般の理解，製品やサービスの生産，製品等の出来高計算，伝票の記載，製品の梱包，運搬など作業活動に必要な知識と技術のほか，集団での作業への適応や他の生徒と協力する態度，自分の役割の理解などについて十分考慮することが重要である。

● 第2　農業

1　改訂の要点

　目標については，農業に関連する職業で必要とされる資質・能力を見据えて三つの柱に沿って整理し，育成を目指す資質・能力のうち，(1)には「知識及び技術」を，(2)には「思考力，判断力，表現力等」を，(3)には「学びに向かう力，人間性等」を示した。

　内容については，〔指導項目〕を示すこととし，〔指導項目〕として示す学習内容の指導を通じて，目標において三つの柱に整理した資質・能力を身に付けさせることを明確にした。なお，項目の記述については，専門教科は様々な履修の形があり，学習内容の程度にも幅があることから，従前どおり事項のみを大綱的に示した。

　また，農業に関する内容が，学校の実態や立地条件及び地域性と深く関連していることを踏まえ，農業全般をとおして，地域社会への関心を高め，地域や社会の健全で持続的な発展に寄与する職業人を育成する視点から，〔指導項目〕として「農業の概要」を設けるなど学習内容等の改善・充実を図った。

2　目標

> 1　目　標
> 　農業の見方・考え方を働かせ，実践的・体験的な学習活動を行うことなどを通して，農業や農業関連産業を通じ，地域や社会の健全で持続的な発展に寄与する職業人として必要な資質・能力を次のとおり育成することを目指す。
> (1)　農業に関することについて理解するとともに，関連する技術を身に付けるようにする。
> (2)　農業に関する課題を発見し，職業人に求められる倫理観を踏まえ課題を解決する力を養う。
> (3)　職業人として必要な豊かな人間性を育み，よりよい社会の構築を目指して自ら学び，社会貢献に主体的かつ協働的に取り組む態度を養う。

第5章
知的障害者である生徒に対する教育を行う特別支援学校

　この教科においては，農業が人間の生活を支える産業の一つであるという視点をもち，農作物などの生産物の生産から販売までに関わることなどを通して，地域や社会の健全で持続的な発展に寄与する職業人として必要な資質・能力の育成を目指すことを示した。

　農業の見方・考え方とは，「農業や農業関連産業に関する事象を，安定的な食

料生産と環境保全及び資源活用等の視点で捉え，持続可能な農業や地域振興と関連付けること」を意味している。

目標の(1)については，農作物の栽培や家畜の飼育等に関する基礎的・基本的な事項を理解し，農業や農業関連産業で一般的に必要とされる技術を身に付けることを意味している。

目標の(2)については，農業生物の栽培と管理，食品加工と管理，地域資源を生かした農業などの指導項目で，農業に関わる諸課題を発見し，農業及び農業関連産業に従事する者として求められる，職業人としての倫理観を踏まえて解決に向けて取り組み，解決する力を養うことを意味している。

目標の(3)については，農業を通して，社会に貢献する意識などを育み，卒業後企業等に就労し，地域や社会の健全で持続的な発展に主体的かつ協働的に取り組む態度を養うことを意味している。

3 内容とその取扱い

(1) 内容の構成及び取扱い

この教科は，目標に示す資質・能力を身に付けることができるよう，(1)農業の概要，(2)農業生物の栽培と管理，(3)農業生物の飼育と管理，(4)食品の加工と管理，(5)地域資源を生かした農業の五つの指導項目で内容を構成している。また，内容を取り扱う際の配慮事項は次のように示されている。

（内容を取り扱う際の配慮事項）

---

(2) 2の内容の取扱いについては，次の事項に配慮するものとする。
ア 〔指導項目〕の(2)から(5)までについては，生徒や地域の実態，学科の特色等に応じて，いずれか一つ以上を選択して扱うことができること。

〔指導項目〕の(2)から(5)までについては，生徒や地域の実態，学科の特色等に応じて指導項目を選択し，生徒が適切に履修できるようにすることが必要である。

また，学習指導要領第1章第2節第2款の3の(4)のアの規定に基づき，〔指導項目〕で示していない事項についても，農業に関する適切な事項があれば取り上げて指導することができる。その〔指導項目〕の選択に当たり考慮すべきこととしては，次の点が挙げられる。

（ア）地域の環境条件に合った生産物で，学校の実態に沿うこと。

（イ）技術的に平易で生産と管理が容易であること。

（ウ）農業生産の基礎的な知識と技術の要素を多く含むこと。

（エ）発育の成長過程が変化に富み，製品を食べたり，鑑賞したりして楽しむことができること。

（オ）育成や収穫の時期及び単年度あるいは複数の年度にわたって生産できるものなど，それぞれの特徴を考慮し，適切に選ぶことができること。

> イ　〔指導項目〕の(2)については，アからオまでの中から選択して，基礎的な栽培管理を扱うこと。

〔指導項目〕の(2)について内容を取り扱う際には，各学校においては，生徒の実態等に応じて，作物，野菜，果樹，草花，樹木の中から選択し，生徒が適切に履修できるようにする必要がある。なお，作物，野菜，果樹，草花，樹木以外でも，その他の農作物に係る栽培と管理で適当なものがあれば取り上げて指導することができる。その際でも，身に付けた技術が社会生活で有効に活用されるよう計画することが大切である。

> ウ　実験・実習を行うに当たっては，関連する法規等に従い，施設・設備や薬品等の安全管理に配慮し，学習環境を整えるとともに，事故防止の指導を徹底し，安全と衛生に十分留意すること。

内容を取り扱う際に，実験・実習を行うに当たっては，関連する法規等に従い，実習室の施設・設備の定期点検と整備を実施し，安全管理や衛生管理を徹底することが必要である。また，コンピュータ等の情報機器などを適切に整備し，学習環境を整えることが必要である。

特に，安全面での配慮については，農機具等の使用方法について十分理解を図り，安全かつ効率的に作業ができるよう配慮し，危険防止の指導を徹底することが必要である。加えて，農薬や肥料等については，その使用，保管及び廃棄について常に適切な指導を行うことが大切である。

なお，農産物の取扱いや食品加工の際の衛生面への配慮についても十分理解を図り，適切な管理ができるよう指導を行うことが大切である。

また，校外で調査・研究・実習などを行う際においても，事故の防止や安全管理などに配慮し，指導計画を綿密に作成し，目的が効果的に達成されるよう，生徒指導にも十分留意することが必要である。

(2) 内容

> 2　内　容
> 　　1に示す資質・能力を身に付けることができるよう，次の〔指導項目〕
> を指導する。

〔指導項目〕

> (1) 農業の概要
> 　ア　農業の意義と役割
> 　イ　農業の基礎
> 　ウ　農器具や農業機械，コンピュータ等の情報機器の取扱い

　ここでは，教科の目標を踏まえ，農業が日常生活に深く関わっていることについての知識などを基盤として，農業の意義について自らの考えをもつとともに，組織の一員として農作物の栽培や家畜の飼育，生産品の販売などに取り組もうとする意識と意欲を高めることができるようにすることをねらいとしている。

　このねらいを実現するため，次の①から③までの事項を身に付けることができるよう，〔指導項目〕を指導する。

　①　農業が社会で果たしている意義と役割などについて理解するとともに，職業生活に必要となる技術を身に付けること。

　②　農業を通して地域や社会の健全で持続的な発展に寄与する職業人となる視点から，よりよい作物等の栽培などをするために必要な課題を発見し，工夫について考え，表現すること。

　③　農業の意義と役割などについて自ら学ぶこと。

ア　農業の意義と役割

　ここでは，農作物の栽培や家畜の飼育，多様な農業生産品などが日常生活に深く関わっていることについて取り上げ，農業が社会において果たしている役割や重要性などについて扱うこと。

イ　農業の基礎

　ここでは，農作物の栽培や家畜の飼育，食品加工等に関する初歩的な事項について取り上げ，農業で一般的に必要とされる技術や態度について扱うこと。

ウ　農機具や農業機械，コンピュータ等の情報機器の取扱い

　ここでは，農業で用いられるクワやスコップなどの農機具，耕耘機や脱穀機などの機械，温度管理や生産物管理等のコンピュータ及びその周辺機器，複写機，食品加工に関する機械，計量器，通信機器などについて取り上げ，農機具や簡単

な機械，コンピュータ等の名称，用途，操作手順，保管・管理等の理解について
扱うこと。

〔指導項目〕

---

(2) 農業生物の栽培と管理
  ア　作物の種類と特徴
  イ　野菜の種類と特徴
  ウ　果樹の種類と特徴
  エ　草花の種類と特徴
  オ　樹木の種類と特徴
  カ　栽培と管理の工程

　ここでは，教科の目標を踏まえ，多様な農作物に関わる種類と特徴についての
理解に基づき，農業生物の栽培と管理が行えるようにすることをねらいとしてい
る。

　このねらいを実現するため，次の①から③までの事項を身に付けることができ
るよう，〔指導項目〕を指導する。

① 　農業生物の種類と基本的な特徴について理解するとともに，農作物を生産
　する上での栽培と管理に係る技術を身に付けること。

② 　農業生物の生産において，よりよい生産物を栽培するために必要な課題を
　発見し，工夫について考え，表現すること。

③ 　農業生物の栽培と管理について自ら学び，生産物の栽培と管理に主体的か
　つ協働的に取り組むこと。

ア　作物の種類と特徴

　ここでは，イネとトウモロコシ等の作物を取り上げ，その特徴を扱うこと。

イ　野菜の種類と特徴

　ここでは，トマト，キュウリ，ホウレンソウ，キャベツ，ダイコン，ニンジ
ン，カボチャ等の野菜を取り上げ，その特徴を扱うこと。

ウ　果樹の種類と特徴

　ここでは，ミカン，リンゴ，ナシ，ウメ，キウイ等の果樹を取り上げ，その特
徴を扱うこと。

エ　草花の種類と特徴

　ここでは，シクラメン，ラン類，チューリップ，グラジオラス，サルビア，パ
ンジー，ハボタン，ハーブ類等の草花を取り上げ，その特徴を扱うこと。

オ　樹木の種類と特徴

ここでは，マツ，スギ，ヒノキ，モミジ，ヒバ，イチョウ等の身近な樹木を取り上げ，その特徴を扱うこと。

カ　栽培と管理の工程

ここでは，作物，野菜及び果樹の栽培計画，水耕栽培など栽培に関する知識及び農地の管理，種まき，育苗，苗木の養成，除草追肥などの栽培と管理，収穫，生産品の加工，販売などを取り上げ，農作物を生産する上での栽培と管理の工程について扱うこと。

また，ここでは，草花の温室の管理，種まき，育苗，移植などの栽培と管理，造園，収穫，販売，花壇整備などを取り上げ，農作物を生産する上での栽培と管理の工程について扱うこと。

さらに，ここでは，樹木のせん定，整姿，保護，施肥や病害虫防除などを取り上げ，農作物を生産する上での栽培と管理の工程について扱うこと。

〔指導項目〕

---

(3) 農業生物の飼育と管理
　　ア　家畜の種類と特徴
　　イ　飼育と管理の工程

ここでは，教科の目標を踏まえ，多様な農業生物に関わる種類と特徴についての理解に基づき，農業生物の飼育と管理が行えるようにすることをねらいとしている。

このねらいを実現するため，次の①から③までの事項を身に付けることができるよう，〔指導項目〕を指導する。

① 農業生物の種類と基本的な特徴について理解するとともに，家畜を飼育する上での管理に係る技術を身に付けること。

② 農業生物の生産において，家畜をよりよく飼育するために必要な課題を発見し，工夫について考え，表現すること。

③ 農業生物の管理について自ら学び，家畜の飼育に主体的かつ協働的に取り組むこと。

ア　家畜の種類と特徴

ここでは，ウシ，ブタ，ニワトリ，ウズラ，シチメンチョウなどの家畜を取り上げ，その特徴を扱うこと。

イ　飼育と管理の工程

ここでは，飼育計画に関する知識及び飼料作物の栽培，草地の管理，飼料の給

与や飼育管理などを取り上げ，家畜を飼育する上での管理の工程について扱うこと。

〔指導項目〕

> (4) 食品の加工と管理
> 　ア　食品加工の種類と特徴
> 　イ　食品の加工と管理の工程

　ここでは，教科の目標を踏まえ，農業に関連する多様な食品加工の種類があることについての理解に基づき，加工に伴う管理が行えるようにすることをねらいとしている。

　このねらいを実現するため，次の①から③までの事項を身に付けることができるよう，〔指導項目〕を指導する。

① 食品加工の種類と基本的な特徴について理解するとともに，加工を行う上での食品の管理に係る技術を身に付けること。

② 食品加工品の生産において，よりよい製品を作るために必要な課題を発見し，工夫について考え，表現すること。

③ 食品の管理について自ら学び，食品加工に主体的かつ協働的に取り組むこと。

ア　食品加工の種類と特徴

　ここでは，パン類，菓子類，そば，うどん等の麺類，豆腐，味噌等の大豆製品，漬物類，切り干し大根，梅干し，乾燥椎茸，こんにゃく，ジャム，干し柿，チーズ，ヨーグルト等の乳製品，ハムなどを取り上げ，その特徴について扱うこと。

イ　食品の加工と管理の工程

　ここでは，食品製造における衛生に関する知識，穀類，大豆，イモ類，野菜，果実及び畜産物などの加工，発酵食品の製造，食品の包装，販売などに関する知識と技術，身支度や実習の準備，後片付けなどを取り上げ，食品の加工を行う上での管理の工程について扱うこと。

〔指導項目〕

> (5) 地域資源を生かした農業
> 　ア　地域資源の特色
> 　イ　地域資源の活用

第5章
知的障害者である生徒に対する教育を行う特別支援学校

ここでは，教科の目標を踏まえ，各学校の身近にある農業に関わる地域資源の特色についての理解に基づき，地域資源を有効活用できるようにすることをねらいとしている。

このねらいを実現するため，次の①から③までの事項を身に付けることができるよう，〔指導項目〕を指導する。

① 身近な地域について理解するとともに，地域資源に関心がもてるようにするための調査等に係る技術を身に付けること。

② 地域資源の有効活用について，具体的に実践をする際に必要な課題を発見し，工夫について考え，表現すること。

③ 地域資源を発見したり，活用したりするための活動に主体的かつ協働的に取り組むこと。

ア 地域資源の特色

ここでは，各学校の近隣にある農業に関わる地域資源を理解するため，農作物や地域特有の農業生物の栽培や飼育，気候的要素や土壌的要素など，農業に関わる資源や育成環境についての調査等を取り上げ，身近にある農業に関わる地域資源の特色について扱うこと。また，地域振興や文化の伝承など，農業のもつ多面的な特質についても扱うこと。

イ 地域資源の活用

ここでは，地域資源の特色を生かした，例えば，林産加工（シイタケ栽培等），造園，養蜂，昆虫や社会動物等の飼育など農業生物の栽培・飼育や農産物の加工や商品開発，宣伝，販売等を取り上げ，地域資源の有効な活用について扱うこと。

(3) 指導計画の作成に当たっての配慮事項

指導計画の作成に当たっては，次の事項に配慮するものとする。

> 3 指導計画の作成と内容の取扱い
> (1) 指導計画の作成に当たっては，次の事項に配慮するものとする。
> ア 単元など内容や時間のまとまりを見通して，その中で育む資質・能力の育成に向けて，生徒の主体的・対話的で深い学びの実現を図るようにすること。その際，農業の見方・考え方を働かせ，実践的・体験的な学習活動の充実を図ること。

この事項は，農業科の指導計画の作成に当たり，生徒の主体的・対話的で深い学びの実現を目指した授業改善を進めることとし，農業科の特質に応じて，効果的な学習が展開できるように配慮すべき内容を示したものである。

選挙権年齢や成年年齢の引き下げなど，生徒にとって政治や社会が一層身近なものとなる中，学習内容を人生や社会の在り方と結び付けて深く理解し，これからの時代に求められる資質・能力を身に付け，生涯にわたって能動的に学び続けることができるようにするためには，これまでの学校教育の蓄積も生かしながら，学習の質を一層高める授業改善の取組を活性化していくことが求められている。

指導に当たっては，(1)「知識及び技術」を習得すること，(2)「思考力，判断力，表現力等」を育成すること，(3)「学びに向かう力，人間性等」を涵養することが偏りなく実現されるよう，単元など内容や時間のまとまりを見通しながら，生徒の主体的・対話的で深い学びの実現に向けた授業改善を行うことが重要である。

主体的・対話的で深い学びは，必ずしも1単位時間の授業の中で全てが実現されるものではない。単元など内容や時間のまとまりの中で，例えば，主体的に学習に取り組めるよう学習の見通しを立てたり学習したことを振り返ったりして自身の学びや変容を自覚できる場面をどこに設定するか，対話によって自分の考えなどを広げたり深めたりする場面をどこに設定するか，学びの深まりをつくりだすために，生徒が考える場面と教師が教える場面をどのように組み立てるかといった視点で授業改善を進めることが求められる。また，生徒や学校の実態に応じ，多様な学習活動を組み合わせて授業を組み立てていくことが重要であり，単元など内容や時間のまとまりを見通した学習を行うに当たり基礎となる「知識及び技術」の習得に課題が見られる場合には，それを身に付けるために，生徒の主体性を引き出すなどの工夫を重ね，確実な習得を図ることが必要である。

主体的・対話的で深い学びの実現に向けた授業改善を進めるに当たり，特に「深い学び」の視点に関して，各教科等の学びの深まりの鍵となるのが「見方・考え方」である。各教科等の特質に応じた物事を捉える視点や考え方である「見方・考え方」を，習得・活用・探究という学びの過程の中で働かせることを通じて，より質の高い深い学びにつなげることが重要である。

農業科においては，農業の見方・考え方を「農業が人間の生活を支える産業の一つである」という視点で捉えており，農業における知識や技術を身に付けるための，科学的な根拠を踏まえた実践的な農業学習を地域農業界などと連携して行うことも大切である。

「主体的な学び」について，例えば，就業体験活動を通して，農業に関する仕事に直接関わることで，学習内容により興味・関心をもったり，自分が社会の発展に寄与できる存在であることを認識したりするなどして，学習意欲を喚起することなどが考えられる。

「対話的な学び」については，農業関係者や他の生徒と対話したり，協働した

りする中で，課題解決に向けて，自らの考えを明確にしたり，他者と多様な価値観を共有したりして自らの考えを広め深めたりすることなどが考えられる。

「深い学び」については，生徒が，地域や社会の生活の中から農業に関する問題を見出して解決策を構想し，計画を立案し，実践，評価，改善して新たな課題解決に向かうといった一連の過程の中で，農業の見方・考え方を働かせながら，課題の解決に向けて自分の考えを構想したり，表現したりして，資質・能力を育成しているかどうかの視点から授業改善を図ることが考えられる。

以上のような授業改善の視点を踏まえ，農業科で育成を目指す資質・能力及びその評価の観点との関係も十分に考慮し，指導計画等を作成することが必要である。

イ　地域や産業界との連携・交流を通じた実践的な学習活動や就業体験活動を積極的に取り入れるとともに，社会人講師を積極的に活用するなどの工夫に努めること。

地域や産業界との連携・交流を図り，作物，野菜及び果樹の栽培，草花の栽培や花壇の管理，家畜の飼育，農産物の加工についての見学やそれらに関連する各種資格などについての調査等を行うことにより，興味・関心を一層深められるようにすることが大切である。また，専門的な知識や技術を有する社会人講師を積極的に活用し学習活動を充実するなどの工夫が必要である。

ウ　〔指導項目〕の指導に当たっては，実験・実習を適切に取り入れること。

〔指導項目〕の指導に当たっては，生徒一人一人の障害の状態等を十分考慮し，実験・実習による体験的な学習を通して，農業の各分野への興味・関心を一層高めるとともに，これらに関する実験・実習の時間を十分に確保できるよう配慮することが大切である。

● 第3 工業

1 改訂の要点

　目標については，産業界で必要とされる資質・能力を見据えて三つの柱に沿って整理し，育成を目指す資質・能力のうち，(1)には「知識及び技術」を，(2)には「思考力，判断力，表現力等」を，(3)には「学びに向かう力，人間性等」を示した。

　内容については，〔指導項目〕を示すこととし，〔指導項目〕として示す学習内容の指導を通じて，目標において三つの柱に整理した資質・能力を身に付けさせることを明確にした。なお，項目の記述については，専門教科は様々な履修の形があり，学習内容の程度にも幅があることから，従前どおり事項のみを大綱的に示した。

　また，産業構造の変化や多様化等への対応や，工業が日常生活に深く関連していることなどを踏まえ，地域や社会の健全で持続的な発展に寄与する職業人を育成する視点から，〔指導項目〕として「工業の概要」を設けるなど学習内容等の改善・充実を図った。

2 目標

> 1 目　標
>
> 　工業の見方・考え方を働かせ，実践的・体験的な学習活動を行うことなどを通して，ものづくりを通じ，地域や社会の健全で持続的な発展に寄与する職業人として必要な資質・能力を次のとおり育成することを目指す。
>
> (1) 工業に関することについて理解するとともに，関連する技術を身に付けるようにする。
>
> (2) 工業に関する課題を発見し，職業人に求められる倫理観を踏まえ課題を解決する力を養う。
>
> (3) 職業人として必要な豊かな人間性を育み，よりよい社会の構築を目指して自ら学び，社会貢献に主体的かつ協働的に取り組む態度を養う。

第5章
知的障害者である生徒に対する教育を行う特別支援学校

　この教科においては，工業が人間の生活を支える産業の一つであるという視点をもち，製品などの生産に関わることなどを通して，地域や社会の健全で持続的な発展に寄与する職業人として必要な資質・能力の育成を目指すことを示した。

　工業の見方・考え方とは，「ものづくりを，工業生産，生産工程の情報化，持続可能な社会の構築などに着目して捉え，新たな次代を切り拓く安全で安心な付

加価値の高い創造的な製品や構造物などと関連付けること」を意味している。

目標の(1)については，人間の生活を豊かにする製造業など産業の意義と役割を理解し，職業人に求められる技術を身に付けることを意味している。

目標の(2)については，木材，金属，セラミックス，紙，布，皮革による製品作りや印刷などの指導項目で，工業に関わる諸課題を発見し，製造業などの産業に従事する者として求められる，職業人としての倫理観を踏まえて解決に向けて取り組み，解決する力を養うことを意味している。

目標の(3)については，工業を通して，社会に貢献する意識などを育み，卒業後企業等に就労し，地域や社会の健全で持続的な発展に主体的かつ協働的に取り組む態度を養うことを意味している。

3　内容とその取扱い

(1) 内容の構成及び取扱い

この教科は，目標に示す資質・能力を身に付けることができるよう，(1)工業の概要，(2)木材加工による製品，(3)金属加工による製品，(4)セラミック加工による製品，(5)紙加工による製品，(6)布の加工による製品，(7)皮革の加工による製品，(8)印刷の八つの指導項目で内容を構成している。また，内容を取り扱う際の配慮事項は次のように示されている。

（内容を取り扱う際の配慮事項）

---

(2)　2の内容の取扱いについては，次の事項に配慮するものとする。
　ア　〔指導項目〕の(2)から(8)までについては，生徒や地域の実態，学科の特色等に応じて，いずれか一つ以上を選択して扱うことができること。

〔指導項目〕の(2)から(8)までについては，生徒や地域の実態，学科の特色等に応じて指導項目を選択し，生徒が適切に履修できるようにすることが必要である。

また，学習指導要領第1章第2節第2款の3の(4)のアの規定に基づき，〔指導項目〕で示していない事項でも，工業に関する適切な事項があれば取り上げて指導することができる。その〔指導項目〕の選択に当たり考慮すべきこととしては，次の点が挙げられる。

（ア）立地条件及び地域性に即したものであること。

（イ）生徒の興味・関心，進路などを考慮したものであること。

（ウ）原材料の購入などが長期に見通しをもてるものであること。

（エ）製品が実用性をもつものであること。

（オ）作業の工程が生徒に即したものであること。

> イ　実験・実習を行うに当たっては，関連する法規等に従い，施設・設備
> や薬品等の安全管理に配慮し，学習環境を整えるとともに，事故防止や
> 環境保全の指導を徹底し，安全と衛生に十分配慮すること。また，排気，
> 廃棄物や廃液などの処理についても，十分留意すること。

　内容を取り扱う際に，実験・実習を行うに当たっては，関連する法規等に従い，実習室の施設・設備の定期点検と整備を実施し，安全管理や衛生管理を徹底することが必要である。また，コンピュータ等の情報機器などを適切に整備し，学習環境を整えることが必要である。

　特に，安全への配慮については，工具，機械，機器などの取扱い方法について十分理解を図り，安全かつ能率的に作業ができるようにするとともに，例えば，作業手順表の作成，危険な部分のカラー表示，危険区域の表示など危険防止のための対策を徹底することが必要である。また，薬品や機械油等については，その使用，保管及び廃棄について常に適切な指導を行うことが必要である。

　なお，より一層の衛生管理が求められていることから，例えば，粉塵除去のための換気装置の設置やマスクの着用，異物混入を防ぐための作業服の着用など，衛生面に配慮した実習環境を整備することが必要である。

　また，校外で調査・研究・実習などを行う際においても，事故の防止や安全管理などに配慮し，指導計画を綿密に作成し，目的が効果的に達成されるよう，生徒指導にも十分留意することが必要である。

(2) 内容

> 2　内　容
> 　　1に示す資質・能力を身に付けることができるよう，次の〔指導項目〕
> を指導する。

〔指導項目〕

> 〔指導項目〕
> (1) 工業の概要
> 　ア　工業の意義と役割
> 　イ　工業の基礎

ウ　各種の工具や機械及び機器類，コンピュータ等の情報機器の取扱い

　ここでは，教科の目標を踏まえ，工業が日常生活に深く関わっていることについての知識などを基盤として，工業の意義について自らの考えをもつとともに，組織の一員として製品の製作などに取り組もうとする意識と意欲を高めることができるようにすることをねらいとしている。

　このねらいを実現するため，次の①から③までの事項を身に付けることができるよう，〔指導項目〕を指導する。

①　工業の概要について理解するとともに，職業生活に必要となる技術を身に付けること。

②　工業の概要において，よりよい製品の製作をするために必要な課題を発見し，よりよい製品の製作に向けた工夫について考え，表現すること。

③　工業の意義と役割などについて自ら学ぶこと。

ア　工業の意義と役割

　ここでは，製造業などの産業が人間の生活と深く関わっており，工業が産業社会の中で果たす役割や重要性があること，多様な工業製品が生産され，また，顧客のニーズを踏まえて生産された製品が生活する上で必要不可欠であることなどを取り上げ，工業の意義と役割について扱うこと。

イ　工業の基礎

　ここでは，工業製品の生産に関わる原材料の仕入れ，加工，組立て，製品の運搬・保管，納品などの工業生産の基本的な流れに関することを取り上げ，各工程の役割について扱うこと。

ウ　各種の工具や機械及び機器類，コンピュータ等の情報機器の取扱い

　ここでは，工業で用いられる主な工具や機械，コンピュータ等の情報機器を取り上げ，名称，用途，操作手順，保管・管理などについて扱うこと。

〔指導項目〕

```
(2) 木材加工による製品
　ア　木材の種類と特徴
　イ　各種の工具や機械などの操作
　ウ　木材製品を製造する工程
```

　ここでは，教科の目標を踏まえ，木材の種類と特徴及び各種の工具や機械などの操作についての理解に基づき，木材加工による製品の製作が行えるようにすることをねらいとしている。

このねらいを実現するため，次の①から③までの事項を身に付けることができるよう，〔指導項目〕を指導する。

①　木材加工による製品について材料，工具や機械及び製作の工程を踏まえて理解するとともに，関連する技術を身に付けること。

②　木材加工による製品の製作において，よりよい製品を製作するために必要な課題を発見し，安全で安心に使用することができる製品への工夫について考え，表現すること。

③　木材加工による製品の製作について自ら学び，社会に役立つ製品の製作などに主体的かつ協働的に取り組むこと。

ア　木材の種類と特徴

　ここでは，日常生活で使用されている木材製品などを取り上げ，使用されている木材の種類と特徴及び保管について扱うこと。

イ　各種の工具や機械などの操作

　ここでは，のこぎり，かんな，金づち，ドライバー，レンチ，のこぎり盤，自動かんな盤などを取り上げ，点検や操作について扱うこと。

ウ　木材製品を製造する工程

　ここでは，木取り，電動のこぎり等による切断，かんながけ，旋盤等による木材加工，製品の組立て，塗装などを取り上げ，製造する工程について扱うこと。

〔指導項目〕

---

(3)　金属加工による製品
　　ア　金属の種類と特徴
　　イ　各種の工具や機械などの操作
　　ウ　金属製品を製造する工程

　ここでは，教科の目標を踏まえ，金属の種類と特徴及び各種の工具や機械などの操作についての理解に基づき，金属加工による製品の製作が行えるようにすることをねらいとしている。

　このねらいを実現するため，次の①から③までの事項を身に付けることができるよう，〔指導項目〕を指導する。

①　金属加工による製品について材料，工具や機械及び製作の工程を踏まえて理解するとともに，関連する技術を身に付けること。

②　金属加工による製品の製作において，よりよい製品を製作するために必要な課題を発見し，安全で安心に使用することができる製品への工夫について考え，表現すること。

③　金属加工による製品の製作について自ら学び，社会に役立つ製品の製作な
　どに主体的かつ協働的に取り組むこと。

ア　金属の種類と特徴

　ここでは，日常生活で使用されている金属製品などを取り上げ，使用されてい
る金属の種類と特徴及び保管について扱うこと。

イ　各種の工具や機械などの操作

　ここでは，ドライバー，レンチ，プレス機，旋盤，溶接機器などを取り上げ，
点検や操作について扱うこと。

ウ　金属製品を製造する工程

　ここでは，材料の切断，旋盤等による加工，製品の組立て，電気器具の取付け
などを取り上げ，製造する工程について扱うこと。

〔指導項目〕

---

(4) セラミック加工による製品
　　ア　セラミックスの種類と特徴
　　イ　各種の工具や機械などの操作
　　ウ　セラミック製品を製造する工程

　ここでは，教科の目標を踏まえ，セラミックスの種類と特徴及び各種の工具や
機械などの操作についての理解に基づき，セラミックスによる製品の製作が行え
るようにすることをねらいとしている。

　このねらいを実現するため，次の①から③までの事項を身に付けることができ
るよう，〔指導項目〕を指導する。

①　セラミック加工による製品について材料，工具や機械及び製作の工程を踏
　まえて理解するとともに，関連する技術を身に付けること。

②　セラミック加工による製品の製作において，よりよい製品を製作するため
　に必要な課題を発見し，安全で安心に使用することができる製品への工夫に
　ついて考え，表現すること。

③　セラミック加工による製品の製作について自ら学び，社会に役立つ製品の
　製作などに主体的かつ協働的に取り組むこと。

ア　セラミックスの種類と特徴

　ここでは，日常生活で使用されているセラミック製品などを取り上げ，使用さ
れている粘土，陶土及び釉薬の種類，特徴並びに保管について扱うこと。

イ　各種の工具や機械などの操作

　ここでは，窯，攪拌機などを取り上げ，点検や操作について扱うこと。

ウ　セラミック製品を製造する工程

　ここでは，粘土の練り込み，ろくろや型枠等を使った成形，素焼き，絵付け，釉薬がけ，窯詰め，本焼き，窯出しなどを取り上げ，製造する工程について扱うこと。

〔指導項目〕

---

(5) 紙加工による製品
　　ア　紙の種類と特徴
　　イ　各種の工具や機械などの操作
　　ウ　紙製品を製造する工程

　ここでは，教科の目標を踏まえ，紙の種類と特徴及び各種の工具や機械などの操作についての理解に基づき，紙製品の製作が行えるようにすることをねらいとしている。

　このねらいを実現するため，次の①から③までの事項を身に付けることができるよう，〔指導項目〕を指導する。

① 　紙加工による製品について材料，工具や機械及び製作の工程を踏まえて理解するとともに，関連する技術を身に付けること。

② 　紙加工による製品の製作において，よりよい製品を製作するために必要な課題を発見し，安全で安心に使用することができる製品への工夫について考え，表現すること。

③ 　紙加工による製品の製作について自ら学び，社会に役立つ製品の製作などに主体的かつ協働的に取り組むこと。

ア　紙の種類と特徴

　ここでは，日常生活で使用されている紙製品などを取り上げ，使用されている紙の種類と特徴及び保管について扱うこと。

イ　各種の工具や機械などの操作

　ここでは，裁断機などを取り上げ，点検や操作について扱うこと。

ウ　紙製品を製造する工程

　ここでは，漉き，圧搾，乾燥，裁断等の和紙製作，成型などを取り上げ，製造する工程について扱うこと。

〔指導項目〕

```
(6) 布の加工による製品
  ア　布の種類と特徴
  イ　各種の工具や機械などの操作
  ウ　布製品を製造する工程
```

　ここでは，教科の目標を踏まえ，布の種類と特徴及び各種の工具や機械などの操作についての理解に基づき，布による製品の製作が行えるようにすることをねらいとしている。

　このねらいを実現するため，次の①から③までの事項を身に付けることができるよう，〔指導項目〕を指導する。

①　布の加工による製品について材料，工具や機械及び製作の工程を踏まえて理解するとともに，関連する技術を身に付けること。

②　布の加工による製品の製作において，よりよい製品を製作するために必要な課題を発見し，安全で安心に使用することができる製品への工夫について考え，表現すること。

③　布の加工による製品の製作について自ら学び，社会に役立つ製品の製作などに主体的かつ協働的に取り組むこと。

ア　布の種類と特徴

　ここでは，日常生活で使用されている布製品などを取り上げ，使用されている布の種類と特徴及び保管について扱うこと。

イ　各種の工具や機械などの操作

　ここでは，裁断機，ミシンなどを取り上げ，点検や操作について扱うこと。

ウ　布製品を製造する工程

　ここでは，布の裁断，縫製，仕上げなどを取り上げ，製造する工程について扱うこと。

〔指導項目〕

```
(7) 皮革の加工による製品
  ア　皮革の種類と特徴
  イ　各種の工具や機械などの操作
  ウ　皮革製品を製造する工程
```

　ここでは，教科の目標を踏まえ，皮革の種類と特徴及び各種の工具や機械など

の操作の理解に基づき，皮革の加工による製品の製作が行えるようにすることをねらいとしている。

このねらいを実現するため，次の①から③までの事項を身に付けることができるよう，〔指導項目〕を指導する。

① 皮革の加工による製品について材料，工具や機械及び製作の工程を踏まえて理解するとともに，関連する技術を身に付けること。

② 皮革の加工による製品の製作において，よりよい製品を製作するために必要な課題を発見し，安全で安心に使用することができる製品への工夫について考え，表現すること。

③ 皮革の加工による製品の製作について自ら学び，社会に役立つ製品の製作などに主体的かつ協働的に取り組むこと。

ア 皮革の種類と特徴

ここでは，日常生活で使用されている皮革製品などを取り上げ，使用されている皮革の種類と特徴及び保管について扱うこと。

イ 各種の工具や機械などの操作

ここでは，裁断機などを取り上げ，点検や操作について扱うこと。

ウ 皮革製品を製造する工程

ここでは，皮革の裁断，縫製，仕上げなどを取り上げ，製造する工程について扱うこと。

〔指導項目〕

第5章
知的障害者である生徒に対する教育を行う特別支援学校

(8) 印刷
ア 印刷材料や印刷方法の種類と特徴
イ 各種の工具や機械などの操作
ウ 印刷の工程

ここでは，教科の目標を踏まえ，印刷材料や印刷方法の種類と特徴及び各種の工具や機械などの操作の理解に基づき，印刷による製品の製作が行えるようにすることをねらいとしている。

このねらいを実現するため，次の①から③までの事項を身に付けることができるよう，〔指導項目〕を指導する。

① 印刷による製品について材料や方法，工具や機械及び製作の工程を踏まえて理解するとともに，関連する技術を身に付けること。

② 印刷による製品の製作において，よりよい製品を製作するために必要な課題を発見し，情報を適切に伝えることができる工夫について考え，表現する

こと。

③ 印刷について自ら学び，社会に役立つ印刷物の製作などに主体的かつ協働的に取り組むこと。

ア　印刷材料や印刷方法の種類と特徴

ここでは，日常生活で使用されている印刷物などを取り上げ，印刷材料の種類，活版印刷，シルクスクリーン印刷，コンピュータ入力によるオフセット印刷などの特徴及び印刷方法について扱うこと。

イ　各種の工具や機械などの操作

ここでは，印刷機，製本機，複写機その他関連する工具など取り上げ，点検や操作について扱うこと。

ウ　印刷の工程

ここでは，印刷の準備，試し刷り，修正，印刷，製本，納品などを取り上げ，印刷の工程について扱うこと。

(3) 指導計画の作成に当たっての配慮事項

指導計画の作成に当たっては，次の事項に配慮するものとする。

3　指導計画の作成と内容の取扱い
(1) 指導計画の作成に当たっては，次の事項に配慮するものとする。
ア　単元など内容や時間のまとまりを見通して，その中で育む資質・能力の育成に向けて，生徒の主体的・対話的で深い学びの実現を図るようにすること。その際，工業の見方・考え方を働かせ，実践的・体験的な学習活動の充実を図ること。

この事項は，工業科の指導計画の作成に当たり，生徒の主体的・対話的で深い学びの実現を目指した授業改善を進めることとし，工業科の特質に応じて，効果的な学習が展開できるように配慮すべき内容を示したものである。

選挙権年齢や成年年齢の引き下げなど，生徒にとって政治や社会が一層身近なものとなる中，学習内容を人生や社会の在り方と結び付けて深く理解し，これからの時代に求められる資質・能力を身に付け，生涯にわたって能動的に学び続けることができるようにするためには，これまでの学校教育の蓄積も生かしながら，学習の質を一層高める授業改善の取組を活性化していくことが求められている。

指導に当たっては，(1)「知識及び技術」を習得すること，(2)「思考力，判断力，表現力等」を育成すること，(3)「学びに向かう力，人間性等」を涵養することが偏りなく実現されるよう，単元など内容や時間のまとまりを見通しなが

ら，生徒の主体的・対話的で深い学びの実現に向けた授業改善を行うことが重要
である。

主体的・対話的で深い学びは，必ずしも１単位時間の授業の中で全てが実現さ
れるものではない。単元など内容や時間のまとまりの中で，例えば，主体的に学
習に取り組めるよう学習の見通しを立てたり学習したことを振り返ったりして自
身の学びや変容を自覚できる場面をどこに設定するか，対話によって自分の考え
などを広げたり深めたりする場面をどこに設定するか，学びの深まりをつくりだ
すために，生徒が考える場面と教師が教える場面をどのように組み立てるかといっ
った視点で授業改善を進めることが求められる。また，生徒や学校の実態に応
じ，多様な学習活動を組み合わせて授業を組み立てていくことが重要であり，単
元など内容や時間のまとまりを見通した学習を行うに当たり基礎となる「知識及
び技術」の習得に課題が見られる場合には，それを身に付けるために，生徒の主
体性を引き出すなどの工夫を重ね，確実な習得を図ることが必要である。

主体的・対話的で深い学びの実現に向けた授業改善を進めるに当たり，特に
「深い学び」の視点に関して，各教科等の学びの深まりの鍵となるのが「見方・
考え方」である。各教科等の特質に応じた物事を捉える視点や考え方である「見
方・考え方」を，習得・活用・探究という学びの過程の中で働かせることを通じ
て，より質の高い深い学びにつなげることが重要である。

工業科においては，「工業の見方・考え方」を働かせ，見通しをもって実験・
実習などを行い，科学的な根拠に基づき探究するなどの実践的・体験的な学習活
動を行うことなどを通して，「主体的・対話的で深い学び」の実現を図るように
することが重要である。

「主体的な学び」については，例えば，工業の事象などから課題を発見し，見
通しをもって課題の設定をしたり，実験・実習の計画を立案したりする学習とな
っているか，実験・実習の結果を分析して，全体を振り返って改善策を考えるこ
とをしているか，得られた知識及び技術を基に，次の課題を発見しているかなど
の視点から，授業改善を図ることが考えられる。

「対話的な学び」については，例えば，課題の設定や実験・実習の結果の検
証，考察する場面などでは，あらかじめ個人で考え，その後，意見交換をするな
どして，自分の考えをより妥当なものにする学習活動となっているかなどの視点
から，授業改善を図ることが考えられる。

「深い学び」については，例えば，「工業の見方・考え方」を働かせながら探究
の過程を通して学ぶことにより，工業科で育成を目指す資質・能力を獲得するよ
うになっているか，様々な知識がつながって，より科学的な概念を形成すること
に向かっているか，さらに，新たに獲得した資質・能力に基づいた「工業の見
方・考え方」を，次の学習や日常生活などにおける課題の発見や解決の機会に働

かせているかなどの視点から，授業改善を図ることが考えられる。

　以上のような授業改善の視点を踏まえ，工業科で育成を目指す資質・能力及び
その評価の観点との関係も十分に考慮し，指導計画等を作成することが必要である。

> イ　地域や産業界との連携・交流を通じた実践的な学習活動や就業体験活
> 　動を積極的に取り入れるとともに，社会人講師を積極的に活用するなど
> 　の工夫に努めること。

　地域や産業界との連携・交流を図り，原材料の仕入れから，加工，組立て，製
品の梱包，運搬，納品に至る工業に関する就業体験活動等を行うことにより，興
味・関心を一層深められるようにすることが大切である。また，専門的な知識や
技術を有する社会人講師を積極的に活用し学習活動を充実するなどの工夫が必要
である。

> ウ　〔指導項目〕の指導に当たっては，実験・実習を適切に取り入れること。

　〔指導項目〕の指導に当たっては，これらに関する実験・実習の時間を十分に
確保できるよう配慮することが大切である。なお，実験・実習の指導において
は，生徒一人一人の障害の状態や学習上の特性等を十分考慮して，進めることが
重要である。

　また，具体的な指導に当たっては，生産工程表などによる工程全般の理解，製
品の生産，製品の出来高計算，伝票の記載，製品の梱包，運搬など作業活動に必
要な知識と技術のほか，集団での作業への適応や自分の役割の理解などについて
十分考慮することが重要である。

1　改訂の要点

　目標については，産業界で必要とされる資質・能力を見据えて三つの柱に沿って整理し，育成を目指す資質・能力のうち，(1)には「知識及び技術」を，(2)には「思考力，判断力，表現力等」を，(3)には「学びに向かう力，人間性等」を示した。

　内容については，〔指導項目〕を示すこととし，〔指導項目〕として示す学習内容の指導を通じて，目標において三つの柱に整理した資質・能力を身に付けさせることを明確にした。なお，項目の記述については，専門教科は様々な履修の形があり，学習内容の程度にも幅があることから，従前どおり事項のみを大綱的に示した。

　また，顧客のニーズに応じて商品の流通やサービスの質の向上を図ることを通して，人間の生活を豊かにする流通業やサービス業の意義を踏まえ，地域や社会の健全で持続的な発展に寄与する職業人を育成する視点から，〔指導項目〕として「流通・サービスの概要」を設けるなど学習内容等の改善・充実を図った。

2　目標

第5章
知的障害者である生徒に対する教育を行う特別支援学校

1　目　標

　　流通・サービスの見方・考え方を働かせ，実践的・体験的な学習活動を行うことなどを通して，流通業やサービス業を通じ，地域や社会の健全で持続的な発展に寄与する職業人として必要な資質・能力を次のとおり育成することを目指す。

(1) 流通やサービスに関することについて理解するとともに，関連する技術を身に付けるようにする。

(2) 流通業やサービス業に関する課題を発見し，職業人に求められる倫理観を踏まえ課題を解決する力を養う。

(3) 職業人として必要な豊かな人間性を育み，よりよい社会の構築を目指して自ら学び，社会貢献に主体的かつ協働的に取り組む態度を養う。

　この教科においては，流通業やサービス業が人間の生活を支える産業の一つであるという視点をもち，商品の流通やサービスの提供などに関わることを通して，地域や社会の健全で持続的な発展に寄与する職業人として必要な資質・能力の育成を目指すことを示した。

　流通・サービスの見方・考え方とは，「流通業やサービス業に関する事象を，

企業の社会的責任に着目して捉え，適切な商品の流通やサービスの提供などと関連付けること」を意味している。

目標の(1)については，人間の生活を豊かにする流通業やサービス業の意義と役割などを理解するとともに，流通業やサービス業に関連する基本的な技術を身に付けることを意味している。

目標の(2)については，流通業における商品管理，販売及び事務並びにサービス業としての清掃に関わる諸課題を発見し，流通業やサービス業に従事する者として求められる，職業人としての倫理観を踏まえて課題を解決する力を養うことを意味している。

目標の(3)については，流通業やサービス業を通して，社会に貢献する意識などを育み，卒業後企業等で就労し，地域や社会の健全で持続的な発展に寄与するよう社会貢献に主体的かつ協働的に取り組む態度を養うことを意味している。

3　内容とその取扱い

(1) 内容の構成及び取扱い

この教科は，目標に示す資質・能力を身に付けることができるよう，(1)流通業やサービス業の概要，(2)商品管理，(3)販売，(4)清掃，(5)事務の五つの指導項目で内容を構成している。また，内容を取り扱う際の配慮事項は次のように示されている。

（内容を取り扱う際の配慮事項）

---

(2)　2の内容の取扱いについては，次の事項に配慮するものとする。

　ア　〔指導項目〕の(2)から(5)までについては，生徒や地域の実態，学科の特色等に応じて，いずれか一つ以上を選択して扱うことができること。

〔指導項目〕の(2)から(5)までについては，生徒や地域の実態，学科の特色等に応じて指導項目を選択し，生徒が適切に履修できるようにすることが必要である。

また，学習指導要領第1章第2節第2款の3の(4)のアの規定に基づき，〔指導項目〕で示していない事項についても，流通・サービスに関する適切な事項があれば取り上げて指導することができる。その〔指導項目〕の選択に当たり考慮すべきこととしては，次の点が挙げられる。

(ｱ) 地域社会の環境条件や立地条件に即した流通業やサービス業で学校の実態（施設・設備，備品など）に沿うものであること。

(ｲ) 生徒の興味・関心や進路などを考慮したものであること。

（ウ）実習場所に関して長期的な見通しがもてるものであること。

（エ）一般社会で通用する商品の取扱いやサービス業務が行えるものであること。

（オ）生徒に合わせて作業工程の工夫がしやすいものであること。

> イ　実験・実習を行うに当たっては，関連する法規等に従い，施設・設備や薬品等の安全管理に配慮し，学習環境を整えるとともに，事故防止や環境保全の指導を徹底し，安全と衛生に十分留意すること。また，排気，廃棄物や廃液などの処理についても，十分留意すること。

内容を取り扱う際に，実験・実習を行うに当たっては，関連する法規等に従い，実習室の施設・設備の定期点検と整備を実施し，安全管理や衛生管理を徹底することが必要である。また，コンピュータ等の情報機器などを適切に整備し，学習環境を整えることが必要である。特に，安全への配慮については，運搬機械や道具等の操作や保管・管理などの取扱い方法について十分理解を図り，安全に作業ができるようにし，危険防止の指導を徹底することが必要である。また，清掃に使用する薬品等については，使用，保管及び廃棄並びに排気及び廃液の取扱いについて常に適切な指導を行うことが大切である。

なお，より一層の衛生管理や品質管理が求められていることから，例えば，換気やマスクの着用，異物混入を防ぐための作業服の着用，衛生的な手洗いなど，衛生面に配慮した実習環境を整備することが必要である。

また，校外で調査・研究・実習などを行う際においても，事故の防止や安全管理などに配慮し，指導計画を綿密に作成し，目的が効果的に達成されるよう，生徒指導にも十分留意することが必要である。

(2) 内容

> 2　内　容
> 　1に示す資質・能力を身に付けることができるよう，次の〔指導項目〕を指導する。

〔指導項目〕

〔指導項目〕
(1) 流通業やサービス業の概要

ア　流通業やサービス業の意義と役割
イ　流通業やサービス業の基礎
ウ　事務機器，機械や道具，コンピュータ等の情報機器の取扱い

　ここでは，教科の目標を踏まえ，流通業やサービス業が日常生活に深く関わっていることについての知識などを基盤として，流通業やサービス業の意義について自らの考えをもつとともに，組織の一員として商品の流通やサービスの提供などに取り組もうとする意識と意欲を高めることができるようにすることをねらいとする。

　このねらいを実現するため，次の①から③までの事項を身に付けることができるよう，〔指導項目〕を指導する。

①　流通業やサービス業が社会で果たしている意義と役割などについて理解するとともに，事務機器の取扱いなどに関する技術を身に付けること。

②　商品の流通やサービスの提供などを通して地域や社会の健全で持続的な発展に寄与する視点から，顧客のニーズに応じた商品の流通やサービスの提供などのために必要な課題を発見し，よりよい商品の流通やサービスの提供などのための工夫について考え，表現すること。

③　流通業やサービス業の意義と役割などについて自ら学ぶこと。

ア　流通業やサービス業の意義と役割

　ここでは，流通業やサービス業が人間の生活と深く関わっていることや，産業社会の中で流通業やサービス業が重要な役割を果たしていること，多様な商品が流通し，多様な商品やサービスが販売，提供されていること，販売，提供される商品やサービスが人間の生活にとって必要不可欠なものであることなどについて扱うこと。

イ　流通業やサービス業の基礎

　ここでは，流通やサービスに係る職業に関することや，身近にある地域の流通業やサービス業の動向などについて扱うこと。その際，商品の生産から商品が顧客に渡るまでの流れ，顧客のニーズに応じた商品の流通やサービスの質の向上を図ることの重要性を踏まえ，マーケティングに関する基礎的・基本的な手順と方法に関することなどについても扱うこと。

ウ　事務機器，機械や道具，コンピュータ等の情報機器の取扱い

　ここでは，流通業やサービス業で用いられる各種の事務機器，機械や道具，コンピュータ等の情報機器の名称，用途，操作手順，保管・管理等について扱うこと。また，流通業やサービス業における情報通信ネットワークの活用についても扱うこと。

〔指導項目〕

> (2) 商品管理
> 　ア　商品管理業務の内容と特徴
> 　イ　商品管理の方法

　ここでは，教科の目標を踏まえ，流通業における商品管理の内容と特徴の理解に基づき，商品管理を行えるようにすることをねらいとしている。

　このねらいを実現するため，次の①から③までの事項を身に付けることができるよう，〔指導項目〕を指導する。

①　流通業における商品管理業務の内容と特徴などについて理解するとともに，商品の包装・箱詰め，運搬・保管・管理の手順や方法など商品管理業務に関する技術を身に付けること。

②　商品管理業務において，顧客のニーズに応じた商品の流通のために必要な課題を発見し，よりよい商品の流通のための工夫について考え，表現すること。

③　商品管理業務の内容と特徴などについて自ら学び，商品管理に主体的かつ協働的に取り組むこと。

ア　商品管理業務の内容と特徴

　ここでは，食料品や衣料品など身近な例を挙げ，商品管理業務に関して，必要となる内容の概要と特徴について扱うこと。その際，商品管理業務の意義や役割，商品の特徴に即して取り扱うことの重要性などについても扱うこと。

イ　商品管理の方法

　ここでは，箱詰めやパレット詰みなどの品物の収納に関すること，倉庫における保管に関すること，台車，コンベア，フォークリフト等を使った運搬に関すること，運送に関すること，商品管理に必要な伝票の記入と取扱いに関することなどについて扱うこと。

　また，例えばフォークリフトなどの各種免許等の取得と活用について興味・関心を一層高めること。

第5章
知的障害者である生徒に対する教育を行う特別支援学校

〔指導項目〕

> (3) 販売
> 　ア　販売業務の内容と特徴
> 　イ　販売の方法

ここでは，教科の目標を踏まえ，販売業務の内容と特徴の理解に基づき，販売業務が行えるようにすることをねらいとしている。

このねらいを実現するため，次の①から③までの事項を身に付けることができるよう，〔指導項目〕を指導する。

①　販売業務の内容と特徴について理解するとともに，販売の手順や方法など販売業務に関する技術を身に付けること。

②　販売業務において，顧客のニーズに応じた商品の販売やサービスの提供のために必要な課題を発見し，よりよい商品の販売やサービスの提供のための工夫について考え，表現すること。

③　販売業務の内容と特徴などについて自ら学び，販売業務に主体的かつ協働的に取り組むこと。

ア　販売業務の種類と特徴

ここでは，スーパーマーケットなど身近な例を挙げ，販売業務に関して，必要となる内容の概要と特徴について扱うこと。その際，情報通信ネットワークを活用した販売形態及び商品の特徴に即して取り扱ったり，販売したりすることの重要性についても扱うこと。

イ　販売の方法

ここでは，商品の仕入れ，包装，陳列に関すること，挨拶，案内，礼，説明などの接遇に関すること，身だしなみ，言葉遣い，姿勢など接客に関すること，金銭の受取やカード類の処理に関すること，伝票類の記入や取扱いに関することなどについて扱うこと。その際，例えば，顧客の好みやニーズに関する調査，提供したサービスに関する調査，販売データ等，収集した情報の分析結果に基づく，よりよい商品の販売やサービスの提供など，マーケティングに関する基礎的・基本的な実務についても扱うこと。

また，関連する技能検定等の受検と活用について興味・関心を一層高めること。

〔指導項目〕

---

(4) 清掃
　ア　清掃業務の内容と特徴
　イ　清掃の方法

ここでは，教科の目標を踏まえ，清掃業務の内容と特徴の理解に基づき，清掃業務が行えるようにすることをねらいとしている。

このねらいを実現するため，次の①から③までの事項を身に付けることができ

るよう，〔指導項目〕を指導する。

① 清掃業務の内容と特徴について理解するとともに，清掃の手順や方法など清掃業務に関する技術を身に付けること。

② 清掃業務において，顧客のニーズに応じた清掃サービスの提供のために必要な課題を発見し，よりよい清掃サービスの提供のための工夫について考え，表現すること。

③ 清掃業務の内容と特徴などについて自ら学び，清掃業務に主体的かつ協働的に取り組むこと。

ア 清掃業務の内容と特徴

　ここでは，公共施設や宿泊施設など身近な例を挙げ，清掃業務に関して，必要となる内容の概要と特徴を扱うこと。その際，建物等の様々な場所で行われている清掃業務により，美観が向上するだけでなく，環境衛生が向上したり，建物等を傷みから守ることができたりすることなど，清掃業務の重要性についても扱うこと。

イ 清掃の方法

　ここでは，清掃用具や道具の使用・保管に関すること，洗剤や薬剤の取扱いや保管に関すること，清掃手順の理解や清掃技術の習得に関すること，清掃場所の床材等に応じた清掃方法の選択に関すること，廃棄物の処理と再利用に関することなどについて扱うこと。その際，例えば，依頼された清掃場所に適した清掃方法を顧客に提案したり，清掃時間内に作業を終えられるよう効率的な手順や役割分担を選択したりするなど，サービス業として顧客のニーズに応えながら，協働的に業務を遂行する必要があること及びサービス業として，周囲に常に気を配りながら作業を行うことが求められることについても扱うこと。なお，清掃で使用する機械，機器，道具などの使用と保管，使用前に安全点検を行うことや異常時の解決方法など，安全点検や異常時の対応に関することなどについても扱うこと。

　また，ビルクリーニングなどの各種資格等の取得と活用について興味・関心を一層高めること。

〔指導項目〕

---

(5) 事務

　ア 事務業務の内容と特徴

　イ 事務処理の方法

　ここでは，教科の目標を踏まえ，事務業務の内容と特徴の理解に基づき，事務

業務が行えるようにすることをねらいとしている。

このねらいを実現するため，次の①から③までの事項を身に付けることができるよう，〔指導項目〕を指導する。

① 事務業務の内容と特徴について理解するとともに，事務処理の手順や方法など事務業務に関する技術を身に付けること。

② 事務業務において，企業でのニーズに応じた事務処理のために必要な課題を発見し，よりよい事務処理のための工夫について考え，表現すること。

③ 事務業務の内容と特徴などについて自ら学び，事務業務に主体的かつ協働的に取り組むこと。

ア 事務業務の内容と特徴

ここでは，文書等の作成や郵便物の集配など事業所で必要となる事務業務に関して，その内容の概要と特徴について扱うこと。その際，企業における事務業務及び事務業務における情報通信ネットワークの活用の重要性についても扱うこと。

イ 事務処理の方法

ここでは，企業内の書類の複写等の事務補助に関すること，事務機器やコンピュータ等の情報機器などの操作に関すること，書類等の分類や収納，保管などの取扱いに関することなどについて扱うこと。その際，例えば，受付案内などの応対時の挨拶，言葉遣い，表情，電話応対などの応対に関する基礎的・基本的なビジネスマナー及び情報通信ネットワークの活用についても実務に即して扱うこと。なお，メールの送受信などの情報通信ネットワークの活用や個人情報の取扱いを含む情報セキュリティ管理に関することについても扱うこと。

また，例えばコンピュータを活用した文書作成などの各種検定等の受検と活用について興味・関心を一層高めること。

(3) 指導計画の作成に当たっての配慮事項

指導計画の作成に当たっては，次の事項に配慮するものとする。

---

3 指導計画の作成と内容の取扱い

(1) 指導計画の作成に当たっては，次の事項に配慮するものとする。

ア 単元など内容や時間のまとまりを見通して，その中で育む資質・能力の育成に向けて，生徒の主体的・対話的で深い学びの実現を図るようにすること。その際，流通・サービスの見方・考え方を働かせ，実践的・体験的な学習活動の充実を図ること。

この事項は，流通・サービス科の指導計画の作成に当たり，生徒の主体的・対

269

話的で深い学びの実現を目指した授業改善を進めることとし，流通・サービス科の特質に応じて，効果的な学習が展開できるように配慮すべき内容を示したものである。

　選挙権年齢や成年年齢の引き下げなど，生徒にとって政治や社会が一層身近なものとなる中，学習内容を人生や社会の在り方と結び付けて深く理解し，これからの時代に求められる資質・能力を身に付け，生涯にわたって能動的に学び続けることができるようにするためには，これまでの学校教育の蓄積も生かしながら，学習の質を一層高める授業改善の取組を活性化していくことが求められている。

　指導に当たっては，(1)「知識及び技術」が習得されること，(2)「思考力，判断力，表現力等」を育成すること，(3)「学びに向かう力，人間性等」を涵養することが偏りなく実現されるよう，単元など内容や時間のまとまりを見通しながら，生徒の主体的・対話的で深い学びの実現に向けた授業改善を行うことが重要である。

　主体的・対話的で深い学びは，必ずしも1単位時間の授業の中で全てが実現されるものではない。単元など内容や時間のまとまりの中で，例えば，主体的に学習に取り組めるよう学習の見通しを立てたり学習したことを振り返ったりして自身の学びや変容を自覚できる場面をどこに設定するか，対話によって自分の考えなどを広げたり深めたりする場面をどこに設定するか，学びの深まりをつくりだすために，生徒が考える場面と教師が教える場面をどのように組み立てるかといった視点で授業改善を進めることが求められる。また，生徒や学校の実態に応じ，多様な学習活動を組み合わせて授業を組み立てていくことが重要であり，単元など内容や時間のまとまりを見通した学習を行うに当たり基礎となる「知識及び技術」の習得に課題が見られる場合には，それを身に付けるために，生徒の主体性を引き出すなどの工夫を重ね，確実な習得を図ることが必要である。

　主体的・対話的で深い学びの実現に向けた授業改善を進めるに当たり，特に「深い学び」の視点に関して，各教科等の学びの深まりの鍵となるのが「見方・考え方」である。各教科等の特質に応じた物事を捉える視点や考え方である「見方・考え方」を，習得・活用・探究という学びの過程の中で働かせることを通じて，より質の高い深い学びにつなげることが重要である。

　流通・サービス科においては，「知識及び技術」の習得，「思考力，判断力，表現力等」の育成及び「学びに向かう力，人間性等」の涵養を目指す授業改善を行うことはこれまでも多くの実践が重ねられてきている。そのような着実に取り組まれてきた実践を否定し，全く異なる指導方法を導入しなければならないと捉えるのではなく，生徒や学校の実態，指導の内容に応じ，「主体的な学び」，「対話的な学び」，「深い学び」の視点から授業改善を図ることが重要である。

「主体的な学び」については，例えば，流通やサービスに関する課題を設定し，身に付けた知識，技術などを生徒自らが活用し，解決策を考案する学習となっているか，身に付けた知識，技術などを基に新たな視点で流通やサービスを捉えているかなどの視点から，授業改善を図ることが考えられる。

「対話的な学び」については，例えば，流通やサービスにおける具体的な事例を取り上げ，専門的な知識，技術などを活用し，妥当性と課題などについて，科学的な根拠に基づいて考察や討論を行い，実際の流通やサービスについて客観的に理解するようにしているか，知識と技術，実際の流通やサービスに対する理解などを基盤として流通・サービスの振興策などを考案して地域や産業界等に提案し，提案に対する意見や助言を踏まえてよりよいものとなるようにしているかなどの視点から，授業改善を図ることが考えられる。

「深い学び」については，例えば，「流通・サービスの見方・考え方」を働かせながら探究の過程を通して学ぶことにより，流通・サービス科で育成を目指す資質・能力を獲得するようになっているか，知識と技術，実際の流通やサービスに対する理解，企画力などを基盤として，地域を学びのフィールドとして模擬的な流通やサービスなどに取り組み，その結果を基に改善を図っているか，新たに獲得した資質・能力に基づいた「流通・サービスの見方・考え方」を，次の学習や流通・サービスにおける課題の発見や解決の場面で働かせているかなどの視点から，授業改善を図ることが考えられる。

以上のような授業改善の視点を踏まえ，流通・サービス科で育成を目指す資質・能力及びその評価の観点との関係も十分に考慮し，指導計画等を作成することが必要である。

> イ　地域や産業界との連携・交流を通じた実践的な学習活動や就業体験活動を積極的に取り入れるとともに，社会人講師を積極的に活用するなどの工夫に努めること。

地域や産業界との連携・交流を図り，流通業やサービス業に関連する企業等の見学，地域での販売や清掃に関する実習等を行うことにより，興味・関心を一層深められるようにすることが大切である。また，就業体験活動を振り返ることで自らの課題を発見し，実験・実習において課題解決を行い，次の就業体験活動に生かそうとする態度を育成することが重要である。あわせて，専門的な知識や技術を有する社会人講師を積極的に活用し学習活動を充実するなどの工夫が必要である。

> ウ　〔指導項目〕の指導に当たっては,実験・実習を適切に取り入れること。

　〔指導項目〕の指導に当たっては,これらに関する実験・実習の時間を十分に確保できるよう配慮することが大切である。なお,実験・実習の指導においては,生徒一人一人の障害の状態や学習上の特性等を十分考慮して,進めることが重要である。

　また,具体的な指導に当たっては,販売実習など作業活動に必要な知識と技術のほか,集団での作業への適応や自分の役割の理解などについて十分考慮することが重要である。

第5章
知的障害者である生徒に対する教育を行う特別支援学校

1　改訂の要点

目標については，産業界で必要とされる資質・能力を見据えて三つの柱に沿って整理し，育成を目指す資質・能力のうち，(1)には「知識及び技術」を，(2)には「思考力，判断力，表現力等」を，(3)には「学びに向かう力，人間性等」を示した。

内容については，〔指導項目〕を示すこととし，〔指導項目〕として示す学習内容の指導を通じて，目標において三つの柱に整理した資質・能力を身に付けさせることを明確にした。なお，項目の記述については，専門教科は様々な履修の形があり，学習内容の程度にも幅があることから，従前どおり事項のみを大綱的に示した。

また，急速に進展する高齢化に対応した介護人材の育成や介護員養成研修の改正などについて考慮し，福祉に関する基礎的・基本的な知識と技術を修得させるため，〔指導項目〕として「社会福祉の概要」を設けるなど学習内容等の改善・充実を図った。

2　目標

1　目　標

　福祉の見方・考え方を働かせ，実践的・体験的な学習活動を行うことなどを通して，福祉を通じ，地域や社会の健全で持続可能な福祉社会の発展に寄与する職業人として必要な資質・能力を次のとおり育成することを目指す。

(1) 福祉に関することについて理解するとともに，関連する技術を身に付けるようにする。

(2) 福祉に関する課題を発見し，職業人に求められる倫理観を踏まえ課題を解決する力を養う。

(3) 職業人として必要な豊かな人間性を育み，よりよい社会の構築を目指して自ら学び，社会貢献に主体的かつ協働的に取り組む態度を養う。

この教科においては，福祉が人間の生活を支える産業の一つであるという視点をもち，実践的・体験的な学習活動を行うことなどを通して，人間の尊厳に基づく地域福祉の推進と持続可能な福祉社会の発展に寄与する職業人として必要な資質・能力の育成を目指すことを示した。

福祉の見方・考え方とは，生活に関する事象を，当事者の考えや状況，環境の

継続性に着目して捉え，人間としての尊厳の保持と自立を目指して，適切かつ効果的な社会福祉と関連付けることを意味している。

目標の(1)については，福祉に関する学習活動を通して，福祉の各事象に関する知識や関係する技術を身に付けるようにすることを意味している。なお，福祉の各事象に関する知識や関係する個別の技術には，社会福祉の理念と意義の理解や，介護・福祉サービスを必要とする人の理解，生活支援に関する技術などを含んでいる。

目標の(2)については，福祉を担う当事者としての意識を高めるとともに，福祉に携わる者として課題に向き合い，科学的な根拠に基づいて工夫してよりよく解決し，福祉を通じて未来を切り拓いていくといった，福祉に関する確かな知識，技術，態度などに裏付けられた思考力，判断力，表現力等を養うことを意味している。

目標の(3)については，社会の信頼を得て，福祉を展開する上で必要な職業人に求められる倫理観，福祉を通して社会に貢献する意識，職業人としての優しさや思いやりなどを育むこと，福祉を通じ，人間の尊厳に基づく地域福祉の推進と持続可能な福祉社会の発展を目指して福祉の各分野について主体的に学ぶことにより，他者と積極的に関わり，社会貢献に責任をもって取り組む態度を養うことを意味している。

3　内容とその取扱い
(1) 内容の構成及び取扱い

この教科は，目標に示す資質・能力を身に付けることができるよう，(1) 社会福祉の概要，(2) 介護・福祉サービス，(3) 介護を必要とする人，(4) 生活支援の技術の四つの指導項目で内容を構成している。また，内容を取り扱う際の配慮事項は次のように示されている。

（内容を取り扱う際の配慮事項）

> (2)　2の内容の取扱いについては，次の事項に配慮するものとする。
>   ア　〔指導項目〕の(2)から(4)までについては，生徒や地域の実態，学科の特色等に応じて，いずれか一つ以上を選択して扱うことができること。

〔指導項目〕の(2)から(4)までについては，生徒や地域の実態，学科の特色等に応じて指導項目を選択し，生徒が適切に履修できるようにすることが必要である。

また，第1章第2節第2款の3の(4)のアの規定に基づき，〔指導項目〕で示

していない事項についても，福祉に関する適切な事項があれば取り上げて指導することができる。その〔指導項目〕の選択に当たり考慮すべきこととしては，次の点が挙げられる。

(ア) 地域の福祉サービスに関する様々な機関との連携の下，見学や調査，実習などの協力が得られるものであること。

(イ) 抽象的な内容にとどまらず，実習を多く取り入れ体験的な活動ができるものであること。

(ウ) 生徒の興味・関心や進路などを考慮したものであること。

(エ) 実習場所に関して長期的に見通しがもてるものであること。

イ　実験・実習を行うに当たっては，関連する法規等に従い，施設・設備や薬品等の安全管理に配慮し，学習環境を整えるとともに，事故防止などの指導を徹底し，安全と衛生に十分留意すること。

内容を取り扱う際に，実験・実習を行うに当たっては，関連する法規等に従い，実習室の施設・設備の定期点検と整備を実施し，安全管理や衛生管理を徹底することが必要である。

特に，福祉機器や用具などの取扱いについては，安全点検，標準的な動作を遵守した福祉機器の取扱い，衛生管理などに配慮することが大切である。

また，校外で調査・研究・実習などを行う際においても，事故の防止や安全管理などに配慮し，指導計画を綿密に作成し，目的が効果的に達成されるよう，生徒指導にも十分留意することが必要である。

(2) 内容

2　内容
　1に示す資質・能力を身に付けることができるよう，次の〔指導項目〕を指導する。

〔指導項目〕

---

(1) 社会福祉の概要
　ア　社会福祉の意義と役割
　イ　社会福祉サービスの基礎
　ウ　福祉機器や用具，コンピュータ等の情報機器の取扱い

ここでは，教科の目標を踏まえ，社会福祉サービスが日常生活に深く関わっていることについての知識などを基盤として，社会福祉の意義について自らの考えをもつとともに，組織の一員として社会福祉サービスに取り組もうとする意識と意欲を高めることができるようにすることをねらいとしている。

　このねらいを実現するため，次の①から③までの事項を身に付けることができるよう，〔指導項目〕を指導する。

　①　社会福祉が社会で果たしている意義と役割などについて理解するとともに，職業生活に必要となる技術を身に付けること。

　②　社会福祉に関する実習を通して地域や社会の健全で持続可能な福祉社会の発展に寄与する職業人となる視点から，よりよい社会福祉サービスの提供をするために必要な課題を発見し，工夫について考え，表現すること。

　③　社会福祉に係る事項について自ら学び，社会福祉に係る実習等に主体的かつ協働的に取り組むこと。

ア　社会福祉の意義と役割

　ここでは，社会福祉が果たしている役割や意義，様々な制度やサービス，社会福祉サービスを必要とする高齢者や障害者などを取り上げ，社会福祉の職業に携わっている人々が社会において重要な役割を果たし，社会福祉サービスが人間の生活と深く関わっていることなどについて扱うこと。

イ　社会福祉サービスの基礎

　ここでは，社会福祉の制度や社会福祉サービスに関する様々な職業，社会福祉サービスを必要とする人々，家事援助や介護などの業務を行うに当たっての心構えや知識，その職業で必要とされる技術及びサービス利用者に関する個人情報の収集，整理，管理の方法について扱うこと。

ウ　福祉機器や用具，コンピュータ等の情報機器の取扱い

　ここでは，社会福祉サービスで用いられる福祉機器や用具について，名称，目的，用途，操作手順，保管・管理等を取り上げ，福祉機器や用具を適切に使用するための知識と技術について扱うこと。

　また，コンピュータ等の情報機器の名称，用途，操作手順，保管・管理等を取り上げ，社会福祉サービス利用者のプライバシー保護及びコンピュータ等の情報機器を適切に使用するための知識と技術について扱うこと。

〔指導項目〕

(2)　介護・福祉サービス
　ア　介護の職務

　ここでは，教科の目標を踏まえ，介護が福祉サービスを必要とする人の日常生活に深く関わっていることについての知識などを基盤として，介護の意義について自らの考えをもつとともに，組織の一員として生活の支援に取り組もうとする意識と意欲を高めることができるようにすることをねらいとしている。

　このねらいを実現するため，次の①から③までの事項を身に付けることができるよう，〔指導項目〕を指導する。

① 　介護の職務について理解するとともに，介護に係る基本的な技術を身に付けること。

② 　介護・福祉サービスにおいて，よりよい介護サービスを提供するために必要な課題を発見し，工夫について考え，表現すること。

③ 　介護・福祉サービスについて自ら学び，介護に係る実習等に主体的かつ協働的に取り組むこと。

ア　介護の職務

　ここでは，居宅や施設などにおける介護の多様なサービス，介護職の仕事内容や働く現場などを取り上げ，福祉サービスを必要とする人々が生活を営む上で，重要な役割を果たしている介護の職務について扱うこと。

　また，人権と尊厳の保持，ICF（International Classification of Functioning, Disability and Health），QOL（Quality Of Life），ノーマライゼーション，虐待防止・身体拘束禁止，個人の権利を守る制度の概要などの人権と尊厳を支える介護及び自立支援や介護予防などの自立に向けた介護を取り上げ，介護における尊厳の保持・自立支援について扱うこと。

イ　介護の基礎

　ここでは，介護職の役割や専門性と多職種との連携，介護職の職業倫理，介護における安全の確保とリスクマネジメント，介護職の安全などを取り上げ，介護の基本について扱うこと。

　また，介護保険制度，医療との連携とリハビリテーション，障害福祉制度及びその他の制度などを取り上げ，介護・福祉サービスの理解と医療との連携について扱うこと。

　さらに，介護におけるコミュニケーションの意義やコミュニケーションの技法，チームでのコミュニケーションなどを取り上げ，介護におけるコミュニケーション技術について扱うこと。

〔指導項目〕

> (3) 介護を必要とする人
>   ア　こころとからだの理解
>   イ　介護を必要とする人の理解

　ここでは，教科の目標を踏まえ，人間の心理，人体の構造と機能の基本的な知識，老化や認知症，障害が生活に及ぼす影響などについて理解することをねらいとしている。

　このねらいを実現するため，次の①から③までの事項を身に付けることができるよう，〔指導項目〕を指導する。

①　人間の欲求や発達課題，人体の構造や機能，生命維持の仕組みや人体各部の名称，老化や認知症，障害が生活に及ぼす影響について理解するとともに，関連する技術を身に付けること。

②　こころとからだや介護を必要とする人の基礎的理解を通じて，福祉サービス利用者のニーズに応じた介護サービスを提供するために必要な課題を発見し，工夫について考え，表現すること。

③　こころとからだや介護を必要とする人について自ら学び，家事援助，介護にかかる実習等に主体的かつ協働的に取り組むこと。

ア　こころとからだの理解

　ここでは，学習と記憶，感情と意欲，自己概念と生きがい，適応行動とその阻害要因などを取り上げ，介護に関するこころのしくみの理解について扱うこと。

　また，人体の構造とボディメカニクス，中枢神経系と体性神経，自律神経と内部器官などを取り上げ，介護に関するからだのしくみの理解について扱うこと。

イ　介護を必要とする人の理解

　ここでは，老化に伴うこころとからだの変化と日常，高齢者と健康，認知症を取り巻く状況，医学的側面から見た認知症の基礎と健康管理，認知症に伴うこころとからだの変化と日常生活，家族への支援などを取り上げ，老化と認知症の理解について扱うこと。

　また，障害の概念とICF，障害福祉の基本理念，障害の医学的側面，家族の心理，かかわり支援の理解などを取り上げ，障害の理解について扱うこと。

〔指導項目〕

> (4) 生活支援の技術
>   ア　生活支援の内容

　ここでは，教科の目標を踏まえ，生活の支援が福祉サービスを必要とする人の日常生活に深く関わっていることについて理解して，生活の支援の意義について自らの考えをもつとともに，組織の一員として生活の支援に取り組もうとする意識と意欲を高めることができるようにすることをねらいとしている。

　このねらいを実現するため，次の①から③までの事項を身に付けることができるよう，〔指導項目〕を指導する。

　①　自立に向けた生活支援や安全で安楽な支援などについて理解するとともに，関連する技術を身に付けること。

　②　生活支援において，福祉サービス利用者のニーズに応じ生活支援をするために必要な課題を発見し，工夫について考え，表現すること。

　③　生活支援について自ら学び，家事援助や介護に係る実習等に主体的かつ協働的に取り組むこと。

ア　生活支援の内容

　ここでは，生活支援が介護を必要とする人々と深く関わっており，生活を営む上で重要な役割を果たしていることを踏まえ，生活と家事，居住環境整備，整容，移動・移乗，食事，入浴・清潔，排泄，睡眠，終末期に関連したこころとからだのしくみと自立に向けた介護などを取り上げ，生活支援の内容について扱うこと。

イ　生活支援の実践

　ここでは，福祉サービス利用者のこころとからだの状況に合わせ，安全に生活支援を提供する方法などの理解に基づき，以下の内容から適切に選択するなどして，生活支援の実践について扱うこと。

　生活と家事においては，家事に関する用具の活用方法，主体性・能動性を引き出すための支援方法について扱うこと。

　居住環境整備においては，快適で安全・安心な居住環境整備や高齢者・障害者特有の住環境整備と福祉用具の活用方法について扱うこと。

　整容においては，整容に関する用具の活用方法及び支援方法について扱うこと。

　移動・移乗においては，移動・移乗に関する用具の活用方法，負担の少ない支援方法について扱うこと。

　食事においては，食事環境の整備や福祉用具の活用方法，楽しい食事の支援方法について扱うこと。

　入浴・清潔保持においては，入浴用具と整容用具の活用方法，楽しい入浴の支援方法について扱うこと。

排泄においては，排泄環境の整備と排泄用具の活用方法，爽快な排泄の支援方法について扱うこと。

睡眠においては，睡眠環境の整備と用具の活用方法，快い睡眠の支援方法について扱うこと。

終末期においては，終末期の過程における苦痛の少ない死への支援方法について扱うこと。

(3) 指導計画の作成に当たっての配慮事項

指導計画の作成に当たっては，次の事項に配慮するものとする。

3　指導計画の作成と内容の取扱い
　(1) 指導計画の作成に当たっては，次の事項に配慮するものとする。
　　ア　単元など内容や時間のまとまりを見通して，その中で育む資質・能力の育成に向けて，生徒の主体的・対話的で深い学びの実現を図るようにすること。その際，福祉の見方・考え方を働かせ，実践的・体験的な学習活動の充実を図ること。

この事項は，福祉科の指導計画の作成に当たり，生徒の主体的・対話的で深い学びの実現を目指した授業改善を進めることとし，福祉科の特質に応じて，効果的な学習が展開できるように配慮すべき内容を示したものである。

選挙権年齢や成年年齢の引き下げなど，生徒にとって政治や社会が一層身近なものとなる中，学習内容を人生や社会の在り方と結び付けて深く理解し，これからの時代に求められる資質・能力を身に付け，生涯にわたって能動的に学び続けることができるようにするためには，これまでの学校教育の蓄積も生かしながら，学習の質を一層高める授業改善の取組を活性化していくことが求められている。

指導に当たっては，(1)「知識及び技術」が習得されること，(2)「思考力，判断力，表現力等」を育成すること，(3)「学びに向かう力，人間性等」を涵養することが偏りなく実現されるよう，単元など内容や時間のまとまりを見通しながら，生徒の主体的・対話的で深い学びの実現に向けた授業改善を行うことが重要である。

主体的・対話的で深い学びは，必ずしも１単位時間の授業の中で全てが実現されるものではない。単元など内容や時間のまとまりの中で，例えば，主体的に学習に取り組めるよう学習の見通しを立てたり学習したことを振り返ったりして自身の学びや変容を自覚できる場面をどこに設定するか，対話によって自分の考えなどを広げたり深めたりする場面をどこに設定するか，学びの深まりをつくりだ

すために，生徒が考える場面と教師が教える場面をどのように組み立てるかといった視点で授業改善を進めることが求められる。また，生徒や学校の実態に応じ，多様な学習活動を組み合わせて授業を組み立てていくことが重要であり，単元など内容や時間のまとまりを見通した学習を行うに当たり基礎となる「知識及び技術」の習得に課題が見られる場合には，それを身に付けるために，生徒の主体性を引き出すなどの工夫を重ね，確実な習得を図ることが必要である。

　主体的・対話的で深い学びの実現に向けた授業改善を進めるに当たり，特に「深い学び」の視点に関して，各教科等の学びの深まりの鍵となるのが「見方・考え方」である。各教科等の特質に応じた物事を捉える視点や考え方である「見方・考え方」を，習得・活用・探究という学びの過程の中で働かせることを通じて，より質の高い深い学びにつなげることが重要である。

　福祉科においては，「福祉の見方・考え方」を働かせ，基礎的な内容からより専門的な内容へと理解を深められるよう系統的・体系的に理解するとともに，科学的な根拠に基づき探究するなどの実践的・体験的な学習活動を通して，「主体的・対話的で深い学び」の実現を図るようにすることが重要である。

　「主体的な学び」については，例えば，現代社会における福祉課題を発見し，その課題の背景や原因を整理して仮説を立て，仮説の妥当性を科学的な根拠に基づき検討したり，全体を振り返って改善策を考えたりしているか，得られた知識及び技術を基に，次の課題を発見したり，新たな視点で福祉サービスを把握したりしているかなど，学習活動の充実を図ることが考えられる。

　「対話的な学び」については，例えば，福祉課題について調査・検証するときに，福祉に関する他の〔指導項目〕で学んだ知識と技術を活用して考察した考えを，生徒同士が科学的な根拠に基づく議論・対話する場面を通して，自分の考えの質をより高めるなど，学習活動の充実を図ることが考えられる。

　「深い学び」については，例えば，「福祉の見方・考え方」を働かせて課題解決を図る過程を通し，福祉科で育成を目指す資質・能力を身に付けているか，関係する知識と技術の統合がなされているか，科学的な概念を形成しているか，そして新たな福祉サービスの発展に向けて活用されているかなどの視点から，授業改善を図ることが考えられる。

　以上のような授業改善の視点を踏まえ，福祉科で育成を目指す資質・能力及びその評価の観点との関係も十分に考慮し，指導計画等を作成することが必要である。

　イ　地域や産業界との連携・交流を通じた実践的な学習活動や就業体験活動を積極的に取り入れるとともに，社会人講師を積極的に活用するなど

> の工夫に努めること。

　地域や産業界との連携・交流を図り，福祉サービスに関連する企業等の見学，地域での生活支援に関する実習，関連する各種資格や検定などについての調査等を行うことにより，興味・関心を一層深められるようにすることが大切である。また，就業体験活動を振り返ることで自らの課題を発見し，実験・実習において課題解決を行い，次の就業体験活動に生かそうとする態度を育成することが重要である。

　あわせて，地域の関係機関や専門家の協力を得ながら実習の機会の確保に努めることも大切である。さらに，専門的な知識や技術を有する社会人講師を積極的に活用し学習活動を充実するなどの工夫が必要である。

> ウ　〔指導項目〕の指導に当たっては，実験・実習を適切に取り入れること。

　〔指導項目〕の指導に当たっては，これらに関する実験・実習の時間を十分に確保できるよう配慮することが大切である。なお，実験・実習の指導においては，生徒一人一人の障害の状態や学習上の特性等を十分考慮して，進めることが重要である。

　また，具体的な指導に当たっては，実験・実習による体験的な学習を通して，福祉サービスへの興味・関心を高めるとともに，組織の生活支援への適応や，福祉サービスに関する役割を担う意義と役割ついて生徒が実感できるよう十分考慮することが重要である。

第5章
知的障害者である生徒に対する教育を行う特別支援学校

知的障害者である生徒に対する教育を行う特別支援学校の各教科について，従前，各教科全体にわたって共通する指導計画の作成と内容の取扱いを示してきた。今回の改訂では，各教科の特質に応じた，指導計画の作成や内容の取扱いに配慮することができるよう各教科のそれぞれにも新設した。

これを踏まえ，次に示す全体に共通する各教科の指導計画の作成と各教科全体にわたる内容の取扱いに留意していかなければならない。

（第2章第2節第3款の1）

第3款　指導計画の作成と各教科全体にわたる内容の取扱い

1　指導計画の作成に当たっては，個々の生徒の知的障害の状態，生活年齢，学習状況及び経験等を考慮しながら，第1款及び第2款の各教科の目標及び内容を基に，3年間を見通して，全体的な指導計画に基づき具体的な指導目標や指導内容を設定するものとする。

今回の改訂では，個に応じた指導をより一層充実するため，知的障害の状態や経験に加え，生徒の生活年齢を踏まえたり，学習状況を的確に把握したりすることなど知的障害の状態をより一層明確にする観点から，「個々の生徒の知的障害の状態や経験等」を「個々の生徒の知的障害の状態，生活年齢，学習状況及び経験等」と改めた。

高等部段階の生徒は，高等部入学前の学習の場や学習状況，知的障害の状態，経験の程度，興味や関心，対人関係の広がりや適応の状態等が一人一人異なっている。また，身体的な成長とともに心理的にも大人への自覚をもち，その上，それらに加えて，将来の生活を視野に入れると，例えば，交際の範囲や交通機関を利用して外出するなど行動の範囲が大きく広がってくることが考えられる。そこで，指導計画の作成に当たっては，これらを考慮しながら，一人一人の生徒の知的障害の状態や生活年齢，学習状況，経験等に応じて，将来の生活を見据えるとともに，3年間を見通した全体的な指導計画に基づき，各教科に示された指導目標や指導内容を設定することが重要である。全体的な指導計画とは，各教科の内容に示されている項目について，3年間を見通しながら，指導内容を配列したものである。

全体的な指導計画に基づき，生徒の興味や関心，学習活動の必要性なども考慮

第6節
指導計画の作成
と各教科全体に
わたる内容の取
扱い

第5節
主として専門学
科において開設
される各教科

し，それぞれの生徒の状態に応じて，例えば，1段階の一部と2段階の一部の内容を選定し，それらを組み合わせるなどして具体的に指導内容を設定する必要がある。

　また，選定された指導内容を適切に組み合わせて，生徒の学習上の特性等を考慮しながら，単元等としてまとめて取り上げ，配列することが重要である。その際には，生徒の実態等を考慮して，実際の生活に結び付くよう具体的な指導内容を組織し，指導計画を作成することが大切である。

（第2章第2節第3款の2）

> 2　個々の生徒の実態に即して，教科別の指導を行うほか，必要に応じて各教科，道徳科，特別活動及び自立活動を合わせて指導を行うなど，効果的な指導方法を工夫するものとする。その際，各教科等において育成を目指す資質・能力を明らかにし，各教科等の指導内容間の関連を十分に図るよう配慮するものとする。

　今回の改訂では，各教科等において育成を目指す資質・能力を明確にしたとともに，各教科等の指導内容の関連等に十分に配慮していくことが重要であることからこの項を新設した。

　「個々の生徒の実態に即して……効果的な指導方法を工夫」とは，個々の生徒の知的障害の状態や生活年齢に加え，興味や関心，これまでの学習や経験してきた内容などを全体的に把握した上で，効果的な指導の形態を選択していくことである。指導の形態には，教科ごとの時間を設けて指導する「教科別の指導」や各教科，道徳科，特別活動及び自立活動を合わせて指導を行う「各教科等を合わせた指導」がある。（本解説第2編第2部第5章第2節の3の(3)参考）単元などの学習のまとまりをとおして，生徒の学習成果が最大限に期待できる指導の形態を柔軟に考えられるようにすることが大切である。

　例えば，数学や職業の時間に金銭やコンピュータ等の情報機器の扱いについて学習した時期と同じくして，これらの知識を生かして，将来の生活を見据えて学習することのできる単元について，作業学習として位置付けることなどが考えられる。

　生徒の実態とともに，学習集団の構成などを踏まえ，適切な指導の形態を選択し，カリキュラム・マネジメントを行っていくことが必要である。

（第2章第2節第3款の3）

> 3 個々の生徒の実態に即して，生活に結び付いた効果的な指導を行うとともに，生徒が見通しをもって，意欲をもち主体的に学習活動に取り組むことができるよう指導計画全体を通して配慮するものとする。

今回の改訂では，個々の生徒が，意欲をもち，主体的に学習活動に取り組むことがより一層重要であることから「主体的」を加えて示した。また，教育活動全体にわたって日々の生活及び将来の生活に結び付いた効果的な指導を行っていくことも重要である。

このような将来の生活に結び付いた効果的な指導を進めるためには，一人一人の生徒の興味や関心，知的障害の状態，生活年齢，学習状況や生活経験等などに応じて設定した指導内容が，日々の生活及び将来の生活に結び付いた学習活動として展開されるように指導計画を作成する必要がある。その際に，生徒の興味や関心を考慮しつつ，家庭生活，社会生活に即した活動を取り入れたり，卒業後の生活に十分生かされるように継続的な取組にしたりするなど，指導方法を個々の生徒に合わせて工夫することが大切である。

また，生徒が見通しをもって，意欲をもち主体的に学習活動に取り組むことができるようにするためには，生徒に分かりやすいように学習活動の予定を示したり，学習活動を一定期間，繰り返したりすることなどの工夫を行うとともに，充実感や達成感を味わうことで，様々な活動への意欲を高め，主体的に生活しようとする態度を身に付けられるようにすることが重要である。

さらに，生徒の様子を逐次把握したり，適切に示範できるように，教師と生徒が共に活動するとともに，指導の過程において，事前の指導計画に沿わない場合も想定し，生徒の学習状況に応じて柔軟に学習活動を修正したり，発展させたりする指導計画の工夫も大切である。

（第2章第2節第3款の4）

> 4 第1章第2節第1款の2の(2)に示す道徳教育の目標に基づき，道徳科などとの関連を考慮しながら，第3章特別の教科道徳に示す内容について，各教科の特質に応じて適切な指導をするものとする。

この項は，各教科の特質に応じて，道徳科に示す内容と関連付けて適切に指導する必要があることから新設した。

第1章第2節第1款の2の(2)においては，「知的障害者である生徒に対する

教育を行う特別支援学校においては，第3章に掲げる特別の教科である道徳（以下「道徳科」という。）を要として，各教科，総合的な探究の時間，特別活動及び自立活動において，それぞれの特質に応じて，適切な指導を行うこと」と規定されている。

知的障害者である生徒に対する教育を行う特別支援学校の各教科でどのように道徳教育を行うかについては，第1章第2節第7款に示すとおりであるが，内容の指導に当たっては，第3章第2款の3に留意し適切な指導を行う必要がある。

知的障害者である生徒に対する教育を行う特別支援学校の各教科においては，各教科の特質に係る見方・考え方を働かせて，資質・能力を育成することを示している。

例えば，職業科では，「職業に係る見方・考え方を働かせ，職業など卒業後の進路に関する実践的・体験的な学習活動を通して，よりよい生活の実現に向けて工夫する資質・能力」と示している。よりよい生活の実現に向けて工夫するための資質・能力を育むためには，他者との協働を通して，自らの役割を果たすなど，卒業後の社会生活を見据え，実践的・体験的な学習活動を積み重ねていくことが重要である。このことは，道徳科［節度，節制］で示されている「健康や安全に気を付け，物や金銭を大切にし，身の回りを整え，わがままをしないで，規則正しい生活をすること。」や「自分でできることは自分でやり，安全に気を付け，よく考えて行動し，節度のある生活をすること。」と関連させて指導していくことが効果的である。

各教科等を合わせて指導を行う場合においても，道徳科に示されている目標及び内容との関連を十分に考慮し，年間指導計画の作成などに際して，道徳教育の全体計画との関連，指導する内容及び時期等に配慮し，各教科と道徳科で示す目標及び内容と相互に関連させて指導の効果を高め合うようにすることが大切である。

（第2章第2節第3款の5）

> 5　生徒の実態に即して学習環境を整えるなど，安全と衛生に留意するものとする。

生徒の学校生活が充実するようにするためには，生活の基盤となるホームルームの教室や体験的な学習などを行う際の特別教室などの学習環境を整備していくことが重要である。学習環境とは，教室内の掲示物，活動場所の設定，自然の流れに沿った活動を組織すること，一日の日課や教材・教具なども含まれることに留意する必要がある。

高等部においても，将来の生活を見据え，一連の活動に見通しをもって意欲的に取り組むことができるような活動を組織することが大切であり，そのための環境設定を工夫する必要がある。

特に，心身の調和的な発達を促し，生徒が安心して学習に取り組めるようにするためには安全で衛生的な環境を整えることが重要である。その際，生徒の障害の状態等を考慮し，生徒が危険な場所や状況を把握したり，判断したり，予測したり，回避したりすることなどができるように安全に関する十分な指導を進めるとともに，教室や作業の場の機械や器具，道具，物品，校地内の設備，通学路などの安全点検を十分に行うことが大切である。加えて，生徒が衛生に留意し，自ら衛生的な環境を保てるようにする必要がある。また，学習活動においても，安全や衛生に配慮して物品を取扱えるようにすることも大切である。

併せて，生徒によっては，安全や衛生に関する理解が難しい場合も考えられることから，例えば，健康を害するものを口に入れることがないようにすることや異物を飲み込むことがないようにするなど，安全や衛生にも配慮した指導が大切である。

（第2章第2節第3款の6）

> 6 生徒の実態に即して自立や社会参加に向けて経験が必要な事項を整理した上で，指導するように配慮するものとする。

この項は，将来の自立と社会参加を見通した計画的な指導を高等部段階においてより一層充実させていくことが重要であることから，新たに示した。

生徒の自立と社会参加に向けて，高等部3年間を見通しながら，将来の生活をも見据え，高等部段階での学習を通して育成を目指す資質・能力を整理し，適宜，学習状況の評価を行いながら，繰り返し経験することで学習の定着を図ったり，経験の拡大を図ったりしていくことなど，計画―実施―評価―改善のサイクルを踏まえて指導計画を適宜修正・加筆し，指導していくことが重要である。

特に知的障害のある生徒の学習上の特性として，学習によって得た知識や技能が断片的になりやすい側面があることを考慮し，どのような指導すべき事項を，どのように学習として積み上げていくことで，育成を目指す資質・能力を育むことができるのか十分に検討したうえで，年間指導計画等に基づき，組織的に指導していくことが重要である。また，学年進行の際には，これまで学習している内容等を確実に引継ぎ，生活年齢に即した指導内容を計画できるようにすることが大切である。

（第２章第２節第３款の７）

> 7　学校と家庭及び関係機関等とが連携を図り，生徒の学習過程について，相互に共有するとともに，生徒が学習の成果を現在や将来の生活に生かすことができるよう配慮するものとする。

　今回の改訂では，従前の「家庭等との連携を図り，生徒が学習の成果を実際の生活に生かす」ことについて，学校と家庭や関係機関等が双方向にやり取りをしながら，生徒の学習成果のみならず，その過程を含めて，相互に情報を共有して連携していくことが重要であることから「生徒の学習過程について，相互に共有するとともに，生徒が学習の成果を現在や将来の生活に生かす」ことを示した。

　生徒の基本的生活習慣の確立を図り，生活経験を広げていくために，将来の生活を見据え，学校における指導内容・方法について，家庭だけでなく関係機関等との連携も図ることが重要である。その際に，学習した結果のみではなく，学習内容にどのように取り組み，どのようなことが身に付いたかなど，学習過程を含めて相互に共有することが大切である。

　学校で学習した内容については，家庭生活を含む日常生活の様々な場面で，学習した内容を深めたり，生活の範囲を広げたり，生活を高めたりすることにつながるよう指導することが重要である。例えば，将来の生活を見据え，個別の指導計画や個別の教育支援計画などを基にして，学校で身に付けたことを家庭等でも取り入れたり，地域において実際に活用したりできるよう，家庭等との連携や情報交換などを工夫することが大切である。その際，学校から家庭等への一方向でなく，家庭等で取り組んでいる内容を参考にして，学校での指導を充実させるなど，双方向の情報共有が大切である。

　また，学習した内容を実際の生活で十分に生かすことができるようにするためには，実際の生活や学習場面に即して活動を設定し，その成果を適切に評価して，生徒がより意欲的に取り組むことができるように，指導方法等を工夫することが大切である。

（第２章第２節第３款の８）

> 8　生徒の知的障害の状態や学習状況，経験等に応じて，教材・教具や補助用具などを工夫するとともに，コンピュータや情報通信ネットワークを有効に活用し，指導の効果を高めるようにするものとする。

　今回の改訂では，従前の「生徒の知的障害の状態や経験等に応じて，教材・教

具や補助用具などを工夫するとともに，コンピュータ等の情報機器などを有効に活用」を「生徒の知的障害の状態や学習状況，経験等に応じて，教材・教具や補助用具などを工夫するとともに，コンピュータや情報通信ネットワークを有効に活用」と改めた。

また，知的障害のある生徒に対する指導に当たっては，一人一人の生徒の知的障害の状態や学習状況，経験，興味や関心などを踏まえるとともに，使いやすく効果的な教材・教具，補助用具などを用意したり，実生活への活用がしやすくなるように，できるだけ実際に使用する用具などを使ったりすることが重要である。

言葉や文字による理解が難しい生徒や，音声によるコミュニケーションが難しく伝えたいことを円滑に伝えられない場合でも，生徒の学習状況やそれまでの経験等に応じた絵カードなどの教材やコミュニケーションを支援するための補助用具などを用意することで，生徒の可能性が引き出されることがある。これらのことは，生徒の言語環境を充実させることにもつながり計画的に取り組むことが重要である。

補助用具などの活用に当たっては，活動を効果的に補助したり，生徒のもっている力を十分に発揮したりすることができるようにするための工夫が重要である。

補助用具とは，目的を遂行するために，支えとなる用具のことである。例えば，会話を補助するための音声出力装置や書籍等を読みやすくするために読んでいるページが固定できるようにする用具などがある。また，音読しやすくするために，1行分だけ見えるようにくり抜いた板を使う場合，その板が補助用具になる。また，補助用具などとは，加工等で活用されるジグなども含む。複数の板材に穴をあける際，穴をあける位置をガイドする役割を担うのがジグであるが，一人でできる状況を支える補助用具の一つとして加工場面だけでなく広義的に使われることがある。補助用具やジグを活用することによって，複雑な作業が容易になることもあり，生徒が達成感を得られやすくなる。

また，自力で取り組むことを目的に補助用具などを取り外す場合は，段階的に進めるなどして，生徒の負担を考慮することが大切である。

さらに，コンピュータや情報通信ネットワークを有効に活用して，生徒の意思表示をより明確にしたり，数や文字を効果的に指導したり，職業教育における効果的な情報の提供にもつながったりすることなどから，生徒の知的障害の状態や経験等を考慮しつつ，適切な機器を選択して，各教科等の内容の指導において，効果的な活用が図られるようにすることが大切である。なお，コンピュータ等の情報機器を活用する際は，情報セキュリティや情報モラルについての指導を効果的に行い，生徒がトラブルに巻き込まれないようにするための指導についても配

慮することが重要である。

第6章
特別の教科
道徳（知的障害者
である生徒に対す
る教育を行う特別
支援学校）

● 第1　目標及び内容（第3章第1款）

第3章　特別の教科　道徳（知的障害者である
生徒に対する教育を行う特別支援学校）

第1款　目標及び内容

　道徳科の目標及び内容については，小学部及び中学部における目標及び内容を基盤とし，さらに，青年期の特性を考慮して，健全な社会生活を営む上に必要な道徳性を一層高めることに努めるものとする。

　高等部における道徳科の目標は，第1章第2節第1款の2の(2)において，「道徳教育は，教育基本法及び学校教育法に定められた教育の根本精神に基づき，生徒が自己探求と自己実現に努め国家・社会の一員としての自覚に基づき行為しうる発達の段階にあることを考慮し，人間としての在り方生き方を考え，主体的な判断の下に行動し，自立した人間として他者と共によりよく生きるための基盤となる道徳性を養うことを目標とすること」と規定していることを踏まえるとともに，知的障害者である生徒に対する教育を行う特別支援学校については，小学部及び中学部における道徳科の目標及び内容を基盤とし，青年期の特性を考慮して，健全な社会生活を営む上に必要な道徳性を一層高めることについて示していることに留意する必要がある。

　小学校学習指導要領及び中学校学習指導要領第3章第3の1において，「各学校においては，道徳教育の全体計画に基づき，各教科，外国語活動（小学校学習指導要領のみ），総合的な学習の時間及び特別活動との関連を考慮しながら，道徳科の年間指導計画を作成するものとする。」と示していることを参考に，知的障害者である生徒に対する教育を行う特別支援学校の高等部においても，以上のことを踏まえて年間指導計画を作成する必要がある。

　また，道徳科の内容については，小学校学習指導要領及び中学校学習指導要領第3章第2において，項目として，「A主として自分自身に関すること」，「B主として人との関わりに関すること」，「C主として集団や社会との関わりに関すること」，「D主として生命や自然，崇高なものとの関わりに関すること」を示していることを参考に，各学校で道徳科の内容を適切に設定することが大切である。その際，高等部の生徒の活動範囲の広がりに応じて，様々な人々との関係を適切

に形成できるようにすることや，生活年齢や青年期の心理的発達の状態などを考慮しつつ，小学部や中学部における指導との一貫性を図ることが大切である。

● 第2　指導計画の作成と内容の取扱い（第3章第2款）

第6章
特別の教科
道徳（知的障害者
である生徒に対す
る教育を行う特別
支援学校）

第2款　指導計画の作成と内容の取扱い

1　指導計画の作成に当たっては，生徒や学校，地域の実態を十分考慮し，中学部における道徳科との関連を図り，計画的に指導がなされるよう工夫するものとする。

2　各教科，総合的な探究の時間，特別活動及び自立活動との関連を密にしながら，経験の拡充を図り，豊かな道徳的心情を育て，将来の生活を見据え，広い視野に立って道徳的判断や行動ができるように指導するものとする。

3　内容の指導に当たっては，個々の生徒の知的障害の状態，生活年齢，学習状況及び経験等に応じて，適切に指導の重点を定め，指導内容を具体化し，体験的な活動を取り入れるなどの工夫を行うものとする。

　第一は，道徳科の指導計画の作成に当たっては，生徒の社会生活における活動範囲の広がりによる交際の範囲や経験の広がりなどや，生徒の知的障害や社会適応の状態などについて考慮することが大切であることから示したものである。さらに，高等部には，中学部や中学校特別支援学級等からの進学者が在籍しており，知的障害の状態や経験，興味・関心などが多様である。そのため，中学部又は中学校との連携を図るなどして，個々の生徒の実態に即して，一貫した道徳教育を進めることも配慮する必要がある。特に，一斉指導に偏ることなく，必要に応じて個別指導を取り入れるなどして道徳的実践力が身に付くよう計画することが大切である。

　第二は，経験の拡充を図ることによって，豊かな道徳的心情を育て，将来の生活を見据え，広い視野に立って道徳性が養われるように指導することの必要性を示している。特別支援学校に在籍する生徒については，個々の障害の状態により，結果として様々な経験の不足が課題となることがあることから，道徳科における指導においても，各教科，総合的な探究の時間，特別活動及び自立活動の指導との関連を密にしながら，経験の拡充を図ることについて，特に留意する必要がある。

　第三は，知的障害者である生徒に対する教育を行う特別支援学校高等部におい

ては，道徳科の内容を指導する場合においても，他の各教科等の内容の指導と同様に，個々の生徒の知的障害の状態，生活年齢，学習状況や経験等を考慮することが重要であることから，今回新設されたものである。

このことについては，視覚障害者，聴覚障害者，肢体不自由者又は病弱者である生徒に対する教育を行う特別支援学校において，知的障害を併せ有する生徒に対して指導を行う場合も，同様に配慮することが大切である。

生徒一人一人の知的障害の状態，生活年齢，学習状況や経験等に応じた指導の重点を明確にし，具体的なねらいや指導内容を設定することが重要である。その際，生徒の学習上の特性から，生徒理解に基づく，生活に結び付いた内容を具体的な活動を通して指導することが効果的であることから，実際的な体験を重視することが必要である。

目標・内容の一覧〔国語〕

学部	小学部	中学部	高等部
教科の目標			
	言葉による見方・考え方を働かせ、言語活動を通して、国語で理解し表現する資質・能力を次のとおり育成することを目指す。	言葉による見方・考え方を働かせ、言語活動を通して、国語で理解し表現する資質・能力を次のとおり育成することを目指す。	言葉による見方・考え方を働かせ、言語活動を通して、国語で理解し表現する資質・能力を次のとおり育成することを目指す。
知識及び技能	(1) 日常生活に必要な国語について、その特質を理解し使うことができるようにする。	(1) 日常生活や社会生活に必要な国語について、その特質を理解し適切に使うことができるようにする。	(1) 社会生活に必要な国語について、その特質を理解し適切に使うことができるようにする。
思考力、判断力、表現力等	(2) 日常生活における人との関わりの中で伝え合う力を身に付け、思考力や想像力を養う。	(2) 日常生活や社会生活における人との関わりの中で伝え合う力を高め、思考力や想像力を養う。	(2) 社会生活における人との関わりの中で伝え合う力を養い、思考力や想像力を養う。
学びに向かう力、人間性等	(3) 言葉で伝え合うよさを感じるとともに、言語感覚を養い、国語の能力の向上を図る態度を養う。	(3) 言葉がもつよさに気付くとともに、言語感覚を養い、国語を大切にしてその能力の向上を図る態度を養う。	(3) 言葉がもつよさを認識するとともに、言語感覚を養い、国語を大切にしてその能力の向上を図る態度を養う。

段階の目標	1段階	2段階	3段階	1段階	2段階	1段階	2段階
知識及び技能	ア 日常生活に必要な身近な言葉が分かり使うようになるとともに、いろいろな言葉や我が国の言語文化に触れることができるようにする。	ア 日常生活に必要な身近な言葉を身に付けるとともに、いろいろな言葉や我が国の言語文化に触れることができるようにする。	ア 日常生活に必要な国語の知識や技能を身に付けるとともに、我が国の言語文化に触れることができるようにする。	ア 日常生活や社会生活に必要な国語の知識や技能を身に付けるとともに、我が国の言語文化に親しむことができるようにする。	ア 日常生活や社会生活、職業生活に必要な国語の知識や技能を身に付けるとともに、我が国の言語文化に親しむことができるようにする。	ア 社会生活に必要な国語の知識や技能を身に付けるとともに、我が国の言語文化に親しむことができるようにする。	ア 社会生活に必要な国語の知識や技能を身に付けるとともに、我が国の言語文化に親しんだり理解したりすることができるようにする。

学部	小学部			中学部		高等部	
段階の目標	1段階	2段階	3段階	1段階	2段階	1段階	2段階
思考力、判断力、表現力等	イ 言葉をイメージしたり、言葉による関わりを受け止めたりする力を養い、日常生活における人との関わりの中で伝え合い、自分の思いをもつことができるようにする。	イ 言葉が表す事柄を想起したり受け止めたりする力を養い、日常生活における人との関わりの中で伝え合い、自分の思いをもつことができるようにする。	イ 出来事の順序を思い出す力や感じたり想像したりする力を養い、日常生活や社会生活における人との関わりの中で伝え合う力を身に付け、思い付いたり考えたりすることができるようにする。	イ 順序立てて考える力や感じたり想像したりする力を養い、日常生活や社会生活における人との関わりの中で伝え合う力を高め、自分の思いや考えをもつことができるようにする。	イ 筋道立てて考える力や感じたり想像したりする力を養い、日常生活や社会生活における人との関わりの中で伝え合う力を高め、自分の思いや考えをまとめることができるようにする。	イ 筋道立てて考える力や感じたり想像したりする力を養い、社会生活における人との関わりの中で伝え合う力を高め、自分の思いや考えをまとめることができるようにする。	イ 筋道立てて考える力や豊かに感じたり想像したりする力を養い、社会生活における人との関わりの中で伝え合う力を高め、自分の思いや考えを広げることができるようにする。
学びに向かう力、人間性等	ウ 言葉で表すことやそのよさを感じることとともに、言葉を使おうとする態度を養う。	ウ 言葉がもつよさを感じるとともに、読み聞かせに親しみ、言葉でのやり取りを聞いたり伝えたりしようとする態度を養う。	ウ 言葉がもつよさを感じるとともに、図書に親しみ、思いや考えを伝えたり受け止めたりしようとする態度を養う。	ウ 言葉がもつよさに気付くとともに、図書に親しみ、国語で考えたり伝えたりしようとする態度を養う。	ウ 言葉がもつよさに気付くとともに、いろいろな図書に親しみ、国語を大切にして、思いや考えを伝え合おうとする態度を養う。	ウ 言葉がもつよさを認識するとともに、幅広く読書をし、国語を大切にして、思いや考えを伝え合おうとする態度を養う。	ウ 言葉がもつよさを認識するとともに、進んで読書をし、国語を大切にして、思いや考えを伝え合おうとする態度を養う。

学部	小学部			中学部		高等部	
内容	1段階	2段階	3段階	1段階	2段階	1段階	2段階
〔知識及び技能〕	ア 言葉の特徴や使い方に関する次の事項を身に付けることができるよう指導する。	ア 言葉の特徴や使い方に関する次の事項を身に付けることができるよう指導する。	ア 言葉の特徴や使い方に関する次の事項を身に付けることができるよう指導する。	ア 言葉の特徴や使い方に関する次の事項を身に付けることができるよう指導する。	ア 言葉の特徴や使い方に関する次の事項を身に付けることができるよう指導する。	ア 言葉の特徴や使い方に関する次の事項を身に付けることができるよう指導する。	ア 言葉の特徴や使い方に関する次の事項を身に付けることができるよう指導する。
	(ア) 身近な人の話し掛けに慣れ、言葉が物の内容を表していることを感じること。	(ア) 身近な人の話し掛けや会話などの話し言葉に慣れ、言葉が、気持ちや要求を表していることを感じること。	(ア) 身近な人の読み聞かせや会話を通して、言葉には物事の内容を表す働きがあることに気付くこと。	(ア) 身近な大人や友達とのやり取りを通して、言葉には、事物の内容を表す働きや、経験したことを伝える働きがあることに気付くこと。	(ア) 日常生活の中での周りの人とのやり取りを通して、言葉には、考えたことや思ったことを表す働きがあることに気付くこと。	(ア) 社会生活に係る人とのやり取りを通して、言葉には、考えたことや思ったことを表す働きがあることに気付くこと。	(ア) 社会生活に係る人とのやり取りを通して、言葉には、相手とのつながりをつくる働きがあることに気付くこと。

学部	小学部			中学部		高等部	
内容	1段階	2段階	3段階	1段階	2段階	1段階	2段階
(知識及び技能)	(ア) 言葉のもつ音やリズムに触れたり、言葉が表す事物やイメージに触れたりすること。	(ア) 日常生活でよく使われている平仮名を読むこと。	(ア) 姿勢や口形に気を付けて話すこと。	(ア) 発音や声の大きさに気を付けて話すこと。	(ア) 発声や発音に気を付けたり、声の大きさを調節したりして話すこと。	(ア) 相手を見て話したり聞いたりするとともに、間の取り方などに注意して話すこと。	(ア) 話し言葉と書き言葉に違いがあることに気付くこと。
	—	(イ) 身近な人との会話を通して、物の名前や動作など、いろいろな言葉の種類に触れること。	(イ) 日常生活でよく使う促音、長音などが含まれた語句、平仮名、片仮名、漢字の正しい読み方を知ること。	(イ) 長音、拗音、促音、撥音、助詞の正しい読み方や書き方を知ること。	(イ) 長音、拗音、促音、撥音などの表記や助詞の使い方を理解し、文や文章の中で使うこと。	(イ) 漢字と仮名を用いた表記や送り仮名の付け方を理解して文や文章の中で使うとともに、句読点の使い方を意識して打つこと。	(ウ) 文や文章の中で漢字と仮名を使い分けて書くこと。
	—	—	(ウ) 言葉には、意味による語句のまとまりがあることに気付くこと。	(ウ) 言葉には、意味による語句のまとまりがあるとともに、話し方や書き方によって意味が異なる語句があることに気付くこと。	(ウ) 理解したり表現したりするために必要な語句の量を増し、使える範囲を広げること。	(エ) 表現したり理解したりするために必要な語句の量を増し、話や文章の中で使うとともに、言葉には、性質や役割による語句のまとまりがあることを理解すること。	(エ) 表現したり理解したりするために必要な語句の量を増し、話や文章の中で使うとともに、語彙を豊かにすること。
	—	—	(エ) 文の中における主語と述語との関係により、意味が変わることを知ること。	(エ) 主語と述語との関係や接続する語句の役割を理解すること。	(エ) 修飾と被修飾との関係、指示する語句の役割について理解すること。	(オ) 接続する語句の役割、段落の役割について理解すること。	(オ) 文と文との接続の関係、話や文章の構成や種類について理解すること。
	—	—	(オ) 正しい姿勢で音読すること。	(オ) 普通の言葉との違いに気を付けて、丁寧な言葉を使うこと。	(オ) 敬体と常体があることを理解し、その違いに注意しながら書くこと。	(カ) 日常よく使われる敬語を理解し使うこと。	(カ) 日常よく使われる敬語を理解し使い慣れること。

学部	小学部			中学部		高等部	
内容	1段階	2段階	3段階	1段階	2段階	1段階	2段階
〔知識及び技能〕	—	—	—	(キ) 語のまとまりに気を付けて音読すること。	(キ) 内容の大体を意識しながら音読すること。	(キ) 文章の構成や内容の大体を意識しながら音読すること。	(キ) 文章を音読したり、朗読したりすること。
	—	—	イ 話や文章の中に含まれている情報の扱い方に関する次の事項を身に付けることができるよう指導する。	イ 話や文章の中に含まれている情報の扱い方に関する次の事項を身に付けることができるよう指導する。	イ 話や文章の中に含まれている情報の扱い方に関する次の事項を身に付けることができるよう指導する。	イ 話や文章の中に含まれている情報の扱い方に関する次の事項を身に付けることができるよう指導する。	イ 話や文章の中に含まれている情報の扱い方に関する次の事項を身に付けることができるよう指導する。
	—	—	(ア) 物事の始めと終わりなど、情報と情報との関係について理解すること。	(ア) 事柄の順序など、情報と情報との関係について理解すること。	(ア) 考えとそれを支える理由など、情報と情報との関係について理解すること。	(ア) 考えとそれを支える理由や事例、全体と中心など、情報と情報との関係について理解すること。	(ア) 原因と結果など、情報と情報との関係について理解すること。
	—	—	(イ) 図書を用いた調べ方を理解し使うこと。	—	(イ) 必要な語句や語句の書き留め方や、比べ方などの情報の整理の仕方を理解し使うこと。	(イ) 比較や分類の仕方、辞書や事典などの使い方などを理解し使うこと。	(イ) 情報と情報との関係付けの仕方を理解し使うこと。
	イ 我が国の言語文化に関する次の事項を身に付けることができるよう指導する。	イ 我が国の言語文化に関する次の事項を身に付けることができるよう指導する。	ウ 我が国の言語文化に関する次の事項を身に付けることができるよう指導する。	ウ 我が国の言語文化に関する次の事項を身に付けることができるよう指導する。	ウ 我が国の言語文化に関する次の事項を身に付けることができるよう指導する。	ウ 我が国の言語文化に関する次の事項を身に付けることができるよう指導する。	ウ 我が国の言語文化に関する次の事項を身に付けることができるよう指導する。
	(ア) 昔話などについて、読み聞かせを聞くなどして親しむこと。	(ア) 昔話や童謡の歌詞などの読み聞かせを聞いたり、言葉などを模倣したりするなどして、言葉の響きやリズムに親しむこと。	(ア) 昔話や神話・伝承などの読み聞かせを聞き、言葉の響きやリズムに親しむこと。	(ア) 自然や季節の言葉を取り入れた俳句などを聞いたり作ったりして、言葉の響きやリズムに親しむこと。	(ア) 易しい文語調の短歌や俳句を音読したり暗唱したりするなどして、言葉の響きやリズムに親しむこと。	(ア) 生活に身近なことわざや慣用句などを知り、使うこと。	(ア) 親しみやすい古文などの文章を音読するなどして、言葉の響きやリズムに親しむこと。

297

学部	小学部 1段階	小学部 2段階	小学部 3段階	中学部 1段階	中学部 2段階	高等部 1段階	高等部 2段階
内容							
（知識及び技能）(1)	(1) 遊びを通して、言葉のもつ楽しさに触れること。	(1) 遊びやり取りを通して、言葉による表現に親しむこと。	(1) 出来事や経験したことを伝え合う体験を通して、いろいろな語句や文の表現に触れること。	(1) 挨拶状などに書かれた語句や文を読んだり書いたり、季節に応じた表現があることを知ること	(1) 生活に身近なわざなどに書かれた語句や文を知り、使うことにより様々な表現に親しむこと。	―	(1) 生活の中で使われる慣用句、故事成語などの意味を知り、使うこと。
(ウ)	(ウ) 書くことに関する次の事項を理解し使うこと。	(ウ) 書くことに関する次の事項を理解し使うこと。	(ウ) 書くことに関する次の事項を理解し使うこと。	(ウ) 書くことに関する次の事項を取り扱うこと。	(ウ) 書くことに関する次の事項を取り扱うこと。	(ウ) 書くことに関する次の事項を取り扱うこと。	(ウ) 書くことに関する次の事項を取り扱うこと。
(ア)	(ア) いろいろな筆記具に触れ、書くことを知ること。	(ア) いろいろな筆記具を用いて、書くことに親しむこと。	(ア) 目的に合った筆記具を選び、書くこと。	(ア) 姿勢や筆記具の持ち方を正しくし、文字の形に注意しながら、丁寧に書くこと。	(ア) 点画の書き方や文字の形に注意しながら、筆順に従って丁寧に書くこと。	(ア) 文字の組み立て方を理解し、形を整えて書くこと。	(ア) 用紙全体との関係に注意して、文字の大きさや配列などを決めて書くこと。
(イ)	(イ) 筆記具の持ち方や、正しい姿勢で書くことを知ること。	(イ) 写し書きなどにより、筆記具の正しい持ち方や書くときの正しい姿勢など、書写の基本を身に付けること。	(イ) 姿勢や筆記具の持ち方を正しくし、平仮名や片仮名の文字の形に注意しながら丁寧に書くこと。	(イ) 点画相互の接し方や交わり方、長短や方向などに注意して文字を書くこと。	(イ) 漢字や仮名の大きさ、配列に注意して書くこと。	―	(イ) 目的に応じて使用する筆記具を選び、その特徴を生かして書くこと。
（思考力、判断力、表現力等）(エ)	(エ) 読み聞かせに注目し、いろいろな絵本などに興味をもつこと。	(エ) 読み聞かせに親しんだり、文字を拾い読みしたりして、いろいろな絵本や図鑑などに興味をもつこと。	(エ) 読み聞かせなどに親しみ、いろいろな絵本や図鑑があることを知ること。	(エ) 読書に親しみ、簡単な物語や、自然や季節などの美しさを表した詩や紀行文などがあることを知ること。	(エ) 幅広く読書に親しみ、本にはいろいろな種類があることを知ること。	(エ) 幅広く読書に親しみ、読書が、必要な知識や情報を得ることに役立つことに気付くこと。	(エ) 日常的に読書に親しみ、自分の考えを広げることに役立つことに気付くこと。
A 聞くこと・話すこと	聞くこと・話すことに関する次の事項を身に付けることができるよう指導する。	聞くこと・話すことに関する次の事項を身に付けることができるよう指導する。	聞くこと・話すことに関する次の事項を身に付けることができるよう指導する。	聞くこと・話すことに関する次の事項を身に付けることができるよう指導する。	聞くこと・話すことに関する次の事項を身に付けることができるよう指導する。	聞くこと・話すことに関する次の事項を身に付けることができるよう指導する。	聞くこと・話すことに関する次の事項を身に付けることができるよう指導する。

298

学部		小学部			中学部		高等部	
内容		1段階	2段階	3段階	1段階	2段階	1段階	2段階
A 聞くこと・話すこと（思考力、判断力、表現力等）	ア	教師の話や読み聞かせに応じ、音声を模倣したり、表情や身振り、簡単な話し言葉などで表現したりすること。	身近な人の話に慣れ、簡単な事柄と語句などを結び付けたり、語句などから事柄を思い浮かべたりすること。	絵本の読み聞かせなどを通して、出来事など話の大体を聞き取ること。	身近な人の話や簡単な放送などを聞き、聞いたことを書き留めたり分からないことを聞き返したりして、話の大体を捉えること。	身近な人の話や放送などを聞きながら、聞いたことを簡単に書き留めたり、分からないときは聞き返したりして、内容の大体を捉えること。	社会の中で関わる人の話などを、話し手が伝えたいことの中心に注意して聞き、話の内容を捉えること。	社会の中で関わる人の話などについて、話し手の目的や自分とのことの中心を捉え、その内容を捉えること。
	イ	身近な人からの話し掛けに注目し、応じて答えたりすること。	簡単な指示や説明等を聞き、その指示等に応じた行動をすること。	経験したことを思い浮かべ、伝えたいことを考えること。	話す事柄を思い浮かべ、伝えたいことを決めること。	相手や目的に応じて、自分の伝えたいことを明確にすること。	目的に応じて、話題を決め、集めた材料を比較するなど伝え合うために必要な事柄を選ぶこと。	目的や意図に応じて、話題を決め、集めた材料を比較したり分類したりして、伝え合う内容を検討すること。
	ウ	伝えたいことを思い浮かべ、身振りや音声などで表すこと。	体験したことなどについて、伝えたいことを考えること。	見聞きしたことなどのあらましや自分の気持ちなどについて思い付いたり、考えたりすること。	見聞きしたことや経験したこと、自分の意見などについて、内容の大体が伝わるように伝える順序等を考えること。	見聞きしたことや経験したこと、自分の意見やその理由について、内容の大体が伝わるように伝える順序や伝え方を考えること。	話の中心が明確になるよう話の構成を考えること。	話の内容が明確になるように、話の構成を考えること。
	エ	—	挨拶をしたり、簡単な台詞などを表現したりすること。	挨拶や電話の受け答えなど、決まった言い方を使うこと。	自己紹介や電話の受け答えなど、相手や目的に応じた話し方で話すこと。	相手に伝わるように発音や声の大きさ、速さに気を付けて話したり、必要な話し方を工夫したりすること。	相手に伝わるように、言葉の抑揚や強弱、間の取り方など必要な方法を工夫すること。	資料を活用するなどして、自分の考えが伝わるように表現を工夫すること。

学部		小学部			中学部		高等部	
内容		1段階	2段階	3段階	1段階	2段階	1段階	2段階
（思考力，判断力，表現力等）	A 聞くこと・話すこと	ー	ー	オ 相手に伝わるよう、発言や声の大きさに気を付けること。	オ 相手の話に関心をもち、分かったことや感じたことを伝え合い、考えをもつこと。	オ 物事を決めるために、簡単な役割や進め方に沿って話し合い、考えをまとめること。	オ 目的や進め方を確認し、司会などの役割を果たしながら話し合い、互いの意見の共通点や相違点に着目して、考えをまとめること。	オ 互いの立場や意図を明確にしながら、計画的に話し合い、考えを広げたりまとめたりすること。
		ー	ー	カ 相手の話に関心をもち、自分の思いや考えをもち、相手に伝えたり、相手の思いを受け止めたりすること。	ー	ー	ー	ー
	B 書くこと	書くことに関する次の事項を身に付けることができるよう指導する。 ア 身近な人との関わりや出来事について、伝えたいことを思い浮かべ、選んだりすること。 イ 文字に興味をもち、書こうとすること。	ー ア 経験したことのうち身近なことについて、写真などを手掛かりにして、伝えたいことを思い浮かべ、選んだりすること。 イ 自分の名前や身近な物を文字で表すことができることを知り、簡単な平仮名をなぞったり、書いたりすること。	書くことに関する次の事項を身に付けることができるよう指導する。 ア 身近で見聞きしたり、経験したりしたことについて書きたいことを見付け、伝えたいことを選び、その題材に必要な事柄を集めること。 イ 見聞きしたり、経験したりしたことから、伝えたい事柄の順序を考えること。	書くことに関する次の事項を身に付けることができるよう指導する。 ア 見聞きしたことや経験したことの中から、伝えたい事柄を選び、書く内容を大まかにまとめること。 イ 相手に伝わるように事柄に簡単な構成を考えて書くこと。	書くことに関する次の事項を身に付けることができるよう指導する。 ア 相手や目的を意識して、見聞きしたことや経験したことの中から書くことを選び、伝えたいことを明確にすること。 イ 書く内容の中心を決め、自分の考えと理由などとの関係を明確にして、構成を考えること。	書くことに関する次の事項を身に付けることができるよう指導する。 ア 相手や目的を意識して、書くことを決め、集めた材料を比較するなど、伝えたいことを明確にすること。 イ 書く内容の中心を決め、内容のまとまりで段落をつくったり、段落相互の関係に注意したりして、文章の構成を考えること。	書くことに関する次の事項を身に付けることができるよう指導する。 ア 目的や意図に応じて、書くことを決め、集めた材料を比較したり分類したりして、伝えたいことを明確にすること。 イ 筋道の通った文章となるように、文章全体の構成を考えること。

学部	小学部			中学部		高等部	
内容 \ 段階	1段階	2段階	3段階	1段階	2段階	1段階	2段階
B 書くこと （思考力、判断力、表現力等）	—	—	ウ 見聞きしたり、経験したりしたことについて、簡単な語句や短い文を書くこと。	ウ 文の構成、語句の使い方に気を付けて書くこと。	ウ 事実と自分の考えとの違いなどが相手に伝わるように書き表し方を工夫すること。	ウ 自分の考えとそれを支える理由や事例との関係を明確にして、書き表し方を工夫すること。	ウ 目的や意図に応じて簡単に書いたり詳しく書いたりするとともに、事実と感想、意見とを区別して書いたりするなど、自分の考えが伝わるように書き表し方を工夫すること。
	—	—	エ 書いた語句や文を読み、間違いを正すこと。	エ 自分が書いたものを読み返し、間違いを正すこと。	エ 文章を読み返す習慣を身に付け、間違いを正したり、語と語との続き方を確かめたりすること。	エ 間違いを正したり、相手や目的を意識した表現になっているかを確かめたりして、文や文章を整えること。	エ 引用したり、図表やグラフなどを用いたりして、自分の考えが伝わるように書き表し方を工夫すること。
	—	—	オ 文などに対して感じたことを伝えること。	オ 文章に対する感想をもち、伝え合うこと。	オ 文章に対する感想を伝え合い、内容や表現のよいところを見付けること。	オ 書こうとしたことが明確になっているかなど、文章に対する感想や意見を伝え合い、自分の文章のよいところを見付けること。	オ 文章全体の構成や書き表し方などに着目して、文や文章を整えること。
	—	—	—	—	—	—	カ 文章全体の構成が明確になっているかなど、文章に対する感想や意見を伝え合い、自分の文章のよいところを見付けること。

学部	小学部			中学部		高等部	
内容	1段階	2段階	3段階	1段階	2段階	1段階	2段階
C 読むこと〔思考力、判断力、表現力等〕	読むことに関する次の事項を身に付けることができるよう指導する。 ア 教師と一緒に絵本などを見て、示された身近な事物や生き物などに気付くこと。 イ 絵本などを見て、知っている事物や出来事などを指さしなどで表現すること。 ウ 絵や矢印などの記号で表された意味に応じ、行動すること。 エ 絵本などを見て、次の場面を楽しみにしたり、登場人物の動きなどを模倣したりすること。	読むことに関する次の事項を身に付けることができるよう指導する。 ア 教師と一緒に絵本などを見て、登場するものや動作などを思い浮かべること。 イ 教師と一緒に絵本などを見て、時間の経過などの大体を捉えること。 ウ 日常生活でよく使われている表示や記号の特徴に気付き、表そうとしたり、表された意味に応じた行動をしたりすること。 エ 絵本などを見て、好きな場面を伝えたり、言葉などを模倣したりすること。	読むことに関する次の事項を身に付けることができるよう指導する。 ア 絵本や簡単な読み物などを読み、挿絵と結び付けて登場人物の行動や場面の様子などを想像すること。 イ 絵本や簡単な読み物を読み、時間的な順序など内容の大体を捉えること。 ウ 日常生活で必要な文、語句や文、看板などを読み、必要な物を選んだり行動したりすること。 エ 登場人物になったつもりで、音読したり、演じたりすること。	読むことに関する次の事項を身に付けることができるよう指導する。 ア 簡単な文章や文章を読み、様子や場面の心情、登場人物の心情などを想像すること。 イ 語や語句の意味を基に時間的な順序や事柄の大体を捉えること。 ウ 日常生活で必要な語句や文章などを読み、行動すること。 エ 文章を読んで分かったことを伝えたり、感想をもったりすること。	読むことに関する次の事項を身に付けることができるよう指導する。 ア 様々な読み物を読み、情景や場面の様子、登場人物の心情などを想像すること。 イ 語と語句や文と文の関係を基に、出来事の順序など変化など内容の大体を捉えること。 ウ 日常生活や社会生活、職業生活に必要な語句、文章、表示などの意味を読み取り、行動すること。 エ 中心となる語句や文を明確にしながら読むこと。	読むことに関する次の事項を身に付けることができるよう指導する。 ア 登場人物の行動や心情などについて、叙述を基に捉えること。 イ 段落相互の関係に着目しながら、考えとそれを支える理由や事例との関係について、叙述を基に捉えること。 ウ 登場人物の心情や情景について、場面の移り変わりと結び付けて具体的に想像すること。 エ 目的を意識して、中心となる語や文を見付けて要約すること。	読むことに関する次の事項を身に付けることができるよう指導する。 ア 登場人物の相互関係や心情などについて、描写を基に捉えること。 イ 事実と感想、意見などとの関係を叙述を基に押さえ、文章全体の構成を捉えて要旨を把握すること。 ウ 人物像を具体的に想像したり、表現の効果を考えたりすること。 エ 目的を意識して、文章と図表などを結び付けるなどして、必要な情報を見付けること。
C 読むこと〔思考力、判断力、表現力等〕	一	一	一	一	オ 読んで感じたことや分かったことを伝え合い、一人一人の感じ方などに違いがあることに気付くこと。	オ 文章を読んで理解したことに基づいて、感想や考えをもつこと。	オ 文章を読んでまとめ、自分の考えをまとめること。

目標・内容の一覧〔社会〕

学部		中学部	高等部
		教科の目標	
		社会的な見方・考え方を働かせ、社会的事象について関心をもち、自立し生活を豊かにするとともに、平和で民主的な国家及び社会の形成者に必要な公民としての資質・能力の基礎を次のとおり育成することを目指す。	社会的な見方・考え方を働かせ、社会的事象について関心をもち、具体的に考察する活動を通して、グローバル化する国際社会に主体的に生きる平和で民主的な国家及び社会の形成者に必要な公民としての資質・能力の基礎を次のとおり育成することを目指す。
知識及び技能		(1) 地域や我が国の国土の地理的環境、現代社会の仕組みや役割、地域や我が国の歴史や伝統と文化及び外国の様子について、具体的な活動や体験を通して理解するとともに、調べまとめる技能を身に付けるようにする。	(1) 地域や我が国の国土の地理的環境、現代社会の仕組みや働き、地域や我が国の歴史や伝統と文化及び外国の様子について、様々な資料や具体的な活動を通して理解するとともに、情報を適切に調べまとめる技能を身に付けるようにする。
思考力、判断力、表現力等		(2) 社会的事象について、自分の生活と結び付けて具体的に考え、社会との関わりの中で、社会との関わりを表現する力を養う。	(2) 社会的事象の特色や相互の関連、意味を多角的に考えたり、自分の生活と結び付けて考えたり、社会への関わり方を選択・判断したりする力、考えたことや選択・判断したことを適切に表現する力を養う。
学びに向かう力、人間性等		(3) 社会に主体的に関わろうとする態度を養い、地域社会の一員として人々と共に生きていくことの大切さについての自覚を養う。	(3) 社会に主体的に関わろうとする態度や、よりよい社会を考え学習したことを社会生活に生かそうとする態度を養うとともに、多角的な思考や理解を通して、地域社会の一員としての自覚、我が国の国土と歴史に対する愛情、我が国の将来を担う国民としての自覚、世界の国々の人々と共に生きていくことの大切さについての自覚などを養う。

段階の目標	中学部 1段階	中学部 2段階	高等部 1段階	高等部 2段階
知識及び技能	ア 身近な地域や市区町村の地理的環境、地域の安全を守るための諸活動、地域の産業と消費生活の様子及び身近な地域の様子の移り変わり並びに社会生活に必要な決まり、公共施設の役割及び外国の様子について、具体的な活動や体験を通して、自分との関わりが分かるとともに、調べまとめる技能を身に付けるようにする。	ア 自分たちの都道府県の地理的環境の特色、地域の人々の健康と生活環境を支える役割、自然災害から地域の安全を守るための諸活動及び地域の産業と社会生活並びに社会参加するための基本的な制度及び外国の様子について、具体的な活動や体験を踏まえて理解するとともに、調べまとめる技能を身に付けるようにする。	ア 我が国の国土の様子と国民生活、自然環境の特色、先人の業績や優れた文化遺産、社会参加するためのきまり、公共施設の役割と制度、農業や水産業の現状、産業と経済との関わり、外国の様子について、様々な資料や具体的な活動を通して、社会生活との関連を踏まえて理解するとともに、社会生活に必要な技能を身に付けるようにする。	ア 我が国の国土の様子と国民生活、自然環境の特色、先人の業績や優れた文化遺産、社会参加するためのきまり、公共施設の役割と制度、産業と情報との関わり、外国の様子について、様々な資料との関わり、外国の様子について、社会生活との具体的な活動を通して、社会生活との関連を適切に踏まえて理解するとともに、情報を適切に関連を適切に調べまとめる技能を身に付けるようにする。

303

学部	中学部		高等部	
段階の目標	1段階	2段階	1段階	2段階
思考力，判断力，表現力等	イ　社会的事象について，自分の生活や地域社会と関連付けて具体的に考えたことを表現する基礎的な力を養う。	イ　社会的事象について，自分の生活や地域社会と関連付けて具体的に考えたことを表現する力を養う。	イ　社会的事象の特色や相互の関連，意味を多角的に考える力，自分の生活と結び付けて考える力，社会への関わり方を選択・判断する力，考えたことや選択・判断したことを表現する力を養う。	イ　社会的事象の特色や相互の関連，意味を多角的に考える力，自分の生活と結び付けて考える力，社会への関わり方を選択・判断する力，考えたことや選択・判断したことを適切に表現する力を養う。
学びに向かう力，人間性等	ウ　身近な社会に自ら関わろうとする意欲をもち，地域社会の中で生活することの大切さについての自覚を養う。	ウ　社会に自ら関わろうとする意欲をもち，地域社会の中で生活することの大切さについての自覚を養う。	ウ　社会に主体的に関わろうとする態度や，よりよい社会を考え学習したことを社会生活に生かそうとする態度を養うとともに，多角的な思考や理解を通して，地域社会に対する誇りと愛情，地域社会の一員としての自覚，我が国の国土に対する愛情，我が国の歴史や伝統を大切にして国を愛する心情，我が国の産業の発展を願い我が国の将来を担う国民としての自覚や平和を願う日本人として世界の国々の人々と共に生きることの大切さについての自覚を養う。	ウ　社会に主体的に関わろうとする態度や，よりよい社会を考え学習したことを社会生活に生かそうとする態度を養うとともに，多角的な思考や理解を通して，地域社会に対する誇りと愛情，地域社会の一員としての自覚，我が国の国土に対する愛情，我が国の歴史や伝統を大切にして国を愛する心情，我が国の産業の発展を願い我が国の将来を担う国民としての自覚や平和を願う日本人として世界の国々の人々と共に生きることの大切さについての自覚を養う。
内容	1段階	2段階	1段階	2段階
	ア　社会参加ときまり			
	(ｱ) 社会参加するために必要な集団生活に関わる学習活動を通して，次の事項を身に付けることができるよう指導する。	(ｱ) 社会参加するために必要な集団生活に関わる学習活動を通して，次の事項を身に付けることができるよう指導する。	(ｱ) 社会参加するために必要な社会生活に関わる学習活動を通して，次の事項を身に付けることができるよう指導する。	(ｱ) 社会参加するために必要な社会生活に関わる学習活動を通して，次の事項を身に付けることができるよう指導する。
	㋐　学級や学校の中で，自分の意見を述べたり相手の意見を聞いたりするなど，集団生活の中での役割を果たすための知識や技能を身に付けること。	㋐　学級や学校の中で，意見を述べ合い，助け合い，協力しながら生活する必要性を理解し，そのための知識や技能を身に付けること。	㋐　地域の人々と互いに協力することの大切さを理解し，自分の役割や責任を果たすための知識や技能を身に付けること。	㋐　社会の中で互いに協力しながら，社会生活に必要な知識や技能を身に付けること。
	㋑　集団生活の中で何が必要かに気付き，自分の役割を考え，表現すること。	㋑　周囲の状況を判断し，集団生活の中での自分の役割と責任について考え，表現すること。	㋑　社会生活の中で状況を的確に判断し，自分の役割と責任について考え，表現すること。	㋑　社会生活の中で状況を的確に判断し，国民としての権利及び義務，それに伴う責任について考え，表現すること。

学部	中学部		高等部	
内容	1段階	2段階	1段階	2段階
	(1) 社会生活に必要なきまりに関わる学習活動を通して、次の事項を身に付けることができるよう指導する。	(1) 社会生活に必要なきまりに関わる学習活動を通して、次の事項を身に付けることができるよう指導する。	(1) 社会生活を営む上で大切な法やきまりに関わる学習活動を通して、次の事項を身に付けることができるよう指導する。	(1) 社会生活を営む上で大切な法やきまりに関わる学習活動を通して、次の事項を身に付けることができるよう指導する。
	(ア) 家庭や学校でのきまりを知り、生活の中でそれを守ることの大切さが分かること。	(ア) 家庭や学校、地域社会でのきまりは、社会生活を送るために必要であることを理解すること。	(ア) 社会生活を営む上で大切な法やきまりがあることを理解すること。	(ア) 社会の慣習、生活に関係の深い法やきまりを理解すること。
	(イ) 社会生活ときまりとの関連を考え、表現すること。	(イ) 社会生活に必要なきまりの意義について考え、表現すること。	(イ) 社会生活を営む上で大切な法やきまりの意義と自分との関わりについて考え、表現すること。	(イ) 社会の慣習、生活に関係の深い法やきまりの意義と自分との関わりについて考え、表現すること。
	イ 公共施設と制度	**イ 公共施設と制度**	**イ 公共施設の役割と制度**	**イ 公共施設の役割と制度**
	(ア) 公共施設の役割に関わる学習活動を通して、次の事項を身に付けることができるよう指導する。	(ア) 公共施設の役割に関わる学習活動を通して、次の事項を身に付けることができるよう指導する。	(ア) 公共施設の役割に関わる学習活動を通して、次の事項を身に付けることができるよう指導する。	(ア) 公共施設の役割に関わる学習活動を通して、次の事項を身に付けることができるよう指導する。
	(ア) 身近な公共施設や公共物の役割が分かること。	(ア) 自分の生活の中での公共施設や公共物の役割とその必要性を理解すること。	(ア) 生活に関係の深い公共施設や公共物の役割とその必要性を理解すること。	(ア) 地域における公共施設や公共物の役割とその必要性を理解すること。
	(イ) 公共施設や公共物について調べ、それらの役割を考え、表現すること。	(イ) 公共施設や公共物について調べ、生活の中での利用の仕方を考え、表現すること。	(イ) 生活に関係の深い公共施設や公共物の利用の仕方を調べ、適切な活用を表現すること。	(イ) 地域における公共施設や公共物の利用の仕方を調べ、適切な活用を考え、表現すること。
	(イ) 制度の仕組みに関わる学習活動を通して、次の事項を身に付けることができるよう指導する。	(イ) 制度の仕組みに関わる学習活動を通して、次の事項を身に付けることができるよう指導する。	(イ) 制度に関わる学習活動を通して、次の事項を身に付けることができるよう指導する。	(イ) 制度に関わる学習活動を通して、次の事項を身に付けることができるよう指導する。
	(ア) 身近な生活に関する制度が分かること。	(ア) 社会に関する基本的な制度について理解すること。	(ア) 我が国の政治の基本的な仕組みや働きについて理解すること。	(ア) 生活に関係の深い制度について理解すること。
	(イ) 身近な生活に関する制度について調べ、自分との関わりを考え、表現すること。	(イ) 社会に関する制度について調べ、それらの意味を考え、表現すること。	(イ) 国や地方公共団体の政治の取組について調べ、国民生活における政治の働きを考え、表現すること。	(イ) 生活に関係の深い制度について調べ、その活用を考え、表現すること。
	ウ 地域の安全	**ウ 地域の安全**	**ウ 我が国の国土の自然環境と国民生活**	**ウ 我が国の国土の自然環境と国民生活**
	(ア) 地域の安全に関わる学習活動を通して、次の事項を身に付けることができるよう指導する。	(ア) 地域の安全に関わる学習活動を通して、次の事項を身に付けることができるよう指導する。	(ア) 我が国の国土の自然環境と国民生活の関連に関わる学習活動を通して、次の事項を身に付けることができるよう指導する。	(ア) 我が国の国土の自然環境と国民生活の関連に関わる学習活動を通して、次の事項を身に付けることができるよう指導する。

学部	中学部		高等部	
内容	1段階	2段階	1段階	2段階
	(ア) 地域の安全を守るため、関係機関が地域の人々と協力していることが分かること。	(ア) 地域の関係機関や人々は、過去に発生した地域の自然災害や事故に対し、様々な協力をして対処してきたことや、今後想定される災害に対し、様々な備えをしていることを理解すること。	(ア) 自然災害は国土の自然条件などと関連して発生していることや、自然災害が国土と国民生活に影響を及ぼすことを理解すること。	(ア) 自然災害から国土を保全し国民生活を守るために国や県などが様々な対策や事業を進めていることを理解すること。
	(イ) 地域における災害や事故に対する施設・設備などの配置、緊急時への備えや対応などに着目して、関係機関や地域の人々の諸活動を捉え、そこに関わる人々の働きを考え、表現すること。	(イ) 過去に発生した地域の自然災害や事故、関係機関の協力などに着目して、危険から人々を守る活動を捉え、表現すること。	(イ) 関係機関や地域の人々の様々な努力により公害の防止や生活環境の改善が図られてきたことを理解するとともに、公害が国土の環境や国民の生活に影響を及ぼすことを理解すること。	(イ) 国土の環境保全について、自分たちにできることなどを考え、表現すること。
	—	—	(ウ) 災害の種類や発生の位置や時期、防災対策などに着目して、国土の自然災害の状況を捉え、自然条件との関連を考え、表現すること。	—
	—	—	(エ) 公害の発生時期や経過、人々の協力や努力などに着目して、公害防止の取組を捉え、その働きを考え、表現すること。	—
エ 産業と生活				
	(ア) 仕事と生活に関わる学習活動を通して、次の事項を身に付けることができるよう指導する。	(ア) 県内の特色ある地域に関わる学習活動を通して、次の事項を身に付けることができるよう指導する。	(ア) 我が国の農業や水産業における食料生産に関わる学習活動を通して、次の事項を身に付けることができるよう指導する。	(ア) 我が国の工業生産に関わる学習活動を通して、次の事項を身に付けることができるよう指導する。
	(ア) 生産の仕事は、地域の人々の生活と密接な関わりをもって行われていることが分かること。	(ア) 地域では、人々が協力し、産業の発展に努めていることを理解すること。	(ア) 我が国の食料生産は、自然条件を生かして営まれていることや、国民の食料を確保する重要な役割を果たしていることを理解すること。	(ア) 我が国では様々な工業生産が行われていることや、国土には工業の盛んな地域が広がっていること及び工業製品は国民生活の向上に重要な役割を果たしていることを理解すること。

学部 / 内容	中学部 1段階	中学部 2段階	高等部 1段階	高等部 2段階
	㋐ 仕事の種類や工程などに着目して、生産に携わっている人々の仕事の様子を捉え、地域の人々の生活との関連を考え、表現すること。	㋐ 人々の活動や産業の歴史的背景などに着目して、地域の様子を捉え、特色を考え、表現すること。	㋐ 食料生産に関わる人々は、生産性や品質を高めるよう努力したり輸送方法や販売方法を工夫したりして、良質な食料を消費地に届けるなど、食料生産を支えていることを理解すること。	㋐ 工業生産に関わる人々は、消費者の需要や社会の変化に対応し、優れた製品を生産するよう様々なエ夫や努力をして、工業生産を支えていることを理解すること。
	—	—	㋒ 生産物の種類や分布、生産量の変化などに着目して、食料生産の概要を捉え、食料生産が国民生活に果たす役割を考え、表現すること。	㋑ 工業の種類、工業の盛んな地域の分布、工業製品の改良などに着目して、工業生産が国民生活に果たす役割を考え、表現すること。
	—	—	㋓ 生産の工程、人々の協力関係、技術の向上、輸送、価格や費用などに着目して、食料生産に関わる人々のエ夫や努力を捉え、その働きを考え、表現すること。	㋒ 製造の工程、工場相互の協力関係、優れた技術などに着目して、工業生産に関わる人々のエ夫や努力を捉え、その働きを考え、表現すること。
	(1) 身近な産業と生活に関わる学習活動を通して、次の事項を身に付けることができるよう指導する。	(1) 生活を支える事業に関わる学習活動を通して、次の事項を身に付けることができるよう指導する。	—	(1) 我が国の産業と情報との関わりに関わる学習活動を通して、次の事項を身に付けることができるよう指導する。
	㋐ 販売の仕事は、消費者のことを考え、エ夫して行われていることが分かること。	㋐ 水道、電気及びガスなどの生活を支える事業は、安全で安定的に供給や処理できるよう実施されていることや、地域の人々の健康な生活の維持と向上に役立っていることを理解すること。	—	㋐ 大量の情報や情報通信技術の活用は、様々な産業を発展させ、国民生活を向上させていることを理解すること。
	㋑ 消費者の願いや他地域との関わりなど着目して、販売の仕事の様子を捉え、それらの仕事に見られるエ夫を考え、表現すること。	㋑ 供給や処理の仕組みや関係機関の協力などに着目して、水道、電気及びガスなどの生活を支える事業の様子を捉え、それらの事業が果たす役割を考え、表現すること。	—	㋑ 情報の種類、情報の活用の仕方などに着目して、産業における情報活用の現状を捉え、情報を生かして発展する産業が国民生活に果たす役割を考え、表現すること。

学部	中学部		高等部	
内容	1段階	2段階	1段階	2段階
	オ　我が国の地理や歴史		**オ　我が国の国土の様子と国民生活，歴史**	
	(ア) 身近な地域や市区町村（以下第２章第２節第２款において「市」という。）の様子に関わる学習活動を通して，次の事項を身に付けることができるよう指導する。	(ア) 身近な地域に関わる学習活動を通して，次の事項を身に付けることができるよう指導する。	(ア) 我が国の国土の様子と国民生活に関わる学習活動を通して，次の事項を身に付けることができるよう指導する。	(ア) 我が国の国土の様子と国民生活に関わる学習活動を通して，次の事項を身に付けることができるよう指導する。
	㋐　身近な地域や自分たちの市の様子が分かること。	㋐　自分たちの県の概要を理解すること。	㋐　我が国の国土の地形や気候の概要を理解するとともに，人々は自然環境に適応して生活していることを理解すること。	㋐　世界における我が国の国土の位置，国土の構成，領土の範囲などを大まかに理解すること。
	㋑　都道府県（以下第２章第２節第２款第１〔社会〕(2) 内容において「県」という。）内における市の位置や市の地形，土地利用などに着目して，身近な地域や市の様子を捉え，場所による違いを考え，表現すること。	㋑　我が国における自分たちの県の位置，県全体の地形などに着目して，県の様子を捉え，地理的環境の特色を考え，表現すること。	㋑　地形や気候などに着目して，国土の自然などの様子や自然条件から見て特色ある地域の人々の生活を捉え，国土の自然環境の特色やそれらと国民生活との関連を考え，表現すること。	㋑　世界の大陸と主な海洋，主な国の位置，海洋に囲まれ多数の島からなる国土の構成などに着目して，我が国の国土の様子を捉え，その特色を考え，表現すること。
	(イ) 身近な地域の移り変わりに関わる学習活動を通して，次の事項を身に付けることができるよう指導する。	(イ) 県内の伝統や文化，先人の働きや出来事に関わる学習活動を通して，次の事項を身に付けることができるよう指導する。	(イ) 我が国の歴史上の主な事象に関わる学習活動を通して，次の事項を身に付けることができるよう指導する。	(イ) 我が国の歴史上の主な事象に関わる学習活動を通して，次の事項を身に付けることができるよう指導する。
	㋐　身近な地域や自分たちの市の様子，人々の生活は，時間とともに移り変わってきたことを知ること。	㋐　県内の主な歴史を手掛かりに，先人の働きや出来事，文化遺産などを知ること。	㋐　我が国の歴史上の主な事象を手掛かりに，関連する先人の業績，優れた文化遺産などを理解すること。	㋐　我が国の歴史上の主な事象を手掛かりに，世の中の様子の変化を理解するとともに，関連する先人の業績，優れた文化遺産を理解すること。
	㋑　交通や人口，生活の道具などの時期による違いに着目して，市や人々の生活の様子を捉え，それらの変化を考え，表現すること。	㋑　歴史的背景や現在に至る経緯などに着目し，県内の文化財や年中行事の様子を捉え，それらの特色を考え，表現すること。	㋑　世の中の様子，人物の働きや代表的な文化遺産などに着目して，我が国の歴史上の主な事象を捉え，世の中の様子の変化を考え，表現すること。	㋑　世の中の様子，人物の働きや代表的な文化遺産などに着目して，我が国の歴史上の主な事象を捉え，世の中の様子の変化を考え，表現すること。
	カ　外国の様子			
	(ア) 世界の中の日本と国際交流に関わる学習活動を通して，次の事項を身に付けることができるよう指導する。	(ア) 世界の中の日本と国際交流に関わる学習活動を通して，次の事項を身に付けることができるよう指導する。	(ア) グローバル化する世界と日本の役割に関わる学習活動を通して，次の事項を身に付けることができるよう指導する。	(ア) グローバル化する世界と日本の役割に関わる学習活動を通して，次の事項を身に付けることができるよう指導する。

学部	中学部		高等部	
内容	1段階	2段階	1段階	2段階
㋐	文化や風習の特徴や違いを知ること。	㋐ 文化や風習の特徴や違いを理解すること。	㋐ 異なる文化や習慣を尊重し合うことが大切であることを理解すること。	㋐ 我が国は、平和な世界の実現のために国際連合の一員として重要な役割を果たしたり、諸外国の発展のために援助や協力を行ったりしていることを理解すること。
㋑	㋑ そこに暮らす人々の生活などに着目して、日本との違いを考え、表現すること。	㋑ 人々の生活や習慣などに着目して、多様な文化について考え、表現すること。	㋑ 外国の人々の生活の様子などに着目し、日本の文化や習慣との違いについて考え、表現すること。	㋑ 地球規模で発生している課題の解決に向けた連携・協力などに着目して、国際社会において我が国が果たしている役割を考え、表現すること。
	—	(1) 世界の様々な地域に関わる学習活動を通して、次の事項を身に付けることができるよう指導する。	—	—
	—	㋐ 人々の生活の様子を大まかに理解すること。	—	—
	—	㋑ 世界の出来事などに着目して、それらの国の人々の生活の様子を捉え、交流することの大切さを考え、表現すること。	—	—

目標・内容の一覧〔算数〕〔数学〕

学部		小学部（算数）	中学部（数学）	高等部（数学）
		教科の目標		
知識及び技能		数量や図形などについての基礎的・基本的な概念や性質などに気付き理解するとともに、日常の事象を数量や図形に注目して処理する技能を身に付けるようにする。	数量や図形などについての基礎的・基本的な概念や性質などを理解し、事象を数理的に処理する技能を身に付けるようにする。	数量や図形などについての基礎的・基本的な概念や性質などを理解するとともに、日常の事象を数学的に解釈したり、数学的に表現・処理したりする技能を身に付けるようにする。
思考力、判断力、表現力等		日常の事象の中から数量や図形を直感的に捉える力、基礎的・基本的な数量や図形の性質などに気付き感じ取る力、数学的な表現を用いて事象を簡潔・明瞭・的確に表したり柔軟に表したりする力を養う。	日常の事象を数理的に捉え見通しをもち筋道を立てて考察する力、基礎的・基本的な数量や図形の性質などを見いだし統合的・発展的に考察する力、数学的な表現を用いて事象を簡潔・明瞭・的確に表現する力を養う。	日常の事象を数理的に捉え見通しをもち筋道を立てて考察する力、基礎的・基本的な数量や図形の性質などを見いだし統合的・発展的に考察する力、数学的な表現を用いて事象を簡潔・明瞭・的確に表現したり目的に応じて柔軟に表したりする力を養う。
学びに向かう力、人間性等		数学的活動の楽しさに気付き、関心や興味をもち、学習したことを結び付けてよりよく問題を解決しようとする態度、算数で学んだことを生活に活用しようとする態度を養う。	数学的活動の楽しさや数学のよさに気付き、学習を振り返ってよりよく問題を解決しようとする態度、数学で学んだことを生活や学習に活用しようとする態度を養う。	数学的活動の楽しさや数学のよさを実感し、数学的に表現・処理したことを振り返り、多面的に捉え検討してよりよいものを求めて粘り強く考える態度、数学を生活や学習に活用しようとする態度を養う。

310

学部	小学部（算数）			中学部（数学）		高等部（数学）	
段階の目標	1段階	2段階	3段階	1段階	2段階	1段階	2段階
知識及び技能 A 数量の基礎	ア 身の回りのものに気付き、対応させたり、組み合わせたりすることなどについての技能を身に付けるようにする。	ー	ー	ー	ー	ー	ー
知識及び技能 A 数と計算 （小学部1段階はB）	ア ものの有無や3までの数的要素に気付き、身の回りのものの数に関心をもって関わることについての技能を身に付けるようにする。	ア 10までの数の概念や表し方について分かり、数についての感覚をもつとともに、ものと数との関係に関心をもって関わることについての技能を身に付けるようにする。	ア 100までの数の概念や表し方について理解し、数に対する感覚を豊かにするとともに、加法、減法の意味について理解し、これらの簡単な計算ができるようにするとともについての技能を身に付けるようにする。	ア 3位数程度の整数の概念について理解し、数に対する感覚を豊かにするとともに、加法、減法及び乗法の意味や性質について理解し、これらを計算することについての技能を身に付けるようにする。	ア 整数の概念や性質について理解を深め、数に対する感覚を豊かにするとともに、加法、減法及び除法の意味や性質について理解し、それらの計算ができるようにする。また、小数及び分数の意味や表し方について知り、数量とその関係を表したり読み取ったりすることができるようにすることについての技能を身に付けることをする。	ア 整数、小数、分数及び概数の意味と表し方や四則の関係について理解するとともに、整数、小数及び分数の計算について理解し、それらを計算する技能を身に付けるようにする。	ア 整数の性質、分数の意味、文字を用いた式について理解するとともに、分数の計算についての意味や法則について理解し、それらを計算する技能を身に付けるようにする。

学部	小学部（算数）			中学部（数学）		高等部（数学）	
段階の目標	1段階	2段階	3段階	1段階	2段階	1段階	2段階
知識及び技能 B 図形 （小学部1段階はC）	ア 身の回りのものの上下や前後、形の違いに気付き、形の違い、量に関わることについての技能を身に付けるようにする。	ア 身の回りのものの形に着目し、集めたり、分類したりすることを通して、図形の違いが分かるようにするための技能を身に付けるようにする。	ア 身の回りのものの形の観察などの活動を通して、図形についての感覚を豊かにするとともに、ものの形を、その形の特徴について、合同、位置、移動、機能及び角の大きさに関わる基礎的な知識を理解することなどの技能を身に付けるようにする。	ア 三角形や四角形、箱などの形の基本的な図形について理解し、図形についての感覚を豊かにするとともに、図形を作図したり、構成したりすることなどについての技能を身に付けるようにする。	ア 二等辺三角形や正三角形などの基本的な図形や面積、角の大きさについて理解し、図形についての感覚を豊かにするとともに、図形を作図したり構成したり、図形や角の大きさや面積の大きさを求めることなどについての技能を身に付けるようにする。	ア 図形の形や大きさが決まる要素や立体を構成する要素の位置関係、図形の合同や多角形の性質について理解し、図形を作図したり理解し、図形を作図したり、三角形、平行四辺形、ひし形、台形、合形の面積を求めたりする技能を身に付けるようにする。	ア 平面図形を縮小したり、拡大したりすることの意味や、立体図形の体積の求め方について理解し、縮図、拡大図を作図したり、円の面積や、立方体、直方体、角柱、円柱の体積を求めたりする技能を身に付けるようにする。
C 測定 （小学部1段階はD）	ア 身の回りにあるものの量の大きさに気付き、量の違いについての感覚を養うとともに、量に関わる技能を身に付けるようにする。	ア 身の回りにある具体物の量の大きさに注目し、量の大きさの違いが分かるとともに、二つの量の大きさを比べることについての技能を身に付けるようにする。	ア 身の回りにある量の大きさや体積などの量の意味と測定について理解し、量の大きさについての感覚を豊かにするとともに、測定することなどについての技能を身に付けるようにする。	ア 身の回りにある長さ、体積、重さ及び時間の単位と測定の意味について理解し、量の大きさについての感覚を豊かにするとともに、それらを測定することについての技能を身に付けるようにする。	―	―	―

学部		小学部（算数）			中学部（数学）		高等部（数学）	
段階の目標		1段階	2段階	3段階	1段階	2段階	1段階	2段階
知識及び技能	C 変化と関係	—	—	—	—	ア 二つの数量の関係や変化の様子を表や式、グラフで表すことについて理解するとともに、二つの数量の関係を割合によって比べることについての技能を身に付けるようにする。	ア 比例の関係や異種の二つの量の割合として捉えられる数量の比べ方、百分率について理解するとともに、目的に応じて、ある二つの数量の関係と別の二つの数量の関係とを比べたりする方法についての技能を身に付けるようにする。	ア 比例や反比例の関係、比について理解するとともに、伴って変わる二つの数量を見いだし、それらの関係について表したり、目的に応じて比で処理したりする方法についての技能を身に付けるようにする。
	D データの活用	—	ア 身の回りのものやことを、身近な出来事のつながりに関心をもち、それを簡単な絵や記号などを用いた表やグラフで表したり、読み取ったりする方法についての技能を身に付けるようにする。	ア 身の回りにある事象を、簡単な絵や図を用いて整理したり、記号に置き換えて表したりしながら、読み取りについて理解するとともにその技能を身に付けるようにする。	ア 身の回りにあるデータを分類整理して簡単な表やグラフに表したり、それらを読み取ったり、問題解決において用いたりすることについての技能を身に付けるようにする。	ア データを表や棒グラフ、折れ線グラフで表す表し方や読み取り方を理解し、それらを問題解決において用いることについての技能を身に付けるようにする。	ア データを円グラフや帯グラフで表す表し方や読み取り方、測定した結果を平均した結果について理解するとともに、それらを問題解決において用いる方法についての技能を身に付けるようにする。	ア 量的データの分布の中心や散らばりの様子からデータの特徴を読み取る方法を理解するとともに、それらを問題解決における用い方についての技能を身に付けるようにする。
思考力、判断力、表現力等	A 数量の基礎	イ 身の回りにあるもの同士を対応させたり、組み合わせたりするなど、数量に関わる力を養う。	—	—	—	—	—	—

313

学部	小学部（算数）			中学部（数学）		高等部（数学）	
段階の目標	1段階	2段階	3段階	1段階	2段階	1段階	2段階
思考力、判断力、表現力等 **A 数と計算**	イ 身の回りのものの有無や数的要素に注目し、数を直感的に捉えたり表現したりする力を養う。	イ 日常生活の事象について、ものの数に着目し、具体物や図などを用いて数えながら数の数え方や数を表現する力を養う。	イ 日常の事象について、ものの数に着目し、具体物や図などを用いながら数の数え方や計算の仕方を考え、表現する力を養う。	イ 数とその表現や数の関係に着目し、具体物や図などを用いて、数の表し方や計算の仕方などを筋道立てて考えたり、関連付けて考えたりする力を養う。	イ 数を構成する単位に着目して、数の表し方やその数について考えたり、扱う数の範囲を広げ、計算の仕方を見いだし、数量の関係や筋道立てて考えるとともに、日常生活の問題場面を数量に着目して捉え、処理した結果を振り返り、解釈及び判断する力を養う。	イ 数の表し方の仕組みや数を構成する単位に着目し、数の表し方や数の比べ方や表し方を統合的に捉えて考察したり、数とその表現や数量の関係に着目し、目的に合った表現方法を用いて計算したり、数量の関係を簡潔に、また一般的に表現する力を養う。	イ 数とその表現や計算の意味に着目し、発展的に問題を見いだしたり、目的に応じて多様な表現方法を用いながら、数の表し方や計算の仕方などを簡潔かつ一般的に表現する力を養う。
B 図形	イ 身の回りのものの形に注目し、同じ形を捉えたり、形の違いを捉えたりする力を養う。	イ 身の回りのものの形に関心をもち、分類したり、集めたりして、形の性質に気付く力を養う。	イ 身の回りのものの形に着目し、ぴったり重なる形、移動、ものの位置及び機能について具体的な特徴等に操作をして考える力を養う。	イ 三角形や四角形、箱の形などの基本的な図形を構成する要素に着目して、平面図形の特徴を捉えたり、身の回りの事象を図形の性質から関連付けて考える力を養う。	イ 二等辺三角形や正三角形などの基本的な図形を構成する要素に着目して、平面図形の特徴を捉えたり、身の回りの事象を図形の性質から考察したりする力、図形を構成する要素に着目し、図形の計量について考察する力を養う。	イ 図形を構成する要素や図形間の関係に着目し、構成の仕方を考察したり、図形の性質を見いだすとともに、三角形、平行四辺形、ひし形の面積の求め方を考え、その表現を振り返り、簡潔かつ的確に高め、公式として導く力を養う。	イ 図形を構成する要素や図形間の関係に着目し、構成の仕方を考察したり、図形の性質を見いだすとともに、円の面積や立方体、角柱、円柱の体積の求め方を考え、その表現を振り返り、簡潔かつ的確に高め、公式として導く力を養う。

学部 段階の目標		小学部（算数）			中学部（数学）		高等部（数学）	
		1段階	2段階	3段階	1段階	2段階	1段階	2段階
思考力, 判断力, 表現力等	C 測定	イ 身の回りにあるものの大きさや長さなどの量の違いに注目し、量の大きさにより区別する力を養う。	イ 量に着目し、二つの量を比べる方法が分かり、一方を基準にして他方と比べる力を養う。	イ 身の回りにある量の単位に着目し、目的に応じて量を比較したり、量の大小及び相等関係を表現したりする力を養う。	イ 身の回りの事象を捉え、量の単位を用いて的確に表現する力を養う。	—	—	—
	C 変化と関係		—	—	—	イ 伴って変わる二つの数量の関係に着目し、変化の特徴に気付き、二つの数量の関係を表や式、グラフを用いて考察したり、割合を用いて考察する力を養う。	イ 伴って変わる二つの数量の関係に着目し、その変化や対応の特徴を表や式を用いて考察したり、異種の二つの量の割合を用いて数量の比べ方を考察したりする力を養う。	イ 伴って変わる二つの数量の関係に着目し、目的に応じて表や式、グラフを用いて変化や対応の特徴を考察したり、比例の関係を前提に二つの数量の関係を考察したりする力を養う。
	D データの活用	—	イ 身の回りのものやことを、身近な出来事のつながりなどの共通の要素に着目し、簡単な表やグラフで表現する力を養う。	イ 身の回りの事象を、比較のために簡単な絵や図に置き換えて簡潔に表現したり、データ数を記号で表現したりして、考える力を養う。	イ 身の回りの事象を、データの特徴に着目して捉え、簡潔に表現に表現したりする力を養う。	イ 身の回りの事象について整理されたデータの特徴に着目し、事象を簡潔に考察し、表現したり、適切に判断したりする力を養う。	イ 目的に応じてデータを収集し、データの特徴や傾向に着目して、表やグラフに的確に表現し、それらを用いて問題解決したり、解決の過程や結果を多面的に捉えや結果を批判的に捉え考察したりする力を養う。	イ 目的に応じてデータを収集し、データの特徴や傾向に着目して、表やグラフに表現し、それらを用いて同題解決し、解決の過程や結果を批判的に捉え考察したりする力を養う。
学びに向かう人間性等	A 数量の基礎	ウ 数量や図形に気付き、算数の学習に関心をもって取り組もうとする態度を養う。	—	—	—	—	—	—

315

学部		小学部（算数）			中学部（数学）		高等部（数学）	
段階の目標		1段階	2段階	3段階	1段階	2段階	1段階	2段階
学びに向かう力，人間性等	A 数と計算	ウ 数量に気付き，算数の学習に関心をもって取り組もうとする態度を養う。	ウ 数量に関心をもち，算数で学んだことのよさや楽しさを感じながら興味をもって学ぶ態度を養う。	ウ 数量の違いを理解し，算数で学んだことのよさや楽しさを感じながら学習や生活に活用しようとする態度を養う。	ウ 数量に進んで関わり，数学的に表現・処理するとともに，数学で学んだことのよさに気付き，生活や学習に活用しようとする態度を養う。	ウ 数量に進んで関わり，数学的に表現・処理するとともに，数学で学んだことのよさを理解し，そのことを生活や学習に活用しようとする態度を養う。	ウ 数量について数学的に表現・処理したり，振り返り，多面的に捉え検討してよりよいものを求めて考える態度，数学のよさを実感し，数学付き学習や生活や学習に活用しようとする態度を養う。	ウ 数量について数学的に表現・処理したことを振り返り，多面的に捉え検討してよりよいものを求めて考える態度，数学のよさを実感し，学習したことを生活や学習に活用しようとする態度を養う。
	B 図形	ウ 図形に気付き，算数の学習に関心をもって取り組もうとする態度を養う。	ウ 図形に関心をもち，算数で学んだことのよさや楽しさを感じながら興味をもって学ぶ態度を養う。	ウ 図形や数量の違いを理解し，算数で学んだことのよさや楽しさを感じながら学習や生活に活用しようとする態度を養う。	ウ 図形に進んで関わり，数学的に表現・処理するとともに，数学で学んだことのよさに気付き，生活や学習に活用しようとする態度を養う。	ウ 図形や数量に進んで関わり，数学的に表現・処理するとともに，数学で学んだことのよさを理解し，そのことを生活や学習に活用しようとする態度を養う。	ウ 図形や数量について数学的に表現・処理したり，振り返り，多面的に捉え検討してよりよいものを求めて考える態度，数学のよさに気付くことを生活や学習に活用しようとする態度を養う。	ウ 図形や数量について数学的に表現・処理したり，振り返り，多面的に捉え検討してよりよいものを求めて考える態度，数学のよさを実感し，学習したことを生活や学習に活用しようとする態度を養う。
	C 測定	ウ 数量や図形に気付き，算数の学習に関心をもって取り組もうとする態度を養う。	ウ 数量や図形に関心をもち，算数で学んだことのよさを感じながら興味をもって学ぶ態度を養う。	ウ 数量や図形の違いを理解し，算数で学んだことのよさを感じながら学習や生活に活用しようとする態度を養う。	ウ 数量や図形に進んで関わり，数学的に表現・処理するとともに，数学で学んだことのよさに気付き，そのことを生活や学習に活用しようとする態度を養う。	—	—	—

316

学部	小学部（算数）			中学部（数学）		高等部（数学）	
段階の目標	1段階	2段階	3段階	1段階	2段階	1段階	2段階
学びに向かう力、人間性等　C 変化と関係	—	—	—	—	ウ 数量に進んで関わり、数学的に表現・処理するとともに、数学で学んだことのよさを理解し、そのことを生活や学習に活用しようとする態度を養う。	ウ 数量について数学的に表現・処理したことを振り返り、多面的に捉え検討してよりよいものを求めて粘り強く考える態度、数学のよさに気付き学習したことを生活や学習に活用しようとする態度を養う。	ウ 数量について数学的に表現・処理したことを振り返り、多面的に捉え検討してよりよいものを求めて粘り強く考える態度、数学のよさを実感し、学習したことを生活や学習に活用しようとする態度を養う。
学びに向かう力、人間性等　D データの活用	—	ウ 数量や図形に関心をもち、算数で学んだことの楽しさや興味をもって学ぶ態度を養う。	ウ 数量や図形の違いを理解し、算数で学んだことのよさを感じながら学習や生活に活用しようとする態度を養う。	ウ データの活用に進んで関わり、数学的に表現・処理するとともに、数学で学んだことのよさに気付き、そのことを生活や学習に活用しようとする態度を養う。	ウ データの活用に進んで関わり、数学的に表現・処理するとともに、数学で学んだことのよさを理解し、そのことを生活や学習に活用しようとする態度を養う。	ウ データの活用について数学的に表現・処理したことを振り返り、多面的に捉え検討してよりよいものを求める態度、数学のよさに気付き学習したことを生活や学習に活用しようとする態度を養う。	ウ データの活用について数学的に表現・処理したことを振り返り、多面的に捉え検討してよりよいものを求める態度、数学のよさを実感し、学習したことを生活や学習に活用しようとする態度を養う。

学部	小学部（算数）			中学部（数学）		高等部（数学）	
内容	1段階	2段階	3段階	1段階	2段階	1段階	2段階
A　数量の基礎ｇ	ア　具体物に関わる数学的活動を通して，次の事項を身に付けることができるよう指導する。	—	—	—	—	—	—
	(ア) 次のような知識及び技能を身に付けること。 ㋐　具体物に気付いて指を差したり，つかもうとしたり，目で追ったりすること。 ㋑　目の前で隠されたものを探したり，身近にあるものや人の名を聞いて指を差したりすること。	—	—	—	—	—	—
	(イ) 次のような思考力，判断力，表現力等を身に付けること。 ㋐　対象物に注意を向け，対象物の存在に注目し，諸感覚を協応させながら捉えること。	—	—	—	—	—	—

学部	小学部（算数）			中学部（数学）		高等部（数学）	
内容	1段階	2段階	3段階	1段階	2段階	1段階	2段階
A 数量の基礎	イ ものとものとを対応させることに関わる数学的活動を通して、次の事項を身に付けることができるよう指導する。	—	—	—	—	—	—
	(ｱ) 次のような知識及び技能を身に付けること。 ㋐ ものとものとを対応させて配ること。 ㋑ 分割した絵カードを組み合わせること。 ㋒ 関連の深い絵カードを組み合わせること。	—	—	—	—	—	—
	(1) 次のような思考力、判断力、表現力等を身に付けること。 ㋐ ものとものとを関連付けることに注意を向け、ものの属性に注目し、仲間であることを判断したり、表現したりすること。	—	—	—	—	—	—

学部	小学部（算数）			中学部（数学）		高等部（数学）	
内容	1段階	2段階	3段階	1段階	2段階	1段階	2段階
A 数と計算 ア	ア 数えることの基礎に関わる数学的活動を通して、次の事項を身に付けることができるよう指導する。	ア 10までの数の数え方や表し方、構成に関わる数学的活動を通して、次の事項を身に付けることができるよう指導する。	ア 100までの整数の表し方に関わる数学的活動を通して、次の事項を身に付けることができるよう指導する。	ア 整数の表し方に関わる数学的活動を通して、次の事項を身に付けることができるよう指導する。	ア 整数の表し方に関わる数学的活動を通して、次の事項を身に付けることができるよう指導する。	ア 整数の表し方に関わる数学的活動を通して、次の事項を身に付けることができるよう指導する。	ア 整数の性質及び整数の構成に関わる数学的活動を通して、次の事項を身に付けることができるよう指導する。
(ア)	(ア) 次のような知識及び技能を身に付けること。	(ア) 次のような知識及び技能を身に付けること。	(ア) 次のような知識及び技能を身に付けること。	(ア) 次のような知識及び技能を身に付けること。	(ア) 次のような知識及び技能を身に付けること。	(ア) 次のような知識及び技能を身に付けること。	(ア) 次のような知識及び技能を身に付けること。
㋐	㋐ ものの有無に気付くこと。	㋐ ものとものとを対応させることによって、ものの個数を比べ、同等・多少が分かること。	㋐ 20までの数について、数詞を唱えたり、個数を数えたり書いたり、数の大小を比べたりすること。	㋐ 1000までの数をいくつかの同じまとまりに分割したうえで数えたり、分類したり数えたりすること。	㋐ 4位数までの十進位取り記数法による数の表し方及び数の大小や順序について、理解すること。	㋐ 万の単位を知ること。	㋐ 整数は、観点を決めると偶数と奇数に類別されることを理解すること。
㋑	㋑ 目の前のものを、1個、2個、たくさんで表すこと。	㋑ ものの集まりと対応して、数詞が分かること。	㋑ 100までの数について、数詞を唱えたり、個数を表したり書き表したり、数系列を理解すること。	㋑ 3位数の表し方について理解すること。	㋑ 10倍、100倍、$\frac{1}{10}$の大きさの数及びその数の表し方について知ること。	㋑ 10倍、100倍、1000倍、$\frac{1}{10}$の大きさの数及びその数の表し方の理解を深めること。	㋑ 約数、倍数について理解すること。
㋒	㋒ 5までの範囲で数唱をすること。	㋒ ものの集まりや数詞と対応して数字が分かること。	㋒ 数える対象を2ずつや5ずつのまとまりで数えること。	㋒ 数を十や百を単位としてみるなど、数の相対的な大きさについて理解すること。	㋒ 数を千を単位としてみるなど、数の相対的な大きさについて理解を深めること。	㋒ 億、兆の単位について知り、十進位取り記数法についての理解を深めること。	—
㋓	㋓ 3までの範囲で具体物を取ること。	㋓ 個数を正しく数えたり書き表したりすること。	㋓ 数を10のまとまりとして数えたり、10のまとまりと端数に分けて数えたり書き表したりすること。	㋓ 3位数の数系列、順序、大小について、数直線上の目盛りを読んで理解したり、数を表したりすること。	—	—	—

320

学部	小学部（算数）			中学部（数学）		高等部（数学）	
内容	1段階	2段階	3段階	1段階	2段階	1段階	2段階
A 数と計算	オ 対応させてものを配ること。	オ 二つの数を比べて数の大小が分かること。	キ 具体物を分配したり等分したりすること。	オ 一つの数をほかの数の積としてみるなど、ほかの数と関係付けてみること。	—	—	—
	カ 形や色、位置が変わっても、数は変わらないことについて気付くこと。	カ 数の系列が分かり、順序や位置を表すのに数を用いること。	—	—	—	—	—
	—	キ 0の意味について分かること。	—	—	—	—	—
	—	ク 一つの数を二つの数に分けたり、二つの数を一つの数にまとめたりして表すこと。	—	—	—	—	—
	—	ケ 具体的な事物を加えたり、減らしたりしながら、集合数を一つの数と他の数と関係付けてみること。	—	—	—	—	—
	—	コ 10の補数が分かること。	—	—	—	—	—
	(1) 次のような思考力、判断力、表現力等を身に付けること。	(1) 次のような思考力、判断力、表現力等を身に付けること。	(1) 次のような思考力、判断力、表現力等を身に付けること。	(1) 次のような思考力、判断力、表現力等を身に付けること。	(1) 次のような思考力、判断力、表現力等を身に付けること。	(1) 次のような思考力、判断力、表現力等を身に付けること。	(1) 次のような思考力、判断力、表現力等を身に付けること。

学部	小学部（算数）			中学部（数学）		高等部（数学）	
内容	1段階	2段階	3段階	1段階	2段階	1段階	2段階
A　数と計算	㋐　数詞とものとの関係に注目し，数のまとまりや数え方に気付き，それらを学習や生活で生かすこと。	㋐　数詞と数字，ものとの関係に着目し，数の数え方や数の大きさの比べ方，表し方について考え，それらを学習や生活で興味をもって生かすこと。	㋐　数のまとまりに着目し，数の数え方や数の大きさの比べ方，表し方について考え，学習や生活で生かすこと。	㋐　数のまとまりに着目し，考察する範囲を広げながら数の大きさの比べ方や数え方を考え，日常生活で生かすこと。	㋐　数のまとまりに着目し，考察する範囲を広げながら数の大きさの比べ方や数え方を考え，日常生活で生かすこと。	㋐　数のまとまりに着目し，大きな数の大きさの比べ方や表し方を統合的に捉えるとともに，それらを日常生活に生かすこと。	㋐　乗法及び除法に着目し，観点を決めて整数を類別する仕方を考えたり，数の構成について考察したりするとともに，日常生活に生かすこと。
	—	—	イ　整数の加法及び減法に関わる数学的活動を通して，次の事項を身に付けることができるよう指導する。	イ　整数の加法及び減法に関わる数学的活動を通して，次の事項を身に付けることができるよう指導する。	イ　整数の加法及び減法に関わる数学的活動を通して，次の事項を身に付けることができるよう指導する。	イ　整数及び小数の表し方に関わる数学的活動を通して，次の事項を身に付けることができるよう指導する。	イ　分数に関わる数学的活動を通して，次の事項を身に付けることができるよう指導する。
	—	—	(ｱ) 次のような知識及び技能を身に付けること。	(ｱ) 次のような知識及び技能を身に付けること。	(ｱ) 次のような知識及び技能を身に付けること。	(ｱ) 次のような知識及び技能を身に付けること。	(ｱ) 次のような知識及び技能を身に付けること。
	—	—	㋐　加法が用いられる合併や増加等の場合について理解すること。	㋐　2位数の加法及び減法について理解し，その計算ができること。 また，それらの筆算の仕方について知ること。	㋐　3位数や4位数の加法及び減法の計算の仕方について理解し，計算ができること。また，それらの筆算についての仕方を知ること。	㋐　ある数の10倍，100倍，1000倍，$\frac{1}{10}$，$\frac{1}{100}$などの大きさの数を，小数点の位置を移してつくること。	㋐　整数及び小数を分数の形に直したり，分数を小数で表したりすること。
	—	—	㋑　加法が用いられる場面を式に表したり，式を読み取ったりすること。	㋑　簡単な場合について3位数の加法及び減法の計算の仕方を知ること。	㋑　加法及び減法に関して成り立つ性質を理解すること。	—	㋑　整数の除法の結果は，分数を用いると常に一つの数として表すことができることを理解すること。

学部		小学部（算数）			中学部（数学）		高等部（数学）	
内容		1段階	2段階	3段階	1段階	2段階	1段階	2段階
A 数と計算		—	—	(ウ) 1位数と1位数との加法の計算ができること。	(ウ) 加法及び減法に関して成り立つ性質について理解すること。	(オ) 計算機を使って、具体的な生活場面における加法及び減法の計算ができること。	—	(ウ) 一つの分数の分子及び分母に同じ数を乗除してできる分数は、元の分数と同じ大きさを表すことを理解すること。
		—	—	(エ) 1位数と2位数との和が20までの加法の計算ができること。	(エ) 計算機を使って、具体的な生活場面における簡単な加法及び減法の計算ができること。	—	—	(エ) 分数の相等及び大小について知り、大小を比べること。
		—	—	(オ) 減法が用いられる求残や減少等の場合について理解すること。	—	—	—	—
		—	—	(カ) 減法が用いられる場面を式に表したり、式を読み取ったりすること。	—	—	—	—
		—	—	(キ) 20までの数の範囲で減法の計算ができること。	—	—	—	—
		—	—	(1) 次のような思考力、判断力、表現力等を身に付けること。	(1) 次のような思考力、判断力、表現力等を身に付けること。	(1) 次のような思考力、判断力、表現力等を身に付けること。	(1) 次のような思考力、判断力、表現力等を身に付けること。	(1) 次のような思考力、判断力、表現力等を身に付けること。

学部	小学部（算数）			中学部（数学）		高等部（数学）	
内容	1段階	2段階	3段階	1段階	2段階	1段階	2段階
A 数と計算	—	—	㋐ 日常の事象における数量の関係に着目し、計算の意味や計算の仕方を見付けたり、学習や生活で生かしたりすること。	㋐ 数量の関係に着目し、数を適用する範囲を広げ、計算に関して成り立つ性質や計算の仕方を見いだすとともに、日常生活で生かすこと。	㋐ 数量の関係に着目し、数の適用範囲を広げ、計算に関して成り立つ性質や計算の仕方を見いだすとともに、日常生活で生かすこと。	㋐ 数の表し方の仕組みに着目し、数の相対的な大きさを考察し、計算などに生かすこと。	㋐ 数を構成する単位に着目し、数の相等及び大小関係について考察すること。
	—	—	—	—	—	—	㋑ 分数の表現に着目し、除法の結果の表し方を振り返り、分数の意味をまとめること。
	—	—	—	㋒ 整数の乗法に関わる数学的な活動を通して、次の事項を身に付けることができるよう指導する。	㋒ 整数の乗法に関わる数学的な活動を通して、次の事項を身に付けることができるよう指導する。	㋒ 概数に関わる数学的な活動を通して、次の事項を身に付けることができるよう指導する。	㋒ 分数の加法及び減法に関わる数学的な活動を通して、次の事項を身に付けることができるよう指導する。
	—	—	—	(ア) 次のような知識及び技能を身に付けること。	(ア) 次のような知識及び技能を身に付けること。	(ア) 次のような知識及び技能を身に付けること。	(ア) 次のような知識及び技能を身に付けること。
	—	—	—	㋐ 乗法が用いられる場面や意味について知ること。	㋐ 1位数と1位数の乗法の計算ができ、それを適切に用いること。	㋐ 概数が用いられる場面について知ること。	㋐ 異分母の分数の加法及び減法の計算ができること。
	—	—	—	㋑ 乗法が用いられる場面を式に表したり、式を読み取ったりすること。	㋑ 交換法則や分配法則といった乗法に関して成り立つ性質を理解すること。	㋑ 四捨五入について知ること。	—

324

学部		小学部（算数）			中学部（数学）		高等部（数学）	
内容		1段階	2段階	3段階	1段階	2段階	1段階	2段階
A 数と計算		—	—	—	㋒ 乗法に関して成り立つ簡単な性質について理解すること。	—	㋒ 目的に応じて四則計算の結果の見積りをすること。	
		—	—	—	㋓ 乗法九九について知り、1位数と1位数との乗法の計算ができること。	—	—	
		—	—	—	(1) 次のような思考力、判断力、表現力等を身に付けること。	(1) 次のような思考力、判断力、表現力等を身に付けること。	(1) 次のような思考力、判断力、表現力等を身に付けること。	(1) 次のような思考力、判断力、表現力等を身に付けること。
		—	—	—	㋐ 数量の関係に着目し、計算に関して成り立つ性質や計算の仕方を見いだすとともに、日常生活で生かすこと。	㋐ 数量の関係に着目し、計算に関して成り立つ性質や計算の仕方を見いだすとともに、日常生活で生かすこと。	㋐ 日常の事象における場面に着目し、目的に合った数の処理の仕方を考えるとともに、それを日常生活に生かすこと。	㋐ 分数の意味や表現に着目し、計算の仕方を考えること。
		—	—	—	—	エ 整数の除法に関わる数学的活動を通して、次の事項を身に付けることができるよう指導する。	エ 整数の加法及び減法に関わる数学的活動を通して、次の事項を身に付けることができるよう指導する。	エ 分数の乗法及び除法に関わる数学的活動を通して、次の事項を身に付けることができるよう指導する。
		—	—	—	—	(ア) 次のような知識及び技能を身に付けること。	(ア) 次のような知識及び技能を身に付けること。	(ア) 次のような知識及び技能を身に付けること。

学部	小学部（算数）			中学部（数学）		高等部（数学）	
内容	1段階	2段階	3段階	1段階	2段階	1段階	2段階
A 数と計算	—	—	—	—	㋐ 除法が用いられる場合や意味について理解すること。	㋐ 大きな数の加法及び減法の計算が、2位数などについての基本的な計算を基にしてできること。また、その筆算の仕方について理解すること。	㋐ 乗数や除数が整数や分数である場合も含めて、分数の乗法及び除法の意味について理解すること。
	—	—	—	—	㋑ 除法が用いられる場面を式に表したり、式を読み取ったりすること。	㋑ 加法及び減法の計算が確実にでき、それらを適切に用いること。	㋑ 分数の乗法及び除法の計算ができること。
	—	—	—	—	㋒ 除法と乗法との関係について理解すること。	—	㋒ 分数の乗法及び除法についても、整数の場合と同じ関係や法則が成り立つことを理解すること。
	—	—	—	—	㋓ 除数と商が共に1位数である除法の計算ができること。	—	—
	—	—	—	—	㋔ 余りについて知り、余りの求め方が分かること。	—	—
	—	—	—	—	（1）次のような思考力、判断力、表現力等を身に付けること。	（1）次のような思考力、判断力、表現力等を身に付けること。	（1）次のような思考力、判断力、表現力等を身に付けること。

学部	小学部（算数）			中学部（数学）		高等部（数学）	
内容	1段階	2段階	3段階	1段階	2段階	1段階	2段階
A　数と計算	—	—	—	—	㋐　数量の関係に着目し，計算に関して成り立つ性質や計算の仕方を見いだすとともに，日常生活に生かすこと。	㋐　数量の関係に着目し，計算の仕方を考えたり，計算に関して成り立つ性質を見いだしたりするとともに，その性質を活用して，計算を工夫したり，計算の確かめをしたりすること。	㋐　数の意味と表現，計算について成り立つ性質に着目し，計算の仕方を多面的に捉え考えること。
	—	—	—	—	オ　小数の表し方に関わる数学的活動を通して，次の事項を身に付けることができるよう指導する。	オ　整数の乗法に関わる数学的活動を通して，次の事項を身に付けることができるよう指導する。	オ　数量の関係を表す式に関わる数学的活動を通して，次の事項を身に付けることができるよう指導する。
	—	—	—	—	(ア) 次のような知識及び技能を身に付けること。	(ア) 次のような知識及び技能を身に付けること。	(ア) 次のような知識及び技能を身に付けること。
	—	—	—	—	㋐　端数部分の大きさを表すのに小数を用いることを知ること。	㋐　2位数や3位数に1位数や2位数をかける乗法の計算が，乗法九九などの基本的な計算を基にしてできることを理解すること。また，その筆算の仕方について理解すること。	㋐　数量を表す言葉や□，△などの代わりに，a，xなどの文字を用いて式に表したり，文字に数を当てはめて調べたりすること。
	—	—	—	—	㋑　$\frac{1}{10}$の位までの小数の仕組みや表し方について理解すること。	㋑　乗法の計算が確実にでき，それを適切に用いること。	—

学部	小学部（算数）			中学部（数学）		高等部（数学）	
内容	1段階	2段階	3段階	1段階	2段階	1段階	2段階
A　数と計算	―	―	―	―	―	㋒　乗法に関して成り立つ性質について理解すること。	―
	―	―	―	―	(イ) 次のような思考力，判断力，表現力等を身に付けること。	(イ) 次のような思考力，判断力，表現力等を身に付けること。	(イ) 次のような思考力，判断力，表現力等を身に付けること。
	―	―	―	―	㋐　数のまとまりに着目し，数の表し方の適用範囲を広げ，日常生活に生かすこと。	㋐　数量の関係に着目し，計算の仕方を考えたり，計算に関して成り立つ性質を見いだしたりするとともに，その性質を活用して，計算を工夫したり，計算の確かめをしたりすること。	㋐　問題場面の数量の関係に着目し，数量の関係を簡潔かつ一般的に表現したり，式の意味を読み取ったりすること。
	―	―	―	―	カ　分数の表し方に関わる数学的活動を通して，次の事項を身に付けることができるよう指導する。	カ　整数の除法に関わる数学的活動を通して，次の事項を身に付けることができるよう指導する。	―
	―	―	―	―	(ア) 次のような知識及び技能を身に付けること。	(ア) 次のような知識及び技能を身に付けること。	―

学部	小学部（算数）			中学部（数学）		高等部（数学）	
内容	1段階	2段階	3段階	1段階	2段階	1段階	2段階
A 数と計算	―	―	―	―	㋐ $\frac{1}{2}$, $\frac{1}{4}$など簡単な分数について知ること。	㋐ 除数が1位数や2位数で被除数が2位数や3位数の場合の計算が、基本的な計算を基にしてできること。また、その筆算の仕方について理解すること。	―
	―	―	―	―	―	㋑ 除法の計算が確実にでき、それを適切に用いること。	―
	―	―	―	―	―	㋒ 除法について、次の関係を理解すること。(被除数) = (除数) × (商) + (余り)	―
	―	―	―	―	―	㋓ 除法に関して成り立つ性質について理解すること。	―
	―	―	―	―	(1) 次のような思考力、判断力、表現力等を身に付けること。	(1) 次のような思考力、判断力、表現力等を身に付けること。	―

学部	小学部（算数）			中学部（数学）		高等部（数学）	
内容	1段階	2段階	3段階	1段階	2段階	1段階	2段階
A 数と計算	—	—	—	—	㋐ 数のまとまりに着目し、数の表し方の適用範囲を広げ、日常生活に生かすこと。	㋐ 数量の関係に着目し、計算の仕方を考えたり、計算に関して成り立つ性質を見いだしたりするとともに、その性質を活用して、計算を工夫したり、計算の確かめをしたりすること。	—
	—	—	—	—	キ 数量の関係を表す式に関わる数学的活動を通して、次の事項を身に付けることができるよう指導する。	キ 小数とその計算に関わる数学的活動を通して、次の事項を身に付けることができるよう指導する。	—
	—	—	—	—	(ア) 次のような知識及び技能を身に付けること。	(ア) 次のような知識及び技能を身に付けること。	—
	—	—	—	—	㋐ 数量の関係を式に表したり、式と図を関連付けたりすること。	㋐ ある量の何倍かを表すのに小数を用いることを知ること。	—
	—	—	—	—	㋑ □などを用いて数量の関係を式に表すことができることを知ること。	㋑ 小数が整数と同じ仕組みで表されていることを知るとともに、数の相対的な大きさについての理解を深めること。	—

学部	小学部〔算数〕			中学部〔数学〕		高等部〔数学〕	
内容	1段階	2段階	3段階	1段階	2段階	1段階	2段階
A　数と計算	―	―	―	―	㋒　□などに数を当てはめて調べること。	㋒　小数の加法及び減法の意味について理解し，それらの計算ができること。	―
	―	―	―	―	―	㋓　乗数や除数が整数である場合の小数の乗法及び除法の計算ができること。	―
	―	―	―	―	(イ)　次のような思考力，判断力，表現力等を身に付けること。	(イ)　次のような思考力，判断力，表現力等を身に付けること。	―
	―	―	―	―	㋐　数量の関係に着目し，事柄や関係を式や図を用いて簡潔に表したり，式と図を関連付けて式を読んだりすること。	㋐　数の表し方の仕組みや数を構成する単位に着目し，計算の仕方を考えるとともに，それを日常生活に生かすこと。	―
	―	―	―	―	―	ク　小数の乗法及び除法に関わる数学的活動を通して，次の事項を身に付けることができるよう指導する。	―
	―	―	―	―	―	(ア)　次のような知識及び技能を身に付けること。	―
	―	―	―	―	―	㋐　乗数や除数が小数である場合の小数の乗法及び除法の意味について理解すること。	―

学部	小学部（算数）			中学部（数学）		高等部（数学）	
内容	1段階	2段階	3段階	1段階	2段階	1段階	2段階
A　数と計算	—	—	—	—	—	㋑　小数の乗法及び除法の計算ができること。	—
	—	—	—	—	—	㋒　余りの大きさについて理解すること。	—
	—	—	—	—	—	㋓　小数の乗法及び除法についても整数の場合と同じ関係や法則が成り立つことを理解すること。	—
	—	—	—	—	—	(イ)　次のような思考力，判断力，表現力等を身に付けること。	—
	—	—	—	—	—	㋐　乗法及び除法の意味に着目し，乗数や除数が小数である場合まで数の範囲を広げて乗法及び除法の意味を捉え直すとともに，それらの計算の仕方を考えたり，それらを日常生活に生かしたりすること。	—
	—	—	—	—	—	ケ　分数とその計算に関わる数学的活動を通して，次の事項を身に付けることができるよう指導する。	—

学部	小学部（算数）			中学部（数学）		高等部（数学）	
内容	1段階	2段階	3段階	1段階	2段階	1段階	2段階
A 数と計算	—	—	—	—	—	(ア) 次のような知識及び技能を身に付けること。	—
	—	—	—	—	—	㋐ 等分してできる部分の大きさや端数部分の大きさを表すのに分数を用いることについて理解すること。また、分数の表し方について知ること。	—
	—	—	—	—	—	㋑ 分数が単位分数の幾つ分かで表すことができることを知ること。	—
	—	—	—	—	—	㋒ 簡単な場合について、分数の加法及び減法の意味について理解し、それらの計算ができることを知ること。	—
	—	—	—	—	—	㋓ 簡単な場合について、大きさの等しい分数があることを知ること。	—
	—	—	—	—	—	㋔ 同分母の分数の加法及び減法の計算ができること。	—

333

学部	小学部（算数）			中学部（数学）		高等部（数学）	
内容	1段階	2段階	3段階	1段階	2段階	1段階	2段階
A 数と計算	—	—	—	—	—	(1) 次のような思考力、判断力、表現力等を身に付けること。	—
	—	—	—	—	—	㋐ 数のまとまりに着目し、分数でも数の大きさを比べたり、計算したりできるかどうかを考えるとともに、分数を日常生活に生かすこと。	—
	—	—	—	—	—	㋑ 数を構成する単位に着目し、大きさの等しい分数を探したり、計算の仕方を考えたりするとともに、それを日常生活に生かすこと。	—
	—	—	—	—	—	ロ 数量の関係を表す式に関わる数学的活動を通して、次の事項を身に付けることができるよう指導する。	—
	—	—	—	—	—	(ア) 次のような知識及び技能を身に付けること。	—
	—	—	—	—	—	㋐ 四則の混合した式や（ ）を用いた式について理解し、正しく計算すること。	—

学部	小学部（算数）			中学部（数学）		高等部（数学）	
内容	1段階	2段階	3段階	1段階	2段階	1段階	2段階
A 数と計算	―	―	―	―	―	㋐ 公式についての考え方を理解し、公式を用いること。	―
	―	―	―	―	―	㋑ 数量を□、△などを用いて表し、その関係を式に表したり、□、△などに数を当てはめて調べたりすること。	―
	―	―	―	―	―	㋒ 数量の関係を表す式についての理解を深めること。	―
	―	―	―	―	―	(1) 次のような思考力、判断力、表現力等を身に付けること。	―
	―	―	―	―	―	㋐ 問題場面の数量の関係に着目し、数量の関係を簡潔に、また一般的に表現したり、式の意味を読み取ったりすること。	―
	―	―	―	―	―	㋑ 二つの数量の対応や変わり方に着目し、簡単な式で表されている関係について考察すること。	―

学部	小学部（算数）			中学部（数学）		高等部（数学）	
内容	1段階	2段階	3段階	1段階	2段階	1段階	2段階
A 数と計算		—	—	—	—	サ 計算に関して成り立つ性質に関わる数学的活動を通して、次の事項を身に付けることができるよう指導する。	—
		—	—	—	—	(ア) 次のような知識及び技能を身に付けること。	—
		—	—	—	—	㋐ 四則に関して成り立つ性質についての理解を深めること。	—
		—	—	—	—	(1) 次のような思考力、判断力、表現力等を身に付けること。	—
		—	—	—	—	㋐ 数量の関係に着目し、計算に関して成り立つ性質を用いて計算の仕方を考えること。	—
B 図形	ア ものの類別や分類・整理に関わる数学的活動を通して、次の事項を身に付けることができるよう指導する。	ア ものの分類に関わる数学的活動を通して、次の事項を身に付けることができるよう指導する。	ア 身の回りにあるものの形に関わる数学的活動を通して、次の事項を身に付けることができるよう指導する。	ア 図形に関わる数学的活動を通して、次の事項を身に付けることができるよう指導する。	ア 図形に関わる数学的活動を通して、次の事項を身に付けることができるよう指導する。	ア 平面図形に関わる数学的活動を通して、次の事項を身に付けることができるよう指導する。	ア 平面図形に関わる数学的活動を通して、次の事項を身に付けることができるよう指導する。
	(ア) 次のような知識及び技能を身に付けること。	(ア) 次のような知識及び技能を身に付けること。	(ア) 次のような知識及び技能を身に付けること。	(ア) 次のような知識及び技能を身に付けること。	(ア) 次のような知識及び技能を身に付けること。	(ア) 次のような知識及び技能を身に付けること。	(ア) 次のような知識及び技能を身に付けること。

学部	小学部〔算数〕			中学部〔数学〕		高等部〔数学〕	
内容	1段階	2段階	3段階	1段階	2段階	1段階	2段階
B　図形	㋐　具体物に注目して指を差したり，つかもうとしたり，目で追ったりすること。	㋐　色や形，大きさに着目して分類すること。	㋐　ものの形に着目し，身の回りにあるものの特徴を捉えること。	㋐　直線について知ること。	㋐　二等辺三角形，正三角形などについて知り，作図などを通してそれらの関係に着目すること。	㋐　平行四辺形，ひし形，台形について知ること。	㋐　縮図や拡大図について理解すること。
	㋑　形を観点に区別すること。	㋑　身近なものを目的，用途及び機能に着目して分類すること。	㋑　具体物を用いて形を作ったり分解したりすること。	㋑　三角形や四角形について知ること。	㋑　二等辺三角形や正三角形を定規とコンパスなどを用いて作図すること。	㋑　図形の形や大きさが決まる要素について理解するとともに，図形の合同について理解すること。	㋑　対称な図形について理解すること。
	㋒　形が同じものを選ぶこと。	—	㋒　前後，左右，上下など方向や位置に関する言葉を用いて，ものの位置を表すこと。	㋒　正方形，長方形及び直角三角形について知ること。	㋒　基本的な図形と関連して角について知ること。	㋒　三角形や四角形など多角形についての簡単な性質を理解すること。	—
	㋓　似ている二つのものを結び付けること。	—	—	㋓　正方形や長方形で捉えられる箱の形をしたものについて理解し，それらを構成したり，分解したりすること。	㋓　直線の平行や垂直の関係について理解すること。	㋓　円と関連させて正多角形の基本的な性質を知ること。	—
	㋔　関連の深い一対のものや絵カードを組み合わせること。	—	—	㋔　直角，頂点，辺及び面という用語を用いて図形の性質を表現すること。	㋔　円について，中心，半径及び直径を知ること。また，円に関連して，球についても直径などを知ること。	㋔　円周率の意味について理解し，それを用いること。	—

学部	小学部〔算数〕			中学部〔数学〕		高等部〔数学〕	
内容	1段階	2段階	3段階	1段階	2段階	1段階	2段階
B　図形	㋕　同じもの同士の集合づくりをすること。	—	—	㋕　基本的な図形が分かり，その図形をかいたり，簡単な図表を作ったりすること。	—	—	—
	—	—	—	㋖　正方形，長方形及び直角三角形をかいたり，作ったり，それらを使って平面に敷き詰めたりすること。	—	—	—
	(イ)　次のような思考力，判断力，表現力等を身に付けること。	(イ)　次のような思考力，判断力，表現力等を身に付けること。	(イ)　次のような思考力，判断力，表現力等を身に付けること。	(イ)　次のような思考力，判断力，表現力等を身に付けること。	(イ)　次のような思考力，判断力，表現力等を身に付けること。	(イ)　次のような思考力，判断力，表現力等を身に付けること。	(イ)　次のような思考力，判断力，表現力等を身に付けること。
	㋐　対象物に注意を向け，対象物の存在に気付き，諸感覚を協応させながら具体物を捉えること。	㋐　ものを色や形，大きさ，目的，用途及び機能に着目し，共通点や相違点について考えて，分類する方法を日常生活で生かすこと。	㋐　身の回りにあるものから，いろいろな形を見付けたり，具体物を用いて形を作ったり分解したりすること。	㋐　図形を構成する要素に着目し，構成の仕方を考えるとともに，図形の性質を見いだし，身の回りのものの形を図形として捉えること。	㋐　図形を構成する要素及びそれらの位置関係に着目し，構成の仕方を考察して，図形の性質を見いだすとともに，その性質を基に既習の図形を捉え直すこと。	㋐　図形を構成する要素及びそれらの位置関係に着目し，構成の仕方を考察し図形の性質を見いだすとともに，その性質を基に既習の図形を捉え直すこと。	㋐　図形を構成する要素及び図形間の関係に着目し，構成の仕方を考察したり，図形の性質を見いだしたりするとともに，その性質を基に既習の図形を捉え直したり，日常生活に生かしたりすること。

学部	内容	小学部（算数）1段階	小学部（算数）2段階	小学部（算数）3段階	中学部（数学）1段階	中学部（数学）2段階	高等部（数学）1段階	高等部（数学）2段階
B 図形		イ ものの属性に着目し、様々な情報から同質なものや類似したものに気付き、日常生活の中で関心をもつこと。	—	イ 身の回りにあるものの形を図形として捉えること。			イ 図形を構成する要素及び図形間の関係に着目し、構成の仕方を考察し、図形の性質を見いだし、その性質を筋道を立てて考え説明したりすること。	—
		ウ ものとものとの関係に注意を向け、ものの属性に気付き、関心をもって対応しながら、表現する仕方を見つけ出し、日常生活で生かすこと。	—	ウ 身の回りにあるものの形の観察などを認識したり、形の特徴を捉えたりすること。			—	
		—	イ 身の回りにあるものの形に関わる数学的活動を通して、次の事項を身に付けることとができるよう指導する。	イ 角の大きさに関わる数学的活動を通して、次の事項を身に付けることができるよう指導する。	—	イ 面積に関わる数学的活動を通して、次の事項を身に付けることができるよう指導する。	イ 立体図形に関わる数学的活動を通して、次の事項を身に付けることができるよう指導する。	イ 身の回りにある形の概形やおよその面積などに関わる数学的活動を通して、次の事項を身に付けることができるよう指導する。
		—	(ア) 次のような知識及び技能を身に付けること。	(ア) 次のような知識及び技能を身に付けること。	—	(ア) 次のような知識及び技能を身に付けること。	(ア) 次のような知識及び技能を身に付けること。	(ア) 次のような知識及び技能を身に付けること。

学部	小学部（算数）			中学部（数学）		高等部（数学）	
内容	1段階	2段階	3段階	1段階	2段階	1段階	2段階
B 図形	—	㋐ 身の回りにあるものの形に関心をもち，丸や三角，四角という名称を知ること。	㋐ 傾斜をつくると角ができることを理解すること。	—	㋐ 面積の単位［平方センチメートル（㎠），平方メートル（㎡），平方キロメートル（㎢）］について知り，測定の意味について理解すること。	㋐ 立方体，直方体について知ること。	㋐ 身の回りにある形について，その概形を捉え，およその面積などを求めること。
	—	㋑ 縦や横の線，十字，△や□をかくこと。	—	—	㋑ 正方形及び長方形の面積の求め方について知ること。	㋑ 直方体に関連して，直線や平面の平行や垂直の関係について理解すること。	—
	—	㋒ 大きさや色など属性の異なるものであっても形の属性に着目して，分類したり，集めたりすること。	—	—	—	㋒ 見取図，展開図について知ること。	—
	—	—	—	—	—	㋓ 基本的な角柱や円柱について知ること。	—
	—	(イ) 次のような思考力，判断力，表現力等を身に付けること。	(イ) 次のような思考力，判断力，表現力等を身に付けること。	—	(イ) 次のような思考力，判断力，表現力等を身に付けること。	(イ) 次のような思考力，判断力，表現力等を身に付けること。	(イ) 次のような思考力，判断力，表現力等を身に付けること。

学部	小学部（算数）			中学部（数学）		高等部（数学）	
内容	1段階	2段階	3段階	1段階	2段階	1段階	2段階
B 図形	―	㋐ 身の回りにあるものの形に関心を向け、丸や三角、四角の形を考えながら分けたり、集めたりすること。	㋐ 傾斜が変化したときの斜面と底面の作り出す開き具合について、大きい・小さいと表現すること。	―	㋐ 面積の単位に着目し、図形の面積について、求め方を考え、計算して表したり、計算したりすること。	㋑ 図形を構成する要素及びそれらの位置関係に着目し、図形の平面上での表現や構成の仕方を考察し、図形の性質を見いだすとともに、日常の事象を図形の性質から捉え直すこと。	㋑ 図形を構成する要素や性質に着目し、筋道を立てて面積などの求め方を考え、それを日常生活に生かすこと。
	―	―	―	―	㋑ 角の大きさに関わる数学的活動を通して、次の事項を身に付けることができるよう指導する。	㋑ ものの位置に関わる数学的活動を通して、次の事項を身に付けることができるよう指導する。	㋑ 平面図形の面積に関わる数学的活動を通して、次の事項を身に付けることができるよう指導する。
	―	―	―	―	(ｱ) 次のような知識及び技能を身に付けること。	(ｱ) 次のような知識及び技能を身に付けること。	(ｱ) 次のような知識及び技能を身に付けること。
	―	―	―	―	㋐ 角の大きさを回転の大きさとして捉えること。	㋐ ものの位置の表し方について理解すること。	㋐ 円の面積の計算による求め方について理解すること。
	―	―	―	―	㋑ 角の大きさの単位（度（°））について知り、測定の意味について理解すること。	―	―
	―	―	―	―	㋑ 角の大きさを測定すること。	―	―
	―	―	―	―	(1) 次のような思考力、判断力、表現力等を身に付けること。	(1) 次のような思考力、判断力、表現力等を身に付けること。	(1) 次のような思考力、判断力、表現力等を身に付けること。

学部		小学部（算数）			中学部（数学）		高等部（数学）	
内容		1段階	2段階	3段階	1段階	2段階	1段階	2段階
B 図形		—	—	—	—	㋐ 角の大きさの単位に着目し、図形の角の大きさを的確に表現したり、図形の考察に生かしたりすること。	㋐ 平面や空間における位置を決める要素に着目し、その位置を数を用いて表現する方法を考察すること。	㋐ 図形を構成する要素などに着目し、基本図形の面積の求め方を見いだすとともに、その表現を振り返り、簡潔かつ的確な表現に高め、公式として導くこと。
		—	—	—	—	—	エ 平面図形の面積に関わる数学的活動を通して、次の事項を身に付けることができるよう指導する。	エ 立体図形の体積に関わる数学的活動を通して、次の事項を身に付けることができるよう指導する。
		—	—	—	—	—	(ｱ) 次のような知識及び技能を身に付けること。	(ｱ) 次のような知識及び技能を身に付けること。
		—	—	—	—	—	㋐ 三角形、平行四辺形、ひし形、台形の面積の計算による求め方について理解すること。	㋐ 体積の単位（立方センチメートル(cm^3)、立方メートル(m^3)）について理解すること。
		—	—	—	—	—	—	㋑ 立方体及び直方体の体積の計算による求め方について理解すること。
		—	—	—	—	—	—	㋒ 基本的な角柱及び円柱の体積の計算による求め方について理解すること。

学部	小学部〔算数〕			中学部〔数学〕		高等部〔数学〕	
内容	1段階	2段階	3段階	1段階	2段階	1段階	2段階
B　図形	—	—	—	—	—	(イ) 次のような思考力，判断力，表現力等を身に付けること。	(イ) 次のような思考力，判断力，表現力等を身に付けること。
	—	—	—	—	—	㋐　図形を構成する要素などに着目して，基本図形の面積の求め方を見いだすとともに，その表現を振り返り，簡潔かつ的確な表現に高め，公式として導くこと。	㋐　体積の単位や図形を構成する要素に着目し，図形の体積の求め方を考えるとともに，体積の単位とこれまでに学習した単位との関係を考察すること。
	—	—	—	—	—	—	㋑　図形を構成する要素に着目し，基本図形の体積の求め方を見いだすとともに，その表現を振り返り，簡潔かつ的確な表現に高め，公式として導くこと。
C　測定	ア　身の回りにある具体物のもつ大きさに関わる数学的活動を通して，次の事項を身に付けることができるよう指導する。	ア　身の回りにある具体物の量の大きさに注目し，二つの量の大きさに関わる数学的活動を通して，次の事項を身に付けることができるよう指導する。	ア　身の回りのものの量の単位と測定に関わる数学的活動を通して，次の事項を身に付けることができるよう指導する。	ア　量の単位と測定に関わる数学的活動を通して，次の事項を身に付けることができるよう指導する。	—	—	—
	(ア) 次のような知識及び技能を身に付けること。	(ア) 次のような知識及び技能を身に付けること。	(ア) 次のような知識及び技能を身に付けること。	(ア) 次のような知識及び技能を身に付けること。	—	—	—

学部	小学部（算数）			中学部（数学）		高等部（数学）	
内容	1段階	2段階	3段階	1段階	2段階	1段階	2段階
C 測定	㋐ 大きさや長さなどに対して同じか違うかによって区別すること。	㋐ 長さ、重さ、高さ及び広さなどの量の大きさが分かること。	㋐ 長さ、広さ、かさなどの量を直接比べる方法について理解し、比較すること。	㋐ 目盛りの原点を対象の端に当てて測定すること。	―	―	―
	㋑ ある・ない、大きい・小さい、多い・少ない、などの用語に注目して表現すること。	㋑ 二つの量の大きさについて、一方を基準にして相対的に比べること。	㋑ 身の回りにあるものの大きさを単位として、その幾つ分かで大きさを比較すること。	㋑ 長さの単位［ミリメートル(mm)、センチメートル(cm)、メートル(m)、キロメートル(km)］や重さの単位［グラム(g)、キログラム(kg)］について知り、測定の意味を理解すること。	―	―	―
		㋒ 長い・短い、重い・軽い、高い・低い及び広い・狭いなどの用語が分かること。	―	㋒ かさの単位［ミリリットル(mL)、デシリットル(dL)、リットル(L)］について知り、測定の意味を理解すること。	―	―	―
	―	―	―	㋓ 長さ、重さ及びかさについて、およその見当を付け、単位を選択したり、計器を用いて測定したりすること。	―	―	―
	(1) 次のような思考力、判断力、表現力等を身に付けること。	(1) 次のような思考力、判断力、表現力等を身に付けること。	(1) 次のような思考力、判断力、表現力等を身に付けること。	(1) 次のような思考力、判断力、表現力等を身に付けること。	―	―	―

学部 内容	小学部（算数） 1段階	小学部（算数） 2段階	小学部（算数） 3段階	中学部（数学） 1段階	中学部（数学） 2段階	高等部（数学） 1段階	高等部（数学） 2段階
C 測定	㋐ 大小や多少等で区別することに関心をもち、量の大きさに注目すること。	㋐ 長さ、重さ、高さ及び広さなどの量を、一方を基準にして比べることに関心をもったり、量の大きさを用語を用いて表現したりすること。	㋐ 身の回りのものの長さ、広さ及びかさについて、その単位に着目して大小を比較したり、表現したりすること。	㋐ 身の回りのものの特徴に着目し、目的に適した単位で量の大きさを表現したり、比べたりすること。	一	一	一
	一	一	イ 時刻や時間に関わる数学的活動を通して、次の事項を身に付けることができるよう指導する。	イ 時刻や時間に関わる数学的活動を通して、次の事項を身に付けることができるよう指導する。	一	一	一
	一	一	(ア) 次のような知識及び技能を身に付けること。	(ア) 次のような知識及び技能を身に付けること。	一	一	一
	一	一	㋐ 日常生活の中で時刻を読むこと。	㋐ 時間の単位（秒）について知ること。	一	一	一
	一	一	㋑ 時間の単位（日、午前、午後、時、分）について知り、それらの関係を理解すること。	㋑ 日常生活に必要な時刻や時間を求めること。	一	一	一
	一	一	(1) 次のような思考力、判断力、表現力等を身に付けること。	(1) 次のような思考力、判断力、表現力等を身に付けること。	一	一	一
	一	一	㋐ 時刻の読み方を生かして、時刻と生活とを結び付けて表現すること。	㋐ 時間の単位に着目し、簡単な時間の求め方を日常生活に生かすこと。	一	一	一

学部	小学部（算数）			中学部（数学）		高等部（数学）	
内容	1段階	2段階	3段階	1段階	2段階	1段階	2段階
C　変化と関係	—	—	—	—	ア　伴って変わる二つの数量に関わる数学的活動を通して，次の事項を身に付けることができるよう指導する。	ア　伴って変わる二つの数量に関わる数学的活動を通して，次の事項を身に付けることができるよう指導する。	ア　伴って変わる二つの数量に関わる数学的活動を通して，次の事項を身に付けることができるよう指導する。
	—	—	—	—	(ア) 次のような知識及び技能を身に付けること。	(ア) 次のような知識及び技能を身に付けること。	(ア) 次のような知識及び技能を身に付けること。
	—	—	—	—	㋐　変化の様子を表や式を用いて表したり，変化の特徴を読み取ったりすること。	㋐　簡単な場合について，比例の関係があることを知ること。	㋐　比例の関係の意味や性質を理解すること。
	—	—	—	—	—	—	㋑　比例の関係を用いた問題解決の方法について理解すること。
	—	—	—	—	—	—	㋒　反比例の関係について理解すること。
	—	—	—	—	(イ) 次のような思考力，判断力，表現力等を身に付けること。	(イ) 次のような思考力，判断力，表現力等を身に付けること。	(イ) 次のような思考力，判断力，表現力等を身に付けること。

学部	小学部（算数）			中学部（数学）		高等部（数学）	
内容	1段階	2段階	3段階	1段階	2段階	1段階	2段階
C 変化と関係	—	—	—	—	㋐ 伴って変わる二つの数量の関係に着目し、表や式を用いて変化の特徴を考察すること。	㋐ 伴って変わる二つの数量を見いだして、それらの関係に着目し、表や式を用いて変化や対応の特徴を考察すること。	㋐ 伴って変わる二つの数量を見いだして、それらの関係に着目し、目的に応じて表や式、グラフを用いてそれらの関係を表現して、変化や対応の特徴を見いだすとともに、それらを日常生活に生かすこと。
	—	—	—	—	イ 二つの数量の関係に関わる数学的活動を通して、次の事項を身に付けることができるよう指導する。	イ 異種の二つの量の割合として捉えられる数量に関わる数学的活動を通して、次の事項を身に付けることができるよう指導する。	イ 二つの数量の関係に関わる数学的活動を通して、次の事項を身に付けることができるよう指導する。
	—	—	—	—	(ア) 次のような知識及び技能を身に付けること。	(ア) 次のような知識及び技能を身に付けること。	(ア) 次のような知識及び技能を身に付けること。
	—	—	—	—	㋐ 簡単な場合について、ある二つの数量の関係と別の二つの数量の関係とを比べる場合に割合を用いる場合があることを知ること。	㋐ 速さなど単位量当たりの大きさの意味及び表し方について理解し、それを求めること。	㋐ 比の意味や表し方を理解し、数量の関係を比べたり、等しい比をつくったりすること。

347

学部	小学部（算数）			中学部（数学）		高等部（数学）	
内容	1段階	2段階	3段階	1段階	2段階	1段階	2段階
C 変化と関係	—	—	—	—	(1) 次のような思考力，判断力，表現力等を身に付けること。	(1) 次のような思考力，判断力，表現力等を身に付けること。	(1) 次のような思考力，判断力，表現力等を身に付けること。
	—	—	—	—	㋐ 日常生活における数量の関係に着目し，図や式を用いて，二つの数量の関係を考察すること。	㋐ 異種の二つの量の割合として捉えられる数量の関係に着目し，目的に応じて大きさを比べたり，表現したりする方法を考察し，それらを日常生活に生かすこと。	㋐ 日常の事象における数量の関係に着目し，図や式などを用いて数量の関係の比べ方を考察し，それを日常生活に生かすこと。
	—	—	—	—	—	ウ 二つの数量の関係に関わる数学的活動を通して，次の事項を身に付けることができるよう指導する。	—
	—	—	—	—	—	(ｱ) 次のような知識及び技能を身に付けること。	—
	—	—	—	—	—	㋐ ある二つの数量関係と別の二つの数量の関係を比べる場合に割合を用いる場合があることを理解すること。	—
	—	—	—	—	—	㋑ 百分率を理解し，割合を用いた表し方を理解し，割合を求めること。	—

学部	小学部（算数）			中学部（数学）		高等部（数学）	
内容	1段階	2段階	3段階	1段階	2段階	1段階	2段階
C 変化と関係	―	―	―	―	―	(1) 次のような思考力、判断力、表現力等を身に付けること。 ㋐ 日常の事象における数量の関係に着目し、図や式などを用いて、ある二つの数量の関係と別の二つの数量の関係との比べ方を考察し、それを日常生活に生かすこと。	―
D データの活用	―	ア ものの分類に関わる数学的活動を通して、次の事項を身に付けることができるよう指導する。 (ア) 次のような知識及び技能を身に付けること。 ㋐ 身近なものを目的、用途、機能に着目して分類すること。	ア 身の回りにある事象を簡単な絵や図、記号に置き換えることに関わる数学的活動を通して、次の事項を身に付けることができるよう指導する。 (ア) 次のような知識及び技能を身に付けること。 ㋐ ものとものとの対応やものの個数について、簡単な絵や図に表して整理したり、それらを読んだりすること。	ア 身の回りにあるデータを簡単な表やグラフで表したり、読み取ったりすることに関わる数学的活動を通して、次の事項を身に付けることができるよう指導する。 (ア) 次のような知識及び技能を身に付けること。 ㋐ 身の回りにある数量を簡単な表やグラフに表したり、読み取ったりすること。	ア データを表やグラフで表したり、読み取ったりすることに関わる数学的活動を通して、次の事項を身に付けることができるよう指導する。 (ア) 次のような知識及び技能を身に付けること。 ㋐ データを日時や場所などの観点から分類及び整理し、表や棒グラフで表したり、読み取ったりすること。	ア データの収集とその分析に関わる数学的活動を通して、次の事項を身に付けることができるよう指導する。 (1) 次のような知識及び技能を身に付けること。 ㋐ 数量の関係を割合で捉え、円グラフや帯グラフで表したり、読んだりすること。	ア データの収集とその分析に関わる数学的活動を通して、次の事項を身に付けることができるよう指導する。 (ア) 次のような知識及び技能を身に付けること。 ㋐ 代表値の意味や求め方を理解すること。

学部	小学部〔算数〕			中学部〔数学〕		高等部〔数学〕	
内容	1段階	2段階	3段階	1段階	2段階	1段階	2段階
D　データの活用	—	—	㋑　身の回りにあるデータを簡単な記号に置き換えて表し，比較して読み取ること。	—	㋑　データを二つの観点から分類及び整理し，折れ線グラフで表したり，読み取ったりすること。	㋑　円グラフや帯グラフの意味やそれらの用い方を理解すること。	㋑　度数分布を表す表や柱状グラフの特徴及びそれらの用い方を理解すること。
	—	—	—	—	㋒　表や棒グラフ，折れ線グラフの意味やその用い方を理解すること。	㋒　データの収集や適切な手法の選択など統計的な問題解決の方法を知ること。	㋒　目的に応じてデータを収集したり，適切な手法を選択したりするなど，統計的な問題解決の方法を理解すること。
	—	(イ)　次のような思考力，判断力，表現力等を身に付けること。	(イ)　次のような思考力，判断力，表現力等を身に付けること。	(イ)　次のような思考力，判断力，表現力等を身に付けること。	(イ)　次のような思考力，判断力，表現力等を身に付けること。	(イ)　次のような思考力，判断力，表現力等を身に付けること。	(イ)　次のような思考力，判断力，表現力等を身に付けること。
	—	㋐　身近なものの色や形，大きさ，目的及び用途等に関心を向け，共通点や相違点を考えながら，興味をもって分類すること。	㋐　個数の把握や比較のために簡単な絵や図，記号に置き換えて簡潔に表現すること。	㋐　身の回りの事象に関するデータを整理する観点に着目し，簡単な表やグラフを用いながら読み取ったり，考察したりすること。	㋐　身の回りの事象に関するデータを整理する観点に着目し，表や棒グラフを用いながら，読み取ったり，考察したり，結論を表現したりすること。	㋐　目的に応じてデータを集めて分類整理し，データの特徴や傾向に着目し，問題を解決するために適切なグラフを選択して読み取り，その結論について多面的に捉え考察すること。	㋐　目的に応じてデータを集めて分類整理し，データの特徴や傾向に着目し，代表値などを用いて問題の結論について判断するとともに，その妥当性について批判的に考察すること。
	—	—	—	—	㋑　目的に応じてデータを集めて分類及び整理し，データの特徴や傾向を見付けて，適切なグラフを用いて表現したり，考察したりすること。	—	—

学部	小学部（算数）			中学部（数学）		高等部（数学）	
内容	1段階	2段階	3段階	1段階	2段階	1段階	2段階
D データの活用	—	イ 同等と多少に関わる数学的活動を通して、次の事項を身に付けることができるよう指導する。	—	—	—	イ 測定した結果を平均する方法に関わる数学的活動を通して、次の事項を身に付けることができるよう指導する。	イ 起こり得る場合に関わる数学的活動を通して、次の事項を身に付けることができるよう指導する。
	—	(ア) 次のような知識及び技能を身に付けること。	—	—	—	(ア) 次のような知識及び技能を身に付けること。	(ア) 次のような知識及び技能を身に付けること。
	—	㋐ ものとものとを対応させることによって、ものの同等や多少が分かること。	—	—	—	㋐ 平均の意味や求め方を理解すること。	㋐ 起こり得る場合を順序よく整理するための図や表などの用い方を理解すること。
	—	(1) 次のような思考力、判断力、表現力等を身に付けること。	—	—	—	(1) 次のような思考力、判断力、表現力等を身に付けること。	(1) 次のような思考力、判断力、表現力等を身に付けること。
	—	㋐ 身の回りにあるものの個数に着目して絵グラフなどに表し、多少を読み取って表現すること。	—	—	—	㋐ 概括的に捉えることに着目し、測定した結果を平均する方法について考察し、それを学習や日常生活に生かすこと。	㋐ 事象の特徴に応じて整理し、順序よく決めて、落ちや重なりなく調べる方法を考察すること。
	—	ウ ○×を用いた表に関わる数学的活動を通して、次の事項を身に付けることができるよう指導する。	—	—	—	—	—
	—	(ア) 次のような知識及び技能を身に付けること。	—	—	—	—	—

学部	小学部（算数）			中学部（数学）		高等部（数学）	
内容	1段階	2段階	3段階	1段階	2段階	1段階	2段階
D データの活用	―	(ア) 身の回りの出来事から○や×を用いた簡単な表を作成すること。 (イ) 簡単な表で使用する○や×の記号の意味が分かること。 (1) 次のような思考力，判断力，表現力等を身に付けること。 (ア) 身の回りの出来事を捉え，○や×を用いた簡単な表で表現すること。	―	―	―	―	―
数学的活動	ア 内容の「A数量の基礎」，「B数と計算」，「C図形」及び「D測定」に示す学習については，次のような数学的活動に取り組むものとする。	ア 内容の「A数と計算」，「B図形」，「C測定」及び「Dデータの活用」に示す学習については，次のような数学的活動に取り組むものとする。	ア 内容の「A数と計算」，「B図形」，「C測定」及び「Dデータの活用」に示す学習については，次のような数学的活動に取り組むものとする。	ア 内容の「A数と計算」，「B図形」，「C測定」及び「Dデータの活用」に示す学習については，次のような数学的活動に取り組むものとする。	ア 内容の「A数と計算」，「B図形」，「C測定」及び「Dデータの活用」に示す学習については，次のような数学的活動に取り組むものとする。	ア 内容の「A数と計算」，「B図形」，「C変化と関係」及び「Dデータの活用」に示す学習については，次のような数学的活動に関連付けた学習やそれらを相互に関連付けた学習において，次のような数学的活動に取り組むものとする。	ア 内容の「A数と計算」，「B図形」，「C変化と関係」及び「Dデータの活用」に示す学習については，次のような数学的活動に関連付けた学習やそれらを相互に関連付けた学習において，次のような数学的活動に取り組むものとする。

学部		小学部（算数）			中学部（数学）		高等部（数学）	
内容		1段階	2段階	3段階	1段階	2段階	1段階	2段階
数学的活動		(ｱ) 身の回りの事象を観察したり、具体物を操作したりして、数量や形に関わる活動 (ｲ) 日常生活の問題を取り上げたり算数などを具体物などを用いて解決したりして、結果を確かめる活動 (ｳ) —	(ｱ) 身の回りの事象を観察したり、具体物を操作したりする活動 (ｲ) 日常生活の問題を具体物などを用いて解決したり結果を確かめたりする活動 (ｳ) 問題解決した過程や結果を、具体物などを用いて表現する活動	(ｱ) 身の回りの事象を観察したり、具体物を操作したりして、算数に主体的に関わる活動 (ｲ) 日常生活の事象から見いだした算数の問題を、具体物、絵、図、式などを用いて解決し、結果を確かめる活動 (ｳ) 問題解決した過程や結果を、具体物や絵図、式などを用いて表現し、伝え合う活動	(ｱ) 日常生活の事象から見いだした数学の問題を、具体物や図、式などを用いて解決し、結果を確かめたり、日常生活に生かしたりする活動 (ｲ) 問題解決した過程や結果を、具体物や図、式などを用いて表現し伝え合う活動 (ｳ) —	(ｱ) 身の回りの事象を観察したり、具体物を操作したりして、数学の学習に関わる活動 (ｲ) 日常の事象から見いだした数学の問題を、具体物や図、表及び式などを用いて解決し、結果を確かめたり、日常生活に生かしたりする活動 (ｳ) 問題解決した過程や結果を、具体物や図、表、式などを用いて表現し伝え合う活動	(ｱ) 日常の事象から数学の問題を見いだし、解決し、結果を確かめたり、日常生活等に生かしたりする活動 (ｲ) 数学の学習場面から数学の問題を見いだして解決し、結果を確かめたり、発展的に考察したりする活動 (ｳ) 問題解決の過程や結果を、図や式などを用いて数学的に表現し伝え合う活動	(ｱ) 日常の事象を数理的に捉え、問題を見いだして解決し、解決過程を振り返り、結果や方法を改善したり、日常生活等に生かしたりする活動 (ｲ) 数学の学習場面から数学の問題を見いだして解決し、解決過程を振り返り統合的・発展的に考察する活動 (ｳ) 問題解決の過程や結果、目的に応じて図や式などを用いて数学的に表現し伝え合う活動

目標・内容の一覧〔理科〕

学部		中学部	高等部
教科の目標		自然に親しみ、理科の見方・考え方を働かせ、見通しをもって観察、実験を行うことなどを通して、自然の事物・現象についての問題を科学的に解決するために必要な資質・能力を次のとおり育成することを目指す。	自然に親しみ、理科の見方・考え方を働かせ、見通しをもって、観察、実験を行うことなどを通して、自然の事物・現象についての問題を科学的に解決するために必要な資質・能力を次のとおり育成することを目指す。
知識及び技能		(1) 自然の事物・現象についての基本的な理解を図り、観察、実験などに関する初歩的な技能を身に付けるようにする。	(1) 自然の事物・現象についての基本的な理解を図り、観察、実験などに関する初歩的な技能を身に付けるようにする。
思考力、判断力、表現力等		(2) 観察、実験などを行い、疑問をもつ力と予想や仮説を立てる力を養う。	(2) 観察、実験などを行い、解決の方法を考える力を養う。
学びに向かう力、人間性等		(3) 自然を愛する心情を養うとともに、学んだことを主体的に日常生活や社会生活に生かそうとする態度を養う。	(3) 自然を愛する心情を養うとともに、学んだことを主体的に生活に生かそうとする態度を養う。

段階の目標		中学部 1段階	中学部 2段階	高等部 1段階	高等部 2段階
知識及び技能	A生命	ア 身の回りの生物の様子について気付き、観察などに関する初歩的な技能を身に付けるようにする。	ア 人の体のつくりと運動、動物の活動や植物の成長と環境との関わりについての理解を図り、観察、実験などに関する初歩的な技能を身に付けるようにする。	ア 生命の連続性についての理解を図り、観察、実験などに関する初歩的な技能を身に付けるようにする。	ア 生物の体のつくりと働き、生物と環境との関わりについての理解を図り、観察、実験などに関する初歩的な技能を身に付けるようにする。
	B地球・自然	ア 太陽と地面の様子について気付き、観察、実験などに関する初歩的な技能を身に付けるようにする。	ア 雨水の行方と地面の様子、気象現象、観察、月や星についての理解を図り、観察、実験などに関する初歩的な技能を身に付けるようにする。	ア 流れる水の働き、気象現象の規則性についての理解を図り、観察、実験などに関する初歩的な技能を身に付けるようにする。	ア 土地のつくりと変化、月の形の見え方と太陽との位置関係についての理解を図り、観察、実験などに関する初歩的な技能を身に付けるようにする。
	C物質・エネルギー	ア 物の性質、風やゴムの力の働き、光や音の性質、磁石の性質及び電気の回路について気付き、観察、実験などに関する初歩的な技能を身に付けるようにする。	ア 水や空気の性質について気付き、観察、実験などに関する初歩的な技能を身に付けるようにする。	ア 物の溶け方、電流の働きについての理解を図り、観察、実験などに関する初歩的な技能を身に付けるようにする。	ア 燃焼の仕組み、水溶液の性質、てこの規則性及び電気の性質や働きについての理解を図り、観察、実験などに関する初歩的な技能を身に付けるようにする。
思考力、判断力、表現力等	A生命	イ 身の回りの生物の様子から、主に差異点や共通点に気付き、疑問をもつ力を養う。	イ 人の体のつくりと運動、動物の活動や植物の成長と環境との関わりについて既習の内容や疑問をもったことについて、生活経験を基に予想する力を養う。	イ 生命の連続性について、主に予想や仮説を基に、解決の方法を考える力を養う。	イ 生物の体のつくりと働き、生物と環境との関わりについて調べる中で、それらの働きや関わりについて、より妥当な考えをつくりだす力を養う。

学部		中学部		高等部	
	内容	1段階	2段階	1段階	2段階
思考力，判断力，表現力等	B 地球・自然	イ 太陽と地面の様子から、主に差異点や共通点に気付き、疑問をもつ力を養う。	イ 雨水の行方と地面の様子、気象現象、月や星について、疑問をもったことについて既習の内容や生活経験を基に予想する力を養う。	イ 流れる水の働き、気象現象の規則性について調べる中で、疑問をもったことについて、主に予想や仮説を基に、解決の方法を考える力を養う。	イ 土地のつくりと変化、月の形の見え方、月との位置関係について調べる中で、と太陽との位置関係について、主にそれらの変化や関係について、より妥当な考えをつくりだす力を養う。
	C 物質・エネルギー	イ 物の性質、風やゴムの力の働き、光や音の性質、磁石の性質及び電気の回路から、主に差異点や共通点に気付き、疑問をもつ力を養う。	イ 水や空気の性質について、疑問をもったことについて既習の内容や生活経験を基に予想する力を養う。	イ 物の溶け方、電流の働きについて調べる中で、主に予想や仮説を基に、解決の方法を考える力を養う。	イ 燃焼の仕組み、水溶液の性質、電気の規則性及び電気の性質や働きについて調べる中で、主にそれらの働きについて、より妥当な考えをつくりだす力を養う。
学びに向かう力，人間性等	A 生命	ウ 身の回りの生物の様子について進んで調べ、生物を愛護する態度や、学んだことを日常生活などに生かそうとする態度を養う。	ウ 人の体のつくりと運動、動物の活動や植物の成長と環境との関わりについて進んで調べ、生物を愛護する態度や学んだことを日常生活や社会生活などに生かそうとする態度を養う。	ウ 生命の連続性について進んで調べ、生命を尊重する態度や学んだことを生活に生かそうとする態度を養う。	ウ 生物の体のつくりと働き、生物と環境との関わりについて進んで調べ、生命を尊重する態度や学んだことを生活に生かそうとする態度を養う。
	B 地球・自然	ウ 太陽と地面の様子について進んで調べ、学んだことを日常生活などに生かそうとする態度を養う。	ウ 雨水の行方と地面の様子、気象現象、月や星について見いだした疑問を進んで調べ、学んだことを日常生活や社会生活などに生かそうとする態度を養う。	ウ 流れる水の働き、気象現象の規則性について進んで調べ、学んだことを生活に生かそうとする態度を養う。	ウ 土地のつくりと変化、月の形の見え方と太陽との位置関係について進んで調べ、学んだことを生活に生かそうとする態度を養う。
	C 物質・エネルギー	ウ 物の性質、風やゴムの力の働き、光や音の性質、磁石の性質及び電気の回路について進んで調べ、学んだことを日常生活などに生かそうとする態度を養う。	ウ 水や空気の性質について見いだした疑問を進んで調べ、学んだことを日常生活や社会生活などに生かそうとする態度を養う。	ウ 物の溶け方、電流の働きについて進んで調べ、学んだことを生活に生かそうとする態度を養う。	ウ 燃焼の仕組み、水溶液の性質及び電気の性質や働きについて進んで調べ、学んだことを生活に生かそうとする態度を養う。

内容 / 学部	中学部		高等部	
	1段階	2段階	1段階	2段階
A 生命	ア 身の回りの生物 身の回りの生物について、探したり育てたりする中で、生物の姿に着目して、それらを比較しながら調べる活動を通して、次の事項を身に付けることができるよう指導する。 (ｱ) 次のことを理解するとともに、観察、実験などに関する初歩的な技能を身に付けること。 ㋐ 生物は、色、形、大きさなど、姿に違いがあること。 ㋑ 昆虫や植物の育ち方には一定の順序があること。	ア 人の体のつくりと運動 人や他の動物について、骨や筋肉のつくりと働きに着目して、それらを関係付けて調べる活動を通して、次の事項を身に付けることができるよう指導する。 (ｱ) 次のことを理解するとともに、観察、実験などに関する初歩的な技能を身に付けること。 ㋐ 人の体には骨と筋肉があること。 ㋑ 人が体を動かすことができるのは、骨、筋肉の働きによること。 (1) 人や他の動物の骨や筋肉のつくりと働きについて調べる中で、見いだした気付きや疑問について、既習の内容や生活経験を基に予想し、表現すること。 イ 季節と生物 身近な動物や植物について、探したり育てたりする中で、動物の活動や植物の成長と季節の変化に着目して、それらを関係付けて調べる活動を通して、次の事項を身に付けることができるよう指導する。	ア 植物の発芽、成長、結実 植物の育ち方について、発芽、成長及び結実の様子に着目して、それらに関わる条件を制御しながら調べる活動を通して、次の事項を身に付けることができるよう指導する。 (ｱ) 次のことを理解するとともに、観察、実験などに関する初歩的な技能を身に付けること。 ㋐ 植物は、種子の中の養分を基にして発芽すること。 ㋑ 植物の発芽には、水、空気及び温度が関係していること。 ㋒ 植物の成長には、日光や肥料などが関係していること。 ㋓ 花にはおしべやめしべなどがあり、花粉がめしべの先に付くとめしべのもとが実になり、実の中に種子ができること。 (1) 植物の育ち方について調べる中で、植物の発芽、成長及び結実とそれらに関わる条件についての予想や仮説を基に、解決の方法を考え、表現すること。 イ 動物の誕生 動物の発生や成長について、探したり育てたりする中で、卵や胎児の様子に着目して、時間の経過と関係付けて調べる活動を通して、次の事項を身に付けるように指導する。	ア 人の体のつくりと働き 人や他の動物について、体のつくりと呼吸、消化、排出及び循環の働きに着目して、生命を維持する働きを多面的に調べる活動を通して、次の事項を身に付けることができるよう指導する。 (ｱ) 次のことを理解するとともに、観察、実験などに関する初歩的な技能を身に付けること。 ㋐ 体内に酸素が取り入れられ、体外に二酸化炭素などが出されていること。 ㋑ 食べ物は、口、胃、腸などを通る間に消化、吸収され、吸収されなかった物は排出されること。 ㋒ 血液は、心臓の働きで体内を巡り、養分、酸素及び二酸化炭素などを運んでいること。 ㋓ 体内には、生命活動を維持するための様々な臓器があること。 (1) 人や他の動物の体のつくりと働きについて調べる中で、体のつくりと呼吸、消化、排出及び循環の働きについて、より妥当な考えをつくりだし、表現すること。 イ 植物の養分と水の通り道 植物について、その体のつくり、体内の水などの行方及び葉で養分をつくる働きに着目して、生命を維持する活動を通して調べる活動を通して、次の事項を身に付けることができるよう指導する。

学部	中学部		高等部	
内容	1段階	2段階	1段階	2段階
A 生命		(ア) 次のことを理解するとともに、観察、実験などに関する初歩的な技能を身に付けること。 ㋐ 動物の活動は、暖かい季節、寒い季節などによって違いがあること。 ㋑ 植物の成長は、暖かい季節、寒い季節などによって違いがあること。 (イ) 身近な動物の活動や植物の成長の変化について調べる中で、見いだした疑問について、既習の内容や生活経験を基に予想し、表現すること。	(ア) 次のことを理解するとともに、観察、実験などに関する初歩的な技能を身に付けること。 ㋐ 魚には雌雄があり、生まれた卵は日がたつにつれて中の様子が変化してかえること。 ㋑ 人は、母体内で成長して生まれること。 (イ) 動物の発生や成長について調べる中で、動物の発生や成長の様子と経過についての予想や仮説を基に、解決の方法を考え、表現すること。	(ア) 次のことを理解するとともに、観察、実験などに関する初歩的な技能を身に付けること。 ㋐ 植物の葉に日光が当たるとでんぷんができること。 ㋑ 根、茎及び葉には、水の通り道があり、根から吸い上げられた水は主に葉から蒸散により排出されること。 (イ) 植物の体のつくりと働きについて調べる中で、体のつくり、体内の水などの行方及び葉で養分をつくる働きについて、より妥当な考えをつくりだし、表現すること。 ウ 生物と環境 生物と環境について、動物や植物の生活を観察したり資料を活用したりする中で、生物と環境との関わりに着目して、それらを多面的に調べる活動を通して、次の事項を身に付けることができるよう指導する。 (ア) 次のことを理解するとともに、観察、実験などに関する初歩的な技能を身に付けること。 ㋐ 生物は、水及び空気を通して周囲の環境と関わって生きていること。 ㋑ 生物の間には、食う食われるという関係があること。 ㋒ 人は、環境と関わり、工夫して生活していること。

学部	中学部		高等部	
内容	1段階	2段階	1段階	2段階
A 生命				(1) 生物と環境との関わりについて調べる中で、生物と環境との関わりについて、より妥当な考えをつくりだし、表現すること。
B 地球・自然	ア 太陽と地面の様子 太陽と地面の様子との関係について、日なたと日陰の様子に着目して、それらを比較しながら調べる活動を通して、次の事項を身に付けることができるよう指導する。 (ア) 次のことを理解するとともに、観察、実験などに関する初歩的な技能を身に付けること。 ㋐ 日陰は太陽の光を遮るとできること。 ㋑ 地面は太陽によって暖められ、日なたと日陰では地面の暖かさに違いがあること。 (1) 日なたと日陰の様子について調べる中で、差異点や共通点に気付き、太陽と地面の様子との関係についての疑問をもち、表現すること。	ア 雨水の行方と地面の様子 雨水の行方と地面の様子について、流れ方やしみ込み方に着目して、それらと地面の傾きや土の粒の大きさと関係付けて調べる活動を通して、次の事項を身に付けることができるよう指導する。 (ア) 次のことを理解するとともに、観察、実験などに関する初歩的な技能を身に付けること。 ㋐ 水は、高い場所から低い場所へと流れて集まること。 ㋑ 水のしみ込み方は、土の粒の大きさによって違いがあること。 (1) 雨水の流れ方やしみ込み方と地面の傾きや土の粒の大きさとの関係について調べる中で、見いだした疑問について、既習の内容や生活経験を基に予想し、表現すること。	ア 流れる水の働きと土地の変化 流れる水の働きと土地の変化について、水の速さや量に着目して、それらの条件を制御しながら調べる活動を通して、次の事項を身に付けることができるよう指導する。 (ア) 次のことを理解するとともに、観察、実験などに関する初歩的な技能を身に付けること。 ㋐ 流れる水には、土地を侵食したり、石や土などを運搬したり堆積させたりする働きがあること。 ㋑ 川の上流と下流によって、川原の石の大きさや形に違いがあること。 ㋒ 雨の降り方によって、流れる水の速さや量は変わり、増水により土地の様子が大きく変化する場合があること。 (1) 流れる水の働きと土地の変化について調べる中で、流れる水の働きと土地の変化との関係について、予想や仮説を基に、解決の方法を考え、表現すること。	ア 土地のつくりと変化 土地のつくりと変化について、土地やその中に含まれる物に着目して、土地のつくりやでき方を多面的に調べる活動を通して、次の事項を身に付けることができるよう指導する。 (ア) 次のことを理解するとともに、観察、実験などに関する初歩的な技能を身に付けること。 ㋐ 土地は、礫（れき）、砂、泥、火山灰などからできており、層をつくって広がっているものがあること。また、層には化石が含まれているものがあること。 ㋑ 地層は、流れる水の働きや火山の噴火によってできること。 ㋒ 土地は、火山の噴火や地震によって変化すること。 (1) 土地のつくりと変化について調べる中で、土地のつくりやでき方について、より妥当な考えをつくりだし、表現すること。

学部	中学部		高等部	
内容	1段階	2段階	1段階	2段階
B　地球・自然		イ　天気の様子 天気や自然界の水の様子について，気温や水の行方に着目して，それらと天気の様子や水の状態変化とを関係付けて調べる活動を通して，次の事項を身に付けることができるよう指導する。 (ｱ) 次のことを理解するとともに，観察，実験などに関する初歩的な技能を身に付けること。 ㋐　天気によって１日の気温の変化の仕方に違いがあること。 ㋑　水は，水面や地面などから蒸発し，水蒸気になって空気中に含まれていくこと。 (ｲ) 天気の様子や水の状態変化と気温や水の行方との関係について調べる中で，見いだした疑問について，既習の内容や生活経験を基に予想し，表現すること。 ウ　月と星 月や星の特徴について，位置の変化や時間の経過に着目して，それらを関係付けて調べる活動を通して，次の事項を身に付けることができるよう指導する。 (ｱ) 次のことを理解するとともに，観察，実験などに関する初歩的な技能を身に付けること。	イ　天気の変化 天気の変化の仕方について，雲の様子を観測したり，映像などの気象情報を活用したりする中で，雲の量や動きに着目して，それらと天気の変化とを関係付けて調べる活動を通して，次の事項を身に付けることができるよう指導する。 (ｱ) 次のことを理解するとともに，観察，実験などに関する初歩的な技能を身に付けること。 ㋐　天気の変化は，雲の量や動きと関係があること。 ㋑　天気の変化は，映像などの気象情報を用いて予想できること。 (ｲ) 天気の変化の仕方について調べる中で，天気の変化の仕方と雲の量や動きとの関係についての予想や仮説を基に，解決の方法を考え，表現すること。	イ　月と太陽 月の形の見え方について，月と太陽の位置に着目して，それらの位置関係を多面的に調べる活動を通して，次の事項を身に付けることができるよう指導する。 (ｱ) 次のことを理解するとともに，観察，実験などに関する初歩的な技能を身に付けること。 ㋐　月の輝いている側に太陽があること。また，月の形の見え方は，太陽と月との位置関係によって変わること。 (ｲ) 月の形の見え方について調べる中で，月の位置や形と太陽の位置との関係について，より妥当な考えをつくりだし，表現すること。

学部	中学部		高等部	
内容	1段階	2段階	1段階	2段階
B 地球・自然		㋐ 月は日によって形が変わって見え、1日のうちでも時刻によって位置が変わること。 ㋑ 空には、明るさや色の違う星があること。 (イ) 月の位置の変化と時間の経過との関係について調べる中で、見いだした疑問について、既習の内容や生活経験を基に予想し、表現すること。		
C 物質・エネルギー	ア 物と重さ 物の性質について、形や体積に着目して、重さを比較しながら調べる活動を通して、次の事項を身に付けることができるよう指導する。 (ア) 次のことを理解するとともに、観察、実験などに関する初歩的な技能を身に付けること。 ㋐ 物は、形が変わっても重さは変わらないこと。 ㋑ 物は、体積が同じでも重さは違うことがあること。 (イ) 物の形や体積と重さとの関係について調べる中で、差異点や共通点に気付き、物の性質についての疑問をもち、表現すること。	ア 水や空気と温度 水や空気の性質について、体積や状態の変化に着目して、それらと温度の変化との関係付けて調べる活動を通して、次の事項を身に付けることができるよう指導する。 (ア) 次のことを理解するとともに、観察、実験などに関する初歩的な技能を身に付けること。 ㋐ 水や空気は、温めたり冷やしたりすると、その体積が変わること。 ㋑ 水は、温度によって水蒸気や氷に変わること。 (イ) 水や空気の体積や状態の変化について調べる中で、見いだした疑問について、既習の内容や生活経験を基に予想し、表現すること。	ア 物の溶け方 物の溶け方について、溶ける量や様子に着目して、溶ける量などの条件を制御しながら調べる活動を通して、次の事項を身に付けることができるよう指導する。 (ア) 次のことを理解するとともに、観察、実験などに関する初歩的な技能を身に付けること。 ㋐ 物が水に溶けても、水と物を合わせた重さは変わらないこと。 ㋑ 物が水に溶ける量には、限度があること。 ㋒ 物が水に溶ける量は水の温度や量、溶ける物によって違うこと。また、この性質を利用して、溶けている物を取り出すことができること。 (イ) 物の溶け方について調べる中で、物の溶け方の規則性についての予想や仮説を基に、解決の方法を考え、表現すること。	ア 燃焼の仕組み 燃焼の仕組みについて、空気の変化に着目して、物の燃え方を多面的に調べる活動を通して、次の事項を身に付けることができるよう指導する。 (ア) 次のことを理解するとともに、観察、実験などに関する初歩的な技能を身に付けること。 ㋐ 植物体が燃えるときには、空気中の酸素が使われて二酸化炭素ができること。 (イ) 燃焼の仕組みについて調べる中で、物が燃えたときの空気の変化について、より妥当な考えをつくりだし、表現すること。

学部	中学部		高等部	
内容	1段階	2段階	1段階	2段階
C 物質・エネルギー	イ 風やゴムの力の働き 風やゴムの力の働きについて、力と物の動く様子に着目して、それらを比較しながら調べる活動を通して、次の事項を身に付けることができるよう指導する。 (ア) 次のことを理解するとともに、観察、実験などに関する初歩的な技能を身に付けること。 ㋐ 風の力は、物を動かすことができること。また、風の力の大きさを変えると、物が動く様子も変わること。 ㋑ ゴムの力は、物を動かすことができること。また、ゴムの力の大きさを変えると、物が動く様子も変わること。 (1) 風やゴムの力で物が動く様子について調べる中で、差異点や共通点に気付き、風やゴムの力の働きについての疑問をもち、表現すること。 ウ 光や音の性質 光や音の性質について、光を当てたときの明るさや暖かさ、音を出したときの震え方に着目して、光の強さや音の大きさを変え、光を当てたときの明るさや暖かさ、音を出したときの震え方との違いを比較しながら調べる活動を通して、次の事項を身に付けることができるよう指導する。		イ 電流の働き 電流の働きについて、電流の大きさや向きと乾電池につないだ物の様子に着目して、それらを関係付けて調べる活動を通して、次の事項を身に付けることができるよう指導する。 (ア) 次のことを理解するとともに、観察、実験などに関する初歩的な技能を身に付けること。 ㋐ 乾電池の数やつなぎ方を変えると、電流の大きさや向きが変わり、豆電球の明るさやモーターの回り方が変わること。 (1) 電流の働きについて調べる中で、電流の大きさや向きと乾電池につないだ物の様子との関係についての予想や仮説を基に、解決の方法を考え、表現すること。	イ 水溶液の性質 水溶液について、溶けている物に着目し、それらによる水溶液の性質や働きの違いを多面的に調べる活動を通して、次の事項を身に付けることができるよう指導する。 (ア) 次のことを理解するとともに、観察、実験などに関する初歩的な技能を身に付けること。 ㋐ 水溶液には、酸性、アルカリ性及び中性のものがあること。 ㋑ 水溶液には、気体が溶けているものがあること。 ㋒ 水溶液には、金属を変化させるものがあること。 (1) 水溶液の性質や働きについて調べる中で、溶けているものによる性質や働きの違いについて、より妥当な考えをつくりだし、表現すること。 ウ てこの規則性 てこの規則性について、力を加える位置や力の大きさに着目して、てこの働きを多面的に調べる活動を通して、次の事項を身に付けることができるよう指導する。

学部	中学部		高等部	
内容	1段階	2段階	1段階	2段階
C 物質・エネルギー	(ア) 次のこと理解するとともに、観察、実験などに関する初歩的な技能を身に付けること。 ㋐ 日光は直進すること。 ㋑ 物に日光を当てると、物の明るさや暖かさが変わること。 ㋒ 物から音が出たり伝わったりするとき、物は震えていること。 (イ) 光を当てたときの明るさや暖かさの様子、音を出したときの震え方の様子について調べる中で、差異点や共通点に気付き、光や音の性質についての疑問をもち、表現すること。 エ 磁石の性質 磁石の性質について、磁石を身の回りの物に近付けたときの様子に着目して、それらを比較しながら調べる活動を通して、次の事項を身に付けることができるよう指導する。 (ア) 次のこと理解するとともに、観察、実験などに関する初歩的な技能を身に付けること。 ㋐ 磁石に引き付けられる物と引き付けられない物があること。 ㋑ 磁石の異極は引き合い、同極は退け合うこと。			実験などに関する初歩的な技能を身に付けること。 ㋐ 力を加える位置や力の大きさを変えると、てこを傾ける働きが変わり、てこがつり合うときにはそれらの間に規則性があること。 ㋑ 身の回りには、てこの規則性を利用した道具があること。 (イ) てこの規則性について調べる中で、力を加える位置や力の大きさとてこの働きとの関係について、より妥当な考えをつくりだし、表現すること。 エ 電気の利用 発電や蓄電、電気の変換について、電気の量や働きに着目して、それらを多面的に調べる活動を通して、次の事項を身に付けることができるよう指導する。 (ア) 次のこと理解するとともに、観察、実験などに関する初歩的な技能を身に付けること。 ㋐ 電気は、つくりだしたり蓄えたりすることができること。 ㋑ 電気は、光、音、熱、運動などに変換することができること。 ㋒ 身の回りには、電気の性質や働きを利用した道具があること。

学部	中学部		高等部	
内容	1段階	2段階	1段階	2段階
C　物質・エネルギー	(ｲ) 磁石を身の回りの物に近づけたときの様子について調べる中で，差異点や共通点に気付き，磁石の性質についての疑問をもち，表現すること。 オ　電気の通り道 電気の回路について，乾電池と豆電球などのつなぎ方と，乾電池につないだ物の様子に着目して，電気を通すときと通さないときのつなぎ方を比較しながら調べる活動を通して，次の事項を身に付けることができるよう指導する。 (ｱ) 次のことを理解するとともに，観察，実験などに関する初歩的な技能を身に付けること。 ㋐　電気を通すつなぎ方と通さないつなぎ方があること。 ㋑　電気を通す物と通さない物があること。 (ｲ) 乾電池と豆電球などをつないだときの様子について調べる中で，差異点や共通点に気付き，電気の回路についての疑問をもち，表現すること。			(ｲ) 電気の性質や働きについて調べる中で，電気の量と働きとの関係，発電や蓄電，電気の変換について，より妥当な考えをつくりだし，表現すること。

目標・内容の一覧（音楽）

学部	小学部	中学部	高等部
教科の目標			
知識及び技能	曲名や曲想と音楽のつくりについて気付くとともに、感じたことを音楽表現するために必要な技能を身に付けるようにする。	曲名や曲想と音楽の構造などとの関わりについて理解するとともに、表したい音楽表現をするために必要な技能を身に付けるようにする。	曲想と音楽の構造などとの関わり及び音楽の多様性について理解するとともに、創意工夫した音楽表現をするために必要な技能を身に付けるようにする。
思考力、判断力、表現力等	感じたことを表現することや、曲や演奏の楽しさを見いだしながら、音や音楽の楽しさを味わって聴くことができるようにする。	音楽表現を考えることや、曲や演奏のよさなどを見いだしながら、音や音楽を味わって聴くことができるようにする。	音楽表現を創意工夫することや、音楽を自分なりに評価しながらよさや美しさを味わって聴くことができるようにする。
学びに向かう力、人間性等	音や音楽に楽しく関わり、協働して音楽活動をする楽しさを感じることとともに、身の回りの様々な音楽に親しむ態度を養い、豊かな情操を培う。	進んで音楽に関わり、協働して音楽活動をする楽しさを感じることとともに、様々な音楽に親しんでいく態度を養い、豊かな情操を培う。	音楽活動の楽しさを体験することを通して、音楽を愛好する心情と音楽に対する感性を養うとともに、音楽に親しんでいく態度を培い、豊かな情操を養う。

段階の目標	1段階	2段階	3段階	1段階	2段階	1段階	2段階
知識及び技能	ア 音や音楽に注意を向けて気付くとともに、関心を向け、音楽表現を楽しむための必要な身体表現、器楽、歌唱、音楽づくりにつながる技能を身に付けるようにする。	ア 曲名や音楽と簡単な音楽のつくりについて気付くとともに、音楽表現を楽しむために必要な身体表現、器楽、歌唱、音楽づくりの技能を身に付けるようにする。	ア 曲名や曲想と音楽のつくりについて気付くとともに、音楽表現を楽しむために必要な身体表現、歌唱、器楽、音楽づくりの技能を身に付けるようにする。	ア 曲名や曲想と音楽の雰囲気などと音楽の構造などの関わりについて気付くとともに、音楽表現をするために必要な歌唱、器楽、身体表現、音楽づくり、身体表現の技能を身に付けるようにする。	ア 曲名や曲想と音楽の構造などとの関わりについて理解するとともに、音楽表現をするために必要な歌唱、器楽、身体表現、音楽づくり、身体表現の技能を身に付けるようにする。	ア 曲想と音楽の構造などとの関わりについて理解するとともに、創意工夫した音楽表現をするために必要な歌唱、器楽、創作、身体表現の技能を身に付けるようにする。	ア 曲想と音楽の構造や背景などと音楽の多様性との関わりについて理解するとともに、創意工夫した音楽表現をするために必要な歌唱、器楽、創作、身体表現の技能を身に付けるようにする。

学部		小学部			中学部		高等部	
段階の目標		1段階	2段階	3段階	1段階	2段階	1段階	2段階
思考力、判断力、表現力等		イ 音楽的な表現を楽しむことや、音や音楽に気付きながら聴く心や興味をもって聴くことができるようにする。	イ 音楽表現を工夫することや、表現する音楽に気付きながら、音や音楽に興味をもって聴くことができるようにする。	イ 音楽表現に対する思いをもつことや、曲や演奏の楽しさを見いだしながら音楽を味わって聴くことができるようにする。	イ 音楽表現を考えて表現したい思いや意図をもつことや、音や曲や音楽を味わいながら音楽を味わって聴くことができるようにする。	イ 音楽表現を考えて表現したい思いや意図をもつことや、曲や演奏のよさを見いだしながら、音や音楽を味わって聴くことができるようにする。	イ 音楽表現を創意工夫することや、音楽のよさや美しさを自分に見いだしながら音楽を味わって聴くことにする。	イ 音楽表現を創意工夫することや、音楽のよさや美しさを自分なりに評価しながらよさや美しさを味わって聴くことができるようにする。
学びに向かう力、人間性等		ウ 音や音楽に気付いて、教師と一緒に音楽活動をする楽しさを感じるとともに、音楽経験を生かして生活を明るくしようとする態度を養う。	ウ 音や音楽に関わり、教師と一緒に音楽活動をする楽しさに興味をもちながら、音楽経験を生かして生活を明るくしようとする態度を養う。	ウ 音や音楽に楽しく関わり、協働して音楽活動をする楽しさを感じながら、身の回りの様々な音楽に触れるとともに、音楽経験をもつとともに、音楽経験を生かして生活を明るく潤いのあるものにしようとする態度を養う。	ウ 進んで音や音楽に関わり、協働して音楽活動をする楽しさを感じながら、様々な音楽に触れるとともに、音楽経験を生かして生活を明るく潤いのあるものにしようとする態度を養う。	ウ 主体的に楽しく音楽や音楽に関わり、協働して音楽活動をする楽しさを味わいながら、様々な音楽に親しむとともに、音楽経験を生かして生活を明るく潤いのあるものにしようとする態度を養う。	ウ 主体的・協働的に表現及び鑑賞の学習に取り組み、音楽活動の楽しさを体験することを通して、音楽文化に親しみ、音楽経験を生かして生活を明るく豊かにしていく態度を養う。	ウ 主体的・協働的に表現及び鑑賞の学習に取り組み、音楽活動の楽しさを体験することを通して、音楽文化に親しむとともに、音楽によって生活を明るく豊かなものにしていく態度を養う。
内容		1段階	2段階	3段階	1段階	2段階	1段階	2段階
A 表現		ア 音楽遊びの活動を通して、次の事項を身に付けることができるよう指導する。 (ア) 音や音楽遊びについての知識や技能を得たり生かしたりしながら、音や音楽を聴いて、自分なりに表そうとすること。	ア 歌唱の活動を通して、次の事項を身に付けることができるよう指導する。 (ア) 歌唱表現についての知識や技能を得たり生かしたりしながら、好きな歌ややさしい旋律の一部分を自分なりに歌いたいという思いをもつこと。	ア 歌唱の活動を通して、次の事項を身に付けることができるよう指導する。 (ア) 歌唱表現についての知識や技能を得たり生かしたりしながら、歌唱表現に対する思いをもつこと。	ア 歌唱の活動を通して、次の事項を身に付けることができるよう指導する。 (ア) 歌唱表現についての知識や技能を得たり生かしたりしながら、曲の雰囲気に合う表現を工夫し、歌唱表現に対する思いや意図をもつこと。	ア 歌唱の活動を通して、次の事項を身に付けることができるよう指導する。 (ア) 歌唱表現についての知識や技能を得たり生かしたりしながら、曲の特徴にふさわしい表現を工夫し、歌唱表現に対する思いや意図をもつこと。	ア 歌唱の活動を通して、次の事項を身に付けることができるよう指導する。 (ア) 歌唱表現についての知識や技能を得たり生かしたりしながら、歌唱表現を創意工夫すること。	ア 歌唱の活動を通して、次の事項を身に付けることができるよう指導する。 (ア) 歌唱表現についての知識や技能を生かしながら、歌唱表現を創意工夫すること。

学部	小学部			中学部		高等部	
内容	1段階	2段階	3段階	1段階	2段階	1段階	2段階
A 表現	(イ) 表現する音や音楽に気付くこと。	(イ) 次の㋐及び㋑について気付くこと。	(イ) 次の㋐及び㋑について気付くこと。	(イ) 次の㋐及び㋑について気付くこと。	(イ) 次の㋐及び㋑について理解すること。	(イ) 次の㋐及び㋑について理解すること。	(イ) 次の㋐及び㋑について理解すること。
	—	㋐ 曲の特徴的なリズムと旋律	㋐ 曲の雰囲気と曲の速さや強弱との関わり	㋐ 曲名や曲の雰囲気と音楽の構造との関わり	㋐ 曲名や曲想と音楽の構造との関わり	㋐ 曲想と音楽の構造や歌詞の内容との関わり	㋐ 曲想と音楽の構造や歌詞の内容との関わり
	—	㋑ 曲名や歌詞に使われている特徴的な言葉	㋑ 曲名や歌詞に使われている言葉から受けるイメージと曲の雰囲気との関わり	㋑ 曲想と歌詞の表す情景やイメージとの関わり	㋑ 曲想と歌詞の表す情景やイメージとの関わり	㋑ 声の音色や響きと発声との関わり	㋑ 声の音色や響き及び言葉の特性と発声との関わり
	(ウ) 思いに合った表現をするために必要な次の㋐から㋒までの技能を身に付けること。	(ウ) 思いに合った表現をするために必要な次の㋐から㋒までの技能を身に付けること。	(ウ) 思いに合った歌い方で歌うために必要な次の㋐から㋒までの技能を身に付けること。	(ウ) 思いや意図にふさわしい歌い方で歌うために必要な次の㋐から㋒までの技能を身に付けること。	(ウ) 思いや意図にふさわしい歌い方で歌うために必要な次の㋐から㋒までの技能を身に付けること。	(ウ) 創意工夫を生かした表現をするために必要な次の㋐から㋒までの技能を身に付けること。	(ウ) 創意工夫を生かした表現をするために必要な次の㋐及び㋑の技能を身に付けること。
	㋐ 音や音楽を感じて体を動かす技能	㋐ 範唱を聴いて，曲の一部分を模唱する技能	㋐ 範唱を聴いて歌ったり，歌詞やリズムを意識して歌ったりする技能	㋐ 範唱を聴いて歌ったり，歌詞を見て歌ったりする技能	㋐ 歌詞やリズム，音の高さ等を意識して歌う技能	㋐ 範唱を聴いたり，ハ長調及びイ短調の楽譜を見たりして歌う技能	㋐ 創意工夫を生かした表現で歌うために必要な発声，言葉の発音，身体の使い方などの技能
	㋑ 音や音楽を感じて楽器の音を出す技能	㋑ 自分の歌声に注意を向けて歌う技能	㋑ 自分の歌声の大きさや発音などに気を付けて歌う技能	㋑ 発声の仕方に気を付けて歌う技能	㋑ 呼吸及び発音の仕方に気を付けて歌う技能	㋑ 呼吸及び発音の仕方に気を付けて，自然で無理のない，響きのある歌い方で歌う技能	㋑ 創意工夫を生かし，全体の響きや各声部の声などを聴きながら，他者と合わせて歌う技能
	㋒ 音や音楽を感じて声を出す技能	㋒ 教師や友達と一緒に歌う技能	㋒ 教師や友達と一緒に声を合わせて歌う技能	㋒ 友達の歌声や伴奏を聴いて声を合わせて歌う技能	㋒ 独唱と，斉唱及び簡単な輪唱などをする技能	㋒ 互いの歌声や副次的な旋律，伴奏を聴いて，声を合わせて歌う技能	—

学部	小学部			中学部		高等部	
内容	1段階	2段階	3段階	1段階	2段階	1段階	2段階
A 表現	—	イ　器楽の活動を通して，次の事項を身に付けることができるよう指導する。	イ　器楽の活動を通して，次の事項を身に付けることができるよう指導する。	イ　器楽の活動を通して，次の事項を身に付けることができるよう指導する。	イ　器楽の活動を通して，次の事項を身に付けることができるよう指導する。	イ　器楽の活動を通して，次の事項を身に付けることができるよう指導する。	イ　器楽の活動を通して，次の事項を身に付けることができるよう指導する。
	—	(ア) 器楽表現についての知識や技能を得たり生かしたりしながら，身近な打楽器などに親しみ音を出そうとする思いをもつこと。	(ア) 器楽表現についての知識や技能を得たり生かしたりしながら，器楽表現に対する思いをもつこと。	(ア) 器楽表現についての知識や技能を得たり生かしたりしながら，曲の雰囲気に合いそうな表現を工夫し，器楽表現に対する思いや意図をもつこと。	(ア) 器楽表現についての知識や技能を得たり生かしたりしながら，曲想にふさわしい表現を工夫し，器楽表現に対する思いや意図をもつこと。	(ア) 器楽表現についての知識や技能を得たり生かしたりしながら，器楽表現を創意工夫すること。	(ア) 器楽表現についての知識や技能を得たり生かしたりしながら，器楽表現を創意工夫すること。
	—	(イ) 次の㋐及び㋑について気付くこと。	(イ) 次の㋐及び㋑について気付くこと。	(イ) 次の㋐及び㋑について気付くこと。	(イ) 次の㋐及び㋑について理解すること。	(イ) 次の㋐及び㋑について理解すること。	(イ) 次の㋐及び㋑について理解すること。
	—	㋐　拍や曲の特徴的なリズム	㋐　リズム，速度や強弱の違い	㋐　曲の雰囲気と音楽の構造との関わり	㋐　曲想と音楽の構造との関わり	㋐　曲想と音楽の構造との関わり	㋐　曲想と音楽の構造との関わり
	—	㋑　楽器の音色の違い	㋑　演奏の仕方による楽器の音色の違い	㋑　楽器の音色と全体の響きとの関わり	㋑　多様な楽器の音色と全体の響きとの関わり	㋑　多様な楽器の音色と演奏の仕方との関わり	㋑　多様な楽器の音色や響きと演奏の仕方との関わり
	—	(ウ) 思いに合った表現をするために必要な次の㋐から㋒までの技能を身に付けること。	(ウ) 思いに合った表現をするために必要な次の㋐から㋒までの技能を身に付けること。	(ウ) 思いや意図にふさわしい表現をするために必要な次の㋐から㋒までの技能を身に付けること。	(ウ) 思いや意図にふさわしい表現をするために必要な次の㋐から㋒までの技能を身に付けること。	(ウ) 創意工夫を生かした表現をするために必要な次の㋐から㋒までの技能を身に付けること。	(ウ) 創意工夫を生かした表現をするために必要な次の㋐及び㋑の技能を身に付けること。
	—	㋐　範奏を聴き，模倣をして演奏する技能	㋐　簡単な楽譜などを見てリズム演奏などをする技能	㋐　簡単な楽譜を見てリズムや速度を意識して演奏する技能	㋐　簡単な楽譜を見てリズムや速度，音色などを意識して，演奏する技能	㋐　範奏を聴いたり，ハ長調及びイ短調の楽譜を見たりして演奏する技能	㋐　創意工夫を生かした表現で演奏するために必要な奏法，身体の使い方などの技能

学部		小学部			中学部		高等部	
内容		1段階	2段階	3段階	1段階	2段階	1段階	2段階
A 表現		—	㋑ 身近な打楽器を演奏する技能	㋑ 身近な打楽器や旋律楽器を使って演奏する技能	㋑ 音色や響きに気を付けて、打楽器や旋律楽器を使って演奏する技能	㋑ 打楽器や旋律楽器の基本的な扱いを意識して、音色や響きに気を付けて演奏する技能	㋑ 音色や響きに気を付けて、旋律楽器及び打楽器を演奏する技能	㋑ 全体の響きや各声部の音などを聴きながら、他者と合わせて演奏する技能
		—	㋒ 教師や友達と一緒に演奏する技能	㋒ 教師や友達の楽器の音を聴いて演奏する技能	㋒ 友達の楽器の音や伴奏を聴いて、音を合わせて演奏する技能	㋒ 友達の楽器の音を聴いて、リズムや速度を合わせて演奏する技能	㋒ 各声部の楽器の音や伴奏を聴いて演奏する技能	
		—	ウ 音楽づくりの活動を通して、次の事項を身に付けることができるよう指導する。	ウ 音楽づくりの活動を通して、次の事項を身に付けることができるよう指導する。	ウ 音楽づくりの活動を通して、次の事項を身に付けることができるよう指導する。	ウ 音楽づくりの活動を通して、次の事項を身に付けることができるよう指導する。	ウ 創作の活動を通して、次の事項を身に付けることができるよう指導する。	ウ 創作の活動を通して、次の事項を身に付けることができるよう指導する。
		—	(ア) 音楽づくりについての知識や技能を得たり生かしたりしながら、次の㋐及び㋑をできるようにすること。	(ア) 音楽づくりについての知識や技能を得たり生かしたりしながら、次の㋐及び㋑をできるようにすること。	(ア) 音楽づくりについての知識や技能を得たり生かしたりしながら、次の㋐及び㋑をできるようにすること。	(ア) 音楽づくりについての知識や技能を得たり生かしたりしながら、次の㋐及び㋑をできるようにすること。	(ア) 創作表現についての知識や技能を得たり生かしたりしながら、創作表現を創意工夫すること。	(ア) 創作表現についての知識や技能を得たり生かしたりしながら、創作表現を創意工夫すること。
		—	㋐ 音遊びを通して、音の面白さに気付くこと。	㋐ 音遊びを通して、音の面白さに気付いたり、音楽づくりの発想を得たりすること。	㋐ 音遊びを通して、どのように音楽をつくるのかについて発想を得ること。	㋐ 即興的に表現することを通して、音楽づくりの発想を得ること。	—	—
		—	㋑ 音や音楽で表現することについて思いをもつこと。	㋑ どのように音を音楽にしていくかについて思いをもつこと。	㋑ 音を音楽へと構成することについて思いや意図をもつこと。	㋑ 音を音楽へと構成することについて思いや意図をもつこと。	—	—

学部	小学部			中学部		高等部	
内容	1段階	2段階	3段階	1段階	2段階	1段階	2段階
A 表現	—	(イ) 次の㋐及び㋑について，それらが生み出す面白さなどに触れて気付くこと。	(イ) 次の㋐及び㋑について，それらが生み出す面白さなどと関わって気付くこと。	(イ) 次の㋐及び㋑について，それらが生み出す面白さなどと関わらせて気付くこと。	(イ) 次の㋐及び㋑について，それらが生み出す面白さなどと関わらせて理解すること。	(イ) 次の㋐及び㋑について，それらが生み出す面白さなどと関わらせて理解すること。	(イ) 次の㋐及び㋑について，表したいイメージと関わらせて理解すること。
	—	㋐ 声や身の回りの様々な音の特徴	㋐ 声や身の回りの様々な音の特徴	㋐ いろいろな音の響きの特徴	㋐ いろいろな音の響きやその組み合わせの特徴	㋐ いろいろな音の響きやそれらの組合せの特徴	㋐ 音のつながり方の特徴
	—	㋑ 音のつなげ方の特徴	㋑ 簡単なリズム・パターンの特徴	㋑ リズム・パターンや短い旋律のつなげ方の特徴	㋑ リズム・パターンや短い旋律のつなぎ方や重ね方の特徴	㋑ 音やフレーズのつなげ方や重ね方の特徴	㋑ 音素材の特徴及び音の重なり方や反復，変化，対照などの構成上の特徴
	—	(ウ) 気付きを生かした表現や思いに合った表現をするために必要な次の㋐及び㋑の技能を身に付けること。	(ウ) 気付きや発想を生かした表現や，思いに合った表現をするために必要な次の㋐及び㋑の技能を身に付けること。	(ウ) 発想を生かした表現，思いや意図に合った表現をするために必要な次の㋐及び㋑の技能を身に付けること。	(ウ) 発想を生かした表現，思いや意図に合った表現をするために必要な次の㋐及び㋑の技能を身に付けること。	(ウ) 創意工夫を生かした表現で旋律や音楽をつくるために必要な，課題や条件に沿った音の選択や組合せなどの技能を身に付けること。	(ウ) 創意工夫を生かした表現で旋律や音楽をつくるために必要な，課題や条件に沿った音の選択や組合せなどの技能を身に付けること。
	—	㋐ 音を選んだりつなげたりして，表現する技能	㋐ 音を選んだりつなげたりして表現する技能	㋐ 設定した条件に基づいて，音を選択したり組み合わせたりして表現する技能	㋐ 設定した条件に基づいて，即興的に音を選択したり組み合わせたりして表現する技能	—	—
	—	㋑ 教師や友達と一緒に簡単な音や音楽をつくる技能	㋑ 教師や友達と一緒に音楽の仕組みを用いて，簡単な音楽をつくる技能	㋑ 音楽の仕組みを生かして，簡単な音楽をつくる技能	㋑ 音楽の仕組みを生かして，音楽をつくる技能	—	—

学部	小学部	小学部	小学部	中学部	中学部	高等部	高等部
内容	1段階	2段階	3段階	1段階	2段階	1段階	2段階
A 表現	—	エ 身体表現の活動を通して、次の事項を身に付けることができるよう指導する。	エ 身体表現の活動を通して、次の事項を身に付けることができるよう指導する。	エ 身体表現の活動を通して、次の事項を身に付けることができるよう指導する。	エ 身体表現の活動を通して、次の事項を身に付けることができるよう指導する。	エ 身体表現の活動を通して、次の事項を身に付けることができるよう指導する。	エ 身体表現の活動を通して、次の事項を身に付けることができるよう指導する。
	—	(ア) 身体表現について の知識や技能を得たりしながら、簡単なリズムの特徴を感じ取り、体を動かすことについて思いをもつこと。	(ア) 身体表現について の知識や技能を得たりしながら、簡単なリズムや、旋律の特徴、歌詞を感じ取り、体を動かすことについて思いをもつこと。	(ア) 身体表現について の知識や技能を得たりしながら、曲の雰囲気を感じ取り、体を動かすことについての思いや意図をもつこと。	(ア) 身体表現について の知識や技能を得たりしながら、リズムの特徴や曲想を感じ取り、体を動かすことについての思いや意図をもつこと。	(ア) 身体表現について の知識や技能を得たりしながら、身体表現を創意工夫すること。	(ア) 身体表現について の知識や技能を得たりしながら、身体表現を創意工夫すること。
	—	(イ) 次の㋐及び㋑について気付くこと。	(イ) 次の㋐及び㋑の関わりについて気付くこと。	(イ) 次の㋐及び㋑の関わりについて気付くこと。	(イ) 次の㋐及び㋑の関わりについて理解すること。	(イ) 次の㋐及び㋑の関わりについて理解すること。	(イ) 次の㋐及び㋑の関わりについて理解すること。
	—	㋐ 拍や曲の特徴的な リズム	㋐ 曲のリズム、速度、旋律	㋐ 曲の雰囲気と音楽の構造との関わり	㋐ 曲想と音楽の構造との関わり	㋐ 曲想と音楽の構造との関わり	㋐ 曲想と音楽の構造との関わり
	—	㋑ 曲名と動きとの関わり	㋑ 曲名、拍やリズムを表す言葉やかけ声、歌詞の一部	㋑ 曲名や歌詞と体の動きとの関わり	㋑ 曲名や歌詞と体の動きとの関わり	㋑ 曲想や音楽の構造と体の動きとの関わり	㋑ 曲想や音楽の構造と体の動きとの関わり
	—	(ウ) 思いに合った動き で表現するために必要な次の㋐から㋒までの技能を身に付けること。	(ウ) 思いに合って表現するために必要な次の㋐から㋒までの技能を身に付けること。	(ウ) 思いや意図にふさわしい動きで表現するために必要な次の㋐から㋒までの技能を身に付けること。	(ウ) 思いや意図にふさわしい動きで表現するために必要な次の㋐から㋒までの技能を身に付けること。	(ウ) 創意工夫を生かした表現をするために必要な次の㋐から㋒までの技能を身に付けること。	(ウ) 創意工夫を生かした表現をするために必要な次の㋐から㋒までの技能を身に付けること。
	—	㋐ 示範を見て模倣し たり、拍や特徴的なリズムを意識したりして手足や身体全体を動かす技能	㋐ 示範を見たり、拍やリズム、旋律を意識したりして、身体表現をする技能	㋐ 示範を見て体を動かしたり、曲の速度やリズム、曲の雰囲気に合わせて身体表現をする技能	㋐ 示範を見て表現したり、曲の速度やリズム、曲想に合わせて表現したりする技能	㋐ 曲の速度やリズム、曲想に合わせて表現する技能	㋐ 曲の速度やリズム、曲想に合わせて表現する技能

学部	小学部			中学部		高等部	
段階	1段階	2段階	3段階	1段階	2段階	1段階	2段階
A 表現	—	㋑ 音や音楽を聴いて、手足や身体全体を自然に動かす技能	㋑ 音や音楽を聴いて、様々な身体の動きで表現する技能	㋑ 音や音楽を聴いて、様々な動きを組み合わせて身体表現をする技能	㋑ 音や音楽を聴いて、様々な動きを組み合わせてまとまりのある表現をする技能	㋑ 設定した条件に基づいて、様々な動きを組み合わせてまとまりのある表現をする技能	㋑ 設定した条件に基づいて、様々な動きについて、組み合わせを組み合わせたり、即興的に動いたりしてまとまりのある表現をする技能
	—	㋒ 教師や友達と一緒に体を動かす技能	㋒ 教師や友達と一緒に体を使って表現する技能	㋒ 友達と動きを合わせて表現する技能	㋒ 友達と動きを相談して、合わせて表現する技能	㋒ 友達と動きを組み合わせて表現をする技能	㋒ 友達と動きを組み合わせたり、即興的に表現したりする技能
	ア 音楽遊びの活動を通して、次の事項を身に付けることができるよう指導する。	ア 鑑賞の活動を通して、次の事項を身に付けることができるよう指導する。	ア 鑑賞の活動を通して、次の事項を身に付けることができるよう指導する。	ア 鑑賞の活動を通して、次の事項を身に付けることができるよう指導する。	ア 鑑賞の活動を通して、次の事項を身に付けることができるよう指導する。	ア 鑑賞の活動を通して、次の事項を身に付けることができるよう指導する。	ア 鑑賞の活動を通して、次の事項を身に付けることができるよう指導する。
	(ア) 音や音楽遊びについての知識や技能を得たり生かしたりしながら、音や音楽を聴いて、自分なりの楽しさを見付けようとすること。	(ア) 鑑賞についての知識を得たり生かしたりしながら、身近な音や音楽を見たり、人の演奏を見たり、体の動きで表現したりしながら聴くこと。	(ア) 鑑賞についての知識を得たり生かしたりしながら、曲や演奏の楽しさを見いだして聴くこと。	(ア) 鑑賞についての知識を得たり生かしたりしながら、曲や演奏のよさなどを見いだして聴くこと。	(ア) 鑑賞についての知識を得たり生かしたりしながら、曲や演奏のよさなどを見いだし、曲全体を味わって聴くこと。	(ア) 鑑賞についての知識を得たり生かしたりしながら、曲や演奏のよさなどを見いだし、曲全体を味わって聴くこと。	(ア) 鑑賞についての知識を得たり生かしたりしながら、曲や演奏のよさなどについて自分なりに考え、曲全体を味わって聴くこと。
B 鑑賞	(1) 聴こえてくる音や音楽に気付くこと。	(1) 身近な人の演奏に触れて、好きな音色や楽器の音を見付けること。	(1) 曲想や楽器の音色、リズムや速度、旋律の特徴に気付くこと。	(1) 曲想とリズムや速度、旋律の特徴との関わりについて分かること。	(1) 曲想と音楽の構造等との関わりについて理解すること。	(1) 曲想及びその変化と、音楽の構造との関わりについて理解すること。	(1) 次の㋐及び㋑について理解すること。
	—	—	—	—	—	—	㋐ 曲想及びその変化と、音楽の構造との関わり
	—	—	—	—	—	—	㋑ 音楽の特徴とその背景となる文化や歴史などとの関わり

学部	小学部			中学部		高等部	
	1段階	2段階	3段階	1段階	2段階	1段階	2段階
内容	「A表現」及び「B鑑賞」の指導を通して、次の事項を身に付けることができるよう指導する。			1段階と2段階の「A表現」及び「B鑑賞」の指導を通して、次の事項を身に付けることができるよう指導する。		1段階と2段階の「A表現」及び「B鑑賞」の指導を通して、次の事項を身に付けることができるよう指導する。	
共通事項	ア 音楽を形づくっている要素を聴き取り、それらの働きが生み出すよさや面白さ、美しさを感じ取りながら、聴き取ったことと感じ取ったこととの関わりについて考えること。 イ 絵譜や色を用いた音符、休符、記号や用語について、音楽における働きと関わらせて、その意味に触れること。			ア 音楽を形づくっている要素を聴き取り、それらの働きが生み出すよさや面白さ、美しさを感じ取りながら、聴き取ったことと感じ取ったこととの関わりについて考えること。 イ 音楽を形づくっている要素及びそれらに関わる音符、休符、記号や用語について、音楽における働きと関わらせて理解すること。		ア 音楽を形づくっている要素や要素同士の関連を知覚し、それらの働きが生み出す特質や雰囲気を感受しながら、知覚したことと感受したこととの関わりについて考えること。 イ 音楽を形づくっている要素及びそれらに関わる用語や記号などについて、音楽における働きと関わらせて理解すること。	

372

目標・内容の一覧〔図画工作〕〔美術〕

教科の目標

学部	小学部	中学部	高等部
知識及び技能	(1) 形や色などの造形的な視点に気付き、表したいことに合わせて材料や用具を使い、表し方を工夫してつくることができるようにする。	(1) 造形的な視点について理解し、表したいことに合わせて材料や用具を使い、表し方を工夫する技能を身に付けるようにする。	(1) 造形的な視点について理解するとともに、表現方法を創意工夫し、創造的に表すことができるようにする。
思考力、判断力、表現力等	(2) 造形的なよさや美しさ、表したいことや表し方などについて考え、発想や構想をしたり、身の回りの作品などから自分の見方や感じ方を広げたりすることができるようにする。	(2) 造形的なよさや面白さ、美しさ、表したいことや表し方などについて考え、経験したことや材料などを基に、発想し構想するとともに、造形や作品などを鑑賞し、自分の見方や感じ方を深めることができるようにする。	(2) 造形的なよさや美しさ、表現の意図と工夫などについて考え、主題を生み出し豊かに発想し構想を練ったり、美術や美術文化などに対する見方や感じ方を深めたりすることができるようにする。
学びに向かう力、人間性等	(3) つくりだす喜びを味わうとともに、感性を育み、楽しく豊かな生活を創造しようとする態度を養い、豊かな情操を培う。	(3) 創造活動の喜びを味わい、美術を愛好する心情を育み、感性を豊かにし、心豊かな生活を営む態度を養い、豊かな情操を培う。	(3) 美術の創造活動の喜びを味わい、美術を愛好する心情を育み、感性を豊かにし、心豊かな生活を創造していく態度を養い、豊かな情操を培う。

段階の目標

学部	小学部 1段階	小学部 2段階	小学部 3段階	中学部 1段階	中学部 2段階	高等部 1段階	高等部 2段階
知識及び技能	ア 形や色などに気付き、材料や用具を使おうとするようにする。	ア 形や色などの違いに気付き、表したいことを基に材料や用具を使い、表し方を工夫してつくるようにする。	ア 形や色などの造形的な視点に気付き、表したいことに合わせて材料や用具を使い、表し方を工夫してつくるようにする。	ア 造形的な視点について気付き、材料や用具の扱い方に親しむとともに、表し方を工夫する技能を身に付けるようにする。	ア 造形的な視点について理解し、材料や用具の扱いなどに親しむとともに、多様な表し方を身に付けるようにする。	ア 造形的な視点について理解するとともに、意図に応じて表現方法を工夫することができるようにする。	ア 造形的な視点について理解するとともに、意図に応じて自分の表現方法を追求して創造的に表すことができるようにする。

373

学部	小学部			中学部		高等部	
段階の目標	1段階	2段階	3段階	1段階	2段階	1段階	2段階
思考力、判断力、表現力等	イ 表したいことを思いついたり、作品を見たりできるようにする。	イ 表したいことを思いついたり、作品などの面白さや楽しさを感じ取ったりすることができるようにする。	イ 造形的なよさや美しさ、表したいことや表し方などについて考え、発想や構想をしたり、身の回りの作品などから自分の見方や感じ方を広げたりすることができるようにする。	イ 造形的なよさや面白さ、美しさ、表したいことや表し方などについて考え、経験したことや想像したこと、材料などを基に、発想し構想するとともに、身近にある造形や作品などから、自分の見方や感じ方を広げることができるようにする。	イ 造形的なよさや面白さ、美しさ、表したいことや表し方などについて考え、経験したことや想像したこと、材料などを基に、発想し構想するとともに、自分たちの作品や美術作品などに親しみ自分の見方や感じ方を深めることができるようにする。	イ 造形的なよさや美しさ、表現の意図と工夫などについて考え、主題を生み出し構想を発想し構想を練ったり、美術文化などに対する見方や感じ方を広げることができるようにする。	イ 造形的なよさや美しさ、表現の意図と創造的な工夫などについて考え、主題を生み出し豊かに発想し構想を練ったり、美術や美術文化などに対する見方や感じ方を深めたりすることができるようにする。
学びに向かう力、人間性等	ウ 進んで表したり見たりする活動に取り組み、つくりだすことの楽しさに気付くとともに、形や色などに関わることにより楽しい生活を創造しようとする態度を養う。	ウ 進んで表現や鑑賞の活動に取り組み、つくりだす喜びを感じるとともに、形や色などに関わることにより楽しく豊かな生活を創造しようとする態度を養う。	ウ 進んで表現や鑑賞の活動に取り組み、つくりだす喜びを味わうとともに、形や色などに関わることにより楽しく豊かな生活を創造しようとする態度を養う。	ウ 楽しく美術の活動に取り組み、創造活動の喜びを味わい、美術を愛好する心情を培い、心豊かな生活を営む態度を養う。	ウ 主体的に美術の活動に取り組み、創造活動の喜びを味わい、美術を愛好する心情を高め、心豊かな生活を営む態度を養う。	ウ 楽しく美術の活動に取り組み創造活動の喜びを味わい、美術を愛好する心情を培い、心豊かな生活を創造していく態度を養う。	ウ 主体的に美術の活動に取り組み創造活動の喜びを味わい、美術の喜びを愛好する心情を深め、心豊かな生活を創造していく態度を養う。

学部	小学部			中学部		高等部	
内容	1段階	2段階	3段階	1段階	2段階	1段階	2段階
A　表現	ア　線を引く、絵をかくなどの活動を通して、次の事項を身に付けることができるよう指導する。	ア　身近な出来事や思ったことを基に絵をかく、粘土で形をつくるなどの活動を通して、次の事項を身に付けることができるよう指導する。	ア　日常生活の出来事や思ったことを基に、絵をかいたり、作品をつくったりする活動を通して、次の事項を身に付けることができるよう指導する。	ア　日常生活の中で経験したことや思ったこと、材料などを基に、表したいことや表し方を考えて、描いたり、つくったり、それらを飾ったりする活動を通して、次の事項を身に付けることができるよう指導する。	ア　経験したことや想像したこと、材料などを基に、表したいことや表し方を考えて、描いたり、つくったり、それらを飾ったりする活動を通して、次の事項を身に付けることができるよう指導する。	ア　感じ取ったことや考えたこと、目的や機能などを基に、描いたり、つくったりする活動を通して、次の事項を身に付けることができるよう指導する。	ア　感じ取ったことや考えたこと、目的や機能などを基に、描いたり、つくったりする活動を通して、次の事項を身に付けることができるよう指導する。
	(ア)　材料などから、表したいことを思い付くこと。	(ア)　材料や、感じたこと、想像したことから、表したいことを思い付くこと。	(ア)　材料や、感じたこと、想像したこと、見たことから、思ったことか表したいことを思い付くこと。	(ア)　経験したことや想像したこと、材料などを基に、表したいことや表し方を考えて、発想や構想をすること。	(ア)　経験したことや想像したこと、材料などを基に、表したいことや表し方を考えて、発想や構想をすること。	(ア)　対象や事象を感じ取ったことや考えたこと、伝えたり使ったりする目的や条件などを基に主題を生み出し、構成を創意工夫し、心豊かに表現する構想を練ること。	(ア)　対象や事象を深く見つめ感じ取ったことや考えたことや、伝えたり使ったりする目的的や条件などを基に、創造的な主題を生み出し、創造的な構成を工夫し、心豊かに表現する構想を練ること。
	(イ)　身の回りの自然物などに触れながらかく、ぬる、切る、はるなどすること。	(イ)　身近な材料や用具を使い、かいたり、形をつくったりすること。	(イ)　様々な材料や用具を使い、工夫して、作品をかいたり、つくったりすること。	(イ)　材料や用具の扱いに親しみ、表したいことに合わせて、表し方を工夫し、材料や用具を選んで使い表すこと。	(イ)　材料や用具の扱い方を身に付け、表したいことに合わせて、材料や用具の特徴を生かしたり、それらを組み合わせて計画的に表すこと。	(イ)　材料や用具の特性の生かし方などを身に付け、意図に応じて表現方法を工夫して表すこと。	(イ)　材料や用具の特性の生かし方などを身に付け、意図に応じ、表現方法を追求し、自分らしさを発揮して表すこと。

学部	小学部			中学部		高等部	
内容	1段階	2段階	3段階	1段階	2段階	1段階	2段階
B 鑑賞	ア 身の回りにあるものや自分たちの作品などを鑑賞する活動を通して、次の事項を身に付けることができるよう指導する。	ア 身の回りにあるものや自分たちの作品などを鑑賞する活動を通して、次の事項を身に付けることができるよう指導する。	ア 自分たちの作品や身の回りにある作品などを鑑賞する活動を通して、次の事項を身に付けることができるよう指導する。	ア 自分たちの作品や身近な造形品の鑑賞の活動を通して、次の事項を身に付けることができるよう指導する。	ア 自分たちの作品や美術作品などの鑑賞の活動を通して、次の事項を身に付けることができるよう指導する。	ア 美術作品や生活の中の美術の働き、美術文化などの鑑賞を通して、次の事項を身に付けることができるよう指導する。	ア 美術作品や生活の中の美術の働き、美術文化などの鑑賞を通して、次の事項を身に付けることができるよう指導する。
	(ｱ) 身の回りにあるものなどを見ること。	(ｱ) 身近にあるものなどの形や色の面白さについて感じ取り、自分の見方や感じ方を広げること。	(ｱ) 自分たちの作品や、日常生活の中にあるものなどの形や色、表し方の面白さなどについて、感じ取り、自分の見方や感じ方を広げること。	(ｱ) 自分たちの作品や身近な造形品の制作の過程などの鑑賞を通して、よさや面白さに気付き、自分の見方や感じ方を広げること。	(ｱ) 自分たちの美術作品などを鑑賞して、よさや面白さ、美しさを感じ取り、自分の見方や感じ方を深めること。	(7) 美術作品などの造形的なよさや美しさを感じ取り、作者の心情や表現の意図と創造的な工夫などについて考えるなどし、見方や感じ方を広げること。	(7) 美術作品などの造形的なよさや美しさを感じ取り、作者の心情や表現の意図と創造的な工夫などについて考えるなどして、見方や感じ方を深めること。
	—	—	—	(1) 表し方や材料による印象の違いなどに気付き、自分の見方や感じ方を広げること。	(1) 表し方や材料による特徴の違いなどを捉え、自分の見方や感じ方を深めること。	(1) 生活の中の美術や文化遺産などのよさや美しさを感じ取り、生活や社会を美しく豊かにする美術の働きや美術文化について考えるなどして、見方や感じ方を広げること。	(1) 生活や社会の中の美術や文化遺産などのよさや美しさを感じ取り、生活や社会を美しく豊かにする美術の働きや美術文化について考えるなどして、見方や感じ方を深めること。

学部	小学部			中学部		高等部	
内容	1段階	2段階	3段階	1段階	2段階	1段階	2段階
				(共通事項)			
	ア 「A表現」及び「B鑑賞」の指導を通して、次の事項を身に付けることができるよう指導する。	ア 「A表現」及び「B鑑賞」の指導を通して、次の事項を身に付けることができるよう指導する。	ア 「A表現」及び「B鑑賞」の指導を通して、次の事項を身に付けることができるよう指導する。	ア 「A表現」及び「B鑑賞」の指導を通して、次の事項を身に付けることができるよう指導する。	ア 「A表現」及び「B鑑賞」の指導を通して、次の事項を身に付けることができるよう指導する。	ア 「A表現」及び「B鑑賞」の指導を通して、次の事項を身に付けることができるよう指導する。	ア 「A表現」及び「B鑑賞」の指導を通して、次の事項を身に付けることができるよう指導する。
	(ア) 自分が感じたことや行ったことを通して、形や色などについて気付くこと。	(ア) 自分が感じたことや行ったことを通して、形や色などの違いに気付くこと。	(ア) 自分の感覚や行為を通して、形や色などの感じに気付くこと。	(ア) 形や色彩、材料や光などの特徴について知ること。	(ア) 形や色彩、材料や光などの特徴について理解すること。	(ア) 形や色彩、材料や光などの働きを理解すること。	(ア) 形や色彩、材料や光などの働きを理解すること。
	(イ) 形や色などを基に、自分のイメージをもつこと。	(イ) 形や色などを基に、自分のイメージをもつこと。	(イ) 形や色などを基に、自分のイメージをもつこと。	(イ) 造形的な特徴などからイメージをもつこと。	(イ) 造形的な特徴などからイメージを捉えること。	(イ) 造形的な特徴などから全体のイメージで捉えることを理解すること。	(イ) 造形的な特徴などから全体のイメージで捉えることを理解すること。

377

目標・内容の一覧〔体育〕〔保健体育〕

教科の目標

学部		小学部（体育）	中学部（保健体育）	高等部（保健体育）
		体育や保健の見方・考え方を働かせ、課題に気付き、その解決に向けた学習過程を通して、心と体を一体として捉え、生涯にわたって心身の健康を保持増進し、豊かなスポーツライフを実現するための資質・能力を次のとおり育成することを目指す。	体育や保健の見方・考え方を働かせ、課題を見付け、その解決に向けた学習過程を通して、心と体を一体として捉え、生涯にわたって心身の健康を保持増進し、豊かなスポーツライフを実現するための資質・能力を次のとおり育成することを目指す。	体育や保健の見方・考え方を働かせ、課題を発見し、合理的・計画的な解決に向けた主体的・協働的な学習過程を通して、心と体を一体として捉え、生涯にわたって心身の健康を保持増進し、豊かなスポーツライフを継続するための資質・能力を次のとおり育成することを目指す。
知識及び技能		(1) 遊びや基本的な運動の行い方及び身近な生活における健康について知るとともに、基本的な動きや健康に必要な事柄を身に付けるようにする。	(1) 各種の運動の特性に応じた技能等及び自分の生活における健康・安全について理解するとともに、基本的な技能を身に付けるようにする。	(1) 各種の運動の特性に応じた技能等並びに社会生活における健康・安全についての理解を深めるとともに、目的に応じた技能を身に付けるようにする。
思考力，判断力，表現力等		(2) 遊びや基本的な運動及び健康についての自分の課題に気付き、その解決に向けて自ら考え行動し、他者に伝える力を養う。	(2) 各種の運動や健康・安全についての自分の課題を見付け、その解決に向けて自ら思考し判断するとともに、他者に伝える力を養う。	(2) 各種の運動や健康・安全についての自他や社会の課題を発見し、その解決に向けて仲間と思考し判断するとともに、目的や状況に応じて他者に伝える力を養う。
学びに向かう力，人間性等		(3) 遊びや基本的な運動に親しむことや健康の保持増進と体力の向上を目指し、楽しく明るい生活を営む態度を養う。	(3) 生涯にわたって運動に親しむことや健康の保持増進と体力の向上を目指し、明るく豊かな生活を営む態度を養う。	(3) 生涯にわたって継続して運動に親しむことや健康の保持増進と体力の向上を目指し、明るく豊かで活力ある生活を営む態度を養う。

学部	小学部（体育）			中学部（保健体育）		高等部（保健体育）	
段階の目標	1段階	2段階	3段階	1段階	2段階	1段階	2段階
知識及び技能	ア 教師と一緒に、楽しく体を動かすことができるようにするとともに、健康な生活に必要な事柄ができるようにする。	ア 教師の支援を受けながら、楽しく基本的な運動ができるようにするとともに、健康な生活に必要な事柄ができるようにする。	ア 基本的な運動の楽しさを感じ、その行い方を知り、基本的な動きを身に付けるとともに、健康や身体の変化について知り、健康な生活ができるようにする。	ア 各種の運動の楽しさや喜びに触れ、その特性に応じた行い方及び体の発育・発達やけがの防止、病気の予防などの仕方が分かり、基本的な運動さや技能を身に付けるようにする。	ア 各種の運動の楽しさや喜びを味わい、その特性に応じた行い方及び体の発育・発達や病気の予防などの仕方について理解し、基本的な技能を身に付けるようにする。	ア 各種の運動の楽しさや喜びを味わい、その特性に応じた技能等や心身の発育・発達、個人生活に必要な健康・安全に関する事柄などを理解するとともに、技能を身に付けるようにする。	ア 各種の運動の楽しさや喜びを深く味わい、その特性に応じた技能等や心身の発育・発達、個人生活及び社会生活に必要な健康・安全に関する事柄などの理解を深めるとともに技能を身に付けるようにする。
思考力、判断力、表現力等	イ 体を動かすことの楽しさや心地よさを表現できるようにするとともに、健康な生活を営むために必要な事柄について教師に伝えることができるようにする。	イ 基本的な運動に慣れ、その楽しさや心地よさを表現できるようにするとともに、健康な生活に必要な事柄に向け、感じたことを他者に伝える力を養う。	イ 基本的な運動や健康な生活の仕方や健康な生活の仕方について工夫するとともに、考えたことや気付いたことなどを他者に伝える力を養う。	イ 各種の運動や健康な生活における自分の課題を見付け、その解決のための活動を考えたり、工夫したりしたことを他者に伝える力を養う。	イ 各種の運動や健康な生活における自分やグループの課題を見付け、その解決のために友達と考えたり、工夫したりしたことを他者に伝える力を養う。	イ 各種の運動や健康・安全な生活を営むための自他の課題を発見し、よりよい解決のための方策を工夫したり、仲間と考えたりしたことを、他者に伝える力を養う。	イ 各種の運動や健康・安全な生活を営むための自他の課題を発見し、よりよい解決のために仲間と思考し判断したことを、目的や状況に応じて他者に伝える力を養う。

学部	小学部（体育）			中学部（保健体育）		高等部（保健体育）	
段階の目標	1段階	2段階	3段階	1段階	2段階	1段階	2段階
学びに向かう力、人間性等	ウ 簡単な合図や指示に従って、楽しく運動をしようとしたり、健康に必要な事柄をしようとしたりする態度を養う。	ウ 簡単なきまりを守り、友達とともに安全に楽しく運動をしようとしたり、健康に必要な事柄をしようとする態度を養う。	ウ きまりを守り、自分から友達と仲よく楽しく運動をしたり、場や用具の安全に気を付けたりしようとするとともに、自分から健康に必要な事柄をしようとする態度を養う。	ウ 各種の運動に進んで取り組み、きまりや簡単なスポーツのルールなどを守り、友達と協力したり、場や用具の安全に留意したり、最後まで楽しく運動をする態度を養う。また、健康・安全の大切さに気付き、自己の健康の保持増進に進んで取り組む態度を養う。	ウ 各種の運動に積極的に取り組み、きまりや簡単なスポーツのルールなどを守り、友達と助け合ったり、場や用具の安全に留意し、自己の最善を尽くして運動をする態度を養う。また、健康・安全の大切さに気付き、自己の健康の保持増進と回復に進んで取り組む態度を養う。	ウ 各種の運動における多様な経験を通し、きまりやルール、マナーなどを守り、仲間と協力したり、場や用具の安全を確保したり、自己の最善を尽くして自主的に運動をする。また、健康・安全に留意し、健康の保持増進と回復に積極的に取り組む態度を養う。	ウ 各種の運動における多様な経験を通し、きまりやルール、マナーなどを守り、自己の役割を果たしたり仲間と協力したり、場や用具の安全を確保したり、生涯にわたって運動に親しむ態度を養う。また、健康・安全に留意し、健康の保持増進と回復に自主的に取り組む態度を養う。
内容	A 体つくり運動遊び 体つくり運動遊びについて、次の事項を身に付けることができるよう指導する。	A 体つくり運動について、次の事項を身に付けることができるよう指導する。	体つくり運動について、次の事項を身に付けることができるよう指導する。	体つくり運動について、次の事項を身に付けることができるよう指導する。	体つくり運動について、次の事項を身に付けることができるよう指導する。	体つくり運動について、次の事項を身に付けることができるよう指導する。	体つくり運動について、次の事項を身に付けることができるよう指導する。
	A 体つくり運動遊び（小学部1段階）	A 体つくり運動（小学部2・3段階、中学部、高等部）					

学部	小学部（体育）			中学部（保健体育）		高等部（保健体育）	
内容	1段階	2段階	3段階	1段階	2段階	1段階	2段階
A 体つくり運動遊び（小学部1段階） A 体つくり運動（小学部2・3段階、中学部、高等部）	ア 教師と一緒に、手足を動かしたり、歩いたりして楽しく体を動かすこと。	ア 教師の支援を受けながら、楽しく基本的な体つくり運動をすること。	ア 基本的な体つくりの運動の楽しさを感じ、その行い方を知り、基本的な動きを身に付けること。	ア 体ほぐしの運動や体の動きを高める運動を通して、体を動かす楽しさや心地よさに触れるとともに、その行い方が分かり、友達と関わったり、動きを持続する能力などを高めたりすること。	ア 体ほぐしの運動や体の動きを高める運動を通して、体を動かす楽しさや心地よさを味わうとともに、その行い方を理解し、友達と関わったり、動きを持続する能力などを高めたりすること。	ア 体ほぐしの運動や体の動きを高める運動を通して、体を動かす楽しさや心地よさを味わい、その行い方を理解するとともに、仲間と積極的に関わったり、動きを持続する能力などを高めたりすること。	ア 体ほぐしの運動や体の動きを高める運動を通して、体を動かす楽しさや心地よさを深く味わい、その行い方や方法の理解を深めるとともに、仲間と自主的に関わり、動きを持続する能力などを高める運動をしたりする運動をするとともに、それらを組み合わせること。
	イ 手足を動かしたり、歩いたりして体を動かすことの楽しさや心地よさを表現すること。	イ 基本的な体つくり運動に慣れ、その楽しさや感じたことを表現すること。	イ 基本的な体つくりの楽しみ方を工夫するとともに、考えたことや気付いたことなどを他者に伝えること。	イ 体ほぐしの運動や体の動きを高める運動についての自分の課題を見付け、その解決のための活動を考えたり、工夫したりしたことを他者に伝えること。	イ 体ほぐしの運動や体の動きを高める運動についての自分やグループの課題を見付け、その解決のための方策を友達と考えたり、工夫したりしたことを他者に伝えること。	イ 体ほぐしの運動や体の動きを高める運動についての自他の課題を発見し、その解決のための方策を工夫したり、仲間と考えたりしたことを他者に伝えること。	イ 体ほぐしの運動や体の動きを高める運動についての自他の課題を発見し、よりよい解決のために仲間と思考し判断したことを、目的や状況に応じて他者に伝えること。

学部		小学部（体育）			中学部（保健体育）		高等部（保健体育）	
内容		1段階	2段階	3段階	1段階	2段階	1段階	2段階
A 体つくり運動遊び（小学部1段階）A 体つくり運動（小学部2・3段階, 中学部, 高等部）		ウ 簡単な合図や指示に従って、体つくり運動遊びをしようとすること。	ウ 簡単なきまりを守り、友達とともに安全に楽しく、基本的な体つくり運動をしようとすること。	ウ きまりを守り、自分から友達と仲よく楽しく基本的な体つくり運動をしたり、場や用具の安全に気を付けたりしようとすること。	ウ 体ほぐしの運動や体の動きを高める運動に進んで取り組み、きまりを守り、友達と協力したり、場や用具の安全に留意したりし、最後まで楽しく運動をすること。	ウ 体ほぐしの運動や体の動きを高める運動に積極的に取り組み、きまりを守り、友達と助け合ったり、場や用具の安全に留意したり、自己の力を発揮して運動をすること。	ウ 体ほぐしの運動や体の動きを高める運動の多様な経験を通して、きまりを守り、仲間と協力したり、場や用具の安全を確保したりし、自主的に運動をすること。	ウ 体ほぐしの運動や体の動きを高める運動の多様な経験を通して、きまりを守り、自己の役割を果たしたり、仲間と協力したり、場や用具の安全を確保したり、見通しをもって自主的に運動をすること。
B 器械・器具を使っての遊び（小学部1段階）B 器械・器具を使っての運動（小学部2・3段階）B 器械運動（中学部, 高等部）		器械・器具を使っての遊びについて、次の事項を身に付けることができるよう指導する。 ア 教師と一緒に、器械・器具を使って楽しく体を動かすこと。 イ 器械・器具を使っての体を動かすことの楽しさや心地よさを表現すること。	器械・器具を使っての運動について、次の事項を身に付けることができるよう指導する。 ア 教師の支援を受け器械・器具を使っての、楽しく器械・器具を使っての基本的な運動をすること。 イ 器械・器具を使っての基本的な運動に慣れ、その楽しさや感じたことを表現すること。	器械・器具を使っての運動について、次の事項を身に付けることができるよう指導する。 ア 器械・器具を使っての基本的な運動の楽しさを感じ、その行い方を知り、基本的な動きを身に付けること。 イ 器械・器具を使っての運動の行い方を工夫するとともに、考えたことや気付いたことなどを他者に伝えること。	器械運動について、次の事項を身に付けることができるよう指導する。 ア 器械・器具を使った運動の楽しさや喜びに触れ、その行い方が分かり、基本的な動きや技を身に付けること。 イ 器械・器具についての自分の課題を見付け、その解決のための活動を考えたり、工夫したりしたことを他者に伝えること。	器械運動について、次の事項を身に付けることができるよう指導する。 ア 器械運動の楽しさや喜びを味わい、その行い方を理解し、基本的な技を身に付けること。 イ 器械運動についての自分やグループの課題を見付け、その解決のために友達と考えたり、工夫したりしたことを他者に伝えること。	器械運動について、次の事項を身に付けることができるよう指導する。 ア 器械運動の楽しさや喜びを深く味わい、その特性に応じた技能を理解するとともに技を身に付けること。 イ 器械運動の自他の課題を発見し、よりよい解決のための方策を工夫したり、仲間と考えたりしたことを他者に伝えること。	器械運動について、次の事項を身に付けることができるよう指導する。 ア 器械運動の楽しさや喜びに応じた技能の理解を深めるとともに、目的に応じた技を身に付けること。 イ 器械運動について、目的や状況に応じて仲間と判断したことを、状況に応じて他者に伝えること。

学部 内容	小学部（体育）			中学部（保健体育）		高等部（保健体育）	
	1段階	2段階	3段階	1段階	2段階	1段階	2段階
B 器械・器具を使っての遊び（小学部1段階）B 器械・器具を使っての運動（小学部2・3段階）B 器械運動（中学部、高等部）	ウ 簡単な合図や指示に従って、器械・器具を使っての遊びをしようとすること。	ウ 簡単なきまりを守り、友達とともに安全に楽しく、器械・器具を使っての基本的な運動をしようとすること。	ウ きまりを守り、自分から友達と仲よく楽しく器械・器具を使っての基本的な運動をしたり、場や器械・器具の安全に気を付けたりしようとすること。	ウ 器械・器具を使った運動に進んで取り組み、きまり、友達と協力し、場や器械・器具の安全に留意し、最後まで楽しく運動をすること。	ウ 器械運動に積極的に取り組み、きまりを守り、友達と助け合ったり、場や器械・器具の安全に留意したり、自己の力に適した運動をすること。	ウ 器械運動の多様な経験を通して、きまりやルール、マナーなどを守り、自己の役割を果たし仲間と協力したり、場や器械・器具の安全を確保したり、自主的に運動をすること。	ウ 器械運動の多様な経験を通して、きまりやルール、マナーなどを守り、自己の役割を果たし仲間と協力したり、場や器械・器具の安全を確保したり、見通しをもって自主的に運動をすること。
C 走・跳の運動遊び（小学部1段階）C 走・跳の運動（小学部2・3段階）C 陸上競技（中学部、高等部）	走・跳の運動遊びについて、次の事項を身に付けることができるよう指導する。ア 教師と一緒に走ったり、跳んだりして楽しく体を動かすこと。イ 走ったり、跳んだりして体を動かすことの楽しさや心地よさを表現すること。	走・跳の運動について、次の事項を身に付けることができるよう指導する。ア 教師の支援を受けながら、楽しく走・跳の基本的な運動をすること。イ 走・跳の基本的な運動に慣れ、その楽しさや心地よさを表現すること。	走・跳の運動について、次の事項を身に付けることができるよう指導する。ア 走・跳の基本的な運動の楽しさを感じ、その行い方を知り、基本的な動きを身に付けること。イ 走・跳の基本的な運動の楽しみ方を工夫するとともに、考えたことや気付いたことなどを他者に伝えること。	陸上運動について、次の事項を身に付けることができるよう指導する。ア 陸上運動の楽しさや喜びに触れ、その行い方が分かり、基本的な動きや技能を身に付けること。イ 陸上運動についての自分の課題を見付け、その解決のための活動を考え、工夫したりしたことを他者に伝えること。	陸上運動について、次の事項を身に付けることができるよう指導する。ア 陸上運動の楽しさや喜びを味わい、その行い方を理解し、基本的な技能を身に付けること。イ 陸上運動についての自分やグループの課題を見付け、その解決のための友達との工夫した考えたり、工夫したりしたことを他者に伝えること。	陸上競技について、次の事項を身に付けることができるよう指導する。ア 陸上競技の楽しさや喜びを味わい、その特性に応じた技能を身に付けること。イ 陸上競技について自他の課題を発見し、その解決のための方策を工夫したり、仲間と考えたりしたことを他者に伝えること	陸上競技について、次の事項を身に付けることができるよう指導する。ア 陸上競技の楽しさや喜びを深く味わい、その特性に応じた技能の理解を深めるとともに、目的に応じた技能を身に付けること。イ 陸上競技について自他の課題を発見し、よりよい解決のために仲間と思考し判断したことを、目的や状況に応じて他者に伝えること。

383

学部	小学部（体育）			中学部（保健体育）		高等部（保健体育）	
内容	1段階	2段階	3段階	1段階	2段階	1段階	2段階
C 走・跳の運動遊び（小学部1段階） C 走・跳の運動（小学部2・3段階） C 陸上競技（中学部、高等部）	ウ 簡単な合図や指示に従って、走・跳の運動遊びをしようとすること。	ウ 簡単なきまりを守り、友達とともに安全に楽しく、走・跳の基本的な運動をしようとすること。	ウ きまりを守り、自分から友達と仲よく楽しく走・跳の基本的な運動をしたり、用具の安全に気を付けたりしようとすること。	ウ 陸上運動に進んで取り組み、きまりを守り、友達と協力したり、場や用具の安全に留意したりし、最後まで楽しく運動をすること。	ウ 陸上運動に積極的に取り組み、きまりを守り、友達と助け合ったり、場や用具の安全に留意したり、自己の力を発揮して運動をすること。	ウ 陸上競技の多様な経験を通して、きまりやルール、マナーなどを守り、仲間と協力したり、場や用具の安全を確保したりし、自主的に運動をすること。	ウ 陸上競技の多様な経験を通して、きまりやルール、マナーなどを守り、自己の役割を果たし仲間と協力したり、場や用具の安全を確保したりし、見通しをもって自主的に運動をすること。
				水泳運動について、次の事項を身に付けることができるよう指導する。	水泳運動について、次の事項を身に付けることができるよう指導する。	水泳について、次の事項を身に付けることができるよう指導する。	水泳について、次の事項を身に付けることができるよう指導する。
D 水遊び（小学部1段階） D 水の中での運動（小学部2・3段階） D 水泳（中学部、高等部）	水遊びについて、次の事項を身に付けることができるよう指導する。 ア 教師と一緒に、水の特性を生かした簡単な水遊びを楽しくすること。	水の中での運動について、次の事項を身に付けることができるよう指導する。 ア 教師の支援を受けながら、楽しく水の中での基本的な運動をすること。	水の中での運動について、次の事項を身に付けることができるよう指導する。 ア 水の中での基本的な運動の楽しさを感じ、その行い方を知り、基本的な動きを身に付けること。	ア 初歩的な泳ぎの楽しさや喜びに触れ、その行い方が分かり、基本的な動きや技能を身に付けること。	ア 水泳運動の楽しさや喜びを味わい、その行い方を理解し、基本的な技能を身に付けること。	ア 水泳の楽しさや喜びを味わい、その特性に応じた技能を身に付けるとともに泳法を身に付けること。	ア 水泳の楽しさや喜びを深く味わい、その特性に応じた技能の理解を深めるとともに泳法を目的に応じた身に付けること。
	イ 水の中で体を動かすことの楽しさや心地よさを表現すること。	イ 水の中での基本的な運動に慣れ、その楽しさや感じたことを表現すること。	イ 水の中での基本的な運動の楽しみ方を工夫するとともに、考えたことなどを他者に伝えること。	イ 初歩的な泳ぎについての自分の課題を見付け、その解決のための活動を考えたり、工夫したりしたことを他者に伝えること。	イ 水泳運動について自分やグループの課題を見付け、その解決のために友達と考えたり、工夫したりしたことを他者に伝えること。	イ 水泳についての自らの課題を発見し、よりよい解決のためのその方策を工夫したり、仲間と考えたりしたことを他者に伝えること。	イ 水泳についての自らの課題を発見し、他者の課題を踏まえ、よりよい解決のための方策を工夫し思考し判断したことを、目的や状況に応じて他者に伝えること。

学部	小学部（体育）			中学部（保健体育）		高等部（保健体育）	
内容	1段階	2段階	3段階	1段階	2段階	1段階	2段階
D 水遊び（小学部1段階） D 水の中での運動（小学部2・3段階） D 水泳（中学部、高等部）	ウ 簡単な合図や指示に従って、水遊びをしようとすること。	ウ 簡単なきまりを守り、友達とともに安全に楽しく、水の中での基本的な運動をしようとすること。	ウ きまりを守り、自分から友達と仲よく楽しく水の中での基本的な運動をしたり、場や用具の安全に気を付けたりしようとすること。	ウ 初歩的な泳ぎに進んで取り組み、きまりなどを守り、友達と協力したり、場や用具の安全に留意したりし、最後まで楽しく運動をすること。	ウ 水泳運動に積極的に取り組み、きまり、ルールなどを守り、友達と助け合ったり、場や用具の安全に留意したりし、自己の力を発揮して運動をすること。	ウ 水泳の多様な経験を通して、きまりやルール、マナーなどを守り、仲間と協力したり、場や用具の安全を確保したりし、自主的に運動をすること。	ウ 水泳の多様な経験を通して、きまりやルール、マナーなどを守り、自己の役割を果たし仲間と協力したり、場や用具の安全を確保したり、見通しをもって自主的に運動をすること。
E ボール遊び（小学部1段階） E ボールを使った運動やゲーム（小学部2・3段階） E 球技（中学部、高等部）	ボール遊びについて、次の事項を身に付けることができるよう指導する。 ア 教師と一緒に、ボールを使って楽しく体を動かすこと。 イ ボールを使って体を動かすことの楽しさや心地よさを表現すること。	ア 教師の支援を受けながら、楽しくボールを使った運動やゲームをすること。 イ ボールを使った基本的な運動やゲームに慣れ、その楽しさや感じたことを表現すること。	ボールを使った運動やゲームについて、次の事項を身に付けることができるよう指導する。 ア ボールを使った基本的な運動やゲーム、その楽しさを感じ、その行い方を知り、基本的な動きを身に付けること。 イ ボールを使った基本的な運動やゲーム、その楽しみ方を工夫するとともに、気付いたことなどを他者に伝えること。	球技について、次の事項を身に付けることができるよう指導する。 ア 球技の楽しさや喜びに触れ、その行い方が分かり、基本的な動きや技能を身に付け、簡易化されたゲームを行うこと。 イ 球技についての自分の課題を見付け、その解決のための活動を考えたり、工夫したりしたことを他者に伝えること。	球技について、次の事項を身に付けることができるよう指導する。 ア 球技の楽しさや喜びを味わい、その行い方を理解し、基本的な技能を身に付け、簡易化されたゲームを行うこと。 イ 球技についての自分やチームの課題を見付け、その解決のための方策を考えたり、友達に工夫したりしたことを他者に伝えること。	球技について、次の事項を身に付けることができるよう指導する。 ア 球技の楽しさや喜びを味わい、その特性に応じた技能を身に付けるとともに技能を身に付け、簡易化されたゲームを行うこと。 イ 球技についての自他の課題を発見し、その解決のための方策を工夫したり、仲間と考えたりしたことを他者に伝えること。	ア 球技の楽しさを深く味わい、その特性に応じた技能の理解を深めるとともに、目的に応じた技能を身に付け、簡易化されたゲームを行うこと。 イ 球技についての自他の課題を発見し、よりよい解決のための方策を工夫し、仲間と思考し判断したことを、目的や状況に応じて他者に伝えること。

学部	小学部（体育）			中学部（保健体育）		高等部（保健体育）	
内容	1段階	2段階	3段階	1段階	2段階	1段階	2段階
E ボール遊び（小学部1段階） E ボールを使った運動やゲーム（小学部2・3段階） E 球技（中学部, 高等部）	ウ 簡単な合図や指示に従って、ボール遊びをしようとすること。	ウ 簡単なきまりを守り、友達とともに安全に楽しく、ボールを使った基本的な運動やゲームをしようとすること。	ウ きまりを守り、自分から友達と仲よく楽しくボールを使った基本的な運動やゲームをしたり、場や用具の安全に気を付けたりしようとすること。	ウ 球技に進んで取り組み、きまりや簡単なルールを守り、友達と協力したり、場や用具の安全に留意したりし、最後まで楽しく運動をすること。	ウ 球技に積極的に取り組み、きまりや簡単なルールを守り、友達と助け合ったり、場や用具の安全に留意したり、自己の力を発揮して運動をすること。	ウ 球技の多様な経験を通して、きまりやルール、マナーなどを守り、仲間と協力し、場や用具の安全を確保したり、自主的に運動をすること。	ウ 球技の多様な経験を通して、きまりやルール、マナーなどを守り、自己の役割を果たし仲間と協力し、場や用具の安全を確保したり、見通しをもって自主的に運動をすること。
F 武道	—	—	—	武道について、次の事項を身に付けることができるよう指導する。 ア 武道の楽しさを感じ、その行い方や伝統的な考え方が分かり、基本動作や基本となる技を用いて、簡易な攻防を展開すること。 イ 武道についての自分の課題を見付け、その解決のための活動を考えたり、工夫したりしたことを他者に伝えること。	武道について、次の事項を身に付けることができるよう指導する。 ア 武道の楽しさや喜びに触れ、その行い方や伝統的な考え方を理解し、基本動作や基本となる技を用いて、簡易な攻防を展開すること。 イ 武道についての自分やグループの課題を見付け、その解決のために友達と考えたり、工夫したりしたことを他者に伝えること。	武道について、次の事項を身に付けることができるよう指導する。 ア 武道の楽しさや喜びを味わい、その特性に応じた技能を理解するとともに、基本動作や基本となる技を用いて、簡易な攻防を展開すること。 イ 武道についての自己の課題を発見し、その解決のための方策を工夫したり、仲間と考えたりしたことを他者に伝えること。	武道について、次の事項を身に付けることができるよう指導する。 ア 武道の楽しさや喜びを深く味わい、その特性に応じた技能の理解を深めるとともに、基本動作や基本となる技を用いて、相手の動きの変化に応じた攻防を展開すること。 イ 武道についての自己や他の課題を発見し、よりよい解決のために仲間と思考し判断したことを、目的や状況に応じて他者に伝えること。

学部	内容	小学部（体育）			中学部（保健体育）		高等部（保健体育）	
		1段階	2段階	3段階	1段階	2段階	1段階	2段階
	F 武道	—	．	—	ウ 武道に進んで取り組み、きまりや伝統的な行動の仕方を守り、友達と協力したり、場や用具の安全に留意したり、最後まで楽しく運動をすること。	ウ 武道に積極的に取り組み、きまりや伝統的な行動の仕方を守り、友達と助け合ったり、場や用具の安全に留意したり、自己の力を発揮して運動をすること。	ウ 武道の多様な経験を通して、きまりや伝統的な行動の仕方を守り、仲間と協力をしたり、場や用具の安全を確保したり、自主的に運動をすること。	ウ 武道の多様な経験を通して、きまりや伝統的な行動の仕方を守り、自己の役割を果たし仲間と協力したり、場や用具の安全を確保したり、見通しをもって自主的に運動をすること。
		表現遊びについて、次の事項を身に付けることができるよう指導する。	—	表現運動について、次の事項を身に付けることができるよう指導する。	ダンスについて、次の事項を身に付けることができるよう指導する。	ダンスについて、次の事項を身に付けることができるよう指導する。	ダンスについて、次の事項を身に付けることができるよう指導する。	ダンスについて、次の事項を身に付けることができるよう指導する。
	F 表現遊び（小学部1段階）F 表現運動（小学部2・3段階）G ダンス（中学部、高等部）	ア 教師と一緒に、音楽の流れている場所で楽しく体を動かすこと。	ア 教師の支援を受けながら、音楽に合わせて楽しく表現運動をすること。	ア 基本的な表現運動の楽しさを感じ、その行い方を知り、基本的な動きを身に付け、表現したり踊ったりすること。	ア ダンスの楽しさや喜びに触れ、その行い方が分かり、基本的な動きや技能を身に付け、表現したり踊ったりすること。	ア ダンスの楽しさや喜びを味わい、その行い方を理解し、基本的な技能を身に付け、表現したり踊ったりすること。	ア ダンスの楽しさや喜びを味わい、その行い方の理解を深めるとともに、技能を身に付け、表現や踊りを通した交流をすること。	ア ダンスの楽しさや喜びを味わい、その行い方の理解を深めるとともに、技能に応じた技能を身に付け、表現や踊りを通した交流や発表をすること。
		イ 音楽の流れている場所で体を動かす場所で、楽しさや心地よさを表現すること。	イ 基本的な表現運動に慣れ、その楽しさや感じたことを表現すること。	イ 基本的な表現運動の楽しみ方を工夫するとともに、考えたことや気付いたことなどを他者に伝えること。	イ ダンスについての自分の課題を見付け、その解決のための活動を工夫したり、工夫したりしたことを他者に伝えること。	イ ダンスについての自分やグループの課題を見付け、その解決のための活動を工夫したり、友達と工夫したことを他者に伝えること。	イ ダンスについての自他の課題を発見し、その解決のための方策を工夫したり、仲間と考えたりしたことを他者に伝えること。	イ ダンスについての自他の課題を発見し、よりよい解決のための方策を思考し判断したことを、目的や状況に応じて他者に伝えること。

学部	小学部（体育）			中学部（保健体育）		高等部（保健体育）	
内容	1段階	2段階	3段階	1段階	2段階	1段階	2段階
F 表現遊び（小学部1段階） F 表現運動（小学部2・3段階） G ダンス（中学部，高等部）	ウ 簡単な合図や指示に従って、表現遊びをしようとすること。	ウ 簡単なきまりを守り、友達とともに安全に楽しく、基本的な表現運動をしようとすること。	ウ きまりを守り、自分から友達と仲よく楽しく表現運動をしたり、場や用具の安全に気を付けたりしようとすること。	ウ ダンスに進んで取り組み、友達の動きを認め協力したり、場や用具の安全に留意したり、最後まで楽しく運動をすること。	ウ ダンスに積極的に取り組み、友達のよさを認め励まし合ったり、場や用具の安全に留意したり、自己の力を発揮して運動をすること。	ウ ダンスの多様な経験を通して、仲間の表現を認め合ったり、場や用具の安全を確保したり、自主的に運動をすること。	ウ ダンスの多様な経験を通して、一人一人の表現や役割を認め合ったり、場や用具の安全を確保したり、見通しをもって自主的に運動をすること。
H 体育理論	—	—	—	—	—	体育理論について、次の事項を身に付けることができるよう指導する。	体育理論について、次の事項を身に付けることができるよう指導する。
	—	—	—	—	—	ア 運動やスポーツの多様性、効果と学び方及び、安全な行い方及び文化としてのスポーツの意義に気付くこと。	ア 運動やスポーツの多様性、効果と学び方及び、安全な行い方及び文化としてのスポーツの意義に関する基礎的な知識を身に付けること。
	—	—	—	—	—	イ 運動やスポーツの多様性、効果と学び方及び、安全な行い方及び文化としてのスポーツの課題の解決のための方策を工夫したり、考えたりしたことを他者に伝えること。	イ 運動やスポーツの多様性、効果と学び方及び、安全な行い方及び文化としてのスポーツの課題を発見し、よりよい解決のために仲間と思考し判断したことを、目的や状況に応じて他者に伝えること。

学部	小学部（体育）			中学部（保健体育）		高等部（保健体育）	
内容	1段階	2段階	3段階	1段階	2段階	1段階	2段階
H 体育理論	—	—		—	—	ウ 運動やスポーツの多様性、効果を行い方及び文化としてのスポーツの学習に積極的に取り組むこと。	ウ 運動やスポーツの多様性、効果、安全な行い方及び文化としてのスポーツの意義について自主的に取り組むこと。
	健康な生活に必要な事柄について、次の事項を身に付けることができるよう指導する。	—	健康な生活に必要な事柄について、次の事項を身に付けることができるよう指導する。	健康・安全に関する事項について、次の事項を身に付けることができるよう指導する。	—	健康・安全に関する事項について、次の事項を身に付けることができるよう指導する。	健康・安全に関する事項について、次の事項を身に付けることができるよう指導する。
G 保健（小学部） H 保健（中学部） I 保健（高等部）	ア 教師と一緒に、うがいなどの健康な生活に必要な事柄をすること。 イ 健康な生活に必要な事柄に気付き、教師に伝えること。	ア 教師の支援を受けながら、健康な生活に必要な事柄をすること。 イ 健康な生活に慣れ、感じたことを他者に伝えること。	ア 健康や身体の変化について知り、健康な生活に必要な事柄に関する基本的な知識や技能を身に付けること。 イ 健康な生活について工夫するとともに、考えたことや気付いたことなどを他者に伝えること。	ア 体の発育・発達や病気の予防などの仕方が分かり、基本的な知識及び技能を身に付けること。 イ 自分の健康・安全についての課題を見付け、その解決のための活動を考えたり、工夫したりしたことを他者に伝えること。	ア 体の発育・発達や、けがの防止、病気の予防などの仕方について理解し、基本的な技能を身に付けること。 イ 自分やグループの健康・安全についての課題を見付け、その解決のために友達と考えたり、工夫したりしたことを他者に伝えること。	ア 心身の発育・発達、傷害の防止及び疾病の予防等を理解するとともに、健康で安全な個人生活を営むための技能を身に付けること。 イ 健康・安全に関わる自他の課題を発見し、その解決のための方策を工夫したり、仲間と考えたりしたことを他者に伝えること。	ア 心身の発育・発達、傷害の防止及び疾病の予防等の理解を深めるとともに、健康で安全な個人生活及び社会生活を営むための目的に応じた技能を身に付けること。 イ 健康・安全に関わる自他の課題を発見し、よりよい解決のために仲間と思考し判断したことを、目的や状況に応じて他者に伝えること。

目標・内容の一覧〔職業・家庭（職業分野）〕，〔職業〕

教科の目標

中学部

生活の営みに係る見方・考え方や職業に関する見方・考え方を働かせ、生活や職業に関する実践的・体験的な学習活動を通して、よりよい生活の実現に向けて工夫する資質・能力を次のとおり育成することを目指す。

- **知識及び技能**：(1) 生活や職業に対する関心を高め、将来の家庭生活や職業生活に係る基礎的な知識や技能を身に付けるようにする。
- **思考力，判断力，表現力等**：(2) 将来の家庭生活や職業生活に必要な事柄を見いだして課題を設定し、解決策を考え、実践を評価・改善し、自分の考えを表現するなどして、課題を解決する力を養う。
- **学びに向かう力，人間性等**：(3) よりよい家庭生活や将来の職業生活の実現に向けて、生活を工夫し考えようとする実践的な態度を養う。

高等部

職業に係る見方・考え方を働かせ、職業など卒業後の進路に関する実践的・体験的な学習活動を通して、よりよい生活の実現に向けて工夫する資質・能力を次のとおり育成することを目指す。

- **知識及び技能**：(1) 職業に関する事柄について理解を深めるとともに、将来の職業生活に係る技能を身に付けるようにする。
- **思考力，判断力，表現力等**：(2) 将来の職業生活を見据え、必要な事柄を見いだして課題を設定し、解決策を考え、実践を評価・改善し、表現する力を養う。
- **学びに向かう力，人間性等**：(3) よりよい将来の職業生活の実現や地域社会への貢献に向けて、生活を改善しようとする実践的な態度を養う。

段階の目標

中学部

職業に係る見方・考え方を働かせ、作業や実習に関する実践的・体験的な学習活動を通して、よりよい生活の実現に向けて工夫する資質・能力を次のとおり育成することを目指す。

1段階
- 知識及び技能：ア 働くことについて関心をもち、将来の職業生活に係る基礎的な知識や技能を身に付けるようにする。
- 思考力，判断力，表現力等：イ 将来の職業生活に必要な事柄について触れ、課題や解決策に気付き、学習したことを伝えるなど、課題を解決する力の基礎を養う。
- 学びに向かう力，人間性等：ウ 将来の職業生活の実現に向けて、生活を工夫し考えようとする態度を養う。

2段階
- 知識及び技能：ア 職業について関心をもち、将来の職業生活に係る基礎的な知識や技能を身に付けるようにする。
- 思考力，判断力，表現力等：イ 将来の職業生活に必要な事柄を見いだして課題を設定し、実践し、学習したことを振り返り、課題を解決するなど、考えたことを表現する力を養う。
- 学びに向かう力，人間性等：ウ 将来の職業生活の実現に向けて、生活を工夫し考えようとする態度を養う。

高等部

1段階
- 知識及び技能：ア 職業に関する事柄について理解するとともに、将来の職業生活に係る技能を身に付けるようにする。
- 思考力，判断力，表現力等：イ 将来の職業生活を見据え、必要な事柄を見いだして課題を設定し、解決策を考え、表現する力を養う。
- 学びに向かう力，人間性等：ウ よりよい将来の職業生活の実現や地域社会への参画に向けて、生活を工夫しようとする実践的な態度を養う。

2段階
- 知識及び技能：ア 職業に関する事柄について理解を深めるとともに、将来の職業生活に係る技能を身に付けるようにする。
- 思考力，判断力，表現力等：イ 将来の職業生活を見据え、必要な事柄を見いだして課題を設定し、解決策を考え、実践を評価し、改善し、表現する力を養う。
- 学びに向かう力，人間性等：ウ よりよい将来の職業生活の実現や地域への貢献に向けて、社会への貢献に向けて、生活を改善しようとする実践的な態度を養う。

内容

A 職業生活

中学部

- 1段階：ア 働くことの意義
  働くことに関心をもち、作業や実習等に関わる学習活動を通して、次の事項を身に付けることができるよう指導する。
- 2段階：ア 働くことの意義
  働くことに対する意欲や関心を高め、他者と協力して取り組む作業や実習等に関わる学習活動を通して、次の事項を身に付けることができるよう指導する。

高等部

- 1段階：ア 勤労の意義
  勤労に対する意欲や関心を高め、他者と協働して取り組む作業や実習等に関わる学習活動を通して、次の事項を身に付けることができるよう指導する。
- 2段階：ア 勤労の意義
  勤労に対する意欲や関心を高め、他者と協働して取り組む作業や実習等に関わる学習活動を通して、次の事項を身に付けることができるよう指導する。

学部	中学部		高等部	
内容	1段階	2段階	1段階	2段階
	(ｱ) 働くことの目的などを知ること。	(ｱ) 働くことの目的などを理解すること。	(ｱ) 勤労の意義を理解すること。	(ｱ) 勤労の意義について理解を深めること。
	(ｲ) 意欲や見通しをもって取り組み、自分の役割について気付くこと。	(ｲ) 意欲や見通しをもって取り組み、自分と他者との関係や役割について考えること。	(ｲ) 意欲や見通しをもって取り組み、その成果や自分と他者との役割及び他者との協力について考え、表現すること。	(ｲ) 目標をもって取り組み、その成果や自分と他者との役割及び他者との協力について考え、表現すること。
	(ｳ) 作業や実習等で達成感を得ること。	(ｳ) 作業や実習等に達成感を得て、進んで取り組むこと。	(ｳ) 作業や実習等に達成感を得て、計画性をもって主体的に取り組むこと。	(ｳ) 作業や実習等を通して貢献する喜びを体得し、計画性をもって主体的に取り組むこと。
イ 職業	イ 職業 職業に関わる事柄について、考えたり、体験したりする学習活動を通して、次の事項を身に付けることができるよう指導する。	イ 職業 職業に関わる事柄について、考えを深めたり、体験したりする学習活動を通して、次の事項を身に付けることができるよう指導する。	イ 職業 職業に関わる事柄について、他者との協働により考えを深めたり、体験したりする学習活動を通して、次の事項を身に付けることができるよう指導する。	イ 職業 職業に関わる事柄について、他者との協働により考えを深めたり、体験したりする学習活動を通して、次の事項を身に付けることができるよう指導する。
	(ｱ) 職業に関わる知識や技能について、次のとおりとする。	(ｱ) 職業に関わる知識や技能について、次のとおりとする。	(ｱ) 職業に関わる知識や技能について、次のとおりとする。	(ｱ) 職業に関わる知識や技能について、次のとおりとする。
㋐	㋐ 職業生活に必要な知識や技能について知ること。	㋐ 職業生活に必要な知識や技能を理解すること。	㋐ 職業生活に必要とされる実践的な知識及び技能を身に付けること。	㋐ 職業生活に必要とされる実践的な知識を身に付けること。
㋑	㋑ 職業生活を支える社会の仕組み等があることを知ること。	㋑ 職業生活を支える社会の仕組み等があることを理解すること。	㋑ 職業生活を支える社会の仕組み等の利用方法について理解すること。	㋑ 職業生活を支える社会の仕組み等について理解を深めること。
㋒	㋒ 材料や育成する生物等の扱い方及び生産や生育活動に関わる基礎的な技術について知ること。	㋒ 材料や育成する生物等の特性や扱い方及び生産や生育活動に関わる基礎的な技術について理解すること。	㋒ 材料や育成する生物等の特性や扱い方及び生産や生育活動に関わる技術について理解すること。	㋒ 材料や育成する生物等の特性や扱い方及び生産や生育活動に関わる技術について理解を深めること。
㋓	㋓ 作業課題が分かり、使用する道具等の扱い方に慣れること。	㋓ 作業課題が分かり、使用する道具や機械等の扱い方を理解すること。	㋓ 使用する道具や機械等の特性や扱い方を理解し、作業課題に応じて正しく扱うこと。	㋓ 使用する道具や機械等の特性や扱い方の理解を深め、作業課題に応じて効果的に扱うこと。
㋔	㋔ 作業の持続性や巧緻性などを身に付けること。	㋔ 作業の確実性や持続性、巧緻性等を身に付けること。	㋔ 作業の確実性や持続性、巧緻性等を高め、状況に応じて作業すること。	㋔ 作業の確実性や持続性、巧緻性等を高め、状況に応じて作業し、習熟すること。
(ｲ)	(ｲ) 職業に必要な思考力、判断力、表現力等について、次のとおりとする。	(ｲ) 職業に必要な思考力、判断力、表現力等について、次のとおりとする。	(ｲ) 職業に必要な思考力、判断力、表現力等について、次のとおりとする。	(ｲ) 作業や実習に必要な思考力、判断力、表現力等について、次のとおりとする。
㋐	㋐ 職業に関わる事柄と作業や実習で取り組む内容との関連について気付くこと。	㋐ 職業に関わる事柄と作業や実習で取り組む内容との関連について、考えて、発表すること。	㋐ 作業や実習における役割や課題について考え、自分の成長や課題について表現すること。	㋐ 作業や実習において、自らの役割を見いだすとともに、自分の成長や課題について考え、表現すること。

A 職業生活

391

学部		中学部		高等部	
内容		1段階	2段階	1段階	2段階
A 職業生活		㋑ 作業に当たり安全や衛生について気付き、工夫すること。 ㋒ 職業生活に必要な健康管理について気付くこと。	㋑ 作業上の安全や衛生及び作業の効率について考えて、工夫すること。 ㋒ 職業生活に必要な健康管理について考えること。 —	㋑ 生産や生育活動等に関わる技術について考えること。 ㋒ 作業上の安全や衛生及び作業の効率について考え、改善を図ること。 ㋓ 職業生活に必要な健康管理や余暇の過ごし方について考えること。	㋑ 生産や生育活動等に係る技術に込められた工夫について考えること。 ㋒ 作業上の安全や衛生及び作業の効率について考え、他者との協働により改善を図ること。 ㋔ 職業生活に必要な健康管理や余暇の過ごし方の工夫について考えること。
B 情報機器の活用		職業生活で使われるコンピュータ等の情報機器に触れることなどに関わる学習を通して、次の事項を身に付けることができるよう指導する。 ア コンピュータ等の情報機器の初歩的な操作の仕方を知ること。 イ コンピュータ等の情報機器に触れ、体験したことなどを他者に伝えること。	職業生活や社会生活で使われるコンピュータ等の情報機器を扱うことに関わる学習活動を通して、次の事項を身に付けることができるよう指導する。 ア コンピュータ等の情報機器の基礎的な操作の仕方を知り、扱いに慣れること。 イ コンピュータ等の情報機器を扱い、体験したことや自分の考えを表現すること。	職業生活で使われるコンピュータ等の情報機器を扱うことに関わる学習活動を通して、次の事項を身に付けることができるよう指導する。 ア 情報セキュリティ及び情報モラルについて知るとともに、表現、記録、計算、通信等に係るコンピュータ等の情報機器について、その特性や機能を知り、操作の仕方が分かり、扱えること。 イ 情報セキュリティ及び情報モラルを踏まえ、コンピュータ等の情報機器を扱い、収集した情報をまとめ、考えたことについて表現すること。	職業生活で使われるコンピュータ等の情報機器を扱うことに関わる学習活動を通して、次の事項を身に付けることができるよう指導する。 ア 情報セキュリティ及び情報モラルについて理解するとともに、表現、記録、計算、通信等に係るコンピュータ等の情報機器について、その特性や機能を理解し、目的に応じて適切に操作すること。 イ 情報セキュリティ及び情報モラルを踏まえ、コンピュータ等の情報機器を扱い、収集した情報を表現すること。
C 産業現場等における実習		実際的な学習活動を通して、次の事項を身に付けることができるよう指導する。 ア 職業や進路に関わることについて関心をもったり、調べたりすること。 イ 職業や職業生活、進路に関わることについて、気付き、他者に伝えること。	実際的な学習活動を通して、次の事項を身に付けることができるよう指導する。 ア 職業や進路に関わることについて調べ、理解すること。 イ 職業や職業生活、進路に関わることについて考えて、発表すること。	産業現場等における実習を通して、次の事項を身に付けることができるよう指導する。 ア 職業など卒業後の進路に必要なことについて理解すること。 イ 産業現場等における実習での自己の成長について考えたことを表現すること。	産業現場等における実習を通して、次の事項を身に付けることができるよう指導する。 ア 職業など卒業後の進路に必要なことについて理解を深めること。 イ 産業現場等における実習における課題の解決について考えたことを表現すること。

目標・内容の一覧〔職業・家庭・家庭（家庭分野）〕〔家庭〕

教科の目標

学部	中学部	高等部
	生活の営みに係る見方・考え方や職業の見方・考え方を働かせ、生活や職業に関する実践的・体験的な学習活動を通して、よりよい生活の実現に向けて工夫する資質・能力を次のとおり育成することを目指す。	生活の営みに係る見方・考え方を働かせ、衣食住などに関する実践的・体験的な学習活動を通して、よりよい生活の実現に向けて工夫する資質・能力を次のとおり育成することを目指す。
知識及び技能	(1) 生活や職業に対する関心を高め、将来の家庭生活や職業生活に係る基礎的な知識や技能を身に付けるようにする。	(1) 家族・家庭の機能について理解を深め、生活の自立に必要な家庭、衣食住、消費や環境等についての基礎的な理解を図るとともに、それらに係る技能を身に付けるようにする。
思考力、判断力、表現力等	(2) 将来の家庭生活や職業生活に必要な事柄を見いだして課題を設定し、解決策を考え、実践を評価・改善し、自分の考えを表現するなどして、課題を解決する力を養う。	(2) 家庭や地域における生活の中から問題を見いだして課題を設定し、解決策を考え、実践を評価・改善し、考えたことを表現するなど、課題を解決する力を養う。
学びに向かう力、人間性等	(3) よりよい家庭生活や将来の職業生活の実現に向けて、生活を工夫し考えようとする実践的な態度を養う。	(3) 家族や地域の人々との関わりを考え、家族の一員として、よりよい生活の実現に向けて、生活を工夫し考えようとする実践的な態度を養う。

段階の目標

段階	中学部 1段階	中学部 2段階	高等部 1段階	高等部 2段階
	生活の営みに係る見方・考え方を働かせ、衣食住などに関する実践的・体験的な学習活動を通して、よりよい生活の実現に向けて工夫する資質・能力を次のとおり育成することを目指す。		一	
知識及び技能	ア 家庭の中の自分の役割に気付き、生活の自立に必要な家庭、衣食住、消費や環境等についての基礎的な理解を図るとともに、それらに係る技能を身に付けるようにする。	ア 家族や自分の役割について理解し、生活の自立に必要な家庭、衣食住、消費や環境等についての基礎的な理解を図るとともに、それらに係る技能を身に付けるようにする。	ア 家族・家庭の機能について理解し、生活の自立に必要な家庭、衣食住、消費や環境等についての基礎的な理解を図るとともに、それらに係る技能を身に付けるようにする。	ア 家族・家庭の機能について理解を深め、生活の自立に必要な家庭、衣食住、消費や環境等についての基礎的な理解を図るとともに、それらに係る技能を身に付けるようにする。
思考力、判断力、表現力等	イ 家庭生活に必要な事柄について触れ、課題や解決策に気付き、実践し、学習したことを伝えるなど、日常生活において課題を解決する力の基礎を養う。	イ 家庭生活に必要な事柄について考え、課題を設定し、解決策を考え、実践したことを振り返り、考えたことを表現するなど、日常生活において課題を解決する力を養う。	イ 家庭や地域における生活の中から問題を見いだして課題を設定し、解決策を考え、実践を評価・改善し、考えたことを表現するなど、課題を解決する力を養う。	イ 家庭や地域における生活の中から問題を見いだして課題を設定し、解決策を考え、実践を評価・改善し、課題を解決する力を養う。
学びに向かう力、人間性等	ウ 家族や地域の人々とのやりとりを通して、よりよい生活の実現に向けて、生活を工夫しようとする態度を養う。	ウ 家族や地域の人々との関わりを通して、よりよい生活の実現に向けて、生活を工夫し考えようとする実践的な態度を養う。	ウ 家族や地域の人々との関わりを通して、よりよい生活の実現に向けて、生活を工夫し考えようとする実践的な態度を養う。	ウ 家族や地域の人々との関わりを通して、よりよい生活の実現に向けて、生活を工夫し考えようとする実践的な態度を養う。

学部		中学部		高等部	
内容		1段階	2段階	1段階	2段階
A 家族・家庭生活	ア 自分の成長と家族	自分の成長に気付くことや家族のことなどに関わる学習活動を通して、次の事項を身に付けることができるよう指導する。 (ア) 自分の成長を振り返りながら、家庭生活の大切さを知ること。 (イ) 家族とのやりとりを通して、家族を大切にする気持ちを育み、よりよい関わり方について気付き、それらを他者に伝えること。	自分の成長と家族や家庭生活などに関わる学習活動を通して、次の事項を身に付けることができるよう指導する。 (ア) 自分の成長を振り返り、家庭生活の大切さを理解すること。 (イ) 家族とのやりとりを通して、家族を大切にする気持ちを考え、よりよい関わり方について考え、表現すること。	自分の成長と家族や家庭生活などに関わる学習活動を通して、次の事項を身に付けることができるよう指導する。 (ア) 自分の成長と家族や家庭生活との関わりが分かり、家庭生活が家族の協力によって営まれていることに気付くこと。 (イ) 家族とのよりよい関わり方について考え、表現すること。	自分の成長と家族や家庭生活などに関わる学習活動を通して、次の事項を身に付けることができるよう指導する。 (ア) 自分の成長と家族や家庭生活との関わりが分かり、家庭生活が家族の協力によって営まれていることを理解すること。 (イ) 家族とのよりよい関わり方について考え、工夫すること。
	イ 家庭生活と役割	家庭の中での役割などに関わる学習活動を通して、次の事項を身に付けることができるよう指導する。 (ア) 家庭における役割や地域との関わりについて関心をもち、知ること。 (イ) 家庭生活に必要なことや自分の果たす役割に気付き、それらを他者に伝えること。	家庭生活での役割などに関わる学習活動を通して、次の事項を身に付けることができるよう指導する。 (ア) 家庭における役割や地域との関わりについて調べて、理解すること。 (イ) 家庭生活に必要なことに関して、家族の一員として、自分の果たす役割を考え、表現すること。	イ 家庭生活での役割と地域との関わり 家族との触れ合いや地域の人々と接することなどに関わる学習活動を通して、次の事項を身に付けることができるよう指導する。 (ア) 家庭生活において、地域の人々との協力が大切であることに気付くこと。 (イ) 家族と地域の人々とのよりよい関わり方について考え、表現すること。	イ 家庭生活での役割と地域との関わり 家庭や地域の人々などに関わる学習活動を通して、次の事項を身に付けることができるよう指導する。 (ア) 家庭生活において、地域の人々との協力が大切であることを理解すること。 (イ) 家庭と地域の人々のよりよい関わり方について考え、工夫すること。
	ウ 家庭生活における余暇	家庭における余暇の過ごし方などに関わる学習活動を通して、次の事項を身に付けることができるよう指導する。 (ア) 健康や様々な余暇の過ごし方について知り、実践しようとすること。 (イ) 望ましい生活環境や様々な余暇の過ごし方について気付き、工夫をすること。	家庭における健康や余暇に関わる学習活動を通して、次の事項を身に付けることができるよう指導する。 (ア) 健康管理や余暇の過ごし方について理解し、実践すること。 (イ) 望ましい生活環境や健康管理及び余暇に合った余暇の過ごし方について考え、表現すること。	ウ 家庭生活における健康管理と余暇 家庭生活における健康管理や余暇に関わる学習活動を通して、次の事項を身に付けることができるよう指導する。 (ア) 健康管理や余暇の有効な過ごし方について理解し、実践すること。 (イ) 健康管理や余暇の有効な過ごし方について考え、表現すること。	ウ 家庭生活における健康管理と余暇 家庭生活における健康管理や余暇に関わる学習活動を通して、次の事項を身に付けることができるよう指導する。 (ア) 健康管理や余暇の有効な過ごし方について理解を深め、実践すること。 (イ) 健康管理や余暇の有効な過ごし方について考え、工夫すること。

学部		中学部		高等部	
内容		1段階	2段階	1段階	2段階
A 家族・家庭生活		エ 幼児の生活と家族 幼児と接することなどに関わる学習活動を通して、次の事項を身に付けることができるよう指導する。	―	エ 乳幼児や高齢者などの生活 乳幼児や高齢者と接することなどに関わる学習活動を通して、次の事項を身に付けることができるよう指導する。	エ 乳幼児や高齢者などの生活 乳幼児や高齢者と接することなどに関わる学習活動を通して、次の事項を身に付けることができるよう指導する。
		(ｱ) 幼児の特徴や過ごし方について知ること。	―	(ｱ) 乳幼児や高齢者などの生活の特徴、乳幼児や高齢者などとの関わり方について気付くこと。	(ｱ) 乳幼児や高齢者などの生活の特徴が分かり、乳幼児や高齢者などとの関わり方について理解すること。
		(ｲ) 幼児への適切な関わり方について気付き、それらを他者に伝えること。	―	(ｲ) 乳幼児や高齢者などとのよりよい関わり方について考え、表現すること。	(ｲ) 乳幼児や高齢者などとのよりよい関わり方について考え、工夫すること。
		―	エ 家族や地域の人々との関わり 家族との触れ合いや地域の人々と接することなどに関わる学習活動を通して、次の事項を身に付けることができるよう指導する。	―	―
		―	(ｱ) 地域生活や地域の活動について調べて、理解すること。	―	―
		―	(ｲ) 家族との触れ合いや地域の人々と地域生活に関心をもち、家族や地域の人々と地域活動への関わりについて気付き、表現すること。	―	―
B 衣食住の生活		ア 食事の役割 食事の仕方や食事の大切さに気付くことなどに関わる学習活動を通して、次の事項を身に付けることができるよう指導する。	ア 食事の役割 楽しく食事をするための工夫などに関わる学習活動を通して、次の事項を身に付けることができるよう指導する。	ア 食事の役割 食事の役割に関わる学習活動を通して、次の事項を身に付けることができるよう指導する。	―
		(ｱ) 健康な生活と食事の役割について知ること。	(ｱ) 健康な生活と食事の役割や日常の食事の大切さを理解すること。	(ｱ) 生活の中で食事が果たす役割について理解すること。	―
		(ｲ) 適切な量の食事を楽しくとることの大切さに気付き、それらを他者に伝えること。	(ｲ) 日常の食事の大切さや規則正しい食事の必要性を考え、表現すること。	(ｲ) 健康によい食習慣について考え、工夫すること。	―

学部		中学部		高等部	
内容		1段階	2段階	1段階	2段階
		―	イ 栄養を考えた食事 バランスのとれた食事について考えることに関わる学習活動を通して、次の事項を身に付けることができるよう指導する。	―	ア 必要な栄養を満たす食事 自分に必要な栄養を満たす食事に関わる学習活動を通して、次の事項を身に付けることができるよう指導する。
		―	(ア) 身体に必要な栄養について関心をもち、理解し、実践すること。	―	(ア) 自分に必要な栄養素の種類と働きが分かり、食品の栄養的な特質について理解すること。
		―	(イ) バランスのとれた食事について気付き、献立などを工夫すること。	―	(イ) 一日分の献立について考え、工夫すること。
		イ 調理の基礎 必要な材料を使って食事の準備をすることなどに関わる学習活動を通して、次の事項を身に付けることができるよう指導する。	ウ 調理の基礎 食事の準備や調理の仕方などに関わる学習活動を通して、次の事項を身に付けることができるよう指導する。	イ 日常食の調理 日常食の調理に関わる学習活動を通して、次の事項を身に付けることができるよう指導する。	イ 日常食の調理 日常食の調理に関わる学習活動を通して、次の事項を身に付けることができるよう指導する。
B 衣食住の生活		(ア) 簡単な調理の仕方や手順について知り、できるようにすること。	(ア) 調理に必要な材料の分量や手順などについて理解し、適切にできること。	(ア) 日常生活と関連付け、用途に応じた食品の選択、食品や調理用具等の安全と衛生に留意した管理、材料に適した加熱調理の仕方について知り、基礎的な日常食の調理ができること。	(ア) 日常生活と関連付け、用途に応じた食品の選択、食品や調理用具等の安全と衛生に留意した管理、材料に適した加熱調理の仕方について理解し、基礎的な日常食の調理が適切にできること。
		(イ) 簡単な調理計画について考えること。	(イ) 調理計画に沿って、調理の手順や仕方を工夫すること。	(イ) 基礎的な日常食の調理について、食品の選択や調理の仕方、調理計画を考え、表現すること。	(イ) 基礎的な日常食の調理について、食品の選択や調理の仕方、調理計画を考え、工夫すること。
		ウ 衣服の着用と手入れ 衣服の着方や手入れの仕方などに関わる学習活動を通して、次の事項を身に付けることができるよう指導する。	エ 衣服の着用と手入れ 衣服の手入れや洗濯の仕方などに関わる学習活動を通して、次の事項を身に付けることができるよう指導する。	―	―
		(ア) 場面に応じた着方や手入れの仕方などについて知り、実践しようとすること。	(ア) 日常着の使い分けや手入れの仕方などについて理解し、実践すること。	―	―

学部	中学部		高等部	
内容	1段階	2段階	1段階	2段階
B 衣食住の生活	(1) 日常着の着方や手入れの仕方に気付き、工夫すること。	(1) 日常着の快適な着方や手入れの仕方を考え、工夫すること。	—	—
	—	—	ウ 衣服の選択 衣服の選択に関わる学習活動を通して、次の事項を身に付けることができるよう指導する。	—
	—	—	(ｱ) 衣服と社会生活との関わりが分かり、目的に応じた着用、個性を生かす着用及び衣服の適切な選択について理解すること。	—
	—	—	(ｲ) 衣服の選択について考え、工夫すること。	—
	—	—	—	ウ 衣服の手入れ 衣服の手入れに関わる学習活動を通して、次の事項を身に付けることができるよう指導する。
	—	—	—	(ｱ) 衣服の材料や状態に応じた日常着の手入れについて理解し、適切にできること。
	—	—	—	(ｲ) 衣服の材料や状態に応じた日常着の手入れについて考え、工夫すること。
	—	—	エ 布を用いた製作 布を用いた製作に関わる学習活動を通して、次の事項を身に付けることができるよう指導する。	エ 布を用いた製作 布を用いた製作に関わる学習活動を通して、次の事項を身に付けることができるよう指導する。
	—	—	(ｱ) 目的に応じた縫い方及び用具の安全な取扱いについて理解し、適切にできること。	(ｱ) 製作に必要な材料や手順が分かり、製作計画について理解すること。
	—	—	(ｲ) 目的に応じた縫い方について考え、工夫すること。	(ｲ) 布を用いた簡単な物の製作計画を考え、製作を工夫すること。

学部	中学部		高等部	
内容	1段階	2段階	1段階	2段階
B 衣食住の生活	エ 快適な住まい方 持ち物の整理や住まいの清掃などに関わる学習活動を通して、次の事項を身に付けることができるよう指導する。	オ 快適で安全な住まい方 住まいの整理・整頓や清掃などに関わる学習活動を通して、次の事項を身に付けることができるよう指導する。	オ 住居の基本的な機能と快適で安全な住まい方 住居の基本的な機能や快適で安全な住まい方に関わる学習活動を通して、次の事項を身に付けることができるよう指導する。	オ 住居の基本的な機能と快適で安全な住まい方 住居の基本的な機能や快適で安全な住まい方に関わる学習活動を通して、次の事項を身に付けることができるよう指導する。
	(ア) 住まいの主な働きや、整理・整頓・清掃の仕方について知り、実践すること。	(ア) 快適な住まい方や、安全について理解し、実践すること。	(ア) 家族の生活と住空間との関わりや住居の基本的な機能について知ること。	(ア) 家族の生活と住空間との関わりが分かり、住居の基本的な機能について理解すること。
	(イ) 季節の変化に合わせた住まい方、整理・整頓や清掃の仕方に気付き、工夫すること。	(イ) 季節の変化に合わせた快適な住まい方に気付き、工夫すること。	(イ) 家族の安全や快適さを考えた住空間について考え、表現すること。	(イ) 家族の安全や快適さを考えた住空間について考え、工夫すること。
C 消費生活・環境	ア 身近な消費生活 買物の仕組みや必要な物の選び方などに関わる学習活動を通して、次の事項を身に付けることができるよう指導する。	ア 身近な消費生活 身近な消費生活について考えることなどに関わる学習活動を通して、次の事項を身に付けることができるよう指導する。	ア 消費生活 消費生活に関わる学習活動を通して、次の事項を身に付けることができるよう指導する。	ア 消費生活 消費生活に関わる学習活動を通して、次の事項を身に付けることができるよう指導する。
	(ア) 生活に必要な物の選び方、買い方、計画的な使い方などについて知り、実践しようとすること。	(ア) 生活に必要な物の選択や扱い方について理解し、実践すること。	(ア) 次のような知識及び技能を身に付けること。	(ア) 次のような知識及び技能を身に付けること。
	—	—	㋐ 購入方法や支払方法の特徴が分かり、計画的な金銭管理の必要性に気付くこと。	㋐ 購入方法や支払方法の特徴が分かり、計画的な金銭管理の必要性について理解すること。
	—	—	㋑ 売買契約の仕組み、消費者被害の背景とその対応について理解し、物資・サービスの選択に必要な情報の収集・整理ができること。	㋑ 売買契約の仕組み、消費者被害の背景とその対応について理解し、物資・サービスの選択に必要な情報の収集・整理が適切にできること。
	(イ) 生活に必要な物を選んだり、物を大切に使おうとしたりすること。	(イ) 生活に必要な物について考えて選ぶことや、物を大切に使うように工夫をすること。	(イ) 物資・サービスの選択に必要な情報を考え、表現すること。	(イ) 物資・サービスの選択に必要な情報を活用して購入について考え、工夫すること。

学部	中学部			高等部	
内容	1段階	2段階	1段階		2段階
	イ 環境に配慮した生活 身近な生活の中で環境に配慮することに 関わる学習活動を通して、次の事項を身に 付けることができるよう指導する。	イ 環境に配慮した生活 自分の生活と環境との関連などに関わる 学習活動を通して、次の事項を身に付ける ことができるよう指導する。	イ 消費者の基本的な権利と責任 消費者の基本的な権利と責任に関わる学 習活動を通して、次の事項を身に付けるこ とができるよう指導する。		イ 消費者の基本的な権利と責任 消費者の基本的な権利と責任に関わる学 習活動を通して、次の事項を身に付けるこ とができるよう指導する。
C 消費生活・環境	(ア) 身近な生活の中で、環境に配慮した物 の使い方などについて知り、実践しよう とすること。	(ア) 身近な生活の中での環境との関わりや 環境に配慮した物の使い方などについて 理解し、実践すること。	(ア) 消費者の基本的な権利と責任、自分や 家族の消費生活が環境や社会に及ぼす影 響について気付くこと。		(ア) 消費者の基本的な権利と責任、自分や 家族の消費生活が環境や社会に及ぼす影 響について理解すること。
	(イ) 身近な生活の中で、環境に配慮した物 の使い方などについて考え、工夫するこ と。	(イ) 身近な生活の中で、環境との関わりや 環境に配慮した生活について考えて、物 の使い方などを工夫すること。	(イ) 身近な消費生活について、自立した消 費者として責任ある消費行動を考え、表 現すること。		(イ) 身近な消費生活について、自立した消 費者として責任ある消費行動を考え、工 夫すること。

目標・内容の一覧（外国語活動）（外国語）

学部	小学部（外国語活動）	中学部（外国語）	高等部（外国語）
教科の目標	外国語によるコミュニケーションにおける見方・考え方を働かせ、外国語や外国の文化に触れることを通して、コミュニケーションを図る素地となる資質・能力を次のとおり育成することを目指す。	外国語によるコミュニケーションにおける見方・考え方を働かせ、外国語の音声や基本的な表現に触れる活動を通して、コミュニケーションを図る素地となる資質・能力を次のとおり育成することを目指す。	外国語によるコミュニケーションにおける見方・考え方を働かせ、外国語による聞くこと、読むこと、話すこと、書くことの言語活動を通して、コミュニケーションを図る基礎となる資質・能力を次のとおり育成することを目指す。
知識及び技能	(1) 外国語を用いた体験的な活動を通して、日本語と外国語の音声の違いなどに気付き、外国語の音声に慣れ親しむようにする。	(1) 外国語を用いて簡単な話をしたりする活動を通して、身近な生活で見聞きする外国語に興味や関心をもち、外国語の音声や基本的な表現に慣れ親しむようにする。	(1) 外国語の音声や文字、語彙、表現、言語の働きなどについて、日本語と外国語との違いに気付くとともに、読むこと、書くことに慣れ親しみ、聞くこと、話すこと、読むこと、書くことによる実際のコミュニケーションにおいて活用できる基礎的な技能を身に付けるようにする。
思考力、判断力、表現力等	(2) 身近で簡単な事柄について、外国語に触れ、自分の気持ちを伝え合う力の素地を養う。	(2) 身近で簡単な事柄について、外国語で聞いたり話したりして自分の考えや気持ちなどを伝え合う力の素地を養う。	(2) コミュニケーションを行う目的や場面、状況などに応じて、身近で簡単な事柄について、聞いたり話したりするとともに、音声で十分に慣れ親しんだ外国語の語彙などを読んだり書いたりして、自分の考えや気持ちなどを伝え合うことができる基礎的な力を養う。
学びに向かう力、人間性等	(3) 外国語を通して、言語やその背景にある文化に触れながら、外国への関心を高め、進んでコミュニケーションを図ろうとする態度を養う。	(3) 外国語を通して、外国語やその背景にある文化の多様性を知り、相手に配慮しながらコミュニケーションを図ろうとする態度を養う。	(3) 外国語の背景にある文化に対する理解を深め、他者に配慮しながら、主体的に外国語を用いてコミュニケーションを図ろうとする態度を養う。

段階の目標	小学部	中学部	1段階	2段階
知識及び技能	ー	ー	ア 音声や文字、語彙、表現などについて気付くとともに、日本語と外国語との違いに気付くとともに、聞くこと、読むこと、話すこと、書くことを中心とした実際のコミュニケーションにおいて活用できる基礎的な力を身に付けるようにする。	ア 音声や文字、語彙、表現などについて気付くとともに、日本語と外国語との違いに気付くとともに、聞くこと、読むこと、話すこと、書くことによる実際のコミュニケーションにおいて活用できる基礎的なコミュニケーションを身に付けるようにする。

学部	小学部（外国語活動）	中学部（外国語）	高等部（外国語）	
	小学部	中学部	1段階	2段階
段階の目標　思考力、判断力、表現力等	—	—	イ　コミュニケーションを行う目的や場面、状況などに応じて、身近で簡単な事柄について、聞いたり話したりするとともに、音声で十分に慣れ親しんだ外国語の語彙などを真似しながら読んだり、外国語の文字をなぞって書いたりして、自分の考えや気持ちなどを伝え合うことができる基礎的な力を養う。	イ　コミュニケーションを行う目的や場面、状況などに応じて、身近で簡単な事柄について、聞いたり話したりするとともに、音声で十分に慣れ親しんだ外国語の語彙などが表す事柄を想像しながら読んだり、書いたりして、自分の考えや気持ちなどを伝え合うことができる基礎的な力を養う。
段階の目標　学びに向かう力、人間性等	—	—	ウ　外国語の背景にある文化について理解し、相手に配慮しながら、主体的に外国語を用いてコミュニケーションを図ろうとする態度を養う。	ウ　外国語の背景にある文化について理解し、他者に配慮しながら、主体的に外国語を用いてコミュニケーションを図ろうとする態度を養う。
内容	(1)　英語の特徴等に関する事項　具体的な言語の使用場面や具体的な状況における言語活動を通して、次の事項を身に付けることができるよう指導する。　ア　言語を用いてコミュニケーションを図ることの楽しさを知ること。	(1)　英語の特徴等に関する事項　実際に英語を用いた場面や状況等における言語活動を通して、次の事項を身に付けることができるよう指導する。　ア　英語の音声や基本的な表現に慣れ親しむこと。	ア　英語の特徴等に関する事項　実際に英語を用いた場面や状況等における言語活動を通して、次の事項を身に付けることができるよう指導する。　(ア)　英語の音声及び簡単な語句や基本的な表現などについて、日本語との違いに気付くこと。	ア　英語の特徴等に関する事項　実際に英語を用いた場面や状況等における言語活動を通して、次の事項を身に付けることができるよう指導する。　(ア)　英語の音声及び簡単な語句や基本的な表現などについて、日本語との違いに気付くこと。
知識及び技能	—	(ア)　英語の音声を聞き、真似て声を出したり、話したりしようとすること。	(ア)　英語の音声を聞いて話したり、文字を見て読んだり書いたりして日本語の音声や文字などとの違いに気付くこと。	(ア)　英語の音声を聞いて話したり、簡単な語彙などを読んだり書いたりして日本語の音声や文字などとの違いに気付くこと。
知識及び技能	—	(イ)　英語の音声や文字でも、事物の内容を表したり、要件を伝えたりするなどの働きがあることを感じ取ること。	(イ)　英語の音声や文字でも、事物の内容を表したり、要件を伝えたりするなどの働きがあることに気付くこと。	(イ)　英語の音声や文字でも、事物の内容を表したり、要件を伝えたりするなどの働きがあることに気付くこと。
知識及び技能	—	(ウ)　基本的な表現や語句が表す内容を知り、それらを使うことで相手に伝わることを感じ取ること。	(ウ)　簡単な語句や基本的な表現などが表す内容を知り、それらを使うことで要件が相手に伝わることに気付くこと。	(ウ)　簡単な語句や基本的な表現などが表す内容を知り、それらを使うことで要件が相手に伝わることに気付くこと。

学部	小学部（外国語活動）	中学部（外国語）	高等部（外国語）	
内容	小学部	中学部	1段階	2段階
知識及び技能	イ 日本と外国の言語や文化について、以下の体験を通して慣れ親しむこと。 (ア) 英語の歌や日常生活になじみのある語などを聞き、音声やリズムに親しむこと。 (イ) 外国の生活や行事などに触れ、日本と外国の生活や違いを知ること。	イ 日本と外国の言語や文化に触れ親しむこと。 (ア) 体験的な活動を通して、日本と外国の生活、習慣、行事などの違いを知ること。 (イ) 対話的な活動を通して、相手の発言をよく聞こうとしたり、相づちや表情、ジェスチャーなどで応じようとしたりすること。	ー	ー
思考力、判断力、表現力等	(2) 自分の考えや気持ちなどを表現したり、伝えたりする力の素地に関する事項 具体的な課題等を設定し、コミュニケーションを行う目的や場面などに応じて表現することを通して、次の事項を身に付けることができるよう指導する。 ア 身近で簡単な事柄について、注目して見聞きしようとすること。 イ 身近で簡単な事柄について、相手の働きかけに応じようとすること。 (3) 言語活動及び言語の働きに関する事項 ① 言語活動に関する事項 (2) に示す事項については、(1)に示す言語活動を活用して、例えば、次のような言語活動を取り上げるようにする。 ア 聞くこと	(2) 情報を整理し、表現したり、伝え合ったりすることに関する事項 具体的な課題等を設定し、コミュニケーションを行う目的や場面、状況などに応じて、情報を整理し考えを表現することを通して、次の事項を身に付けることができるよう指導する。 ア 日常生活に関する簡単な事柄について、伝えたいことを考え、簡単な語句や基本的な表現を使って伝え合うこと。 イ 日常生活に関する簡単な事柄について、自分の考えや気持ちなどが伝わるよう、工夫して質問をしたり、質問に答えたりすること。 (3) 言語活動及び言語の働きに関する事項 ① 言語活動に関する事項 (2) に示す事項については、(1)に示す言語活動を活用して、例えば、次のような言語活動を通して指導する。 ア 聞くこと	イ 情報を整理しながら考えなどを形成し、英語で表現したり、伝え合ったりすることに関する事項 具体的な課題等を設定し、コミュニケーションを行う目的や場面、状況などに応じて、情報を整理しながら考えなどを形成し、これらを表現することを身に付けることができるよう指導する。 (ア) 簡単な事柄について、伝えようとした内容を整理した上で、簡単な語句などを用いて自分の考えや気持ちなどを伝え合うこと。 (イ) 身近で簡単な事柄について、音声で十分に慣れ親しんだ簡単な語彙などが表す事柄を想像しながら読んだり、書いたりすること。 ウ 言語活動及び言語の働きに関する事項 ① 言語活動に関する事項 イに示す事項については、アに示す言語活動を活用して、例えば、次のような言語活動を通して指導する。 (ア) 聞くこと	イ 情報を整理しながら考えなどを形成し、英語で表現したり、伝え合ったりすることに関する事項 具体的な課題等を設定し、コミュニケーションを行う目的や場面、状況などに応じて、情報を整理しながら考えなどを形成し、これらを表現することを身に付けることができるよう指導する。 (ア) 身近で簡単な事柄について、伝えようとする内容を整理した上で簡単な語句や基本的な表現などを用いて伝え合うこと。 (イ) 身近で簡単な事柄について、音声で十分に慣れ親しんだ簡単な語彙などが表す事柄を想像しながら読んだりすること。 ウ 言語活動及び言語の働きに関する事項 ① 言語活動に関する事項 イに示す事項については、アに示す言語活動を活用して、例えば、次のような言語活動を通して指導する。 (ア) 聞くこと

学部	小学部（外国語活動）	中学部（外国語）	高等部（外国語）	
内容	小学部	中学部	1段階	2段階
	(ア) 既に経験している活動や場面で、英語の挨拶や語句などを聞き取る活動。	(ア) 文字の発音を聞いて文字と結び付ける活動。	(ア) 自分に関する簡単な事柄について、簡単な語句や基本的な表現を聞き、それらを表すイラストや写真などと結び付ける活動。	(ア) 自分のことや学校生活など身近で簡単な事柄について、簡単な語句や基本的な表現を聞き、それらを表すイラストや写真などと結び付ける活動。
	(イ) 既に知っている物や事柄に関する語などを聞き、それらが表す内容を実物や写真などと結び付ける活動。	(イ) 身近で具体的な事物に関する簡単な英語を聞き、それが表す内容を簡単なイラストや写真と結び付ける活動。	(イ) 日付や時刻、値段などを表す表現など、身近で簡単な事柄について、表示などを参考にしながら具体的な情報を聞き取る活動。	(イ) 日付や時刻、値段などを表す表現など、身近で簡単な事柄について、具体的な情報を聞き取る活動。
	—	(ウ) 挨拶や簡単な指示に応じる活動。	—	(ウ) 友達や家族、学校生活など、身近で簡単な事柄について、簡単な語句や基本的な表現で話される短い会話や説明を、イラストや写真を参考にしながら聞いて、必要な情報を聞き取る活動。
思考力、判断力、表現力等	イ 話すこと	イ 話すこと［発表］	(1) 話すこと［発表］	(1) 話すこと［発表］
	(ア) 既に経験している活動や場面で、実物や写真などを示しながら自分の名前や好きなものなどを簡単な語句などを用いて伝える活動。	(ア) 自分の名前、年齢、好みなどを簡単な語などや基本的な表現を用いて表現する活動。	(ア) 簡単な語句や基本的な表現を用いて、自分の趣味や得意なことなどを含めて自己紹介をする活動。	(ア) 簡単な語句や基本的な表現について、身近で簡単な事柄や気持ちを話す活動。
	(イ) 既に知っている歌やダンス、ゲームで、簡単な語句や身振りなどを使って表現する活動。	(イ) 身近で具体的な事物の様子や状態を簡単な語などや基本的な表現、ジェスチャーを用いて表現する活動。	—	—
	ウ 話すこと［やり取り］	ウ 話すこと［やり取り］	(1) 話すこと［やり取り］	(1) 話すこと［やり取り］
	—	(ア) 簡単な挨拶をし合う活動。	(ア) 挨拶を交わしたり、簡単な指示や依頼をして、それらに応じたり断ったりする活動。	(ア) 身近で簡単な事柄について、自分の考えや気持ちを伝えたり、簡単な質問をしたり質問に答えたりして伝え合う活動。
	—	(イ) 自分のことについて、相手に見せながら、好みや要求などの自分の考えや気持ちを伝え合う活動。	—	—

学部 内容	小学部（外国語活動） 小学部	中学部（外国語） 中学部	高等部（外国語） 1段階	2段階
	ー	(ｴ) ゆっくり話される簡単な質問に、英語の語句など又は身振りや動作などで応じる活動。	ー	ー
	ー	エ 書くこと		
	ー		(ｴ) 書くこと	(工) 書くこと
	ー	(ｱ) 身近な事物を表す文字を書く活動。	(ｱ) 活字体の大文字、小文字を区別して書く活動。	(ｱ) 相手に伝えるなどの目的をもって、身近で簡単な事柄について、音声で十分に慣れ親しんだ簡単な語彙などを書き写す活動。
	ー	(ｲ) 例示を見ながら自分の名前を書き写す活動。	(ｲ) 相手に伝えるなどの目的をもって、身近で簡単な事柄について、音声で十分に慣れ親しんだ簡単な語彙などを書き写す活動。	(ｲ) 相手に伝えるなどの目的をもって、身近で簡単な事柄について、音声で十分に慣れ親しんだ簡単な語彙などを書く活動。
	ー	ー	(ｳ) 相手に伝えるなどの目的をもって、身近で簡単な事柄について、音声で十分に慣れ親しんだ語彙などを書き写す活動。	
	ー	オ 読むこと	(ｵ) 読むこと	(ｵ) 読むこと
	ー	(ｱ) 身の回りで使われている文字や単語を見付ける活動。	(ｱ) 活字体で書かれた文字を見て、どの文字であるかやその文字が大文字であるか小文字であるかを識別する活動。	(ｱ) 日常生活に関する身近で簡単な内容とする掲示やパンフレットなどから、自分が必要とする情報を得る活動。
	ー	(ｲ) 日本の人の名前や地名の英語表記に使われている文字を読む活動。	(ｲ) 活字体で書かれた文字を見て、その読み方を発音する活動。	(ｲ) 音声で十分に慣れ親しんだ簡単な語彙などを、挿絵がある本などの中から識別する活動。
思考力、判断力、表現力等	② 言語の働きに関する事項 言語活動を行うに当たり、主として次に示すような言語の使用場面や言語の働きを取り上げるようにする。	② 言語の働きに関する事項 言語活動を行うに当たり、主として次に示すような言語の使用場面や言語の働きを取り上げるようにする。	② 言語の働きに関する事項 言語活動を行うに当たり、主として次に示すような言語の使用場面や言語の働きを取り上げるようにする。	② 言語の働きに関する事項 2段階の言語活動を行うに当たっては、1段階の言語の働きに関する事項を踏まえ、生徒の学習状況に応じた言語の使用場面や言語の働きを取り上げるようにする。
	ア 言語の使用場面の例	ア 言語の使用場面の例	(ｱ) 言語の使用場面の例	ー

学部	小学部（外国語活動）	中学部（外国語）	高等部（外国語）	
内容	小学部	中学部	1段階	2段階
	(ア) 児童の遊びや身近な暮らしに関わる場面 ㋐ 歌やダンスを含む遊び ㋑ 家庭での生活 ㋒ 学校での学習や活動　など (イ) 特有の表現がよく使われる場面 ㋐ 挨拶 ㋑ 自己紹介　など	(ア) 特有の表現がよく使われる場面 ㋐ 挨拶をする ㋑ 自己紹介をする ㋒ 買物をする ㋓ 食事をする　など (イ) 生徒の身近な暮らしに関わる場面 ㋐ ゲーム ㋑ 歌やダンス ㋒ 学校での学習や活動 ㋓ 家庭での生活　など	(ア) 特有の表現がよく使われる場面 ㋐ 挨拶 ㋑ 自己紹介 ㋒ 買物 ㋓ 食事 ㋔ 道案内 ㋕ 旅行　など (イ) 生徒の身近な暮らしに関わる場面 ㋐ 学校での学習や活動 ㋑ 家庭での生活 ㋒ 地域での生活　など	－
思考力, 判断力, 表現力等	イ 言語の働きの例 (ア) コミュニケーションを円滑にする ㋐ 挨拶をする (イ) 気持ちを伝える ㋐ 礼を言う　など －	イ 言語の働きの例 (ア) コミュニケーションを円滑にする ㋐ 挨拶をする ㋑ 相づちを打つ (イ) 気持ちを伝える ㋐ 礼を言う ㋑ 褒める －	(1) 言語の働きの例 (ア) コミュニケーションを円滑にする ㋐ 挨拶をする ㋑ 呼び掛ける ㋒ 相づちを打つ ㋓ 聞き直す　など (イ) 気持ちを伝える ㋐ 礼を言う ㋑ 褒める ㋒ 謝る　など (ウ) 事実・情報を伝える ㋐ 説明する ㋑ 報告する ㋒ 発表する　など	－

学部	小学部〔外国語活動〕	中学部〔外国語〕	高等部〔外国語〕	
内容	小学部	中学部	1段階	2段階
思考力，判断力，表現力等	―	―	㋓　考えや意図を伝える ・意見を言う ・賛成する ・承諾する ・断る　など	―
	―	(ウ) 相手の行動を促す ㋐　質問する	㋔　相手の行動を促す ・質問する ・依頼する ・命令する　など	―
〔その他の外国語〕	―	その他の外国語については，外国語の２の内容の〔英語〕に準じて指導を行うものとする。	その他の外国語については，〔英語〕に示す内容に準じて指導を行うものとする。	その他の外国語については，〔英語〕に示す内容に準じて指導を行うものとする。

目標・内容の一覧（情報）

学部		高等部
	教科の目標	情報に関する科学的な見方・考え方を働かせ、身近にある情報機器の操作の習得を図りながら、問題の解決を行う学習活動を通して、問題の解決に向けて情報と情報技術を適切かつ効果的に活用し、情報社会に主体的に参画するための資質・能力を次のとおり育成することを目指す。
知識及び技能		(1) 身近にある情報と情報技術及びこれらを活用して問題を解決する方法について理解し、基礎的な技能を身に付けるとともに、情報社会と人との関わりについて理解できるようにする。
思考力、判断力、表現力等		(2) 身近な事象を情報とその結び付きとして捉え、問題を知り、問題を解決するために必要な情報と情報技術を活用する力を養う。
学びに向かう力、人間性等		(3) 身近にある情報や情報技術を適切に活用するとともに、情報社会に参画しようとする態度を養う。
段階の目標		**1段階** / **2段階**
知識及び技能		ア 効果的なコミュニケーションの方法や、身近にあるコンピュータやデータの活用について知り、基礎的な技能を身に付けるとともに、情報社会と人との関わりについて知る。（1段階）／ ア 効果的なコミュニケーションの方法や、身近にあるコンピュータやデータの活用について理解し、基礎的な技能を身に付けるとともに、情報社会と人との関わりについて理解する。（2段階）
思考力、判断力、表現力等		イ 身近な事象を情報とその結び付きとして捉え、問題を知り、問題を解決するために必要な情報と情報技術を活用する力を養う。（1段階）／ イ 身近な事象を情報とその結び付きとして捉え、問題を知り、問題を解決するために必要な情報と情報技術を適切かつ効果的に活用する力を養う。（2段階）
学びに向かう力、人間性等		ウ 身近にある情報や情報技術を活用するとともに、情報社会に関わろうとする態度を養う。（1段階）／ ウ 身近にある情報や情報技術を適切に活用するとともに、情報社会に参画しようとする態度を養う。（2段階）
内容		**1段階** / **2段階**
A 情報社会の問題解決		身近にある情報や情報技術を活用して問題を知り、問題を解決する方法に着目し、解決に向けた活動を通して、次の事項を身に付けることができるよう指導する。
		ア 次のような知識及び技能を身に付けること。
		(ア) 身近にある情報やメディアの基本的な特性及びコンピュータ等の情報機器の基本的な用途、操作方法及び仕組みを知り、情報と情報技術を活用して問題を解決する方法を身に付けること。（1段階）／（ア) 身近にある情報やメディアの基本的な特性及びコンピュータ等の情報機器の基本的な用途、操作方法及び仕組みを踏まえ、情報と情報技術を活用して問題を解決する方法を身に付けること。（2段階）
		(イ) 情報に関する身近で基本的な、法規や制度、情報セキュリティの重要性、情報社会における個人の責任及び情報モラルについて知ること。（1段階）／（イ) 情報に関する身近で基本的な、法規や制度、情報セキュリティの重要性、情報社会における個人の責任及び情報モラルについて理解すること。（2段階）
		(ウ) 身近にある情報技術が人や社会に果たす役割と及ぼす影響について知ること。（1段階）／（ウ) 身近にある情報技術が人や社会に果たす役割と及ぼす影響について基本的な理解をすること。（2段階）
		イ 次のような思考力、判断力、表現力等を身に付けること。

学部	高等部	
内容	2段階	1段階
A 情報社会の問題解決	(ア) 目的や状況に応じて、身近にある情報や情報技術を適切かつ効果的に活用して問題を知り、問題を解決する方法について考えること。 (イ) 情報に関する身近で基本的な、法規や制度及びマナーの意義、情報社会において個人の果たす役割や責任、それらの背景を捉え、考えること。 (ウ) 身近にある情報や情報技術の適切な活用と望ましい情報社会の在り方について考えること。	(ア) 目的や状況に応じて、身近にある情報や情報技術を活用して問題を知り、問題を解決する方法について考えること。 (イ) 情報に関する身近で基本的な、法規や制度及びマナーの意義、情報社会において個人の果たす役割や責任について考えること。 (ウ) 身近にある情報や情報技術の活用について考えること。
B コミュニケーションと情報デザイン	身近なメディアとコミュニケーション手段及び情報デザインに着目し、目的や状況に応じて受け手に分かりやすく情報を伝える活動を通して、次の事項を身に付けることができるよう指導する。 ア 次のような知識及び技能を身に付けること。 (ア) 身近なメディアの基本的な特性とコミュニケーション手段の基本的な特徴について、その変遷を踏まえて理解すること。 (イ) 身近にある情報デザインが人や社会に果たしている役割を理解すること。 (ウ) 身近にある情報デザインから、効果的なコミュニケーションを行うための情報デザインの基本的な考え方や方法を理解し表現する基礎的な技能を身に付けること。 イ 次のような思考力、判断力、表現力等を身に付けること。 (ア) 身近なメディアとコミュニケーション手段の関係を捉え、それらを目的や状況に応じて適切に選択すること。 (イ) コミュニケーションの目的に合わせて、適切かつ効果的な情報デザインを考えること。 (ウ) 効果的なコミュニケーションを行うための情報デザインの基本的な考え方や方法に基づいて表現し、振り返り、表現を見直すこと。	身近なメディアとコミュニケーション手段及び情報デザインに着目し、目的や状況に応じて受け手に分かりやすく情報を伝える活動を通して、次の事項を身に付けることができるよう指導する。 ア 次のような知識及び技能を身に付けること。 (ア) 身近なメディアの基本的な特性とコミュニケーション手段の基本的な特徴について、その変遷を踏まえて知ること。 (イ) 身近にある情報デザインが人や社会に果たしている役割を知ること。 (ウ) 身近にある情報デザインから、効果的なコミュニケーションを行うための情報デザインの基本的な考え方や方法を知り、表現する基礎的な技能を身に付けること。 イ 次のような思考力、判断力、表現力等を身に付けること。 (ア) 身近なメディアとコミュニケーション手段の関係を考えること。 (イ) コミュニケーションの目的に合わせて、必要な情報が伝わるような情報デザインを考えること。 (ウ) 効果的なコミュニケーションを行うための情報デザインの基本的な考え方や方法に基づいて、表現の仕方を工夫すること。
C 情報通信ネットワークとデータの活用	情報通信ネットワークや情報通信システムにより提供されるサービスに着目して、情報通信ネットワークや情報通信の活動に向けた活動を通して、問題を知り、問題の解決に向けた活動を通して、次の事項を身に付けることができるよう指導する。 ア 次のような知識及び技能を身に付けること。 (ア) 情報通信ネットワークの基本的な仕組みや情報セキュリティを確保するための基本的な方法について理解すること。	情報通信ネットワークを介して提供されるデータに着目して、情報通信ネットワークや情報通信システムにより提供されるサービスを利用し、問題を知り、問題の解決に向けるよう指導する。 ア 次のような知識及び技能を身に付けること。 (ア) 情報通信ネットワークの基本的な仕組みや情報セキュリティを確保するための基本的な方法について知ること。

学部		高等部	
内容		1段階	2段階
C 情報通信ネットワークとデータの活用	ア	(ｱ) 身近なデータを蓄積、管理、提供する基本的な方法、情報通信ネットワークを介した情報システムによるサービスの提供に関する基本的な仕組みと特徴について知ること。 (ｳ) データを表現、蓄積するための基本的な表し方と、データを収集、整理する基本的な方法について知り、基礎的な技能を身に付けること。	(ｱ) 身近なデータを蓄積、管理、提供する基本的な方法、情報通信ネットワークを介した情報システムによるサービスの提供に関する基本的な仕組みと特徴について理解すること。 (ｳ) データを表現、蓄積するための基本的な表し方と、データを収集、整理、分析する基本的な方法について理解し、基礎的な技能を身に付けること。
	イ	次のような思考力、判断力、表現力等を身に付けること。 (ｱ) 情報通信ネットワークにおける情報セキュリティを確保する基本的な方法について考えること。 (ｲ) 情報システムが提供するサービスの利用について考えること。 (ｳ) データの収集、整理及び結果の表現の基本的な表現の方法を適切に選択し、実行すること。	次のような思考力、判断力、表現力等を身に付けること。 (ｱ) 目的や状況に応じて、情報通信ネットワークにおける情報セキュリティを確保する基本的な方法について考えること。 (ｲ) 情報システムが提供するサービスの効果的な活用について考えること。 (ｳ) データの収集、整理、分析及び結果の表現の基本的な方法を適切に選択し、実行し、振り返り、表現を見直すこと。

付録

目次

教育基本法

平成十八年十二月二十二日　法律第百二十号

　我々日本国民は，たゆまぬ努力によって築いてきた民主的で文化的な国家を更に発展させるとともに，世界の平和と人類の福祉の向上に貢献することを願うものである。

　我々は，この理想を実現するため，個人の尊厳を重んじ，真理と正義を希求し，公共の精神を尊び，豊かな人間性と創造性を備えた人間の育成を期するとともに，伝統を継承し，新しい文化の創造を目指す教育を推進する。

　ここに，我々は，日本国憲法の精神にのっとり，我が国の未来を切り拓く教育の基本を確立し，その振興を図るため，この法律を制定する。

第一章　教育の目的及び理念

（教育の目的）

第一条　教育は，人格の完成を目指し，平和で民主的な国家及び社会の形成者として必要な資質を備えた心身ともに健康な国民の育成を期して行われなければならない。

（教育の目標）

第二条　教育は，その目的を実現するため，学問の自由を尊重しつつ，次に掲げる目標を達成するよう行われるものとする。

一　幅広い知識と教養を身に付け，真理を求める態度を養い，豊かな情操と道徳心を培うとともに，健やかな身体を養うこと。

二　個人の価値を尊重して，その能力を伸ばし，創造性を培い，自主及び自律の精神を養うとともに，職業及び生活との関連を重視し，勤労を重んずる態度を養うこと。

三　正義と責任，男女の平等，自他の敬愛と協力を重んずるとともに，公共の精神に基づき，主体的に社会の形成に参画し，その発展に寄与する態度を養うこと。

四　生命を尊び，自然を大切にし，環境の保全に寄与する態度を養うこと。

五　伝統と文化を尊重し，それらをはぐくんできた我が国と郷土を愛するとともに，他国を尊重し，国際社会の平和と発展に寄与する態度を養うこと。

（生涯学習の理念）

第三条　国民一人一人が，自己の人格を磨き，豊かな人生を送ることができるよう，その生涯にわたって，あらゆる機会に，あらゆる場所において学習することができ，その成果を適切に生かすことのできる社会の実現が図られなければならない。

（教育の機会均等）

第四条　すべて国民は，ひとしく，その能力に応じた教育を受ける機会を与えられなければならず，人種，信条，性別，社会的身分，経済的地位又は門地によって，教育上差別されない。

2　国及び地方公共団体は，障害のある者が，その障害の状態に応じ，十分な教育を受けられるよう，教育上必要な支援を講じなければならない。

3　国及び地方公共団体は，能力があるにもかかわらず，経済的理由によって修学が困難な者に対して，奨学の措置を講じなければならない。

付録1

第二章　教育の実施に関する基本

（義務教育）

第五条　国民は，その保護する子に，別に法律で定めるところにより，普通教育を受けさせる義務を負う。

2　義務教育として行われる普通教育は，各個人の有する能力を伸ばしつつ社会において自立的に生きる基礎を培い，また，国家及び社会の形成者として必要とされる基本的な資質を養うことを目的として行われるものとする。

3　国及び地方公共団体は，義務教育の機会を保障し，その水準を確保するため，適切な役割分担及び相互の協力の下，その実施に責任を負う。

4　国又は地方公共団体の設置する学校における義務教育については，授業料を徴収しない。

（学校教育）

第六条　法律に定める学校は，公の性質を有するものであって，国，地方公共団体及び法律に定める法人のみが，これを設置することができる。

2　前項の学校においては，教育の目標が達成されるよう，教育を受ける者の心身の発達に応じて，体系的な教育が組織的に行われなければならない。この場合において，教育を受ける者が，学校生活を営む上で必要な規律を重んずるとともに，自ら進んで学習に取り組む意欲を高めることを重視して行われなければならない。

（大学）

第七条　大学は，学術の中心として，高い教養と専門的能力を培うとともに，深く真理を探究して新たな知見を創造し，これらの成果を広く社会に提供することにより，社会の発展に寄与するものとする。

2　大学については，自主性，自律性その他の大学における教育及び研究の特性が尊重されなければならない。

（私立学校）

第八条　私立学校の有する公の性質及び学校教育において果たす重要な役割にかんがみ，国及び地方公共団体は，その自主性を尊重しつつ，助成その他の適当な方法によって私立学校教育の振興に努めなければならない。

（教員）

第九条　法律に定める学校の教員は，自己の崇高な使命を深く自覚し，絶えず研究と修養に励み，その職責の遂行に努めなければならない。

2　前項の教員については，その使命と職責の重要性にかんがみ，その身分は尊重され，待遇の適正が期せられるとともに，養成と研修の充実が図られなければならない。

（家庭教育）

第十条　父母その他の保護者は，子の教育について第一義的責任を有するものであって，生活のために必要な習慣を身に付けさせるとともに，自立心を育成し，心身の調和のとれた発達を図るよう努めるものとする。

2　国及び地方公共団体は，家庭教育の自主性を尊重しつつ，保護者に対する学習の機会及び情報の提供その他の家庭教育を支援するために必要な施策を講ずるよう努めなければならない。

（幼児期の教育）

第十一条　幼児期の教育は，生涯にわたる人格形成の基礎を培う重要なものであることにかんがみ，国及び地方公共団体は，幼児の健やかな成長に資する良好な環境の整備その他適当な方法によって，その振興に努めなければならない。

（社会教育）

第十二条　個人の要望や社会の要請にこたえ，社会において行われる教育は，国及び地方公共団体によって奨励されなければならない。

2　国及び地方公共団体は，図書館，博物館，公民館その他の社会教育施設の設置，学校の施設の利用，学習の機会及び情報の提供その他の適当な方法によって社会教育の振興に努めなければならない。

（学校，家庭及び地域住民等の相互の連携協力）

第十三条　学校，家庭及び地域住民その他の関係者は，教育におけるそれぞれの役割と責任を自覚するとともに，相互の連携及び協力に努めるものとする。

（政治教育）

第十四条　良識ある公民として必要な政治的教養は，教育上尊重されなければならない。

2　法律に定める学校は，特定の政党を支持し，又はこれに反対するための政治教育その他政治的活動をしてはならない。

（宗教教育）

第十五条　宗教に関する寛容の態度，宗教に関する一般的な教養及び宗教の社会生活における地位は，教育上尊重されなければならない。

2　国及び地方公共団体が設置する学校は，特定の宗教のための宗教教育その他宗教的活動をしてはならない。

第三章　教育行政

（教育行政）

第十六条　教育は，不当な支配に服することなく，この法律及び他の法律の定めるところにより行われるべきものであり，教育行政は，国と地方公共団体との適切な役割分担及び相互の協力の下，公正かつ適正に行われなければならない。

2　国は，全国的な教育の機会均等と教育水準の維持向上を図るため，教育に関する施策を総合的に策定し，実施しなければならない。

3　地方公共団体は，その地域における教育の振興を図るため，その実情に応じた教育に関する施策を策定し，実施しなければならない。

4　国及び地方公共団体は，教育が円滑かつ継続的に実施されるよう，必要な財政上の措置を講じなければならない。

（教育振興基本計画）

第十七条　政府は，教育の振興に関する施策の総合的かつ計画的な推進を図るため，教育の振興に関する施策についての基本的な方針及び講ずべき施策その他必要な事項について，基本的な計画を定め，これを国会に報告するとともに，公表しなければならない。

2　地方公共団体は，前項の計画を参酌し，その地域の実情に応じ，当該地方公共団体における教育の振興のための施策に関する基本的な計画を定めるよう努めなければならない。

第四章　法令の制定

第十八条　この法律に規定する諸条項を実施するため，必要な法令が制定されなければならない。

付録1

414

学校教育法（抄）

第四章　小学校

第三十条　小学校における教育は，前条に規定する目的を実現するために必要な程度において第二十一条各号に掲げる目標を達成するよう行われるものとする。

②　前項の場合においては，生涯にわたり学習する基盤が培われるよう，基礎的な知識及び技能を習得させるとともに，これらを活用して課題を解決するために必要な思考力，判断力，表現力その他の能力をはぐくみ，主体的に学習に取り組む態度を養うことに，特に意を用いなければならない。

第三十一条　小学校においては，前条第一項の規定による目標の達成に資するよう，教育指導を行うに当たり，児童の体験的な学習活動，特にボランティア活動など社会奉仕体験活動，自然体験活動その他の体験活動の充実に努めるものとする。この場合において，社会教育関係団体その他の関係団体及び関係機関との連携に十分配慮しなければならない。

第三十四条　小学校においては，文部科学大臣の検定を経た教科用図書又は文部科学省が著作の名義を有する教科用図書を使用しなければならない。

②　前項に規定する教科用図書（以下この条において「教科用図書」という。）の内容を文部科学大臣の定めるところにより記録した電磁的記録（電子的方式，磁気的方式その他人の知覚によっては認識することができない方式で作られる記録であつて，電子計算機による情報処理の用に供されるものをいう。）である教材がある場合には，同項の規定にかかわらず，文部科学大臣の定めるところにより，児童の教育の充実を図るため必要があると認められる教育課程の一部において，教科用図書に代えて当該教材を使用することができる。

③　前項に規定する場合において，視覚障害，発達障害その他の文部科学大臣の定める事由により教科用図書を使用して学習することが困難な児童に対し，教科用図書に用いられた文字，図形等の拡大又は音声への変換その他の同項に規定する教材を電子計算機において用いることにより可能となる方法で指導することにより当該児童の学習上の困難の程度を低減させる必要があると認められるときは，文部科学大臣の定めるところにより，教育課程の全部又は一部において，教科用図書に代えて当該教材を使用することができる。

④・⑤　（略）

第六章　高等学校

第五十条　高等学校は，中学校における教育の基礎の上に，心身の発達及び進路に応じて，高度な普通教育及び専門教育を施すことを目的とする。

第五十一条　高等学校における教育は，前条に規定する目的を実現するため，次に掲げる目標を達成するよう行われるものとする。

一　義務教育として行われる普通教育の成果を更に発展拡充させて，豊かな人間性，創造性及び健やかな身体を養い，国家及び社会の形成者として必要な資質を養うこと。

二　社会において果たさなければならない使命の自覚に基づき，個性に応じて将来の進路を決定させ，一般的な教養を高め，専門的な知識，技術及び技能を習得させること。

三　個性の確立に努めるとともに，社会について，広く深い理解と健全な批判力を養い，社会の発展に寄与する態度を養うこと。

第五十二条　高等学校の学科及び教育課程に関する事項は，前二条の規定及び第六十二条において読

み替えて準用する第三十条第二項の規定に従い，文部科学大臣が定める。

第五十六条　高等学校の修業年限は，全日制の課程については，三年とし，定時制の課程及び通信制の課程については，三年以上とする。

第五十八条　高等学校には，専攻科及び別科を置くことができる。

②　高等学校の専攻科は，高等学校若しくはこれに準ずる学校若しくは中等教育学校を卒業した者又は文部科学大臣の定めるところにより，これと同等以上の学力があると認められた者に対して，精深な程度において，特別の事項を教授し，その研究を指導することを目的とし，その修業年限は，一年以上とする。

③　高等学校の別科は，前条に規定する入学資格を有する者に対して，簡易な程度において，特別の技能教育を施すことを目的とし，その修業年限は，一年以上とする。

第六十二条　第三十条第二項，第三十一条，第三十四条，第三十七条第四項から第十七項まで及び第十九項並びに第四十二条から第四十四条までの規定は，高等学校に準用する。この場合において，第三十条第二項中「前項」とあるのは「第五十一条」と，第三十一条中「前条第一項」とあるのは「第五十一条」と読み替えるものとする。

第八章　特別支援教育

第七十二条　特別支援学校は，視覚障害者，聴覚障害者，知的障害者，肢体不自由者又は病弱者（身体虚弱者を含む。以下同じ。）に対して，幼稚園，小学校，中学校又は高等学校に準ずる教育を施すとともに，障害による学習上又は生活上の困難を克服し自立を図るために必要な知識技能を授けることを目的とする。

第七十三条　特別支援学校においては，文部科学大臣の定めるところにより，前条に規定する者に対する教育のうち当該学校が行うものを明らかにするものとする。

第七十四条　特別支援学校においては，第七十二条に規定する目的を実現するための教育を行うほか，幼稚園，小学校，中学校，義務教育学校，高等学校又は中等教育学校の要請に応じて，第八十一条第一項に規定する幼児，児童又は生徒の教育に関し必要な助言又は援助を行うよう努めるものとする。

第七十五条　第七十二条に規定する視覚障害者，聴覚障害者，知的障害者，肢体不自由者又は病弱者の障害の程度は，政令で定める。

第七十六条　（略）

②　特別支援学校には，小学部及び中学部のほか，幼稚部又は高等部を置くことができ，また，特別の必要のある場合においては，前項の規定にかかわらず，小学部及び中学部を置かないで幼稚部又は高等部のみを置くことができる。

第七十七条　特別支援学校の幼稚部の教育課程その他の保育内容，小学部及び中学部の教育課程又は高等部の学科及び教育課程に関する事項は，幼稚園，小学校，中学校又は高等学校に準じて，文部科学大臣が定める。

第八十一条　幼稚園，小学校，中学校，義務教育学校，高等学校及び中等教育学校においては，次項各号のいずれかに該当する幼児，児童及び生徒その他教育上特別の支援を必要とする幼児，児童及び生徒に対し，文部科学大臣の定めるところにより，障害による学習上又は生活上の困難を克服するための教育を行うものとする。

②　小学校，中学校，義務教育学校，高等学校及び中等教育学校には，次の各号のいずれかに該当する児童及び生徒のために，特別支援学級を置くことができる。

一　知的障害者

二　肢体不自由者

三　身体虚弱者

四　弱視者

五　難聴者

六　その他障害のある者で，特別支援学級において教育を行うことが適当なもの

③　（略）

第八十二条　第二十六条，第二十七条，第三十一条（第四十九条及び第六十二条において読み替えて準用する場合を含む。），第三十二条，第三十四条（第四十九条及び第六十二条において準用する場合を含む。），第三十六条，第三十七条（第二十八条，第四十九条及び第六十二条において準用する場合を含む。），第四十二条から第四十四条まで，第四十七条及び第五十六条から第六十条までの規定は特別支援学校に，第八十四条の規定は特別支援学校の高等部に，それぞれ準用する。

第九章　大学

第八十四条　大学は，通信による教育を行うことができる。

附　則

第九条　高等学校，中等教育学校の後期課程及び特別支援学校並びに特別支援学級においては，当分の間，第三十四条第一項（第四十九条，第四十九条の八，第六十二条，第七十条第一項及び第八十二条において準用する場合を含む。）の規定にかかわらず，文部科学大臣の定めるところにより，第三十四条第一項に規定する教科用図書以外の教科用図書を使用することができる。

②　第三十四条第二項及び第三項の規定は，前項の規定により使用する教科用図書について準用する。

付録1

学校教育法施行規則（抄） 昭和二十二年五月二十三日文部省令第十一号

第四章　小学校

第二節　教育課程
第五十四条　児童が心身の状況によつて履修することが困難な各教科は，その児童の心身の状況に適合するように課さなければならない。

第五十六条の五　学校教育法第三十四条第二項に規定する教材（以下この条において「教科用図書代替教材」という。）は，同条第一項に規定する教科用図書（以下この条において「教科用図書」という。）の発行者が，その発行する教科用図書の内容の全部（電磁的記録に記録することに伴つて変更が必要となる内容を除く。）をそのまま記録した電磁的記録である教材とする。

2　学校教育法第三十四条第二項の規定による教科用図書代替教材の使用は，文部科学大臣が別に定める基準を満たすように行うものとする。

3　学校教育法第三十四条第三項に規定する文部科学大臣の定める事由は，次のとおりとする。

一　視覚障害，発達障害その他の障害

二　日本語に通じないこと

三　前二号に掲げる事由に準ずるもの

4　学校教育法第三十四条第三項の規定による教科用図書代替教材の使用は，文部科学大臣が別に定める基準を満たすように行うものとする。

第五十七条　小学校において，各学年の課程の修了又は卒業を認めるに当たつては，児童の平素の成績を評価して，これを定めなければならない。

第五十八条　校長は，小学校の全課程を修了したと認めた者には，卒業証書を授与しなければならない。

付録1

第三節　学年及び授業日
第五十九条　小学校の学年は，四月一日に始まり，翌年三月三十一日に終わる。

第六章　高等学校

第一節　設備，編制，学科及び教育課程
第八十一条　二以上の学科を置く高等学校には，専門教育を主とする学科（以下「専門学科」という。）ごとに学科主任を置き，農業に関する専門学科を置く高等学校には，農場長を置くものとする。

2～5　（略）

第八十八条の三　高等学校は，文部科学大臣が別に定めるところにより，授業を，多様なメディアを高度に利用して，当該授業を行う教室等以外の場所で履修させることができる。

第八十九条　高等学校においては，文部科学大臣の検定を経た教科用図書又は文部科学省が著作の名義を有する教科用図書のない場合には，当該高等学校の設置者の定めるところにより，他の適切な教科用図書を使用することができる。

2　第五十六条の五の規定は，学校教育法附則第九条第二項において準用する同法第三十四条第二項又は第三項の規定により前項の他の適切な教科用図書に代えて使用する教材について準用する。

第二節　入学，退学，転学，留学，休学及び卒業等

第九十一条　第一学年の途中又は第二学年以上に入学を許可される者は，相当年齢に達し，当該学年に在学する者と同等以上の学力があると認められた者とする。

第九十二条　他の高等学校に転学を志望する生徒のあるときは，校長は，その事由を具し，生徒の在学証明書その他必要な書類を転学先の校長に送付しなければならない。転学先の校長は，教育上支障がない場合には，転学を許可することができる。

2　全日制の課程，定時制の課程及び通信制の課程相互の間の転学又は転籍については，修得した単位に応じて，相当学年に転入することができる。

第九十三条　校長は，教育上有益と認めるときは，生徒が外国の高等学校に留学することを許可することができる。

2　校長は，前項の規定により留学することを許可された生徒について，外国の高等学校における履修を高等学校における履修とみなし，三十六単位を超えない範囲で単位の修得を認定することができる。

3　校長は，前項の規定により単位の修得を認定された生徒について，第百四条第一項において準用する第五十九条又は第百四条第二項に規定する学年の途中においても，各学年の課程の修了又は卒業を認めることができる。

第九十七条　校長は，教育上有益と認めるときは，生徒が当該校長の定めるところにより他の高等学校又は中等教育学校の後期課程において一部の科目の単位を修得したときは，当該修得した単位数を当該生徒の在学する高等学校が定めた全課程の修了を認めるに必要な単位数のうちに加えることができる。

2　前項の規定により，生徒が他の高等学校又は中等教育学校の後期課程において一部の科目の単位を修得する場合においては，当該他の高等学校又は中等教育学校の校長は，当該生徒について一部の科目の履修を許可することができる。

3　（略）

第九十八条　校長は，教育上有益と認めるときは，当該校長の定めるところにより，生徒が行う次に掲げる学修を当該生徒の在学する高等学校における科目の履修とみなし，当該科目の単位を与えることができる。

一　大学，高等専門学校又は専修学校の高等課程若しくは専門課程における学修その他の教育施設等における学修で文部科学大臣が別に定めるもの

二　知識及び技能に関する審査で文部科学大臣が別に定めるものに係る学修

三　ボランティア活動その他の継続的に行われる活動（当該生徒の在学する高等学校の教育活動として行われるものを除く。）に係る学修で文部科学大臣が別に定めるもの

第九十九条　第九十七条の規定に基づき加えることのできる単位数及び前条の規定に基づき与えることのできる単位数の合計数は三十六を超えないものとする。

第百条　校長は，教育上有益と認めるときは，当該校長の定めるところにより，生徒が行う次に掲げる学修（当該生徒が入学する前に行つたものを含む。）を当該生徒の在学する高等学校における科目の履修とみなし，当該科目の単位を与えることができる。

一　高等学校卒業程度認定試験規則（平成十七年文部科学省令第一号）の定めるところにより合格点を得た試験科目（同令附則第二条の規定による廃止前の大学入学資格検定規程（昭和二十六年文部省令第十三号。以下「旧規程」という。）の定めるところにより合格点を得た受検科目を含む。）に係る学修

二　高等学校の別科における学修で第八十四条の規定に基づき文部科学大臣が公示する高等学校学習指導要領の定めるところに準じて修得した科目に係る学修

第百条の二　学校教育法第五十八条の二に規定する文部科学大臣の定める基準は，次のとおりとす

る。

一　修業年限が二年以上であること。

二　課程の修了に必要な総単位数その他の事項が，別に定める基準を満たすものであること。

2　（略）

第三節　定時制の課程及び通信制の課程並びに学年による教育課程の区分を設けない場合その他

第百四条　第四十三条から第四十九条まで（第四十六条を除く。），第五十四条，第五十六条の五から第七十一条まで（第六十九条を除く。）及び第七十八条の二の規定は，高等学校に準用する。

2　（略）

3　校長は，特別の必要があり，かつ，教育上支障がないときは，第一項において準用する第五十九条に規定する学年の途中においても，学期の区分に従い，入学（第九十一条に規定する入学を除く。）を許可し並びに各学年の課程の修了及び卒業を認めることができる。

第八章　特別支援教育

第百二十八条　特別支援学校の高等部の教育課程は，別表第三及び別表第五に定める各教科に属する科目，総合的な学習の時間，特別活動並びに自立活動によつて編成するものとする。

2　前項の規定にかかわらず，知的障害者である生徒を教育する場合は，国語，社会，数学，理科，音楽，美術，保健体育，職業，家庭，外国語，情報，家政，農業，工業，流通・サービス及び福祉の各教科，第百二十九条に規定する特別支援学校高等部学習指導要領で定めるこれら以外の教科及び道徳，総合的な学習の時間，特別活動並びに自立活動によつて教育課程を編成するものとする。

第百二十九条　特別支援学校の幼稚部の教育課程その他の保育内容並びに小学部，中学部及び高等部の教育課程については，この章に定めるもののほか，教育課程その他の保育内容又は教育課程の基準として文部科学大臣が別に公示する特別支援学校幼稚部教育要領，特別支援学校小学部・中学部学習指導要領及び特別支援学校高等部学習指導要領によるものとする。

第百三十条　特別支援学校の小学部，中学部又は高等部においては，特に必要がある場合は，第百二十六条から第百二十八条までに規定する各教科（次項において「各教科」という。）又は別表第三及び別表第五に定める各教科に属する科目の全部又は一部について，合わせて授業を行うことができる。

2　特別支援学校の小学部，中学部又は高等部においては，知的障害者である児童若しくは生徒又は複数の種類の障害を併せ有する児童若しくは生徒を教育する場合において特に必要があるときは，各教科，特別の教科である道徳（特別支援学校の高等部にあつては，前条に規定する特別支援学校高等部学習指導要領で定める道徳），外国語活動，特別活動及び自立活動の全部又は一部について，合わせて授業を行うことができる。

第百三十一条　特別支援学校の小学部，中学部又は高等部において，複数の種類の障害を併せ有する児童若しくは生徒を教育する場合又は教員を派遣して教育を行う場合において，特に必要があるときは，第百二十六条から第百二十九条までの規定にかかわらず，特別の教育課程によることができる。

2　前項の規定により特別の教育課程による場合において，文部科学大臣の検定を経た教科用図書又は文部科学省が著作の名義を有する教科用図書を使用することが適当でないときは，当該学校の設置者の定めるところにより，他の適切な教科用図書を使用することができる。

3　第五十六条の五の規定は，学校教育法附則第九条第二項において準用する同法第三十四条第二項

付録1

又は第三項の規定により前項の他の適切な教科用図書に代えて使用する教材について準用する。

第百三十二条　特別支援学校の小学部，中学部又は高等部の教育課程に関し，その改善に資する研究を行うため特に必要があり，かつ，児童又は生徒の教育上適切な配慮がなされていると文部科学大臣が認める場合においては，文部科学大臣が別に定めるところにより，第百二十六条から第百二十九条までの規定によらないことができる。

第百三十二条の二　文部科学大臣が，特別支援学校の小学部，中学部又は高等部において，当該特別支援学校又は当該特別支援学校が設置されている地域の実態に照らし，より効果的な教育を実施するため，当該特別支援学校又は当該地域の特色を生かした特別の教育課程を編成して教育を実施する必要があり，かつ，当該特別の教育課程について，教育基本法及び学校教育法第七十二条の規定等に照らして適切であり，児童又は生徒の教育上適切な配慮がなされているものとして文部科学大臣が定める基準を満たしていると認める場合においては，文部科学大臣が別に定めるところにより，第百二十六条から第百二十九条までの規定の一部又は全部によらないことができる。

第百三十三条　校長は，生徒の特別支援学校の高等部の全課程の修了を認めるに当たつては，特別支援学校高等部学習指導要領に定めるところにより行うものとする。ただし，第百三十二条又は第百三十二条の二の規定により，特別支援学校の高等部の教育課程に関し第百二十八条及び第百二十九条の規定によらない場合においては，文部科学大臣が別に定めるところにより行うものとする。

2　前項前段の規定により全課程の修了の要件として特別支援学校高等部学習指導要領の定めるところにより校長が定める単位数又は授業時数のうち，第百三十五条第五項において準用する第八十八条の三に規定する授業の方法によるものは，それぞれ全課程の修了要件として定められた単位数又は授業時数の二分の一に満たないものとする。

第百三十四条　特別支援学校の高等部における通信教育に関する事項は，別に定める。

第百三十四条の二　校長は，特別支援学校に在学する児童等について個別の教育支援計画（学校と医療，保健，福祉，労働等に関する業務を行う関係機関及び民間団体（次項において「関係機関等」という。）との連携の下に行う当該児童等に対する長期的な支援に関する計画をいう。）を作成しなければならない。

2　校長は，前項の規定により個別の教育支援計画を作成するに当たつては，当該児童等又はその保護者の意向を踏まえつつ，あらかじめ，関係機関等と当該児童等の支援に関する必要な情報の共有を図らなければならない。

第百三十五条　第四十三条から第四十九条まで（第四十六条を除く。），第五十四条，第五十九条から第六十三条まで，第六十五条から第六十八条まで，第八十二条及び第百条の三の規定は，特別支援学校に準用する。この場合において，同条中「第百四条第一項」とあるのは，「第百三十五条第一項」と読み替えるものとする。

2　第五十六条の五から第五十八条まで，第六十四条及び第八十九条の規定は，特別支援学校の小学部，中学部及び高等部に準用する。

3・4　（略）

5　第七十条，第七十一条，第七十八条の二，第八十一条，第八十八条の三，第九十条第一項から第三項まで，第九十一条から第九十五条まで，第九十七条第一項及び第二項，第九十八条から第百条の二まで並びに第百四条第三項の規定は，特別支援学校の高等部に準用する。この場合において，第九十七条第一項及び第二項中「他の高等学校又は中等教育学校の後期課程」とあるのは「他の特別支援学校の高等部，高等学校又は中等教育学校の後期課程」と，同条第二項中「当該他の高等学校又は中等教育学校」とあるのは「当該他の特別支援学校，高等学校又は中等教育学校」と読み替えるものとする。

別表第三（第八十三条，第百八条，第百二十八条関係）

（一）　各学科に共通する各教科

各 教 科	各教科に属する科目
国　　語	国語総合，国語表現，現代文A，現代文B，古典A，古典B
地 理 歴 史	世界史A，世界史B，日本史A，日本史B，地理A，地理B
公　　民	現代社会，倫理，政治・経済
数　　学	数学Ⅰ，数学Ⅱ，数学Ⅲ，数学A，数学B，数学活用
理　　科	科学と人間生活，物理基礎，物理，化学基礎，化学，生物基礎，生物，地学基礎，地学，理科課題研究
保 健 体 育	体育，保健
芸　　術	音楽Ⅰ，音楽Ⅱ，音楽Ⅲ，美術Ⅰ，美術Ⅱ，美術Ⅲ，工芸Ⅰ，工芸Ⅱ，工芸Ⅲ，書道Ⅰ，書道Ⅱ，書道Ⅲ
外 国 語	コミュニケーション英語基礎，コミュニケーション英語Ⅰ，コミュニケーション英語Ⅱ，コミュニケーション英語Ⅲ，英語表現Ⅰ，英語表現Ⅱ，英語会話
家　　庭	家庭基礎，家庭総合，生活デザイン
情　　報	社会と情報，情報の科学

（二）　主として専門学科において開設される各教科

各 教 科	各教科に属する科目
農　　業	農業と環境，課題研究，総合実習，農業情報処理，作物，野菜，果樹，草花，畜産，農業経営，農業機械，食品製造，食品化学，微生物利用，植物バイオテクノロジー，動物バイオテクノロジー，農業経済，食品流通，森林科学，森林経営，林産物利用，農業土木設計，農業土木施工，水循環，造園計画，造園技術，環境緑化材料，測量，生物活用，グリーンライフ
工　　業	工業技術基礎，課題研究，実習，製図，工業数理基礎，情報技術基礎，材料技術基礎，生産システム技術，工業技術英語，工業管理技術，環境工学基礎，機械工作，機械設計，原動機，電子機械，電子機械応用，自動車工学，自動車整備，電気基礎，電気機器，電力技術，電子技術，電子回路，電子計測制御，通信技術，電子情報技術，プログラミング技術，ハードウェア技術，ソフトウェア技術，コンピュータシステム技術，建築構造，建築計画，建築構造設計，建築施工，建築法規，設備計画，空気調和設備，衛生・防災設備，測量，土木基礎力学，土木構造設計，土木施工，社会基盤工学，工業化学，化学工学，地球環境化学，材料製造技術，工業材料，材料加工，セラミック化学，セラミック技術，セラミック工業，繊維製品，繊維・染色技術，染織デザイン，インテリア計画，インテリア装備，インテリアエレメント生産，デザイン技術，デザイン材料，デザイン史
商　　業	ビジネス基礎，課題研究，総合実践，ビジネス実務，マーケティング，商品開発，広告と販売促進，ビジネス経済，ビジネス経済応用，経済活動と法，簿記，財務会計Ⅰ，財務会計Ⅱ，原価計算，管理会計，情報処理，ビジネス情報，電子商取引，プログラミング，ビジネス情報管理

付録1

水　産	水産海洋基礎，課題研究，総合実習，海洋情報技術，水産海洋科学，漁業，航海・計器，船舶運用，船用機関，機械設計工作，電気理論，移動体通信工学，海洋通信技術，資源増殖，海洋生物，海洋環境，小型船舶，食品製造，食品管理，水産流通，ダイビング，マリンスポーツ
家　庭	生活産業基礎，課題研究，生活産業情報，消費生活，子どもの発達と保育，子ども文化，生活と福祉，リビングデザイン，服飾文化，ファッション造形基礎，ファッション造形，ファッションデザイン，服飾手芸，フードデザイン，食文化，調理，栄養，食品，食品衛生，公衆衛生
看　護	基礎看護，人体と看護，疾病と看護，生活と看護，成人看護，老年看護，精神看護，在宅看護，母性看護，小児看護，看護の統合と実践，看護臨地実習，看護情報活用
情　報	情報産業と社会，課題研究，情報の表現と管理，情報と問題解決，情報テクノロジー，アルゴリズムとプログラム，ネットワークシステム，データベース，情報システム実習，情報メディア，情報デザイン，表現メディアの編集と表現，情報コンテンツ実習
福　祉	社会福祉基礎，介護福祉基礎，コミュニケーション技術，生活支援技術，介護過程，介護総合演習，介護実習，こころとからだの理解，福祉情報活用
理　数	理数数学Ⅰ，理数数学Ⅱ，理数数学特論，理数物理，理数化学，理数生物，理数地学，課題研究
体　育	スポーツ概論，スポーツⅠ，スポーツⅡ，スポーツⅢ，スポーツⅣ，スポーツⅤ，スポーツⅥ，スポーツ総合演習
音　楽	音楽理論，音楽史，演奏研究，ソルフェージュ，声楽，器楽，作曲，鑑賞研究
美　術	美術概論，美術史，素描，構成，絵画，版画，彫刻，ビジュアルデザイン，クラフトデザイン，情報メディアデザイン，映像表現，環境造形，鑑賞研究
英　語	総合英語，英語理解，英語表現，異文化理解，時事英語

付録1

備考

一　(一)及び(二)の表の上欄に掲げる各教科について，それぞれの表の下欄に掲げる各教科に属する科目以外の科目を設けることができる。

二　(一)及び(二)の表の上欄に掲げる各教科以外の教科及び当該教科に関する科目を設けることができる。

別表第五（第百二十八条関係）

(一)　視覚障害者である生徒に対する教育を行う特別支援学校の主として専門学科において開設される各教科

各 教 科	各教科に属する科目
保 健 理 療	医療と社会，人体の構造と機能，疾病の成り立ちと予防，生活と疾病，基礎保健理療，臨床保健理療，地域保健理療と保健理療経営，保健理療基礎実習，保健理療臨床実習，保健理療情報活用，課題研究
理　　療	医療と社会，人体の構造と機能，疾病の成り立ちと予防，生活と疾病，基礎理療学，臨床理療学，地域理療と理療経営，理療基礎実習，理療臨床実習，理療情報活用，課題研究

理 学 療 法	人体の構造と機能，疾病と障害，保健・医療・福祉とリハビリテーション，基礎理学療法学，理学療法評価学，理学療法治療学，地域理学療法学，臨床実習，理学療法情報活用，課題研究

（二）　聴覚障害者である生徒に対する教育を行う特別支援学校の主として専門学科において開設される各教科

各 教 科	各教科に属する科目
印　　　刷	印刷概論，写真製版，印刷機械・材料，印刷デザイン，写真化学・光学，文書処理・管理，印刷情報技術基礎，画像技術，印刷総合実習，課題研究
理容・美容	理容・美容関係法規，衛生管理，理容・美容保健，理容・美容の物理・化学，理容・美容文化論，理容・美容技術理論，理容・美容運営管理，理容実習，理容・美容情報活用，課題研究
クリーニング	クリーニング関係法規，公衆衛生，クリーニング理論，繊維，クリーニング機器・装置，クリーニング実習，課題研究
歯 科 技 工	歯科技工関係法規，歯科技工学概論，歯科理工学，歯の解剖学，顎口腔機能学，有床義歯技工学，歯冠修復技工学，矯正歯科技工学，小児歯科技工学，歯科技工実習，歯科技工情報活用，課題研究

備考

一　（一）及び（二）の表の上欄に掲げる各教科について，それぞれの表の下欄に掲げる各教科に属する科目以外の科目を設けることができる。

二　（一）及び（二）の表の上欄に掲げる各教科以外の教科及び当該教科に関する科目を設けることができる。

付録1

学校教育法施行規則の一部を改正する省令

平成三十年三月三十日文部科学省令第十三号

学校教育法施行規則（昭和二十二年文部省令第十一号）の一部を次のように改正する。

第八十三条中「総合的な学習の時間」を「総合的な探究の時間」に改める。

別表第三を次のように改める。

別表第三（第八十三条，第百八条，第百二十八条関係）

（一）　各学科に共通する各教科

各教科	各教科に属する科目
国　　語	現代の国語，言語文化，論理国語，文学国語，国語表現，古典探究
地 理 歴 史	地理総合，地理探究，歴史総合，日本史探究，世界史探究
公　　民	公共，倫理，政治・経済
数　　学	数学Ⅰ，数学Ⅱ，数学Ⅲ，数学A，数学B，数学C
理　　科	科学と人間生活，物理基礎，物理，化学基礎，化学，生物基礎，生物，地学基礎，地学
保 健 体 育	体育，保健
芸　　術	音楽Ⅰ，音楽Ⅱ，音楽Ⅲ，美術Ⅰ，美術Ⅱ，美術Ⅲ，工芸Ⅰ，工芸Ⅱ，工芸Ⅲ，書道Ⅰ，書道Ⅱ，書道Ⅲ
外 国 語	英語コミュニケーションⅠ，英語コミュニケーションⅡ，英語コミュニケーションⅢ，論理・表現Ⅰ，論理・表現Ⅱ，論理・表現Ⅲ
家　　庭	家庭基礎，家庭総合
情　　報	情報Ⅰ，情報Ⅱ
理　　数	理数探究基礎，理数探究

付録1

（二）　主として専門学科において開設される各教科

各教科	各教科に属する科目
農　　業	農業と環境，課題研究，総合実習，農業と情報，作物，野菜，果樹，草花，畜産，栽培と環境，飼育と環境，農業経営，農業機械，植物バイオテクノロジー，食品製造，食品化学，食品微生物，食品流通，森林科学，森林経営，林産物利用，農業土木設計，農業土木施工，水循環，造園計画，造園施工管理，造園植栽，測量，生物活用，地域資源活用
工　　業	工業技術基礎，課題研究，実習，製図，工業情報数理，工業材料技術，工業技術英語，工業管理技術，工業環境技術，機械工作，機械設計，原動機，電子機械，生産技術，自動車工学，自動車整備，船舶工学，電気回路，電気機器，電力技術，電子技術，電子回路，電子計測制御，通信技術，プログラミング技術，ハードウェア技術，ソフトウェア技術，コンピュータシステム技術，建築構造，建築計画，建築構造設計，建築施工，建築法規，設備計画，空気調和設備，衛生・防災設備，測量，土木基盤力学，土木構造設計，土木施工，社会基盤工学，工業化学，化学工学，地球環境化学，材料製造技術，材料工学，材料加工，セラミック化学，セラミック技術，セラミック工業，繊維製品，繊維・染色技術，染織デザイン，インテリア計画，インテリア装備，インテリアエレ

工 業	メント生産，デザイン実践，デザイン材料，デザイン史
商 業	ビジネス基礎，課題研究，総合実践，ビジネス・コミュニケーション，マーケティング，商品開発と流通，観光ビジネス，ビジネス・マネジメント，グローバル経済，ビジネス法規，簿記，財務会計Ⅰ，財務会計Ⅱ，原価計算，管理会計，情報処理，ソフトウェア活用，プログラミング，ネットワーク活用，ネットワーク管理
水 産	水産海洋基礎，課題研究，総合実習，海洋情報技術，水産海洋科学，漁業，航海・計器，船舶運用，船用機関，機械設計工作，電気理論，移動体通信工学，海洋通信技術，資源増殖，海洋生物，海洋環境，小型船舶，食品製造，食品管理，水産流通，ダイビング，マリンスポーツ
家 庭	生活産業基礎，課題研究，生活産業情報，消費生活，保育基礎，保育実践，生活と福祉，住生活デザイン，服飾文化，ファッション造形基礎，ファッション造形，ファッションデザイン，服飾手芸，フードデザイン，食文化，調理，栄養，食品，食品衛生，公衆衛生，総合調理実習
看 護	基礎看護，人体の構造と機能，疾病の成り立ちと回復の促進，健康支援と社会保障制度，成人看護，老年看護，小児看護，母性看護，精神看護，在宅看護，看護の統合と実践，看護臨地実習，看護情報
情 報	情報産業と社会，課題研究，情報の表現と管理，情報テクノロジー，情報セキュリティ，情報システムのプログラミング，ネットワークシステム，データベース，情報デザイン，コンテンツの制作と発信，メディアとサービス，情報実習
福 祉	社会福祉基礎，介護福祉基礎，コミュニケーション技術，生活支援技術，介護過程，介護総合演習，介護実習，こころとからだの理解，福祉情報
理 数	理数数学Ⅰ，理数数学Ⅱ，理数数学特論，理数物理，理数化学，理数生物，理数地学
体 育	スポーツ概論，スポーツⅠ，スポーツⅡ，スポーツⅢ，スポーツⅣ，スポーツⅤ，スポーツⅥ，スポーツ総合演習
音 楽	音楽理論，音楽史，演奏研究，ソルフェージュ，声楽，器楽，作曲，鑑賞研究
美 術	美術概論，美術史，鑑賞研究，素描，構成，絵画，版画，彫刻，ビジュアルデザイン，クラフトデザイン，情報メディアデザイン，映像表現，環境造形
英 語	総合英語Ⅰ，総合英語Ⅱ，総合英語Ⅲ，ディベート・ディスカッションⅠ，ディベート・ディスカッションⅡ，エッセイライティングⅠ，エッセイライティングⅡ

付録1

備考
一 （一）及び（二）の表の上欄に掲げる各教科について，それぞれの表の下欄に掲げる各教科
　に属する科目以外の科目を設けることができる。
二 （一）及び（二）の表の上欄に掲げる各教科以外の教科及び当該教科に関する科目を設ける
　ことができる。

附　則

1　この省令は，平成三十四年四月一日から施行する。

2　改正後の学校教育法施行規則（以下この項及び次項において「新令」という。）別表第三の規定
　は，施行の日以降高等学校（中等教育学校の後期課程及び特別支援学校の高等部を含む。以下この
　項及び次項において同じ。）に入学した生徒（新令第九十一条（新令第百十三条第一項及び第百三
　十五条第五項で準用する場合を含む。）の規定により入学した生徒であって同日前に入学した生徒
　に係る教育課程により履修するものを除く。）に係る教育課程から適用する。

3　前項の規定により新令別表第三の規定が適用されるまでの高等学校の教育課程については，なお
　従前の例による。

付録1

学校教育法施行規則の一部を改正する省令の一部を改正する省令

平成三十年八月三十一日文部科学省令第二十八号

　学校教育法施行規則の一部を改正する省令（平成三十年文部科学省令第十三号）の一部を次のように改正する。

　次の表により，改正前欄に掲げる規定の傍線を付した部分をこれに順次対応する改正後欄に掲げる規定の傍線を付した部分のように改め，改正前欄及び改正後欄に対応して掲げるその標記部分に二重傍線を付した規定（以下「対象規定」という。）は，改正前欄に掲げる対象規定で改正前欄にこれに対応するものを掲げていないものは，これを加える。

改正後

　　附　則

1　この省令は、平成三十四年四月一日から施行する。ただし、附則第四項及び第五項の規定は平成三十一年四月一日から施行する。

2　改正後の学校教育法施行規則（以下「新令」という。）第八十三条及び別表第三の規定は、施行の日以降高等学校（中等教育学校の後期課程及び特別支援学校の高等部を含む。次項及び附則第四項において同じ。）に入学した生徒（新令第九十一条（新令第百十三条第一項及び第百三十五条第五項で準用する場合を含む。附則第四項において同じ。）の規定により入学した生徒であって同日前に入学した生徒に係る教育課程により履修するものを除く。）に係る教育課程から適用する。

3　前項の規定により新令第八十三条及び別表第三の規定が適用されるまでの高等学校の教育課程については、なお従前の例による。

4‖　平成三十一年四月一日から平成三十四年三月三十一日までの間に高等学校に入学した生徒（新令第九十一条の規定により入学した生徒であって平成三十一年三月三十一日までに入学した生徒に係る教育課程により履修するものを除く。）に係る教育課程についての平成三十一年四月一日から新令第八十三条の規定が適用されるまでの間における改正前の学校教育法施行規則（以下「旧令」という。）第八十三条の規定の適用については、同条中「総合的な学習の時間」とあるのは「総合的な探究の時間」とする。

5‖　平成三十一年四月一日から新令別表第三の規定の適用については、同表㈡の表福祉の項中「福祉情報活用」とあるのは「福祉情報活用、福祉情報」とする。

　備考　表中の〔　〕の記載及び対象規定の二重傍線を付した標記部分を除く全体に付した傍線は注記である。

改正前

　　附　則

1　この省令は、平成三十四年四月一日から施行する。

2　改正後の学校教育法施行規則（以下この項及び次項において「新令」という。）別表第三の規定は、施行の日以降高等学校（中等教育学校の後期課程及び特別支援学校の高等部を含む。以下この項及び次項において同じ。）に入学した生徒（新令第九十一条（新令第百十三条第一項及び第百三十五条第五項で準用する場合を含む。）の規定により入学した生徒であって同日前に入学した生徒に係る教育課程により履修するものを除く。）に係る教育課程から適用する。

3　前項の規定により新令別表第三の規定が適用されるまでの高等学校の教育課程については、なお従前の例による。

　〔項を加える。〕

　〔項を加える。〕

428

附　則

この省令は，公布の日から施行する。

学校教育法施行規則の一部を改正する省令

平成三十一年二月四日文部科学省令第三号

学校教育法施行規則（昭和二十二年文部省令第十一号）の一部を次のように改正する。

次の表により，改正前欄に掲げる規定の傍線を付した部分をこれに順次対応する改正後欄に掲げる規定の傍線を付した部分のように改める。

改正後

第百二十八条　特別支援学校の高等部の教育課程は、別表第三及び別表第五に定める各教科に属する科目、総合的な探究の時間、特別活動並びに自立活動によつて編成するものとする。

2　前項の規定にかかわらず、知的障害者である生徒を教育する場合は、国語、社会、数学、理科、音楽、美術、保健体育、職業、家庭、外国語、情報、家政、農業、工業、流通・サービス及び福祉の各教科、第百二十九条に規定する特別支援学校高等部学習指導要領で定めるこれら以外の教科及び特別の教科である道徳、総合的な探究の時間、特別活動並びに自立活動によつて教育課程を編成するものとする。

第百三十条　（略）

2　特別支援学校の小学部、中学部又は高等部においては、知的障害者である児童若しくは生徒又は複数の種類の障害を併せ有する児童若しくは生徒を教育する場合において特に必要があるときは、各教科、特別の教科である道徳、外国語活動、特別活動及び自立活動の全部又は一部について、合わせて授業を行うことができる。

別表第五　（第百二十八条関係）

（一）視覚障害者である生徒に対する教育を行う特別支援学校の主として専門学科において開設される各教科

各教科	各教科に属する科目
保健理療	医療と社会、人体の構造と機能、疾病の成り立ちと予防、生活と疾病、基礎保健理療、臨床保健理療、地域保健理療、保健理療経営、保健理療基礎実習、保健理療臨床実習、保健理療情報、課題研究
理療	医療と社会、人体の構造と機能、疾病の成り立ちと予防、生活と疾病、基礎理療学、臨床

改正前

第百二十八条　特別支援学校の高等部の教育課程は、別表第三及び別表第五に定める各教科に属する科目、総合的な学習の時間、特別活動並びに自立活動によつて編成するものとする。

2　前項の規定にかかわらず、知的障害者である生徒を教育する場合は、国語、社会、数学、理科、音楽、美術、保健体育、職業、家庭、外国語、情報、家政、農業、工業、流通・サービス及び福祉の各教科、第百二十九条に規定する特別支援学校高等部学習指導要領で定めるこれら以外の教科及び道徳、総合的な学習の時間、特別活動並びに自立活動によつて教育課程を編成するものとする。

第百三十条　（略）

2　特別支援学校の小学部、中学部又は高等部においては、知的障害者である児童若しくは生徒又は複数の種類の障害を併せ有する児童若しくは生徒を教育する場合において特に必要があるときは、各教科、特別の教科である道徳（特別支援学校高等部にあつては、前条に規定する特別支援学校高等部学習指導要領で定める道徳）、外国語活動、特別活動及び自立活動の全部又は一部について、合わせて授業を行うことができる。

別表第五　（第百二十八条関係）

（一）視覚障害者である生徒に対する教育を行う特別支援学校の主として専門学科において開設される各教科

各教科	各教科に属する科目
保健理療	医療と社会、人体の構造と機能、疾病の成り立ちと予防、生活と疾病、基礎保健理療、臨床保健理療、地域保健理療、保健理療経営、保健理療基礎実習、保健理療臨床実習、保健理療情報活用、課題研究
理療	医療と社会、人体の構造と機能、疾病の成り立ちと予防、生活と疾病、基礎理療学、臨床

付録1

	理療学、地域理療と理療経営、理療基礎実習、理療臨床実習、理療情報、課題研究
理学療法	人体の構造と機能、疾病と障害、保健・医療・福祉とリハビリテーション、基礎理学療法学、理学療法管理学、理学療法評価学、理学療法治療学、地域理学療法学、理学療法臨床実習、理学療法情報、課題研究

(二) 聴覚障害者である生徒に対する教育を行う特別支援学校の主として専門学科において開設される各教科

各教科	各教科に属する科目
印刷	印刷概論、印刷デザイン、印刷製版技術、DTP技術、印刷情報技術、デジタル画像技術、印刷総合実習、課題研究
理容・美容	関係法規・制度、衛生管理、保健、香粧品化学、文化論、理容・美容技術理論、運営管理、理容実習、美容実習、理容・美容情報、課題研究
クリーニング	（略）
歯科技工	歯科技工関係法規、歯科技工学概論、歯科理工学、歯の解剖学、顎口腔機能学、有床義歯技工学、歯冠修復技工学、矯正歯科技工学、小児歯科技工学、歯科技工実習、歯科技工情報、課題研究

備考（略）

	理療学、地域理療と理療経営、理療基礎実習、理療臨床実習、理療情報活用、課題研究
理学療法	人体の構造と機能、疾病と障害、保健・医療・福祉とリハビリテーション、基礎理学療法学、理学療法評価学、理学療法治療学、地域理学療法学、臨床実習、理学療法情報活用、課題研究

(二) 聴覚障害者である生徒に対する教育を行う特別支援学校の主として専門学科において開設される各教科

各教科	各教科に属する科目
印刷	印刷概論、写真製版、印刷機械・材料、印刷デザイン、写真化学・光学、文書処理・管理、印刷情報技術基礎、画像技術、印刷総合実習、課題研究
理容・美容	理容・美容関係法規、衛生管理、理容・美容保健、理容・美容の物理・化学、理容・美容文化論、理容・美容技術理論、理容・美容運営管理、理容実習、理容・美容情報活用、課題研究
クリーニング	（略）
歯科技工	歯科技工関係法規、歯科技工学概論、歯科理工学、歯の解剖学、顎口腔機能学、有床義歯技工学、歯冠修復技工学、矯正歯科技工学、小児歯科技工学、歯科技工実習、歯科技工情報活用、課題研究

備考（略）

附　則

1　この省令は，平成三十四年四月一日から施行する。ただし，附則第四項及び第五項の規定は平成三十一年四月一日から，附則第六項の規定は平成三十二年四月一日から施行する。

2　この省令による改正後の学校教育法施行規則（以下「新令」という。）第百二十八条，第百三十条第二項及び別表第五の規定は，この省令の施行の日以降特別支援学校の高等部に入学した生徒（新令第百二十五条第五項の規定により準用される新令第九十一条の規定により入学した生徒であって同日前に入学した生徒に係る教育課程により履修するものを除く。）に係る教育課程から適用する。

3　前項の規定により新令第百二十八条，第百三十条第二項及び別表第五の規定が適用されるまでの特別支援学校の高等部の教育課程については，なお従前の例による。

4　平成三十一年四月一日から平成三十四年三月三十一日までの間に特別支援学校の高等部に入学した生徒（新令第百三十五条第五項の規定により準用される新令第九十一条の規定により入学した生徒であって平成三十一年三月三十一日までに入学した生徒に係る教育課程により履修するものを除く。）に係る教育課程についての平成三十一年四月一日から新令第百二十八条の規定が適用されるまでの間におけるこの省令による改正前の学校教育法施行規則（以下「旧令」という。）第百二十八条の規定の適用については，同条中「総合的な学習の時間」とあるのは「総合的な探究の時間」とする。

5　平成三十一年四月一日から新令別表第五の規定が適用されるまでの間における旧令別表第五の規定の適用については，同表（一）の表保健理療の項中「課題研究」とあるのは「課題研究，保健理療情報」とし，同表理療の項中「課題研究」とあるのは「課題研究，理療情報」とし，同表理学療法の項中「課題研究」とあるのは「課題研究，理学療法管理学，理学療法臨床実習，理学療法情報」とし，同表（二）の表印刷の項中「課題研究」とあるのは「課題研究，印刷製版技術，DTP技術，印刷情報技術，デジタル画像技術」とし，同表理容・美容の項中「課題研究」とあるのは「課題研究，関係法規・制度，保健，香粧品化学，文化論，運営管理，美容実習，理容・美容情報」とし，同表歯科技工の項中「課題研究」とあるのは「課題研究，歯科技工情報」とする。

6　平成三十二年四月一日から平成三十四年三月三十一日までの間に特別支援学校の高等部に入学した生徒（新令第百三十五条第五項の規定により準用される新令第九十一条の規定により入学した生徒であって平成三十二年三月三十一日までに入学した生徒に係る教育課程により履修するものを除く。）に係る教育課程についての平成三十二年四月一日から新令第百二十八条第二項及び第百三十条第二項の規定が適用されるまでの間における旧令第百二十八条第二項の規定の適用については，同項中「道徳」とあるのは「特別の教科である道徳」とし，旧令第百三十条第二項の規定の適用については，同項中「特別の教科である道徳（特別支援学校の高等部にあっては，前条に規定する特別支援学校高等部学習指導要領で定める道徳）」とあるのは「特別の教科である道徳」とする。

付録1

特別支援学校の高等部の学科を定める省令(抄)

昭和四十一年二月二十一日文部省令第二号

学校教育法（昭和二十二年法律第二十六号）第七十三条の規定に基づき，盲学校及び聾学校の高等部の学科を定める省令を次のように定める。

第一条　特別支援学校の高等部の学科は，普通教育を主とする学科及び専門教育を主とする学科とする。

第二条　特別支援学校の高等部の普通教育を主とする学科は，普通科とする。

2　特別支援学校の高等部の専門教育を主とする学科は，次の表に掲げる学科その他専門教育を施す学科として適正な規模及び内容があると認められるものとする。

視覚障害者である生徒に対する教育を行う学科	一　家庭に関する学科 二　音楽に関する学科 三　理療に関する学科 四　理学療法に関する学科
聴覚障害者である生徒に対する教育を行う学科	一　農業に関する学科 二　工業に関する学科 三　商業に関する学科 四　家庭に関する学科 五　美術に関する学科 六　理容・美容に関する学科 七　歯科技工に関する学科
知的障害者，肢体不自由者又は病弱者（身体虚弱者を含む。）である生徒に対する教育を行う学科	一　農業に関する学科 二　工業に関する学科 三　商業に関する学科 四　家庭に関する学科 五　産業一般に関する学科

付録1

附　則

（平成十九年三月三〇日文部科学省令第五号）抄

（施行期日）

第一条　この省令は，学校教育法等の一部を改正する法律（以下「改正法」という。）の施行の日（平成十九年四月一日）から施行する。

特別支援学校高等部学習指導要領　第1章　総則（抄）

第1章　総　　則

第1節　教育目標

　高等部における教育については，学校教育法第72条に定める目的を実現するために，生徒の障害の状態や特性及び心身の発達の段階等を十分考慮して，次に掲げる目標の達成に努めなければならない。

1　学校教育法第51条に規定する高等学校教育の目標
2　生徒の障害による学習上又は生活上の困難を改善・克服し自立を図るために必要な知識，技能，態度及び習慣を養うこと。

第2節　教育課程の編成

第1款　高等部における教育の基本と教育課程の役割

1　各学校においては，教育基本法及び学校教育法その他の法令並びにこの章以下に示すところに従い，生徒の人間として調和のとれた育成を目指し，生徒の障害の状態や特性及び心身の発達の段階等，学科の特色及び学校や地域の実態を十分考慮して，適切な教育課程を編成するものとし，これらに掲げる目標を達成するよう教育を行うものとする。

2　学校の教育活動を進めるに当たっては，各学校において，第3款の1に示す主体的・対話的で深い学びの実現に向けた授業改善を通して，創意工夫を生かした特色ある教育活動を展開する中で，次の(1)から(4)までに掲げる事項の実現を図り，生徒に生きる力を育むことを目指すものとする。

(1) 基礎的・基本的な知識及び技能を確実に習得させ，これらを活用して課題を解決するために必要な思考力，判断力，表現力等を育むとともに，主体的に学習に取り組む態度を養い，個性を生かし多様な人々との協働を促す教育の充実に努めること。その際，生徒の発達の段階を考慮して，生徒の言語活動など，学習の基盤をつくる活動を充実するとともに，家庭との連携を図りながら，生徒の学習習慣が確立するよう配慮すること。

(2) 道徳教育や体験活動，多様な表現や鑑賞の活動等を通して，豊かな心や創造性の涵養を目指した教育の充実に努めること。

　学校における道徳教育は，人間としての在り方生き方に関する教育を学校の教育活動全体を通じて行うことによりその充実を図るものとし，視覚障害者，聴覚障害者，肢体不自由者又は病弱者である生徒に対する教育を行う特別支援学校においては，各教科に属する科目（以下「各教科・科目」という。），総合的な探究の時間，特別活動及び自立活動（以下「各教科・科目等」という。）において，また，知的障害者である生徒に対する教育を行う特別支援学校においては，第3章に掲げる特別の教科である道徳（以下「道徳科」という。）を要として，各教科，総合的な探究の時間，特別活動及び自立活動において，それぞれの特質に応じて，適切な指導を行うこと。

　道徳教育は，教育基本法及び学校教育法に定められた教育の根本精神に基づき，生徒が自己探求と自己実現に努め国家・社会の一員としての自覚に基づき行為しうる発達の段階にあることを考慮し，人間としての在り方生き方を考え，主体的な判断の下に行動し，自立した人間として他者と共によりよく生きるための基盤となる道徳性を養うことを目標とすること。

　道徳教育を進めるに当たっては，人間尊重の精神と生命に対する畏敬の念を家庭，学校，その

他社会における具体的な生活の中に生かし，豊かな心をもち，伝統と文化を尊重し，それらを育んできた我が国と郷土を愛し，個性豊かな文化の創造を図るとともに，平和で民主的な国家及び社会の形成者として，公共の精神を尊び，社会及び国家の発展に努め，他国を尊重し，国際社会の平和と発展や環境の保全に貢献し未来を拓く主体性のある日本人の育成に資することとなるよう特に留意すること。

(3) 学校における体育・健康に関する指導を，生徒の発達の段階を考慮して，学校の教育活動全体を通じて適切に行うことにより，健康で安全な生活と豊かなスポーツライフの実現を目指した教育の充実に努めること。特に，学校における食育の推進並びに体力の向上に関する指導，安全に関する指導及び心身の健康の保持増進に関する指導については，保健体育科，家庭科及び特別活動の時間はもとより，各教科・科目，総合的な探究の時間及び自立活動（知的障害者である生徒に対する教育を行う特別支援学校においては，各教科，道徳科，総合的な探究の時間及び自立活動。）などにおいてもそれぞれの特質に応じて適切に行うよう努めること。また，それらの指導を通して，家庭や地域社会との連携を図りながら，日常生活において適切な体育・健康に関する活動の実践を促し，生涯を通じて健康・安全で活力ある生活を送るための基礎が培われるよう配慮すること。

(4) 学校における自立活動の指導は，障害による学習上又は生活上の困難を改善・克服し，自立し社会参加する資質を養うため，自立活動の時間はもとより，学校の教育活動全体を通じて適切に行うものとする。特に，自立活動の時間における指導は，各教科・科目，総合的な探究の時間及び特別活動（知的障害者である生徒に対する教育を行う特別支援学校においては，各教科，道徳科，総合的な探究の時間及び特別活動。）と密接な関連を保ち，個々の生徒の障害の状態や特性及び心身の発達の段階等を的確に把握して，適切な指導計画の下に行うよう配慮すること。

3　2の(1)から(4)までに掲げる事項の実現を図り，豊かな創造性を備え持続可能な社会の創り手となることが期待される生徒に，生きる力を育むことを目指すに当たっては，学校教育全体，各教科・科目等並びに知的障害者である生徒に対する教育を行う特別支援学校における各教科，道徳科，総合的な探究の時間，特別活動及び自立活動（以下「各教科等」という。）において，それぞれの指導を通してどのような資質・能力の育成を目指すのかを明確にしながら，教育活動の充実を図るものとする。その際，生徒の障害の状態や特性及び心身の発達の段階等を踏まえつつ，次に掲げることが偏りなく実現できるようにするものとする。

(1) 知識及び技能が習得されるようにすること。
(2) 思考力，判断力，表現力等を育成すること。
(3) 学びに向かう力，人間性等を涵養すること。

4　学校においては，生徒の障害の状態や特性及び心身の発達の段階等，学校や地域の実態等に応じて，就業やボランティアに関わる体験的な学習の指導を適切に行うようにし，勤労の尊さや創造することの喜びを体得させ，望ましい勤労観，職業観の育成や社会奉仕の精神の涵養に資するものとする。

5　各学校においては，生徒や学校，地域の実態を適切に把握し，教育の目的や目標の実現に必要な教育の内容等を教科等横断的な視点で組み立てていくこと，教育課程の実施状況を評価してその改善を図っていくこと，教育課程の実施に必要な人的又は物的な体制を確保するとともにその改善を図っていくことなどを通して，教育課程に基づき組織的かつ計画的に各学校の教育活動の質の向上を図っていくこと（以下「カリキュラム・マネジメント」という。）に努めるものとする。その際，生徒に何が身に付いたかという学習の成果を的確に捉え，第2款の3の(5)のイに示す個別の指導計画の実施状況の評価と改善を，教育課程の評価と改善につなげていくよう工夫すること。

付録2

第2款　教育課程の編成

1　各学校の教育目標と教育課程の編成

　　教育課程の編成に当たっては，学校教育全体，各教科・科目等及び各教科等において，それぞれの指導を通して育成を目指す資質・能力を踏まえつつ，各学校の教育目標を明確にするとともに，教育課程の編成についての基本的な方針が家庭や地域とも共有されるよう努めるものとする。その際，第4章総合的な探究の時間において準ずるものとしている高等学校学習指導要領第4章の第2の1に基づき定められる目標との関連を図るものとする。

2　教科等横断的な視点に立った資質・能力の育成

(1)　各学校においては，生徒の障害の状態や特性及び心身の発達の段階等を考慮し，言語能力，情報活用能力（情報モラルを含む。），問題発見・解決能力等の学習の基盤となる資質・能力を育成していくことができるよう，各教科・科目等又は各教科等の特質を生かし，教科等横断的な視点から教育課程の編成を図るものとする。

(2)　各学校においては，生徒や学校，地域の実態並びに生徒の障害の状態や特性及び心身の発達の段階等を考慮し，豊かな人生の実現や災害等を乗り越えて次代の社会を形成することに向けた現代的な諸課題に対応して求められる資質・能力を，教科等横断的な視点で育成していくことができるよう，各学校の特色を生かした教育課程の編成を図るものとする。

3　教育課程の編成における共通的事項

(1)　視覚障害者，聴覚障害者，肢体不自由者又は病弱者である生徒に対する教育を行う特別支援学校における各教科・科目等の履修等

ア　各教科・科目及び単位数等

(ｱ)　卒業までに履修させる単位数等

　　各学校においては，卒業までに履修させる（ｲ）から（ｵ）までに示す各教科・科目及びその単位数，総合的な探究の時間の単位数，特別活動及びその授業時数並びに自立活動の授業時数に関する事項を定めるものとする。この場合，卒業までに履修させる単位数の計は，イの（ｱ）及び（ｲ）に掲げる各教科・科目の単位数並びに総合的な探究の時間の単位数を含めて74単位（自立活動の授業については，授業時数を単位数に換算して，この単位数に含めることができる。）以上とする。

　　単位については，1単位時間を50分とし，35単位時間の授業を1単位として計算することを標準とする。

(ｲ)　各学科に共通する各教科・科目及び標準単位数

　　各学校においては，教育課程の編成に当たって，次の表に掲げる各教科・科目及びその標準単位数を踏まえ，生徒に履修させる各教科・科目及びそれらの単位数について適切に定めるものとする。ただし，生徒の実態等を考慮し，特に必要がある場合には，標準単位数の標準の限度を超えて単位数を増加して配当することができる。

教　科	科　目	標　準単位数	教科	科目	単位数
国　語	現代の国語	2	地理歴史	地理総合	2
	言語文化	2		地理探究	3
	論理国語	4		歴史総合	2
	文学国語	4		日本史探究	3
	国語表現	4		世界史探究	3
	古典探究	4	公　民	公共	2
				倫理	2
				政治・経済	2

付録2

436

数　学	数学Ⅰ	3	芸　術	工芸Ⅰ	2
	数学Ⅱ	4		工芸Ⅱ	2
	数学Ⅲ	3		工芸Ⅲ	2
	数学A	2		書道Ⅰ	2
	数学B	2		書道Ⅱ	2
	数学C	2		書道Ⅲ	2
理　科	科学と人間生活	2	外国語	英語コミュニケーションⅠ	3
	物理基礎	2		英語コミュニケーションⅡ	4
	物理	4		英語コミュニケーションⅢ	4
	化学基礎	2		論理・表現Ⅰ	2
	化学	4		論理・表現Ⅱ	2
	生物基礎	2		論理・表現Ⅲ	2
	生物	4			
	地学基礎	2			
	地学	4			
保健体育	体育	7～8	家　庭	家庭基礎	2
	保健	2		家庭総合	4
芸　術	音楽Ⅰ	2	情　報	情報Ⅰ	2
	音楽Ⅱ	2		情報Ⅱ	2
	音楽Ⅲ	2	理　数	理数探究基礎	1
	美術Ⅰ	2		理数探究	2～5
	美術Ⅱ	2			
	美術Ⅲ	2			

(ｳ) 主として専門学科において開設される各教科・科目

各学校においては，教育課程の編成に当たって，視覚障害者である生徒に対する教育を行う特別支援学校にあっては次の表の㋐及び㋑，聴覚障害者である生徒に対する教育を行う特別支援学校にあっては次の表の㋐及び㋒，肢体不自由者又は病弱者である生徒に対する教育を行う特別支援学校にあっては次の表の㋐に掲げる主として専門学科（専門教育を主とする学科をいう。以下同じ。）において開設される各教科・科目及び設置者の定めるそれぞれの標準単位数を踏まえ，生徒に履修させる各教科・科目及びその単位数について適切に定めるものとする。

㋐　視覚障害者，聴覚障害者，肢体不自由者又は病弱者である生徒に対する教育を行う特別支援学校

教　科	科　目
農　業	農業と環境，課題研究，総合実習，農業と情報，作物，野菜，果樹，草花，畜産，栽培と環境，飼育と環境，農業経営，農業機械，植物バイオテクノロジー，食品製造，食品化学，食品微生物，食品流通，森林科学，森林経営，林産物利用，農業土木設計，農業土木施工，水循環，造園計画，造園施工管理，造園植栽，測量，生物活用，地域資源活用
工　業	工業技術基礎，課題研究，実習，製図，工業情報数理，工業材料技術，工業技術英語，工業管理技術，工業環境技術，機械工作，機械設計，原動機，電子機械，生産技術，自動車工学，自動車整備，船舶工学，電気回路，電気機器，電力技術，電子技術，電子回路，電子計測制御，通信技術，プログラミング技術，ハードウェア技術，ソフトウェア技術，コ

工　業	ンピュータシステム技術，建築構造，建築計画，建築構造設計，建築施工，建築法規，設備計画，空気調和設備，衛生・防災設備，測量，土木基盤力学，土木構造設計，土木施工，社会基盤工学，工業化学，化学工学，地球環境化学，材料製造技術，材料工学，材料加工，セラミック化学，セラミック技術，セラミック工業，繊維製品，繊維・染色技術，染織デザイン，インテリア計画，インテリア装備，インテリアエレメント生産，デザイン実践，デザイン材料，デザイン史
商　業	ビジネス基礎，課題研究，総合実践，ビジネス・コミュニケーション，マーケティング，商品開発と流通，観光ビジネス，ビジネス・マネジメント，グローバル経済，ビジネス法規，簿記，財務会計Ⅰ，財務会計Ⅱ，原価計算，管理会計，情報処理，ソフトウェア活用，プログラミング，ネットワーク活用，ネットワーク管理
水　産	水産海洋基礎，課題研究，総合実習，海洋情報技術，水産海洋科学，漁業，航海・計器，船舶運用，船用機関，機械設計工作，電気理論，移動体通信工学，海洋通信技術，資源増殖，海洋生物，海洋環境，小型船舶，食品製造，食品管理，水産流通，ダイビング，マリンスポーツ
家　庭	生活産業基礎，課題研究，生活産業情報，消費生活，保育基礎，保育実践，生活と福祉，住生活デザイン，服飾文化，ファッション造形基礎，ファッション造形，ファッションデザイン，服飾手芸，フードデザイン，食文化，調理，栄養，食品，食品衛生，公衆衛生，総合調理実習
看　護	基礎看護，人体の構造と機能，疾病の成り立ちと回復の促進，健康支援と社会保障制度，成人看護，老年看護，小児看護，母性看護，精神看護，在宅看護，看護の統合と実践，看護臨地実習，看護情報
情　報	情報産業と社会，課題研究，情報の表現と管理，情報テクノロジー，情報セキュリティ，情報システムのプログラミング，ネットワークシステム，データベース，情報デザイン，コンテンツの制作と発信，メディアとサービス，情報実習
福　祉	社会福祉基礎，介護福祉基礎，コミュニケーション技術，生活支援技術，介護過程，介護総合演習，介護実習，こころとからだの理解，福祉情報
理　数	理数数学Ⅰ，理数数学Ⅱ，理数数学特論，理数物理，理数化学，理数生物，理数地学
体　育	スポーツ概論，スポーツⅠ，スポーツⅡ，スポーツⅢ，スポーツⅣ，スポーツⅤ，スポーツⅥ，スポーツ総合演習
音　楽	音楽理論，音楽史，演奏研究，ソルフェージュ，声楽，器楽，作曲，鑑賞研究
美　術	美術概論，美術史，鑑賞研究，素描，構成，絵画，版画，彫刻，ビジュアルデザイン，クラフトデザイン，情報メディアデザイン，映像表現，環境造形
英　語	総合英語Ⅰ，総合英語Ⅱ，総合英語Ⅲ，ディベート・ディスカッションⅠ，ディベート・ディスカッションⅡ，エッセイライティングⅠ，エッセイライティングⅡ

付録2

㋑　視覚障害者である生徒に対する教育を行う特別支援学校

教　科	科　　目
保健理療	医療と社会，人体の構造と機能，疾病の成り立ちと予防，生活と疾病，基礎保健理療，臨床保健理療，地域保健理療と保健理療経営，保健理療基礎実習，保健理療臨床実習，保健理療情報，課題研究

㋒　聴覚障害者である生徒に対する教育を行う特別支援学校

教　科	科　　目
印　刷	印刷概論，印刷デザイン，印刷製版技術，ＤＴＰ技術，印刷情報技術，デジタル画像技術，印刷総合実習，課題研究
理容・美容	関係法規・制度，衛生管理，保健，香粧品化学，文化論，理容・美容技術理論，運営管理，理容実習，美容実習，理容・美容情報，課題研究
クリーニング	クリーニング関係法規，公衆衛生，クリーニング理論，繊維，クリーニング機器・装置，クリーニング実習，課題研究

(ｴ) 学校設定科目

学校においては，生徒や学校，地域の実態及び学科の特色等に応じ，特色ある教育課程の編成に資するよう，(ｲ) 及び (ｳ) の表に掲げる教科について，これらに属する科目以外の科目（以下「学校設定科目」という。）を設けることができる。この場合において，学校設定科目の名称，目標，内容，単位数等については，その科目の属する教科の目標に基づき，高等部における教育としての水準の確保に十分配慮し，各学校の定めるところによるものとする。

(ｵ) 学校設定教科

㋐　学校においては，生徒や学校，地域の実態及び学科の特色等に応じ，特色ある教育課程の編成に資するよう，(ｲ) 及び (ｳ) の表に掲げる教科以外の教科（以下この項及び第４款の１の(2)において「学校設定教科」という。）及び当該教科に関する科目を設けることができる。この場合において，学校設定教科及び当該教科に関する科目の名称，目標，内容，単位数等については，高等部における教育の目標に基づき，高等部における教育としての水準の確保に十分配慮し，各学校の定めるところによるものとする。

㋑　学校においては，学校設定教科に関する科目として「産業社会と人間」を設けることができる。この科目の目標，内容，単位数等を各学校において定めるに当たっては，産業社会における自己の在り方生き方について考えさせ，社会に積極的に寄与し，生涯にわたって学習に取り組む意欲や態度を養うとともに，生徒の主体的な各教科・科目の選択に資するよう，就業体験活動等の体験的な学習や調査・研究などを通して，次のような事項について指導することに配慮するものとする。

a　社会生活や職業生活に必要な基本的な能力や態度及び望ましい勤労観，職業観の育成

b　我が国の産業の発展とそれがもたらした社会の変化についての考察

c　自己の将来の生き方や進路についての考察及び各教科・科目の履修計画の作成

イ　各教科・科目の履修等

(ｱ) 各学科に共通する必履修教科・科目及び総合的な探究の時間

㋐　全ての生徒に履修させる各教科・科目（以下「必履修教科・科目」という。）は次のとおりとし，その単位数は，アの (ｲ) に標準単位数として示された単位数を下らないものとする。ただし，生徒の実態及び専門学科の特色等を考慮し，特に必要がある場合には，「数学Ⅰ」及び「英語コミュニケーションⅠ」については２単位とすることができ，その

付録2

他の必履修教科・科目（標準単位数が2単位であるものを除く。）についてはその単位数の一部を減じることができる。

a　国語のうち「現代の国語」及び「言語文化」

b　地理歴史のうち「地理総合」及び「歴史総合」

c　公民のうち「公共」

d　数学のうち「数学Ⅰ」

e　理科のうち「科学と人間生活」，「物理基礎」，「化学基礎」，「生物基礎」及び「地学基礎」のうちから2科目（うち1科目は「科学と人間生活」とする。）又は「物理基礎」，「化学基礎」，「生物基礎」及び「地学基礎」のうちから3科目

f　保健体育のうち「体育」及び「保健」

g　芸術のうち「音楽Ⅰ」，「美術Ⅰ」，「工芸Ⅰ」及び「書道Ⅰ」のうちから1科目

h　外国語のうち「英語コミュニケーションⅠ」（英語以外の外国語を履修する場合は，学校設定科目として設ける1科目とし，その標準単位数は3単位とする。）

i　家庭のうち「家庭基礎」及び「家庭総合」のうちから1科目

j　情報のうち「情報Ⅰ」

　㋑　総合的な探究の時間については，全ての生徒に履修させるものとし，その単位数は，各学校において，生徒や学校の実態に応じて適切に定めるものとする。

　㋒　外国の高等学校等に留学していた生徒について，外国の高等学校等における履修により，必履修教科・科目又は総合的な探究の時間の履修と同様の成果が認められる場合においては，外国の高等学校等における履修をもって相当する必履修教科・科目又は総合的な探究の時間の履修の一部又は全部に替えることができる。

（イ）専門学科における各教科・科目の履修

　　専門学科における各教科・科目の履修については，（ア）のほか次のとおりとする。

　㋐　専門学科においては，専門教科・科目（アの（ウ）の表に掲げる各教科・科目，同表の教科に属する学校設定科目及び専門教育に関する学校設定教科に関する科目をいう。以下同じ。）について，全ての生徒に履修させる単位数は，25単位を下らないこと。ただし，各学科の目標を達成する上で，専門教科・科目以外の各教科・科目の履修により，専門教科・科目の履修と同様の成果が期待できる場合においては，その専門教科・科目以外の各教科・科目の単位数の一部の履修をもって，当該専門教科・科目の単位数の一部の履修に替えることができること。

　㋑　専門教科・科目の履修によって，（ア）の必履修教科・科目の履修と同様の成果が期待できる場合においては，その専門教科・科目の履修をもって，必履修教科・科目の履修の一部又は全部に替えることができること。

　㋒　職業教育を主とする専門学科においては，総合的な探究の時間の履修により，農業，工業，商業，水産，家庭，情報，保健理療，印刷，理容・美容若しくはクリーニングの各教科の「課題研究」，看護の「看護臨地実習」又は福祉の「介護総合演習」（以下「課題研究等」という。）の履修と同様の成果が期待できる場合においては，総合的な探究の時間の履修をもって課題研究等の履修の一部又は全部に替えることができること。また，課題研究等の履修により，総合的な探究の時間の履修と同様の成果が期待できる場合においては，課題研究等の履修をもって総合的な探究の時間の履修の一部又は全部に替えることができること。

ウ　各教科・科目等の授業時数等

（ア）各教科・科目，ホームルーム活動及び自立活動の授業は，年間35週行うことを標準とし，必要がある場合には，各教科・科目及び自立活動の授業を特定の学期又は特定の期間

付録2

440

（夏季，冬季，学年末等の休業日の期間に授業日を設定する場合を含む。）に行うことができる。

（イ）週当たりの授業時数は，30単位時間を標準とする。ただし，特に必要がある場合には，これを増加することができる。

（ウ）ホームルーム活動の授業時数については，原則として，年間35単位時間以上とするものとする。

（エ）生徒会活動及び学校行事については，生徒や学校の実態に応じて，それぞれ適切な授業時数を充てるものとする。

（オ）各学年の自立活動の時間に充てる授業時数は，生徒の障害の状態や特性及び心身の発達の段階等に応じて，適切に定めるものとする。

（カ）各教科・科目等のそれぞれの授業の1単位時間は，各学校において，各教科・科目等の授業時数を確保しつつ，生徒の実態及び各教科・科目等の特質を考慮して適切に定めるものとする。

（キ）各教科・科目等の特質に応じ，10分から15分程度の短い時間を活用して特定の各教科・科目等の指導を行う場合において，当該各教科・科目等を担当する教師が単元や題材など内容や時間のまとまりを見通した中で，その指導内容の決定や指導の成果の把握と活用等を責任をもって行う体制が整備されているときは，その時間を当該各教科・科目等の授業時数に含めることができる。

（ク）総合的な探究の時間における学習活動により，特別活動の学校行事に掲げる各行事の実施と同様の成果が期待できる場合においては，総合的な探究の時間における学習活動をもって相当する特別活動の学校行事に掲げる各行事の実施に替えることができる。

（ケ）理数の「理数探究基礎」又は「理数探究」の履修により，総合的な探究の時間の履修と同様の成果が期待できる場合においては，「理数探究基礎」又は「理数探究」の履修をもって総合的な探究の時間の履修の一部又は全部に替えることができる。

(2) 知的障害者である生徒に対する教育を行う特別支援学校における各教科等の履修等

ア 各教科等の履修

（ア）卒業までに履修させる各教科等

各学校においては，卒業までに履修させる（イ）から（エ）までに示す各教科及びその授業時数，道徳科及び総合的な探究の時間の授業時数，特別活動及びその授業時数並びに自立活動の授業時数に関する事項を定めるものとする。

（イ）各学科に共通する各教科等

㋐ 国語，社会，数学，理科，音楽，美術，保健体育，職業及び家庭の各教科，道徳科，総合的な探究の時間，特別活動並びに自立活動については，特に示す場合を除き，全ての生徒に履修させるものとする。

㋑ 外国語及び情報の各教科については，生徒や学校の実態を考慮し，必要に応じて設けることができる。

（ウ）主として専門学科において開設される各教科

㋐ 専門学科においては，（イ）のほか，家政，農業，工業，流通・サービス若しくは福祉の各教科又は（エ）に規定する学校設定教科のうち専門教育に関するもの（以下「専門教科」という。）のうち，いずれか1以上履修させるものとする。

㋑ 専門教科の履修によって，（イ）の㋐の全ての生徒に履修させる各教科の履修と同様の成果が期待できる場合においては，その専門教科の履修をもって，全ての生徒に履修させる各教科の履修に替えることができる。

（エ）学校設定教科

学校においては，生徒や学校，地域の実態及び学科の特色等に応じ，特色ある教育課程の編成に資するよう，(イ)及び(ウ)に掲げる教科以外の教科（以下この項において「学校設定教科」という。）を設けることができる。この場合において，学校設定教科の名称，目標，内容等については，高等部における教育の目標に基づき，高等部における教育としての水準の確保に十分配慮し，各学校の定めるところによるものとする。

　　イ　各教科等の授業時数等

　　　(ア)　各教科等（ただし，この項及び(ク)において，特別活動についてはホームルーム活動に限る。）の総授業時数は，各学年とも1,050単位時間（1単位時間は，50分として計算するものとする。(ウ)において同じ。）を標準とし，特に必要がある場合には，これを増加することができる。この場合，各教科等の目標及び内容を考慮し，各教科及び総合的な探究の時間の配当学年及び当該学年における授業時数，道徳科，特別活動及び自立活動の各学年における授業時数を適切に定めるものとする。

　　　(イ)　各教科，道徳科，ホームルーム活動及び自立活動の授業は，年間35週行うことを標準とし，必要がある場合には，各教科，道徳科及び自立活動の授業を特定の学期又は特定の期間（夏季，冬季，学年末等の休業日の期間に授業日を設定する場合を含む。）に行うことができる。

　　　(ウ)　専門学科においては，専門教科について，全ての生徒に履修させる授業時数は，875単位時間を下らないものとする。

　　　(エ)　ホームルーム活動の授業時数については，原則として，年間35単位時間以上とするものとする。

　　　(オ)　生徒会活動及び学校行事については，生徒や学校の実態に応じて，それぞれ適切な授業時数を充てるものとする。

　　　(カ)　総合的な探究の時間に充てる授業時数は，各学校において，生徒や学校の実態に応じて，適切に定めるものとする。

　　　(キ)　各学年の自立活動の時間に充てる授業時数は，生徒の障害の状態や特性及び心身の発達の段階等に応じて，適切に定めるものとする。

　　　(ク)　各教科等のそれぞれの授業の1単位時間は，各学校において，各教科等の授業時数を確保しつつ，生徒の実態及び各教科等の特質を考慮して適切に定めるものとする。

　　　(ケ)　各教科等の特質に応じ，10分から15分程度の短い時間を活用して特定の各教科等の指導を行う場合において，当該各教科等を担当する教師が単元や題材など内容の時間のまとまりを見通した中で，その指導内容の決定や指導の成果の把握と活用等を責任をもって行う体制が整備されているときは，その時間を当該各教科等の授業時数に含めることができる。

　　　(コ)　総合的な探究の時間における学習活動により，特別活動の学校行事に掲げる各行事の実施と同様の成果が期待できる場合においては，総合的な探究の時間における学習活動をもって相当する特別活動の学校行事に掲げる各行事の実施に替えることができる。

(3)　選択履修の趣旨を生かした適切な教育課程の編成

　　教育課程の編成に当たっては，生徒の障害の状態や特性及び心身の発達の段階等に応じた適切な各教科・科目（知的障害者である生徒に対する教育を行う特別支援学校においては各教科。以下この項，(4)のイ，(6)及び第5款において同じ。）の履修ができるようにし，このため，多様な各教科・科目を設け生徒が自由に選択履修することのできるよう配慮するものとする。また，教育課程の類型を設け，そのいずれかの類型を選択して履修させる場合においても，その類型において履修させることになっている各教科・科目以外の各教科・科目を履修させたり，生徒が自由に選択履修することのできる各教科・科目を設けたりするものとする。

(4)　各教科・科目等又は各教科等の内容等の取扱い

ア　学校においては，第2章以下に示していない事項を加えて指導することができる。また，第2章第1節第1款において準ずるものとしている高等学校学習指導要領第2章及び第3章並びに同節第3款から第9款までに示す各科目又は第2節第1款及び第2款に示す各教科の内容の取扱いのうち内容の範囲や程度等を示す事項は，当該科目（知的障害者である生徒に対する教育を行う特別支援学校においては各教科。）を履修する全ての生徒に対して指導するものとする内容の範囲や程度等を示したものであり，学校において必要がある場合には，この事項にかかわらず指導することができる。ただし，これらの場合には，第2章以下に示す各教科・科目等又は各教科等の目標や内容の趣旨を逸脱したり，生徒の負担が過重となったりすることのないようにするものとする。

イ　第2章以下に示す各教科・科目，特別活動及び自立活動の内容に掲げる事項の順序は，特に示す場合を除き，指導の順序を示すものではないので，学校においては，その取扱いについて適切な工夫を加えるものとする。

ウ　視覚障害者，聴覚障害者，肢体不自由者又は病弱者である生徒に対する教育を行う特別支援学校においては，あらかじめ計画して，各教科・科目の内容及び総合的な探究の時間における学習活動を学期の区分に応じて単位ごとに分割して指導することができる。

エ　視覚障害者，聴覚障害者，肢体不自由者又は病弱者である生徒に対する教育を行う特別支援学校においては，特に必要がある場合には，第2章に示す教科及び科目の目標の趣旨を損なわない範囲内で，各教科・科目の内容に関する事項について，基礎的・基本的な事項に重点を置くなどその内容を適切に選択して指導することができる。

オ　知的障害者である生徒に対する教育を行う特別支援学校において，各教科の指導に当たっては，各教科の段階に示す内容を基に，生徒の知的障害の状態や経験等に応じて，具体的に指導内容を設定するものとする。その際，高等部の3年間を見通して計画的に指導するものとする。

カ　知的障害者である生徒に対する教育を行う特別支援学校において，道徳科の指導に当たっては，第3章に示す道徳科の目標及び内容に示す事項を基に，生徒の知的障害の状態や経験等に応じて，具体的に指導内容を設定するものとする。

(5) 指導計画の作成等に当たっての配慮すべき事項

ア　各学校においては，次の事項に配慮しながら，学校の創意工夫を生かし，全体として，調和のとれた具体的な指導計画を作成するものとする。

　(ｱ)　各教科・科目等又は各教科等の指導内容については，単元や題材など内容や時間のまとまりを見通しながら，そのまとめ方や重点の置き方に適切な工夫を加え，第3款の1に示す主体的・対話的で深い学びの実現に向けた授業改善を通して資質・能力を育む効果的な指導ができるようにすること。

　(ｲ)　各教科・科目等又は各教科等について相互の関連を図り，系統的，発展的な指導ができるようにすること。

　(ｳ)　知的障害者である生徒に対する教育を行う特別支援学校において，各教科等の一部又は全部を合わせて指導を行う場合には，各教科，道徳科，特別活動及び自立活動の内容を基に，生徒の知的障害の状態や経験等に応じて，具体的に指導内容を設定するものとする。また，各教科，道徳科，特別活動及び自立活動の内容の一部又は全部を合わせて指導を行う場合は，授業時数を適切に定めること。

イ　各教科・科目等又は各教科等の指導に当たっては，個々の生徒の実態を的確に把握し，次の事項に配慮しながら，個別の指導計画を作成すること。

　(ｱ)　生徒の障害の状態や特性及び心身の発達の段階等並びに学習の進度を考慮して，基礎的・基本的な事項に重点を置くこと。

（イ）生徒が，基礎的・基本的な知識及び技能の習得も含め，学習内容を確実に身に付けることができるよう，それぞれの生徒に作成した個別の指導計画や学校の実態に応じて，指導方法や指導体制の工夫改善に努めること。その際，生徒の障害の状態や特性及び心身の発達の段階等並びに学習の進度を考慮して，個別指導を重視するとともに，グループ別学習，繰り返し学習，学習内容の習熟の程度に応じた学習，生徒の興味・関心等に応じた課題学習，補充的な学習や発展的な学習などの学習活動を取り入れることや，教師間の協力による指導体制を確保することなど，指導方法や指導体制の工夫改善により，個に応じた指導の充実を図ること。その際，第3款の1の(3)に示す情報手段や教材・教具の活用を図ること。

(6) キャリア教育及び職業教育に関して配慮すべき事項

ア　学校においては，第5款の1の(3)に示すキャリア教育及び職業教育を推進するために，生徒の障害の状態や特性及び心身の発達の段階等，学校や地域の実態等を考慮し，地域及び産業界や労働等の業務を行う関係機関との連携を図り，産業現場等における長期間の実習を取り入れるなどの就業体験活動の機会を積極的に設けるとともに，地域や産業界や労働等の業務を行う関係機関の人々の協力を積極的に得るよう配慮するものとする。

イ　普通科においては，生徒の障害の状態や特性及び心身の発達の段階等，学校や地域の実態等を考慮し，必要に応じて，適切な職業に関する各教科・科目の履修の機会の確保について配慮するものとする。

ウ　職業教育を主とする専門学科においては，次の事項に配慮するものとする。

（ア）職業に関する各教科・科目については，実験・実習に配当する授業時数を十分確保するようにすること。

（イ）生徒の実態を考慮し，職業に関する各教科・科目の履修を容易にするため特別な配慮が必要な場合には，各分野における基礎的又は中核的な科目を重点的に選択し，その内容については基礎的・基本的な事項が確実に身に付くように取り扱い，また，主として実験・実習によって指導するなどの工夫をこらすようにすること。

エ　職業に関する各教科・科目については，次の事項に配慮するものとする。

（ア）職業に関する各教科・科目については，就業体験活動をもって実習に替えることができること。この場合，就業体験活動は，その各教科・科目の内容に直接関係があり，かつ，その一部としてあらかじめ計画し，評価されるものであることを要すること。

（イ）農業，水産及び家庭に関する各教科・科目の指導に当たっては，ホームプロジェクトなどの活動を活用して，学習の効果を上げるよう留意すること。この場合，ホームプロジェクトについては，適切な授業時数をこれに充てることができること。

4　学部段階間及び学校段階等間の接続

教育課程の編成に当たっては，次の事項に配慮しながら，学部段階間及び学校段階等間の接続を図るものとする。

(1) 現行の特別支援学校小学部・中学部学習指導要領又は中学校学習指導要領を踏まえ，中学部における教育又は中学校教育までの学習の成果が高等部における教育に円滑に接続され，高等部における教育段階の終わりまでに育成することを目指す資質・能力を，生徒が確実に身に付けることができるよう工夫すること。

(2) 視覚障害者，聴覚障害者，肢体不自由者又は病弱者である生徒に対する教育を行う特別支援学校においては，生徒や学校の実態等に応じ，必要がある場合には，例えば次のような工夫を行い，義務教育段階での学習内容の確実な定着を図るようにすること。

ア　各教科・科目の指導に当たり，義務教育段階での学習内容の確実な定着を図るための学習機会を設けること。

イ　義務教育段階での学習内容の確実な定着を図りながら，必履修教科・科目の内容を十分に習

得させることができるよう，その単位数を標準単位数の標準の限度を超えて増加して配当すること。

ウ　義務教育段階での学習内容の確実な定着を図ることを目標とした学校設定科目等を履修させた後に，必履修教科・科目を履修させるようにすること。

(3) 大学や専門学校，教育訓練機関等における教育や社会的・職業的自立，生涯にわたる学習や生活のために，高等部卒業以降の進路先との円滑な接続が図られるよう，関連する教育機関や企業，福祉施設等との連携により，卒業後の進路に求められる資質・能力を着実に育成することができるよう工夫すること。

第3款　教育課程の実施と学習評価

1　主体的・対話的で深い学びの実現に向けた授業改善

各教科・科目等又は各教科等の指導に当たっては，次の事項に配慮するものとする。

(1) 第1款の3の(1)から(3)までに示すことが偏りなく実現されるよう，単元や題材など内容や時間のまとまりを見通しながら，生徒の主体的・対話的で深い学びの実現に向けた授業改善を行うこと。

特に，各教科・科目等又は各教科等において身に付けた知識及び技能を活用したり，思考力，判断力，表現力等や学びに向かう力，人間性等を発揮させたりして，学習の対象となる物事を捉え思考することにより，各教科・科目等又は各教科等の特質に応じた物事を捉える視点や考え方（以下「見方・考え方」という。）が鍛えられていくことに留意し，生徒が各教科・科目等又は各教科等の特質に応じた見方・考え方を働かせながら，知識を相互に関連付けてより深く理解したり，情報を精査して考えを形成したり，問題を見いだして解決策を考えたり，思いや考えを基に創造したりすることに向かう過程を重視した学習の充実を図ること。

(2) 第2款の2の(1)に示す言語能力の育成を図るため，各学校において必要な言語環境を整えるとともに，国語科を要としつつ各教科・科目等又は各教科等の特質に応じて，生徒の言語活動を充実すること。あわせて，(6)に示すとおり読書活動を充実すること。

(3) 第2款の2の(1)に示す情報活用能力の育成を図るため，各学校において，コンピュータや情報通信ネットワークなどの情報手段を活用するために必要な環境を整え，これらを適切に活用した学習活動の充実を図ること。また，各種の統計資料や新聞，視聴覚教材や教育機器などの教材・教具の適切な活用を図ること。

(4) 生徒が学習の見通しを立てたり学習したことを振り返ったりする活動を，計画的に取り入れるよう工夫すること。

(5) 生徒が生命の有限性や自然の大切さ，主体的に挑戦してみることや多様な他者と協働することの重要性などを実感しながら理解することができるよう，各教科・科目等又は各教科等の特質に応じた体験活動を重視し，家庭や地域社会と連携しつつ体系的・継続的に実施できるよう工夫すること。

(6) 学校図書館を計画的に利用しその機能の活用を図り，生徒の主体的・対話的で深い学びの実現に向けた授業改善に生かすとともに，生徒の自主的，自発的な学習活動や読書活動を充実すること。また，地域の図書館や博物館，美術館，劇場，音楽堂等の施設の活用を積極的に図り，資料を活用した情報の収集や鑑賞等の学習活動を充実すること。

2　障害のため通学して教育を受けることが困難な生徒に対して，教師を派遣して教育を行う場合については，障害の状態や学習環境等に応じて，指導方法や指導体制を工夫し，学習活動が効果的に行われるようにすること。

3　学習評価の充実

学習評価の実施に当たっては，次の事項に配慮するものとする。

(1) 生徒のよい点や可能性，進歩の状況などを積極的に評価し，学習したことの意義や価値を実感できるようにすること。また，各教科・科目等又は各教科等の目標の実現に向けた学習状況を把握する観点から，単元や題材など内容や時間のまとまりを見通しながら評価の場面や方法を工夫して，学習の過程や成果を評価し，指導の改善や学習意欲の向上を図り，資質・能力の育成に生かすようにすること。

(2) 各教科・科目等又は各教科等の指導に当たっては，個別の指導計画に基づいて行われた学習状況や結果を適切に評価し，指導目標や指導内容，指導方法の改善に努め，より効果的な指導ができるようにすること。

(3) 創意工夫の中で学習評価の妥当性や信頼性が高められるよう，組織的かつ計画的な取組を推進するとともに，学年や学部段階を越えて生徒の学習の成果が円滑に接続されるように工夫すること。

第4款　単位の修得及び卒業の認定

1　視覚障害者，聴覚障害者，肢体不自由者又は病弱者である生徒に対する教育を行う特別支援学校
(1) 各教科・科目及び総合的な探究の時間の単位の修得の認定
　　ア　学校においては，生徒が学校の定める指導計画に従って各教科・科目を履修し，その成果が各教科及び科目の目標からみて満足できると認められる場合には，その各教科・科目について履修した単位を修得したことを認定しなければならない。
　　イ　学校においては，生徒が学校の定める指導計画に従って総合的な探究の時間を履修し，その成果が第4章において準ずるものとしている高等学校学習指導要領第4章第2の1に基づき定められる目標からみて満足できると認められる場合には，総合的な探究の時間について履修した単位を修得したことを認定しなければならない。
　　ウ　学校においては，生徒が1科目又は総合的な探究の時間を2以上の年次にわたって履修したときは，各年次ごとにその各教科・科目又は総合的な探究の時間について履修した単位を修得したことを認定することを原則とする。また，単位の修得の認定を学期の区分ごとに行うことができる。
(2) 卒業までに修得させる単位数
　　学校においては，卒業までに修得させる単位数を定め，校長は，当該単位数を修得した者で，特別活動及び自立活動の成果がそれらの目標からみて満足できると認められるものについて，高等部の全課程の修了を認定するものとする。この場合，卒業までに修得させる単位数は，74単位（自立活動の授業については，授業時数を単位数に換算して，この単位数に含めることができる。）以上とする。なお，普通科においては，卒業までに修得させる単位数に含めることができる学校設定科目及び学校設定教科に関する科目に係る修得単位数は，合わせて20単位を超えることができない。
(3) 各学年の課程の修了の認定
　　学校においては，各学年の課程の修了の認定については，単位制が併用されていることを踏まえ，弾力的に行うよう配慮するものとする。
2　知的障害者である生徒に対する教育を行う特別支援学校
　学校においては，卒業までに履修させる各教科等のそれぞれの授業時数を定めるものとする。
　校長は，各教科等を履修した者で，その成果がそれらの目標からみて満足できると認められるものについて，高等部の全課程の修了を認定するものとする。

第5款　生徒の調和的な発達の支援

1　生徒の調和的な発達を支える指導の充実

　教育課程の編成及び実施に当たっては，次の事項に配慮するものとする。

(1) 学習や生活の基盤として，教師と生徒との信頼関係及び生徒相互のよりよい人間関係を育てる
　　ため，日頃からホームルーム経営の充実を図ること。また，主に集団の場面で必要な指導や援助
　　を行うガイダンスと，個々の生徒の多様な実態を踏まえ，一人一人が抱える課題に個別に対応し
　　た指導を行うカウンセリングの双方により，生徒の発達を支援すること。

(2) 生徒が，自己の存在感を実感しながら，よりよい人間関係を形成し，有意義で充実した学校生
　　活を送る中で，現在及び将来における自己実現を図っていくことができるよう，生徒理解を深
　　め，学習指導と関連付けながら，生徒指導の充実を図ること。

(3) 生徒が，学ぶことと自己の将来とのつながりを見通しながら，社会的・職業的自立に向けて必
　　要な基盤となる資質・能力を身に付けていくことができるよう，特別活動を要としつつ各教科・
　　科目等又は各教科等の特質に応じて，キャリア教育の充実を図ること。その中で，生徒が自己の
　　在り方生き方を考え主体的に進路を選択することができるよう，学校の教育活動全体を通じ，組
　　織的かつ計画的な進路指導を行うこと。その際，家庭及び地域や福祉，労働等の業務を行う関係
　　機関との連携を十分に図ること。

(4) 学校の教育活動全体を通じて，個々の生徒の特性等の的確な把握に努め，その伸長を図るこ
　　と。また，生徒が適切な各教科・科目や類型を選択し学校やホームルームでの生活によりよく適
　　応するとともに，現在及び将来の生き方を考え行動する態度や能力を育成することができるよう
　　にすること。

(5) 生徒が，学校教育を通じて身に付けた知識及び技能を活用し，もてる能力を最大限伸ばすこと
　　ができるよう，生涯学習への意欲を高めるとともに，社会教育その他様々な学習機会に関する情
　　報の提供に努めること。また，生涯を通じてスポーツや文化芸術活動に親しみ，豊かな生活を営
　　むことができるよう，地域のスポーツ団体，文化芸術団体及び障害者福祉団体等と連携し，多様
　　なスポーツや文化芸術活動を体験することができるよう配慮すること。

(6) 学習の遅れがちな生徒などについては，各教科・科目等の選択，その内容の取扱いなどについ
　　て必要な配慮を行い，生徒の実態に応じ，例えば義務教育段階の学習内容の確実な定着を図るた
　　めの指導を適宜取り入れるなど，指導内容や指導方法を工夫すること。

(7) 家庭及び地域並びに医療，福祉，保健，労働等の業務を行う関係機関との連携を図り，長期的
　　な視点で生徒への教育的支援を行うために，個別の教育支援計画を作成すること。

(8) 複数の種類の障害を併せ有する生徒（以下「重複障害者」という。）については，専門的な知
　　識，技能を有する教師や特別支援学校間の協力の下に指導を行ったり，必要に応じて専門の医師
　　やその他の専門家の指導・助言を求めたりするなどして，学習効果を一層高めるようにするこ
　　と。

(9) 学校医等との連絡を密にし，生徒の障害の状態等に応じた保健及び安全に十分留意すること。

(10) 実験・実習に当たっては，特に安全と保健に留意すること。

2　海外から帰国した生徒などの学校生活への適応や，日本語の習得に困難のある生徒に対する日本
　語指導

(1) 海外から帰国した生徒などについては，学校生活への適応を図るとともに，外国における生活
　　経験を生かすなどの適切な指導を行うものとする。

(2) 日本語の習得に困難のある生徒については，個々の生徒の実態に応じた指導内容や指導方法の
　　工夫を組織的かつ計画的に行うものとする。

1　教育課程の改善と学校評価等，教育課程外の活動との連携等
(1)　各学校においては，校長の方針の下に，校務分掌に基づき教職員が適切に役割を分担しつつ，相互に連携しながら，各学校の特色を生かしたカリキュラム・マネジメントを行うよう努めるものとする。また，各学校が行う学校評価については，教育課程の編成，実施，改善が教育活動や学校運営の中核となることを踏まえ，カリキュラム・マネジメントと関連付けながら実施するよう留意するものとする。
(2)　教育課程の編成及び実施に当たっては，学校保健計画，学校安全計画，食に関する指導の全体計画，いじめの防止等のための対策に関する基本的な方針など，各分野における学校の全体計画等と関連付けながら，効果的な指導が行われるように留意するものとする。
(3)　教育課程外の学校教育活動と教育課程との関連が図られるように留意するものとする。特に，生徒の自主的，自発的な参加により行われる部活動については，スポーツや文化，科学等に親しませ，学習意欲の向上や責任感，連帯感の涵養等，学校教育が目指す資質・能力の育成に資するものであり，学校教育の一環として，教育課程との関連が図られるよう留意すること。その際，学校や地域の実態に応じ，地域の人々の協力，社会教育施設や社会教育関係団体等の各種団体との連携などの運営上の工夫を行い，持続可能な運営体制が整えられるようにするものとする。
2　家庭や地域社会との連携及び協働と学校間の連携
教育課程の編成及び実施に当たっては，次の事項に配慮するものとする。
(1)　学校がその目的を達成するため，学校や地域の実態等に応じ，教育活動の実施に必要な人的又は物的な体制を家庭や地域の人々の協力を得ながら整えるなど，家庭や地域社会との連携及び協働を深めること。また，高齢者や異年齢の子供など，地域における世代を越えた交流の機会を設けること。
(2)　他の特別支援学校や，幼稚園，認定こども園，保育所，小学校，中学校，高等学校及び大学などとの間の連携や交流を図るとともに，障害のない幼児児童生徒との交流及び共同学習の機会を設け，共に尊重し合いながら協働して生活していく態度を育むようにすること。
　　　特に，高等部の生徒の経験を広げて積極的な態度を養い，社会性や豊かな人間性を育むために，学校の教育活動全体を通じて，高等学校の生徒などと交流及び共同学習を計画的，組織的に行うとともに，地域の人々などと活動を共にする機会を積極的に設けること。
3　高等学校等の要請により，障害のある生徒又は当該生徒の教育を担当する教師等に対して必要な助言又は援助を行ったり，地域の実態や家庭の要請等により保護者等に対して教育相談を行ったりするなど，各学校の教師の専門性や施設・設備を生かした地域における特別支援教育のセンターとしての役割を果たすよう努めること。その際，学校として組織的に取り組むことができるよう校内体制を整備するとともに，他の特別支援学校や地域の高等学校等との連携を図ること。

付録2

第7款　道徳教育に関する配慮事項

道徳教育を進めるに当たっては，道徳教育の特質を踏まえ，第1節及び第1款から第6款までに示す事項に加え，次の事項に配慮するものとする。
1　各学校においては，第1款の2の(2)に示す道徳教育の目標を踏まえ，道徳教育の全体計画を作成し，校長の方針の下に，道徳教育の推進を主に担当する教師（「道徳教育推進教師」という。）を中心に，全教師が協力して道徳教育を展開すること。なお，道徳教育の全体計画の作成に当たっては，生徒や学校，地域の実態に応じ，指導の方針や重点を明らかにして，各教科・科目等との関係を明らかにすること。その際，視覚障害者，聴覚障害者，肢体不自由者又は病弱者である生徒に対

する教育を行う特別支援学校においては，第2章第1節第1款において準ずるものとしている高等学校学習指導要領第2章第3節の公民科の「公共」及び「倫理」並びに第5章の特別活動が，人間としての在り方生き方に関する中核的な指導の場面であることに配慮すること。

　また，知的障害者である生徒に対する教育を行う特別支援学校においては，学校の道徳教育の重点目標を設定するとともに，道徳科の指導方針，第3章特別の教科道徳（知的障害者である生徒に対する教育を行う特別支援学校）に示す内容との関連を踏まえた各教科，総合的な探究の時間，特別活動及び自立活動における指導の内容及び時期並びに家庭や地域社会との連携の方法を示すこと。

2　道徳教育を進めるに当たっては，中学部又は中学校までの特別の教科である道徳の学習等を通じて深めた，主として自分自身，人との関わり，集団や社会との関わり，生命や自然，崇高なものとの関わりに関する道徳的諸価値についての理解を基にしながら，様々な体験や思索の機会等を通して，人間としての在り方生き方についての考えを深めるよう留意すること。また，自立心や自律性を高め，規律ある生活をすること，生命を尊重する心を育てること，社会連帯の自覚を高め，主体的に社会の形成に参画する意欲と態度を養うこと，義務を果たし責任を重んじる態度及び人権を尊重し差別のないよりよい社会を実現しようとする態度を養うこと，伝統と文化を尊重し，それらを育んできた我が国と郷土を愛するとともに，他国を尊重すること，国際社会に生きる日本人としての自覚を身に付けることに関する指導が適切に行われるよう配慮すること。

3　学校やホームルーム内の人間関係や環境を整えるとともに，就業体験活動やボランティア活動，自然体験活動，地域の行事への参加などの豊かな体験を充実すること。また，道徳教育の指導が，生徒の日常生活に生かされるようにすること。その際，いじめの防止や安全の確保等にも資することとなるように留意すること。

4　学校の道徳教育の全体計画や道徳教育に関する諸活動などの情報を積極的に公表したり，道徳教育の充実のために家庭や地域の人々の積極的な参加や協力を得たりするなど，家庭や地域社会との共通理解を深め，相互の連携を図ること。

付録2

第8款　重複障害者等に関する教育課程の取扱い

1　生徒の障害の状態により特に必要がある場合には，次に示すところによるものとする。
（1）各教科・科目（知的障害者である生徒に対する教育を行う特別支援学校においては各教科。）の目標及び内容の一部を取り扱わないことができること。
（2）高等部の各教科・科目（知的障害者である生徒に対する教育を行う特別支援学校においては各教科。）の目標及び内容の一部を，当該各教科・科目に相当する中学部又は小学部の各教科の目標及び内容に関する事項の一部によって，替えることができること。
（3）視覚障害者，聴覚障害者，肢体不自由者又は病弱者である生徒に対する教育を行う特別支援学校の外国語科に属する科目及び知的障害者である生徒に対する教育を行う特別支援学校の外国語科については，小学部・中学部学習指導要領に示す外国語活動の目標及び内容の一部を取り入れることができること。

2　知的障害者である生徒に対する教育を行う特別支援学校の高等部に就学する生徒のうち，高等部の2段階に示す各教科の内容を習得し目標を達成している者については，高等学校学習指導要領第2章に示す各教科・科目，中学校学習指導要領第2章に示す各教科又は小学校学習指導要領第2章に示す各教科及び第4章に示す外国語活動の目標及び内容の一部を取り入れることができるものとする。また，主として専門学科において開設される各教科の内容を習得し目標を達成している者については，高等学校学習指導要領第3章に示す各教科・科目の目標及び内容の一部を取り入れることができるものとする。

3　視覚障害者，聴覚障害者，肢体不自由者又は病弱者である生徒に対する教育を行う特別支援学校に就学する生徒のうち，知的障害を併せ有する者については，次に示すところによるものとする。

(1) 各教科・科目の目標及び内容の一部又は各教科・科目を，当該各教科・科目に相当する第2章第2節第1款及び第2款に示す知的障害者である生徒に対する教育を行う特別支援学校の各教科の目標及び内容の一部又は各教科によって，替えることができること。この場合，各教科・科目に替えて履修した第2章第2節第1款及び第2款に示す各教科については，1単位時間を50分とし，35単位時間の授業を1単位として計算することを標準とするものとすること。

(2) 生徒の障害の状態により特に必要がある場合には，第2款の3の(2)に示す知的障害者である生徒に対する教育を行う特別支援学校における各教科等の履修等によることができること。

(3) 校長は，(2)により，第2款の3の(2)に示す知的障害者である生徒に対する教育を行う特別支援学校における各教科等を履修した者で，その成果がそれらの目標からみて満足できると認められるものについて，高等部の全課程の修了を認定するものとすること。

4　重複障害者のうち，障害の状態により特に必要がある場合には，次に示すところによるものとする。

(1) 各教科・科目若しくは特別活動（知的障害者である生徒に対する教育を行う特別支援学校においては，各教科，道徳科若しくは特別活動。）の目標及び内容の一部又は各教科・科目若しくは総合的な探究の時間（知的障害者である生徒に対する教育を行う特別支援学校においては，各教科若しくは総合的な探究の時間。）に替えて，自立活動を主として指導を行うことができること。この場合，実情に応じた授業時数を適切に定めるものとすること。

(2) 校長は，各教科・科目若しくは特別活動（知的障害者である生徒に対する教育を行う特別支援学校においては，各教科，道徳科若しくは特別活動。）の目標及び内容の一部又は各教科・科目若しくは総合的な探究の時間（知的障害者である生徒に対する教育を行う特別支援学校においては，各教科若しくは総合的な探究の時間。）に替えて自立活動を主として履修した者で，その成果がそれらの目標からみて満足できると認められるものについて，高等部の全課程の修了を認定するものとすること。

付録2

5　障害のため通学して教育を受けることが困難な生徒に対して，教師を派遣して教育を行う場合については，次に示すところによるものとする。

(1) 1，2，3の(1)若しくは(2)又は4の(1)に示すところによることができること。

(2) 特に必要がある場合には，実情に応じた授業時数を適切に定めること。

(3) 校長は，生徒の学習の成果に基づき，高等部の全課程の修了を認定することができること。

6　療養中の生徒及び障害のため通学して教育を受けることが困難な生徒について，各教科・科目の一部を通信により教育を行う場合の1単位当たりの添削指導及び面接指導の回数等（知的障害者である生徒に対する教育を行う特別支援学校においては，通信により教育を行うこととなった各教科の一部の授業時数に相当する添削指導及び面接指導の回数等。）については，実情に応じて適切に定めるものとする。

第9款　専攻科

1　視覚障害者又は聴覚障害者である生徒に対する教育を行う特別支援学校の専攻科における教科及び科目のうち標準的なものは，次の表に掲げるとおりである。視覚障害者又は聴覚障害者である生徒に対する教育を行う特別支援学校においては，必要がある場合には同表に掲げる教科について，これらに属する科目以外の科目を設けることができる。

教　科	科　目
視覚障害者である生徒に対する教育を行う特別支援学校	保 健 理 療	医療と社会，人体の構造と機能，疾病の成り立ちと予防，生活と疾病，基礎保健理療，臨床保健理療，地域保健理療と保健理療経営，保健理療基礎実習，保健理療臨床実習，保健理療情報，課題研究
	理　療	医療と社会，人体の構造と機能，疾病の成り立ちと予防，生活と疾病，基礎理療学，臨床理療学，地域理療と理療経営，理療基礎実習，理療臨床実習，理療情報，課題研究
	理 学 療 法	人体の構造と機能，疾病と障害，保健・医療・福祉とリハビリテーション，基礎理学療法学，理学療法管理学，理学療法評価学，理学療法治療学，地域理学療法学，理学療法臨床実習，理学療法情報，課題研究
聴覚障害者である生徒に対する教育を行う特別支援学校	理 容 ・ 美 容	関係法規・制度，衛生管理，保健，香粧品化学，文化論，理容・美容技術理論，運営管理，理容実習，美容実習，理容・美容情報，課題研究
	歯 科 技 工	歯科技工関係法規，歯科技工学概論，歯科理工学，歯の解剖学，顎口腔機能学，有床義歯技工学，歯冠修復技工学，矯正歯科技工学，小児歯科技工学，歯科技工実習，歯科技工情報，課題研究

2　視覚障害者又は聴覚障害者である生徒に対する教育を行う特別支援学校の専攻科においては，必要がある場合には1の表に掲げる教科及び科目以外の教科及び科目を設けることができる。

付録2

高等学校学習指導要領における障害のある生徒などへの指導に関する規定

●**高等学校学習指導要領解説総則編の抜粋**

第6章　生徒の発達の支援

第2節　特別な配慮を必要とする生徒への指導

1　障害のある生徒などへの指導

(1) 生徒の障害の状態等に応じた指導の工夫（第1章総則第5款2(1)ア）

> ア　障害のある生徒などについては，特別支援学校等の助言又は援助を活用しつつ，個々の生徒
> の障害の状態等に応じた指導内容や指導方法の工夫を組織的かつ計画的に行うものとする。

　学校教育法第81条第1項では，幼稚園，小学校，中学校，高等学校等において，障害のある生徒等に対し，障害による学習上又は生活上の困難を克服するための教育を行うことが規定されている。

　また，我が国においては，「障害者の権利に関する条約」に掲げられている教育の理念の実現に向けて，一人一人の教育的ニーズに応じた多様な学びの場の整備を進めていること，高等学校等にも，障害のある生徒のみならず，教育上特別の支援を必要とする生徒が在籍している可能性があることを前提に，全ての教職員が特別支援教育の目的や意義について十分に理解することが不可欠である。

　そこで，今回の改訂では，特別支援教育に関する教育課程編成の基本的な考え方や個に応じた指導を充実させるための教育課程実施上の留意事項などが一体的にわかるよう，学習指導要領の示し方について充実を図ることとした。

　障害のある生徒などには，視覚障害，聴覚障害，知的障害，肢体不自由，病弱・身体虚弱，言語障害，情緒障害，自閉症，LD（学習障害），ADHD（注意欠陥多動性障害）などのほか，学習面又は行動面において困難のある生徒で発達障害の可能性のある者も含まれている。このような障害の種類や程度を的確に把握した上で，障害のある生徒などの「困難さ」に対する「指導上の工夫の意図」を理解し，個に応じた様々な「手立て」を検討し，指導に当たっていく必要がある。また，このような考え方は学習状況の評価に当たって生徒一人一人の状況をきめ細かに見取っていく際にも参考となる。その際に，高等学校学習指導要領解説の各教科等編のほか，文部科学省が作成する「教育支援資料」などを参考にしながら，全ての教師が障害に関する知識や配慮等についての正しい理解と認識を深め，障害のある生徒などに対する組織的な対応ができるようにしていくことが重要である。

　例えば，弱視の生徒についての理科における観察・実験の指導，難聴や言語障害の生徒についての国語科における音読の指導，芸術科における歌唱の指導，肢体不自由の生徒についての保健体育科における実技の指導や家庭科における実習の指導，病弱・身体虚弱の生徒についての芸術科や保健体育科におけるアレルギー等に配慮した指導など，生徒の障害の状態や特性及び心身の発達の段階等（以下「障害の状態等」という。）に応じて個別的に特別な配慮が必要である。また，読み書きや計算などに困難があるLDの生徒についての国語科における書くことに関する指導や，数学科における計算の指導など，教師の適切な配慮により対応することが必要である。更に，ADHDや自閉症の生徒に対して，話して伝えるだけでなく，メモや絵などを付加する指導などの配慮も必要である。

　このように障害の種類や程度を十分に理解して指導方法の工夫を行うことが大切である。指導に当たっては，音声教材，デジタル教科書やデジタル教材等を含めICT等の適切な活用を図ることも考えられる。

　一方，障害の種類や程度によって一律に指導内容や指導方法が決まるわけではない。特別支援教育において大切な視点は，生徒一人一人の障害の状態等により，学習上又は生活上の困難が異なることに十分留意し，個々の生徒の障害の状態等に応じた指導内容や指導方法の工夫を検討し，適切な指導を行うことであると言える。

付録3

そこで，校長は，特別支援教育実施の責任者として，校内委員会を設置して，特別支援教育コーディネーターを指名し，校務分掌に明確に位置付けるなど，学校全体の特別支援教育の体制を充実させ，効果的な学校運営に努める必要がある。その際，各学校において，生徒の障害の状態等に応じた指導を充実させるためには，特別支援学校等に対し専門的な助言又は援助を要請するなどして，組織的・計画的に取り組むことが重要である。

こうした点を踏まえ，各教科等の指導計画に基づく内容や方法を見通した上で，個に応じた指導内容や指導方法を計画的に検討し実施することが大切である。

更に，障害のある生徒などの指導に当たっては，担任を含む全ての教師間において，個々の生徒に対する配慮等の必要性を共通理解するとともに，教師間の連携に努める必要がある。また，集団指導において，障害のある生徒など一人一人の特性等に応じた必要な配慮等を行う際は，教師の理解の在り方や指導の姿勢が，学級内の生徒に大きく影響することに十分留意し，学級内において温かい人間関係づくりに努めながら，全ての生徒に「特別な支援の必要性」の理解を進め，互いの特徴を認め合い，支え合う関係を築いていくことが大切である。

なお，今回の改訂では，総則のほか，各教科等においても，「各科目にわたる指導計画の作成と内容の取扱い」等に当該教科等の指導における障害のある生徒などに対する学習活動を行う場合に生じる困難さに応じた指導内容や指導方法の工夫を組織的・計画的に行うことが規定されたことに留意する必要がある。

(2) 通級による指導を行い，特別の教育課程を編成した場合の配慮事項（第1章総則第5款2(1)イ）

付録3

> イ 障害のある生徒に対して，学校教育法施行規則第140条の規定に基づき，特別の教育課程を編成し，障害に応じた特別の指導（以下「通級による指導」という。）を行う場合には，学校教育法施行規則第129条の規定により定める現行の特別支援学校高等部学習指導要領第6章に示す自立活動の内容を参考とし，具体的な目標や内容を定め，指導を行うものとする。その際，通級による指導が効果的に行われるよう，各教科・科目等と通級による指導との関連を図るなど，教師間の連携に努めるものとする。
>
> なお，通級による指導における単位の修得の認定については，次のとおりとする。
>
> (ア) 学校においては，生徒が学校の定める個別の指導計画に従って通級による指導を履修し，その成果が個別に設定された指導目標からみて満足できると認められる場合には，当該学校の単位を修得したことを認定しなければならない。
>
> (イ) 学校においては，生徒が通級による指導を2以上の年次にわたって履修したときは，各年次ごとに当該学校の単位を修得したことを認定することを原則とする。ただし，年度途中から通級による指導を開始するなど，特定の年度における授業時数が，1単位として計算する標準の単位時間に満たない場合は，次年度以降に通級による指導の時間を設定し，2以上の年次にわたる授業時数を合算して単位の修得の認定を行うことができる。また，単位の修得の認定を学期の区分ごとに行うことができる。

通級による指導は，高等学校等の通常の学級に在籍している障害のある生徒に対して，各教科等の大部分の授業を通常の学級で行いながら，一部の授業について当該生徒の障害に応じた特別の指導を特別の指導の場（通級指導教室）で行う教育形態である。

これまで，高等学校等においては通級による指導を行うことができなかったが，小・中学校における通級による指導を受けている児童生徒の増加や，中学校卒業後の生徒の高等学校等への進学状況などを踏まえ，小・中学校等からの学びの連続性を確保する観点から，「高等学校における通級による

指導の制度化及び充実方策について（報告）」（平成28年3月　高等学校における特別支援教育の推進に関する調査研究協力者会議）などにおいて，高等学校等においても通級による指導を導入する必要性が指摘されてきた。このため，平成28年12月に学校教育法施行規則及び「学校教育法施行規則第140条の規定による特別の教育課程について定める件」（平成5年文部省告示第7号）の一部改正等が行われ，平成30年4月から高等学校等における通級による指導ができることとなった。

　高等学校等における通級による指導の対象となる者は，小・中学校等と同様に，学校教育法施行規則第140条各号の一に該当する生徒で，具体的には，言語障害者，自閉症者，情緒障害者，弱視者，難聴者，学習障害者，注意欠陥多動性障害者，肢体不自由者，病弱者及び身体虚弱者である。

　通級による指導を行う場合には，学校教育法施行規則第83条及び第84条（第108条第2項において準用する場合を含む。）の規定にかかわらず，特別の教育課程によることができ，障害による特別の指導を，高等学校等の教育課程に加え，又は，その一部に替えることができる（学校教育法施行規則第140条，平成5年文部省告示第7号）。

　教育課程に加える場合とは，放課後等の授業のない時間帯に通級による指導の時間を設定し，対象となる生徒に対して通級による指導を実施するというものである。この場合，対象となる生徒の全体の授業時数は他の生徒に比べて増加することになる。

　一方，教育課程の一部に替える場合とは，他の生徒が選択教科・科目等を受けている時間に，通級による指導の時間を設定し，対象となる生徒に対して通級による指導を実施するというものである。対象となる生徒は選択教科・科目に替えて通級による指導を受けることになり，この場合，対象となる生徒の全体の授業時数は増加しない。

　なお，通級による指導を，必履修教科・科目，専門学科において全ての生徒に履修させる専門教科・科目，総合学科における「産業社会と人間」，総合的な探究の時間及び特別活動に替えることはできないことに留意する必要がある。

　今回の改訂では，通級による指導を行う場合について，「特別支援学校高等部学習指導要領第6章に示す自立活動の内容を参考とし，具体的な目標や内容を定め，指導を行うものとする。」と規定された。これにより，通級による指導を行う場合には，生徒が自立を目指し，障害による学習上又は生活上の困難を主体的に改善・克服するために必要な知識及び技能，態度及び習慣を養い，もって心身の調和的発達の基盤を培うことをねらいとし，その際，特別支援学校高等部学習指導要領第6章に示す自立活動の内容を参考とすることを明記したものである。なお，特別支援学校高等部学習指導要領第6章では，自立活動の内容として，「健康の保持」，「心理的な安定」，「人間関係の形成」，「環境の把握」，「身体の動き」及び「コミュニケーション」の六つの区分及び区分の下に各項目を設けている。自立活動の内容は，各教科等のようにその全てを取り扱うものではなく，個々の生徒の障害の状態等の的確な把握に基づき，障害による学習上又は生活上の困難を主体的に改善・克服するために必要な項目を選定して取り扱うものである。よって，生徒一人一人に個別に指導計画を作成し，それに基づいて指導を展開する必要がある。

　個別の指導計画の作成の手順や様式は，それぞれの学校が生徒の障害の状態，発達や経験の程度，興味や関心，生活や学習環境などの実態を的確に把握し，自立活動の指導の効果が最も上がるように考えるべきものである。したがって，ここでは，手順の一例を示すこととする。

（手順の一例）
a　個々の生徒の実態を的確に把握する。
b　実態把握に基づいて得られた指導すべき課題や課題相互の関連を整理する。
c　個々の実態に即した指導目標を設定する。
d　特別支援学校高等部学習指導要領第6章第2款の内容から，個々の生徒の指導目標を達成させるために必要な項目を選定する。

e　選定した項目を相互に関連付けて具体的な指導内容を設定する。

　今回の改訂を踏まえ，自立活動における個別の指導計画の作成について更に理解を促すため，「特別支援学校学習指導要領解説　自立活動編」においては，上記の各過程において，どのような観点で整理していくか，発達障害を含む多様な障害に対する生徒等の例を充実して解説しているので参照することも大切である。

　なお，「学校教育法施行規則第140条の規定による特別の教育課程について定める件の一部を改正する告示」（平成28年文部科学省告示第176号）において，それまで「特に必要があるときは，障害の状態に応じて各教科の内容を補充するための特別の指導を含むものとする。」と規定されていた趣旨が，障害による学習上又は生活上の困難の克服とは直接関係のない単なる各教科の補充指導が行えるとの誤解を招いているという指摘がなされていたことから，当該規定について「特に必要があるときは，障害の状態に応じて各教科の内容を取り扱いながら行うことができるものとする。」と改正された。つまり，通級による指導の内容について，各教科・科目の内容を取り扱う場合であって，障害による学習上又は生活上の困難の改善又は克服を目的とする指導であるとの位置付けが明確化されたところである。

　また，「その際，通級による指導が効果的に行われるよう，各教科・科目等と通級による指導との関連を図るなど，教師間の連携に努めるものとする。」とあるように，生徒が在籍する通常の学級の担任と通級による指導の担当教師とが随時，学習の進捗状況等について情報交換を行うとともに，通級による指導の効果が，通常の学級においても波及することを目指していくことが重要である。

　生徒が在籍校以外の高等学校又は特別支援学校の高等部等において特別の指導を受ける場合には，当該生徒が在籍する高等学校等の校長は，これら他校で受けた指導を，特別の教育課程に係る授業とみなすことができる（学校教育法施行規則第141条）。このように生徒が他校において指導を受ける場合には，当該生徒が在籍する高等学校等の校長は，当該特別の指導を行う学校の校長と十分協議の上で，教育課程を編成するとともに，定期的に情報交換を行うなど，学校間及び担当教師間の連携を密に教育課程の編成，実施，評価，改善を行っていく必要がある。

　「生徒が学校の定める個別の指導計画に従って通級による指導を履修し，その成果が別に設定された指導目標からみて満足できると認められる場合」とは，生徒がその指導目標の実現に向けてどのように変容しているかを具体的な指導内容に対する生徒の取組状況を通じて評価することを基本とし，指導目標に照らして適切に評価するものである。そのため，各学校においては，組織的・計画的な取組を推進し，学習評価の妥当性，信頼性等を高めるように努めることが重要である。

　生徒が通級による指導を2以上の年次にわたって履修する場合には，年次ごとに履修した単位を修得したことを認定することが原則となる。しかし，例えば，通級による指導を年度途中から履修する場合など，特定の年度における授業時数が，1単位として計算する標準の単位時間（35単位時間）に満たなくとも，次年度以降に通級による指導を履修し，2以上の年次にわたる授業時数を合算して単位の認定を行うことも可能である。また，単位の修得の認定を学期の区分ごとに行うことも可能である。

　なお，通級による指導に係る単位を修得したときは，年間7単位を超えない範囲で当該修得した単位数を当該生徒の在学する高等学校等が定めた全課程の修了を認めるに必要な単位数に加えることができる。

(3) 個別の教育支援計画や個別の指導計画の作成と活用（第1章総則第5款2(1)ウ）

> ウ　障害のある生徒などについては，家庭，地域及び医療や福祉，保健，労働等の業務を行う関係機関との連携を図り，長期的な視点で生徒への教育的支援を行うために，個別の教育支援計

画を作成し活用することに努めるとともに，各教科・科目等の指導に当たって，個々の生徒の実態を的確に把握し，個別の指導計画を作成し活用することに努めるものとする。特に，通級による指導を受ける生徒については，個々の生徒の障害の状態等の実態を的確に把握し，個別の教育支援計画や個別の指導計画を作成し，効果的に活用するものとする。

　個別の教育支援計画及び個別の指導計画は，障害のある生徒など一人一人に対するきめ細やかな指導や支援を組織的・継続的かつ計画的に行うために重要な役割を担っている。

　今回の改訂では，通級による指導を受ける生徒については，二つの計画を全員作成し，効果的に活用することとした。

　また，通級による指導を受けていない障害のある生徒などの指導に当たっては，個別の教育支援計画及び個別の指導計画を作成し，活用に努めることとした。

　そこで，個別の教育支援計画及び個別の指導計画について，それぞれの意義，位置付け及び作成や活用上の留意点などについて示す。

① 個別の教育支援計画

　平成15年度から実施された障害者基本計画においては，教育，医療，福祉，労働等の関係機関が連携・協力を図り，障害のある生徒の生涯にわたる継続的な支援体制を整え，それぞれの年代における生徒の望ましい成長を促すため，個別の支援計画を作成することが示された。この個別の支援計画のうち，幼児児童生徒に対して，教育機関が中心となって作成するものを，個別の教育支援計画という。

　障害のある生徒などは，学校生活だけでなく家庭生活や地域での生活を含め，長期的な視点で幼児期から学校卒業後までの一貫した支援を行うことが重要である。このため，教育関係者のみならず，家庭や医療，福祉などの関係機関と連携するため，それぞれの側面からの取組を示した個別の教育支援計画を作成し活用していくことが考えられる。具体的には，障害のある生徒などが生活の中で遭遇する制約や困難を改善・克服するために，本人及び保護者の願いや将来の希望などを踏まえ，在籍校のみならず，例えば，家庭や医療，福祉，労働等の関係機関などと連携し，実際にどのような支援が必要で可能であるか，支援の目標を立て，それぞれが提供する支援の内容を具体的に記述し，支援の内容を整理したり，関連付けたりするなど関係機関の役割を明確にすることとなる。

　このように，個別の教育支援計画の作成を通して，生徒に対する支援の目標を長期的な視点から設定することは，学校が教育課程の編成の基本的な方針を明らかにする際，全教職員が共通理解をすべき大切な情報となる。また，在籍校において提供される教育的支援の内容については，教科等横断的な視点から個々の生徒の障害の状態等に応じた指導内容や指導方法の工夫を検討する際の情報として個別の指導計画に生かしていくことが重要である。

　個別の教育支援計画の活用に当たっては，例えば，中学校における個別の支援計画を引き継ぎ，適切な支援の目的や教育的支援の内容を設定したり，進路先に在学中の支援の目的や教育的支援の内容を伝えたりするなど，入学前から在学中，そして進路先まで，切れ目ない支援に生かすことが大切である。その際，個別の教育支援計画には，多くの関係者が関与することから，保護者の同意を事前に得るなど個人情報の適切な取扱いと保護に十分留意することが必要である。

② 個別の指導計画

　個別の指導計画は，個々の生徒の実態に応じて適切な指導を行うために学校で作成されるものである。個別の指導計画は，教育課程を具体化し，障害のある生徒など一人一人の指導目標，指導内容及び指導方法を明確にして，きめ細やかに指導するために作成するものである。

　今回の改訂では，総則のほか，各教科等の指導において，「各科目にわたる指導計画の作成と内容の取扱い」として，当該教科等の指導における障害のある生徒などに対する学習活動を行う場合

に生じる困難さに応じた指導内容や指導方法の工夫を計画的，組織的に行うことが規定された。このことを踏まえ，通常の学級に在籍する障害のある生徒等への各教科等の指導に当たっては，適切かつ具体的な個別の指導計画の作成に努める必要がある。

　通級による指導において，特に，他校において通級による指導を受ける場合には，学校間及び担当教師間の連携の在り方を工夫し，個別の指導計画に基づく評価や情報交換等が円滑に行われるよう配慮する必要がある。

　各学校においては，個別の教育支援計画と個別の指導計画を作成する目的や活用の仕方に違いがあることに留意し，二つの計画の位置付けや作成の手続きなどを整理し，共通理解を図ることが必要である。また，個別の教育支援計画及び個別の指導計画については，実施状況を適宜評価し改善を図っていくことも不可欠である。

　こうした個別の教育支援計画と個別の指導計画の作成・活用システムを校内で構築していくためには，障害のある生徒などを担任する教師や特別支援教育コーディネーターだけに任せるのではなく，全ての教師の理解と協力が必要である。学校運営上の特別支援教育の位置付けを明確にし，学校組織の中で担任する教師が孤立することのないよう留意する必要がある。このためには，校長のリーダーシップの下，学校全体の協力体制づくりを進めたり，全ての教師が二つの計画についての正しい理解と認識を深めたりして，教師間の連携に努めていく必要がある。

付録3

学習指導要領等の改善に係る検討に必要な専門的作業等協力者

(敬称略・五十音順)

※職名は平成31年2月現在

(総括)

宍　戸　和　成　　独立行政法人国立特別支援教育総合研究所理事長
古　川　勝　也　　西九州大学教授

(総則)

飯　野　　　明　　山形県教育庁特別支援教育課課長補佐
一　木　　　薫　　福岡教育大学教授
松　見　和　樹　　千葉県教育庁教育振興部特別支援教育課指導主事

(視覚障害者である児童生徒に対する教育を行う特別支援学校の各教科)
〔保健理療，理療〕

藤　井　亮　輔　　筑波技術大学教授
栗　原　勝　美　　東京都立文京盲学校主任教諭
片　平　明　彦　　北海道函館盲学校校長
〔理学療法〕

水　野　知　浩　　大阪府立大阪南視覚支援学校教諭
長　島　大　介　　筑波大学附属視覚特別支援学校教諭

(聴覚障害者である児童生徒に対する教育を行う特別支援学校の各教科)
〔印刷〕

角　　　哲　郎　　滋賀県立聾話学校教諭
〔理容・美容〕

宮　代　武　彦　　宮城県立聴覚支援学校教諭
〔クリーニング〕

島　田　睦　郎　　北海道高等聾学校教諭
〔歯科技工〕

福　田　靖　江　　筑波大学附属聴覚特別支援学校教諭

(知的障害者である児童生徒に対する教育を行う特別支援学校の各教科)
〔国語〕

上仮屋　祐　介　　鹿児島大学教育学部附属特別支援学校教諭
田　丸　秋　穂　　筑波大学附属桐が丘特別支援学校教諭
林　　　麻佐美　　神奈川県立足柄高等学校副校長
樋　口　普美子　　埼玉県教育局南部教育事務所管理主事
〔社会〕

尾　高　邦　生　　筑波大学附属大塚特別支援学校教諭

黒　川　利　香　　仙台市立新田小学校教頭

増　田　謙太郎　　東京学芸大学教職大学院准教授

〔数学〕

相　坂　　　潤　　青森県総合学校教育センター指導主事

有　澤　直　人　　東京都江戸川区立本一色小学校指導教諭

髙　橋　　　玲　　群馬県教育委員会特別支援教育課補佐

〔理科〕

齋　藤　　　豊　　筑波大学附属桐が丘特別支援学校教諭

原　島　広　樹　　東京都教育庁指導部主任指導主事

茂　原　伸　也　　千葉県立桜が丘特別支援学校教諭

〔音楽〕

尾　﨑　美惠子　　千葉県総合教育センター研究指導主事

工　藤　傑　史　　東京福祉大学社会福祉部専任講師

永　島　崇　子　　東京都立大泉特別支援学校校長

〔美術〕

大　磯　美　保　　神奈川県立鶴見養護学校教頭

小　倉　京　子　　千葉県教育庁教育振興部特別支援教育課主幹兼教育支援室長

三　上　宗　佑　　東京都立城東特別支援学校主幹教諭

〔保健体育〕

鈴　木　英　資　　神奈川県立高津養護学校副校長

増　田　知　洋　　東京都立江東特別支援学校指導教諭

松　浦　孝　明　　筑波大学附属桐が丘特別支援学校主幹教諭

〔職業，家庭〕

伊　丹　由　紀　　京都市立北総合支援学校教頭

大　澤　和　俊　　静岡県立浜名特別支援学校教諭

佐　藤　圭　吾　　秋田県教育庁特別支援教育課主任指導主事

畠　山　和　也　　埼玉県立所沢おおぞら特別支援学校教諭

〔外国語〕

日　下　奈緒美　　千葉県立八千代特別支援学校教頭

中　野　嘉　樹　　横浜市立共進中学校副校長

渡　邉　万　里　　福島県立郡山支援学校教諭

〔情報〕

古　舘　秀　樹　　東京都目黒区教育委員会統括指導主事

鈴　木　龍　也　　福島県立相馬支援学校校長

〔家政〕

米　原　孝　志　　富山県教育委員会県立学校課特別支援教育班主幹

〔農業〕

三　瓶　　　聡　　北海道教育委員会主任指導主事

〔工業〕

村　上　直　也　　岡山県総合教育センター特別支援教育部指導主事

〔流通・サービス〕

三　原　彰　夫　　大分県教育委員会指導主事

〔福祉〕

吉　池　　　久　　東京都立南大沢学園副校長

〔発達段階等〕

| 德 永　　　豊 | 福岡大学人文学部教育・臨床心理学科教授 |
| 米 田　宏　樹 | 筑波大学准教授 |

（自立活動）

飯 田　幸　雄	鈴鹿大学非常勤講師
井 上　昌　士	千葉県立千葉特別支援学校校長
内 田　俊　行	広島県教育委員会教職員課管理主事
小 林　秀　之	筑波大学准教授
櫻 澤　浩　人	東京都稲城市立向陽台小学校主任教諭
谷 本　忠　明	広島大学准教授
樋 口　一　宗	東北福祉大学教授
宮 尾　尚　樹	長崎県立諫早特別支援学校主幹教諭

（視覚障害）

小 林　秀　之	筑波大学准教授
山 田　秀　代	岐阜県立岐阜盲学校中学部主事
吉 田　道　広	熊本県立熊本はばたき高等支援学校校長

（聴覚障害）

武 居　　　渡	金沢大学学校教育系教授
谷 本　忠　明	広島大学大学院教育学研究科准教授
最 首　一　郎	筑波大学附属聴覚特別支援学校教諭

（知的障害）

| 井 上　昌　士 | 千葉県立千葉特別支援学校校長 |
| 菊 地　一　文 | 植草学園大学発達教育学部准教授 |

（肢体不自由）

西 垣　昌　欣	筑波大学附属桐が丘特別支援学校副校長
宮 尾　尚　樹	長崎県立諫早特別支援学校主幹教諭
渡 邉　文　俊	埼玉県立川島ひばりが丘特別支援学校主幹教諭

（病弱・身体虚弱）

飯 田　幸　雄	鈴鹿大学非常勤講師
丹 羽　　　登	関西学院大学教育学部教授
古 野　芳　毅	新潟県立吉田特別支援学校教諭

（言語障害）

今 井 昭 子　　神奈川県葉山町立葉山小学校総括教諭
櫻 澤 浩 人　　東京都稲城市立向陽台小学校主任教諭

（自閉症・情緒障害等）

内 田 俊 行　　広島県教育委員会教職員課管理主事
宮 本　　剛　　やまぐち総合教育支援センター研究指導主事

（LD・ADHD等）

板 倉 伸 夫　　熊本市立富士見中学校教頭
樋 口 一 宗　　東北福祉大学教授
吉 成 千 夏　　東京都豊島区立池袋本町小学校主幹教諭

なお，文部科学省においては，次の者が本書の編集に当たった。

中 村 信 一　　初等中等教育局特別支援教育課長
青 木 隆 一　　初等中等教育局視学官（併）特別支援教育課特別支援教育調査官
庄 司 美千代　　初等中等教育局特別支援教育課特別支援教育調査官
田 中 裕 一　　初等中等教育局特別支援教育課特別支援教育調査官
中 村 大 介　　初等中等教育局特別支援教育課特別支援教育調査官
菅 野 和 彦　　初等中等教育局特別支援教育課特別支援教育調査官
深 草 瑞 世　　初等中等教育局特別支援教育課特別支援教育調査官
山 下 直 也　　初等中等教育局特別支援教育課課長補佐

462

特別支援学校学習指導要領解説
知的障害者教科等編（下）（高等部）

MEXT 1-2005

令和 2 年 3 月 26 日	初版第 1 刷発行
令和 2 年 4 月 19 日	初版第 2 刷発行
令和 2 年 5 月 12 日	初版第 3 刷発行
令和 3 年 5 月 8 日	初版第 4 刷発行
令和 3 年10月 26 日	初版第 5 刷発行
令和 4 年10月 26 日	初版第 6 刷発行
令和 6 年 4 月 17 日	初版第 7 刷発行

著作権所有　　　文部科学省

発　行　者　　　東京都千代田区神田錦町 1-23
宗保第 2 ビル
株式会社ジアース教育新社
代表者　加藤勝博

印　刷　者　　　東京都江戸川区松江 7-6-18
株式会社新藤慶昌堂

発　行　所　　　東京都千代田区神田錦町 1-23
宗保第 2 ビル
株式会社ジアース教育新社
電話（03）5282-7183

定価　本体 1,800 円＋税